서양교육철학사

안드레아 R. 잉글리쉬 편저
김희봉 · 곽덕주 · 김운종 · 김회용 · 손승남 · 이소영 · 이지헌 · 임배 공역

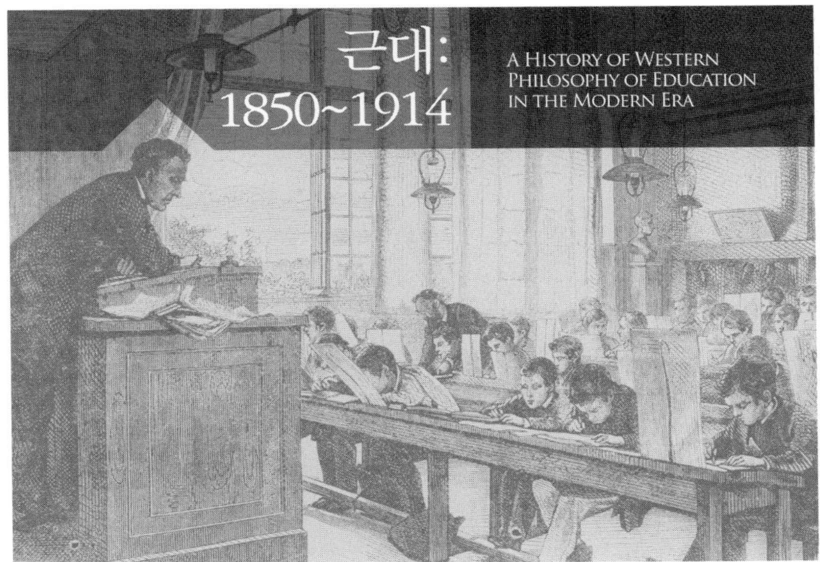

학지사

A HISTORY OF WESTERN PHILOSOPHY OF EDUCATION IN THE MODERN ERA
by Andrea R. English

역자 서문

이 역서는 영어로 출간된 『A History of Western Philosophy of Education in the Modern Era』(안드레아 R. 잉글리쉬, 블룸즈버리 편, 2021)를 옮긴 책이다. 이 원서는 서양 '근대'에 나타났던 주요 교육철학 사상들을 역사적 안목에서 밝혀 주는 책이다. 이 책은 '서양교육철학사 시리즈'(총 5권)의 한 권으로 출간되었다.

'서양교육철학사 시리즈'는 모두 다섯 권으로 구성되어 있는데, I. 고대(500 BCE~500 CE), II. 중세와 르네상스 시대(500~1600년), III. 계몽 시대(1600~1850년), IV. 근대(1850~1914년), V. 현대(1914년~현재)를 각각 다루고 있다. 이 시리즈가 어떤 의도로 기획된 것인지는 시리즈 전체 편집자인 래버티(Megan J. Laverty)와 한센(David T. Hansen)이 쓴 '서양교육철학사 시리즈 소개'에 자세히 밝혀져 있다. 그리고 이 시리즈 중에서도 우리가 번역한 제IV권이 어떤 성격의 책이며 또 어떻게 구성된 것인지는 이 책의 서론 '투쟁, 저항 그리고 기회: 근대 교육에 관한 역사적, 철학적 관점'에서 상세히 알 수 있다.

이 책은 유럽과 미국에서 19세기 중엽부터 20세기 초반까지 나타났던 주요 교육철학을 다루고 있다. 예를 들어, 현상학 · 해석학 · 비판이론 · 정신분석학 · 분석철학 등은 당시의 교육을 어떻게 논의했었는가? 듀이의 민주교육 철학, 부버-레비나스-나딩스의 관계중심 철학, 몬테소리와 에밀리아의 아동교육 철학은 어떤 성격의

것이었는가? 그리고 미국 교육에 나타난 관념론에서 실용주의로의 변화, 인종 갈등과 정의를 다루는 교육철학은 어떤 것이었는가? 이와 같은 다양한 주제가 모두 9개의 장에 걸쳐서 '서양교육철학의 역사'라는 기나긴 맥락 속에서 거시적으로 논의되고 있다.

이번 책의 번역 작업에는 뜻을 같이하는 여러 대학의 교수가 함께 참여하였다. 각 교수의 관심사를 중심으로 번역할 장을 다음과 같이 정하여 작업을 진행하였다. 전체 시리즈 소개는 곽덕주, 시리즈 제4권인 이 책의 서론은 김희봉, 제1장은 김운종, 제2장은 손승남, 제3장은 김희봉, 제4장은 곽덕주, 제5장은 김회용, 제6장은 임배, 제7장과 제8장은 이지헌, 제9장은 이소영이 맡아 번역하였다.

이 책이 오늘날 한국 교육을 철학적으로, 사상사적으로 성찰하는 이들에게 하나의 예시적 모델로서 도움이 되기를 희망한다. 20세기 중반의 한반도에서 해방과 분단이라는 굴곡을 지나 지난 70여 년간의 역사적 맥락 속에서 발전하고 축적되어 온 우리의 교육철학적 사유는 19세기 중반 이후 발전해 온 서구의 근대적 교육철학 사상에 얼마나 빚지고 있고 또, 얼마나 그것과 다른 길을 밟아 왔는지, 그리하여 근대 교육이 서구로부터 도입된 이후 우리의 교육철학이 어떻게 발전되어 왔는지 되돌아보는 데에 이 책이 자극이 될 것이다. 과거를 되돌아보는 일은 현재를 이끌어 갈 미래를 바로 세우기 위함이다. 이 일은 한국 교육철학에도 중요한 과제로 남아 있다.

전문 학술분야의 번역서 출판 시장이 여의치 않은 열악한 상황에서도 흔쾌히 출판을 결정하고 진행해 준 학지사 김진환 사장님을 비롯하여 편집부 실무진에게도 감사의 말씀을 드린다. 번역자들의 원고를 수합하고 편집하며 출판사와 실무적인 궂은일을 도맡았던 임배 박사의 수고가 이 책에 깃들어 있음도 밝힌다.

2023년 6월

역자 일동

연표

연도	내용
1796~1859	호러스 맨. 교육개혁가, 정치가. 매사추세츠주 교육위원회의 초대 위원장에 1837년에 임명되고 보통학교 운동을 시작. 1848년에 「매사추세츠 교육위원회 위원장의 1848년도 12차 연차보고서」를 출간
1818~1883	칼 마르크스. 철학자, 사회학자, 정치이론가. 그와 프리드리히 엥겔스는 『공산당선언』(1848)을 공저함. 마르크스는 『자본론 제1권: 자본의 생산 과정』(1867)을 출간. 마르크스 사후에 그의 원고를 모아 1885년에 엥겔스는 제2, 3권을 출간
1820~1895	프리드리히 엥겔스. 철학자, 사회학자, 정치이론가
1833~1911	빌헬름 딜타이. 철학자
1835~1909	윌리엄 토리 해리스. 철학자, 교육자. 『교육의 심리학적 기초』(1898)를 출간
1842~1910	윌리엄 제임스. 철학자, 심리학자, 교육자. 『심리학의 원리』(1890), 『교사에게 전하는 심리학: 그리고 학생에게 전하는 삶의 이상의 일부에 관한 이야기』(1899)를 저술
1852	매사추세츠는 미국에서 의무취학령을 입법한 최초의 주. 8~14세 어린이의 의무취학을 법으로 시행
1856~1915	부커 T. 워싱턴. 교육자이자 개혁자. 터스키기 노멀 산업 연구소(1881년)의 회장이었음. 이 연구소는 나중에 터스키기 연구소, 지금은 터스키기 대학교가 되었음. 1895년 애틀랜타 박람회 연설에서 '애틀랜타 타협'을 선언함. 『니그로를 위한 산업 교육』(1903)을 저술

1856~1939	지그문트 프로이트. 정신분석학 창시자. 스탠리 홀의 초청으로 미국을 방문하고, 클라크 대학교에서 영향력 있는 강연을 하였음(1909). 『꿈의 해석』(1899), 『자아와 이드』(1923)를 저술
1858~1964	안나 줄리아 헤이우드 쿠퍼. 저술가, 교육자, 사회활동가. 『남부 흑인 여성의 목소리』(1892)를 저술
1859~1938	에드문트 후설. 철학자, 현상학의 창시자. 『논리 탐구』(1900/1901), 『데카르트의 명상』(1931)을 저술
1859~1952	존 듀이. 철학자, 교육자. 1894년에 창설된 시카고 대학교에서 철학, 심리학, 교육학 학과장이 되었음. 1896년에 부인 헤리엇 엘리스 칩먼을 교장으로 시카고 대학교 초등학교(이후에 실험학교)를 세웠음. 1904년에 컬럼비아 대학교에 가서 사범대학과 광범위하게 교류하였음. 『학교와 사회』(1899), 『민주주의와 교육』(1916), 『경험과 자연』(1925), 『경험으로서의 예술』(1934), 『경험과 교육』(1938)을 저술
1861~1947	알프레드 노스 화이트헤드. 수학자, 철학자. 『교육의 목적』(1929)을 저술
1863~1931	조지 허버트 미드. 철학자, 사회이론가. 미시간 대학교, 이후에는 시카고 대학교에서 존 듀이의 동료 교수였음. 『마음, 자아, 사회』(1934)를 저술
1868~1963	W. E. B. 듀보이스. 사회학자, 민권운동가, 교육자. 미국 흑인 최초로 하버드 대학교에서 1895년에 박사학위를 받음. 『흑인의 영혼』(1903), 『다크워터: 베일에 가려진 목소리』(1920), 『흑인 재건』(1935)을 저술
1870~1952	마리아 몬테소리. 의사, 교육자. 로마에서 1907년에 어린이집을 처음 개소하였음. 이탈리아의 시타 디 카스텔로에 몬테소리 방법에 관한 최초의 교사 훈련 과정을 열었음. 1913~1915년 미국으로 여행. 『몬테소리 방법: 어린이집에서 아동교육에 적용한 과학적 교수법』(1909)을 저술. 이를 수정 · 보완한 책, 『아동의 발견』(1948)을 저술
1871~1965	윌리엄 허드 킬패트릭. 교육자, 철학자. 존 듀이의 학생, 동료, 그리고 듀이 저작의 해석자였음. 컬럼비아 대학교의 교원대학(1909~1937)에서 박사학위 취득 후 강의함. 『몬테소리 시스템의 검토』(1914). 『교원대학 레코드』(1918)에 실린 논문으로 「프로젝트 방법: 교육적 과정에서 목적적 행위의 사용」이 있고, 『방법의 토대: 가르침에 관한 비공식적 이야기』(1925)를 저술
1878~1965	마르틴 부버. 철학자. 『나와 너』(1923)를 저술
1880	「초등교육령」(1880). 5~10세 아동의 의무취학이 잉글랜드와 웨일즈에서 시행. 1893 교육령에서 11세로, 1899 교육령에서 12세로, 1918 교육령에서 14세로 연장됨
1881	제1차 「쥘 페리 법」(1881)으로 프랑스의 남녀 초등교육이 무료로 시행됨. 제2차 「쥘 페리 법」(1882)으로 무료 · 의무적 · 세속적 교육 시스템 확립

1882~1960 멜라니 클라인. 정신분석학자. 특히 아동 분석이 전문이었음. 잉글랜드로 옮겨가서 영국정신분석학회(1926년, 에른스트 존스가 창립)에 참여

1885~1954 알랭 리로이 로크. 철학자, 교육자, 저술가. '할렘 르네상스의 아버지'라고 불림. 편저에는 『새로운 니그로의 이해』(1925), 논문에는 「문화 상대주의와 이데올로기적 평화」(1944)가 있음

1889~1951 루트비히 비트겐슈타인. 철학자. 『논리-철학 논고』(1921)를 저술. 이후 케임브리지 대학교에 정착(1929). 유작으로 『철학 탐구』(1953)가 있음

1889~1976 마르틴 하이데거. 철학자. 『존재와 시간』(1927), 『사고란 무엇인가?』(1954), 『시, 언어, 사상』(1971)을 저술

1891 「초등교육법」(1891). 잉글랜드와 웨일즈에서 아동마다 매년 10실링을 지급하여 무상초등교육 실시

1893 뉴질랜드가 현존 국가 중에서 세계 최초로 여성에게 투표권을 부여

1895~1982 안나 프로이트. 정신분석가. 아동 분석이 전문이었음. 『자아와 방어기제』(1936)를 저술. 1952년에 햄스테드 아동 치료 과정과 임상(현재 명칭은 안나 프로이트 아동 가족 국립 센터)을 창설

1896 미국 연방최고재판소는 '분리하지만 평등한' 독트린을 합법화함으로써 사회적으로 인종차별주의를 더 악화시킴

1896~1971 도널드 위니컷. 소아과 의사, 정신분석가. 『아동, 가정, 외부세계』(1954)를 저술

1897~1979 윌프레드 비온. 정신분석가

1900~1976 길버트 라일. 철학자. 『마음의 개념』(1949)을 저술

1900~2002 한스 게오르크 가다머. 철학자. 『진리와 방법』(1960)을 저술

1901~1981 자크 라캉. 정신분석학자. 『에크리』(1966)를 저술

1903~1969 테어도어 W. 아도르노. 철학자, 사회학자, 음악학자. 막스 호르크하이머와 공저한 책은 『계몽 변증법』(1947)임. 「아우슈비츠 이후의 교육」, 그리고 『부정 변증법』(1966)을 저술

1904 국제여성참정권동맹. 베를린에서 창설됨. 1946년에 국제여성동맹으로 바뀜

1905 나이아가라 운동. 흑인 민권 운동 조직으로 W. E. B 듀보이스와 윌리엄 먼로가 이끄는 집단이 창설

1906~1975 한나 아렌트. 철학자, 정치이론가. 저서로는 『전체주의의 기원』(1951), 『인간 조건』(1958), 『과거와 현재 사이에서』(1961), 『혁명론』(1963)을 저술

1906~1995 에마뉘엘 레비나스. 철학자. 『존재와 존재자』(1947), 『전체성과 무한』(1961), 『존재와는 달리, 또는 본질을 넘어서』(1974)를 저술

1908~1961 모리스 메를로퐁티. 철학자. 『지각의 현상학』(1945), 『휴머니즘과 테러』(1947), 『지각의 우선성』(1961)을 저술

1914~1918	제1차 세계대전
1920	미국 19차 수정「헌법」이 채택됨. 여성의 투표권을 인정
1920년대	할렘 르네상스가 뉴욕 할렘에서 전개되었음. 처음에는 '새로운 니그로 운동'이라고 알려짐
1920~1994	로리스 말라구치. 교육자. 레지오 에밀리아 접근의 창시자
1921~1997	파울로 프레이리. 철학자, 활동가, 교육자. 1960년대 초에 그의 교수법을 농장 노동자와 다른 노동자를 가르치는 데 사용함. 1964년에 투옥되었고 1964년부터 1980년까지 브라질에서 추방당함. 『피압박자의 교육학』(1970), 『교육, 자유의 실천』(1976)을 저술
1923	프랑크푸르트 '사회연구소'를 프랑크푸르트 암 마인의 프랑크푸르트 암 마인 대학교에 창설
1928	영국에서 여성의 선거권 확정
1929~2022	넬 나딩스. 철학자, 교육자, 페미니스트. 『배려: 윤리 및 도덕 교육에 대한 페미니스트 접근』(1984), 『학교에서 배려를 위한 도전: 대안적 교육접근』(1992)을 저술
1935	존 듀이 학회 창립
1939~1945	제2차 세계대전
1944	교육령(「버틀러법」). 잉글랜드와 웨일즈에서 초등교육과 중등교육을 11세에 구분. 모든 학생에게 무상 중등교육을 제공. 중등 교육을 문법학교, 중등 모던 학교, 중등 기술학교로 나눔
1946	냉전의 시작. 소련과 미국 간의 적대
1950년대	미국 민권 운동이 시작됨. 1960년대에 최대의 입법적 성과를 낳음
1954	미국 연방최고재판소. '분리하지만 평등한' 독트린에 대해「헌법」불합치 판정을 내림
1963	마틴 루서 킹. 버밍엄 감옥에서 보낸 편지 출판. 링컨 기념관에서 '나에게 꿈이 있다.'라는 연설을 함
1960~80년대	여성해방운동
1991	소련 붕괴. 1989년 혁명과 함께 냉전이 끝남

차례

제1장
존 듀이의 민주주의 교육철학 • 65

제2장
현상학, 해석학 그리고 교육 • 101

제3장
교육에서 윤리적 관계성: 마르틴 부버, 에마뉘엘 레비나스 그리고 넬 나딩스 • 137

제4장
정신분석학과 교육 • 163

제5장
19세기 미국 교육의 철학적 환경: 관념주의에서 실용주의로 • 195

제6장
교육철학과 유아기: 마리아 몬테소리와 레지오 에밀리아의 유아기로의 초대와 자극 • 227

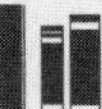

제9장 교육과 언어적 전회 • 325

서양교육철학사 시리즈 소개[1)]

미건 제인 래버티 & 데이비드 한센 저 · 곽덕주 역

『서양교육철학사』는 서구의 문화와 역사를 통해 교육철학의 발전을 추적하는 5권으로 구성된 책 시리즈이다. 이것은 오늘날의 교육적 논쟁과 정책, 그리고 교육실천의 철학적 기원을 설명하고자 기획되었다. 교육과 교육실천을 이론화해 온 서구 철학자들에게 초점을 둠으로써 이 책 시리즈는 신선하고 역동적이며 진화 중인 교육철학에 대한 견해들을 소개한다. 이 책을 통해 철학의 생생한 비판적 전통을 되살리고 오래된 관점과 새로운 관점을 연결시키며 비판과 재구성의 지속성을 확인함으로써, 우리의 교육적 가능성들을 확장시킬 수 있을 것이다.

중단되지 않는 대화

교육과 교육철학은 개념으로서든 실천으로서든 역사적 상수가 아니다. 이것의 의미와 실행은 시공간을 거치며 변형되어 왔다. 교육이 중세 수도사에게 의미했던

1) 역자 주: 원서는 총 다섯 권으로 구성되어 있으며, 이 책은 이 중 제4권, 근대 시대의 교육사상을 다룬다. 학지사에서는 제4권만 출간하였다.

것은 20세기 아동중심 교육자에게 의미하는 것과 다르다. 그리고 그것은 고대 로마인의 이해와 다르기도 하다. 그러나 교육철학자들의 마음속에 자리하고 있는 질문들은 오랜 혈통을 자랑한다. 이 질문들은 최소한 플라톤(Plato)에게까지 거슬러 올라갈 수 있다. 『라케스(Laches)』『프로타고라스(Protagoras)』『메논(Meno)』 그리고 『국가(Republic)』와 같은 플라톤의 대화론에서 소크라테스(Socrates)는 '한 사람을 덕스럽게(예: 선하게) 가르치는 것은 가능한가?' 혹은 '우리 중 누가 진정으로 젊은이들의 영혼을 가르칠 교사인가?' '교육과 정의로운 사회의 관계는 무엇인가?'와 같은 질문을 던진다. 이러한 질문에서 우리는 철학과 교육의 만남을 목격한다. 다시 말하면, 그것은 철학의 고유한 근본적인 삶의 질문에 대한 탐구 정신을 인간의 지속성과 성장 그리고 재생을 위한 교육의 필연성과 결합시키는 질문들이다. 그리하여 플라톤은 오늘날까지 이어지는 대화, 답이 없는 개방된 대화를 우리가 시작하도록 도왔다. 이것은 마이클 오크쇼트(Michael Oakeshott, 1989)의 시적 표현을 인용하여 말하자면, "인간 존재가 영원히 스스로를 이해하고자 하는"(p. 41) 대화이다. 이 대화라는 용어와 표현은 시대에 따라 변할지 모르지만, 그 질문들은 끈질기게 지속되고 그것도 매우 긴급한 방식으로 우리 삶에 지속된다.

역사적 대화에 참여하는 것이 가치 있는 이유는 이를 통해 오늘날 교수와 학생은 "지금 여기의 긴급성에서 한동안 스스로 자유롭게 되는 것"을 허락받기 때문이다(Oakeshott, 1989: 41). 이러한 실천을 통해 우리는 마치 그들이 지금 여기 탁자에 함께 앉아 있는 것처럼, 과거로부터의 사유가들과 이야기를 나눌 수 있다. 우리는 그들로부터 배우기 위해 그리고 중요한 의미로 그들과 함께 있기 위해 그들의 글을 읽는다. 왜냐하면 우리 각자는 어떤 신조를 파는 사람이라기보다는 탐구자이기 때문이다. 과거로부터 그리고 과거와 함께 배우는 것은, 교육에 대한 자신만의 정의와 기준들을 매우 고유하고 가치 매길 수 없는 방식으로 탐구해 보게 한다. 비록 그 정의나 기준에 대해 우리는 다른 의견을 제시할 수도 있고 그것을 변화시킬 수도 있지만 말이다. 우리는 당대인들로부터도 많이 배운다. 그러나 이들은 시공간적으로 너무나 가까이 있어서 '학습'에 대한 우리 자신이나 그들의 가정으로부터 떨어져 이것을 한 번 뒤흔드는 경험을 제공하기는 어렵다. 모든 세대의 학자나 교사, 그리고 학생은 '거의 극복하기 어려운 (이러한) 문제', 존 듀이의 용어를 빌리자면(1985: 154), 우리 자신의 코끝을 넘어서서 보는 일의 어려움에 늘 직면한다. 이 어려움은 또한

교육철학 분야에서 오랫동안 논의된 대화 주제 중의 하나이다. 이것은 우리에게 참여를 위한 헌신적인 노력을 요청한다. 그러나 이것은 또한 우리에게 모종의 보상을 준다. 언제나 '현재주의적' 근시안의 문제에 직면하는 우리를 가까이서 돕는 것이 바로 그것이다. 과거는 정확히 현재의 열정과 유행 바깥에 서 있기 때문에 우리에게 뭔가를 가르칠 수 있다. 열정과 유행이 애당초 어떻게 존재하게 되는지, 그리고 그것이 왜 현재의 우리 감수성을 사로잡고 있는지를 이해하도록 도우면서 우리를 가르친다.

앞의 진술 중 어떤 것도 과거가 현재보다 '우월한' 목소리를 가지고 있다고 말하지 않는다. 이 점에 대해서는 나중에 다시 논의할 것이다. 철학과 교육이 만나는 지점에서 오랫동안 지속되어 온 대화는 과거에 대한 끊임없는 비판의 과정이었지만, 그것은 동시에 과거가 현재에 도전하여 현재가 가장 당연하게 받아들이는 것에 대해 자기 의식적이고 자기 비판적이게 하는 바로 그 순간이기도 했다. 과거로부터 배우는 것은 우리 자신의 한계를 극복하려는 분투의 과정인 동시에 그 과거의 한계를 극복하는 과정이다.

교육철학은 모든 영역의 철학에서 반드시 관찰될 수 있는 바로 그것을 그 특징으로 한다. 이 특징은 앤디 제르만(Andy German, 2017)이 말하듯이, 자신의 전통을 넘어서서 바라보고, 시작으로 돌아가는 길을 발견하는 에로틱 영감이라는 것이다. 은유적으로 말하여, 교육에 대한 '최초의 질문'이 던져졌던 그 실존적 순간, 그리하여 우리가 우리 자신의 언어로 자신의 현실의 관점에서 그것을 말할 수 있게 되는 순간을 향한 에로틱 영감이다. 자신의 전통을 극복하려는 철학적 작업에 내재한 영원한 갈망은 (아이가 습득하는 모국어처럼) 필수불가결한 우리의 유산으로서, 그 유산에 기대고 있는 동안조차도 그 분야에 만연한, "우리를 당황스럽게 하는 다양한 입장과 독단들" 이면의 통일성을 파악하려는 우리 안에 깊이 놓인, 전형적으로 말해질 수 없는 욕망을 반영한다(German, 2017: 7). '통일성(unity)'은 사고에서의 만장일치를 의미하지 않는다. 그것은 에로스에서의 일치를 말한다. 이것은 위에서 언급된 실존적 장소를 발견하려는 갈망을 표상하는데, 이 갈망은 경쟁하는 관점들의 출현이나 증식, 그리고 극화에 선행한다. "철학적 경향의 정신을 가장 확실하게 보여 주는 표식"은 이러한 에로스에 "사로잡히는" 것이라고 제르만은 주장한다(p. 7). 교육자는 진실로 사유하기를 갈망하고, 진실로 사유한다는 것은 다른 사람의 생각을 따

라 하는 것이 아니다. 이 욕망은 대화에서 자신만의 뚜렷한 목소리를 "창시하고" 근거를 세울 때조차도 자신의 생각을 "발견"해야만 한다는 것을 의미한다(Cavell, 1989 참조). 철학에서 "이 시작"으로 되돌아가는 것은 이 책 시리즈의 여러 곳에서 목격되겠지만, 아이리스 머독(Iris Murdoch)이 "학문에 영속하는 결코 포기할 수 없는 특징"이라고 말한 것이다(1997: 299).

이 책 시리즈에 참여한 저자들은 교육철학을 '개선하거나' '수정하기' 위하여 고대와 근대의 교육철학 사상을 검토하지 않는다. 오히려 그들은 검토하는 사상가들을 우리에게 할 말이 있는 이들로 인정하고, 시간을 뛰어넘는 동료 당대인, 살아 있지 않은 동료 당대인들로서 접근한다. 이러한 대화에 들어서는 것은 "다른 사람의 사유가 나 자신의 마음속에 다시 살아나게 하는 것이며", 이를 통해 우리 스스로를 새롭게 이해하는 것이다(Oakeshott, 1989: 68). 소크라테스와 다른 이들이 처음으로 제기한 교육적 질문은 매번 새로운 교육자 세대들 앞에 등장하는 것이다. 그리하여 매 세대 교육자들의 교육적 유산이 되고, 그들 자신만의 고유하고 재생산될 수 없는 방식으로 그 유산의 발전에 기여하도록 한다. 각 세대 교육자는 그 질문에 새롭게 답해야 하지만, 그렇더라도 처음부터 그렇게 하지는 않는다. 왜냐하면 사상의 역사는 우리를 이끌고 우리의 참여를 기다리고 있는 응답의 저수지이기 때문이다.

이 책 시리즈를 통해 독자들은 교육에서 가장 중요한 철학적 질문들의 역사로 초대된다. 이 역사는 시간이 지남에도 중단되지 않고 살아 있으며 생생한 대화로 구성된다. 서양교육철학사 전체를 되돌아보면서 우리는 질문의 연속성을 목격하고, 그것을 다루기 위해 우리의 선조들이 수행한 심오한 헌신을 목격한다. 이 책 시리즈를 통해 독자들이 중요한 이 헌신의 지속에 동참하기를 희망한다.

새로운 정전(正典)

교육은 인간 경험의 핵심에 놓여 있다. 교육철학은 우리의 가치, 다시 말하면 우리가 어떻게 살아가야만 하는지에 대한 견해가, 아무데서나 등장하는 것이 아니기 때문에 중요하다. 그 가치들은 교육적 수단을 통해 개인 내에 함양되고 또 지지되어야 한다. 사회가 스스로를 새롭게 하고 동시에 개선시키는 과정은, 한편으로는 단순

한 사회적 재생산을 훨씬 넘어서는 일이고, 다른 한편으로는 총체적 혁명에는 훨씬 못 미치는 수준의 일이다. 인간의 가능성들에 대해 상상하고 그것에 생명을 가져다 주는 특별한 노력에 대한 사랑으로 구성되는 교육이라는 과업은, 이 둘 사이의 어떤 지점, 분명하게 말하기 어려운 이 둘 사이의 중간 지점의 노선을 취한다.

플라톤과 아리스토텔레스(Aristotle) 그리고 루소(Jean-Jacques Rousseau)나 듀이(John Dewey)와 같은 핵심적인 철학자들은 처음부터 교육의 문제를 말하였다. 그들은 교육의 목적과 방법, 학습과 사유의 본질, 지식의 성격, 그리고 교육 과정, 교수법과 학교 교육이 인간 성숙에 기여하는 바에 대해 철학적으로 사유하였다. 이러한 질문들에 대한 철학자들의 대답은 고대로부터 르네상스, 계몽주의와 현대에 이르기까지 교육철학사의 핵심적 시기를 규정했다.

비록 서양철학사를 대대적으로 공부하는 것이 교육에서의 철학적 문제를 이해하는 데 도움이 되고 그 이해를 진전시킨다고 하더라도, 이번 책 시리즈는 교육의 개념에 대한 철학적 기여에 보다 직접적으로 주목한다. 이 말은 철학적 정전 그 자체에 대한 전체적 검토보다는 교육철학에 대한 새로운 정전을 제공할 것이라는 점을 함의한다(Mintz, 2017). 이러한 이유로 교육에 대해 거의 글을 쓰지 않았거나 자신의 철학적 사상을 교육에 적용하는 명시적 논의를 하지 않은 홉스(Thomas Hobbes)나 스피노자(Benedictus Spinoza)와 같은 뛰어난 서양철학자들은 이 책 시리즈에 등장하지 않을 것이다. 대신 이 책 시리즈의 저자들은 교육이나 교육실천을 이론화한 철학자나 교육자에 초점을 둠으로써, 역동적이고 지속적으로 변화하는 교육철학 사상가들의 정전들을 확인하고 규정할 것이다. 개별적 사상가들이든 (여성주의, 프래그머티즘 혹은 현상학과 같은) 특정 학파를 대변하는 사상가 집단이든, 이들은 주로 오늘날까지 지속적으로 영향을 미치는 지적 관계의 맥락 속에서 소개되고 또 이해될 것이다.

철학에서의 '정전'은 시간에 의해 검증받으며 계속적으로 논의되고 존경받는 텍스트의 체계이다. 사람들은 독단적 집착의 결과로나 정치적 선동의 목적으로서가 아니라, 세대를 거쳐 또 그것을 넘어서서 그것들을 읽었다. 다른 많은 사례 중에서도 니체(Friedrich Nietzsche)의 텍스트에서 그 사례를 보듯, 모든 텍스트는 일단 저자의 손을 떠나면 수없이 활용되거나 잘못 활용될 수밖에 없는 운명에 놓인다. 사람들은 특정 사상가의 견해에 필연적으로 동의하기 때문에 그것을 손에 넣는 것이 아니

다. 그 견해 자체에 동의하느냐 동의하지 않느냐는 핵심적 사안이 아니다. 동의, 비동의의 문제가 물론 맥락에 따라 중요한 것으로 남아 있을 때도 있지만 말이다. 정전적 저술들은 시공간을 넘어 우리의 새로운 사유를 계속 자극하기 때문에 우리는 그것을 계속 읽는다. 이미 다룬 것처럼, 그 정전들은 새로운 노선의 질문과 통찰을 불러일으킨다. 교육철학을 포함하여 특정 분야의 당대 학문은 최근의 텍스트 중 어느 것이 시공간을 넘어 지속될 것인지에 대해 도저히 알 수 없는 급진적 불확실성을 갖는다. 지금, 현재의 유행이나 인기는 그것의 지속을 예측하지 못한다. 동시에 교육철학 분야에서의 정전은 계속 변화하는 중인데, 왜냐하면 당대의 학자들이 덧붙이는 새로운 기여 때문이다. 당대의 기여 중 일부는 과거나 현재의 사회에서 주변화되었거나 배제된 사람들에, 그리고 소홀히 대해졌거나 잊힌 작업들에 주목하는 것이다. 이들 작업 중 많은 것은 독자를 계속 확보하지 못하여 지속되지 못할 수도 있지만, 다른 이의 작업이나 저서가 지속되는 것을 가능하게 하는 에토스(ethos)를 만들어 낸다. 셰익스피어의 희곡들은 오늘날 세계 곳곳에서 무대 위에 오르지만, 그것은 그의 작품이 천재의 순수한 기적이기 때문이거나, 어떤 권위가 그것을 그렇게 만들었기 때문이 아니다. 그것은 오히려 그의 희곡들이 사람들의 상상력을 사로잡도록 하는 에토스를 창조하는 극장의 전통으로부터 출현했다. 이러한 에토스가 없었다면 오늘날 우리는 셰익스피어의 희곡과 연극에 대해 결코 들어 본 적이 없었을 것이다. 다음 절에서는 '진보주의 교육(progressive education)'으로 자주 불리는 에토스를 통해 이 점을 예시해 보일 것이다.

당대 교육철학의 역사적 기원

거칠게 말하여, 진보주의 교육은 긴장 속에 있는 것으로 자주 간주되는 다음과 같은 가치들의 융합에 헌신한다. 강한 민주주의적 사회정신에 따라 정립되는 학생의 진정한 자율성이 바로 그것이다. 이러한 접근은 '실행을 통한 학습(learning by doing)'을 중심으로 이루어진다. 교사들이 학생들의 머릿속에 지식을 '부어 넣고', 학생들은 교실에서 줄 세워진 자리에 가만히 앉아 있는 것이 아니라, 이들은 탐구하고 토론하고 실험하고 탐색하며 능동적으로 참여해야 한다. 진보주의 교육운동이 미국에서 듀이(1859~1952) 교육철학의 수용과 더불어 시작되었던 한편, 아리스토텔레스(384~322 BCE)는 이러한 전통에서 가장 앞선 선구자들 중의 한 사람이다. 아리스토텔레스는 개인은 지혜에 대한 이론만을 공부할 것이 아니라 오히려 지혜로운 활동에 실천적으로 참여함으로써 실천적 지혜를 발전시킬 수 있다고 주장했다. 몽테뉴(Michel de Montaigne, 1533~1592)와 같은 초기 근대 사상가는 이러한 아리스토텔레스의 통찰을 발전시켜, 교육은 학생에게 정보를 채워 주는 것을 목적으로 할 것이 아니라 지적 · 미적 · 윤리적 관점의 통합으로서 사람됨을 함양하는 것을 목적으로 해야 한다고 주장했다. 그의 관점으로 인하여 젊은이들은 실천적 지혜, 즉 어려움에 직면하여 발휘해야 할 강인함, 유연함, 건전한 판단력의 자질을 다양한 범위의 사회적 · 문화적 · 물리적 환경과의 상호작용 속에서 발전시킬 수 있다. 17세기와 18세기의 발전 또한 중요하다. 몽테뉴와 플라톤, 그리고 다른 사상가 저작의 열렬한 독자였던 루소(1712~1778)는 학생을 자유롭게 하여 자율적으로 행동하게 하는 자질로서 인격의 통합성과 결단력, 그리고 일관성을 강조했다. 루소는 젊은이들이 끊임없는 삶의 사건들의 불예측성, 작업의 필연성, 우정이나 가족, 결혼과 같은 상호 의존적이고 지원적인 남녀 관계 및 시민성의 책임에서 가치의 중요성을 발달 단계적으로 적절한 방식을 통해서뿐만 아니라 구체적 경험을 통해서 배우도록 강조하였다.

루소는 교육자들이 성숙한 성인기에 강렬하게 매여 있음으로써, 인간 성장의 중간기 혹은 형성기를 소홀히 하게 된다고 전통적 교육자들에게 주의를 주었다. 그는 인간적인 성인기의 핵심적 기질로서의 동정과 양심은 개인으로서 우리가 유아기나 아동기, 그리고 청소년기를 충분히 경험할 때에나 발전 가능하다고 주장한다. 그의 교육이론서인 『에밀, 또는 교육론(Emile, or On Education)』(1763)에서 가정교사 루소는 에밀이 지각하고 이해하고 필요로 하고 욕망하는 것에 대해, 탄생시에서부터 청소년기에 이르기까지 아주 자세하게 주목한다. 루소는 몽테뉴처럼 아동 교육의 첫 번째 단계는 그들이 자연스러운 상태에 있을 때 어떠하고 무엇을 하는지 관찰하는 것이라는 듀이의 논제를 예견한다. 루소의 『에밀(Emile)』에 영향을 받은 중요한 교육철학자는 페스탈로치(Johann Heinrich Pestalozzi, 1746~1827)였다. 페스탈로치는 전인적인 아이를 교육하도록 설계된 몇 개의 선구적인 학교를 창시하였다. 그는 자신의 교육 소설인 『레오나드와 게르트루트(Leonard and Gertrude)』(1781)를

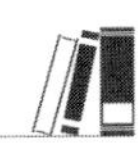

포함하여, 예술적이거나 잘 사는 삶의 모델로서 일방적이고 상의하달식의 성인의 권위보다는 배려적인 관계성을 촉진하였다. 페스탈로치 학교를 방문한 후, 프뢰벨(Friedrich Fröbel, 1782~1852)은 자신만의 진보주의적인 교육철학과 실천을 발전시켰다. 그는 세계에서 최초로 유치원('아이들을 위한 정원' 혹은 '아이들 정원'이라는 말의 독일어인 Kindergarten)을 세웠다. 그는 어린아이들의 교육에서 (그리고 진보주의 교실의 두드러진 특징으로서) 놀이의 중요성을 강조한다.

요약하자면, 듀이가 진보주의 교육에서 가장 유명한 철학자인 한편, 이 책 『서양교육철학사』에서는 그에 앞서 등장한 사상들과 그 사상들의 형성적 영향력을 풍부하게 설명함으로써, 당대 교육이론을 위한 듀이 사상의 중요성을 명료화한다. 이 책 시리즈는 진보주의 교육사상에 대한 핵심적 정보를 제공할 지적 · 교육적 운동을 고대에서부터 르네상스 그리고 계몽주의를 거쳐, 듀이와 그의 당대인들인 제인 아담스(Jane Addams, 1860~1935), 엘시 리플리 클랩(Elsie Ripley Clapp, 1879~1965), 윌리엄 제임스(William James, 1842~1910), 조지 허버트 미드(George Herbert Mead, 1863~1931), 프란시스 파커(Francis Parker, 1837~1902), 그리고 엘라 플래그 영(Ella Flagg Young, 1848~1918)에 의해 창조된 에토스에 이르기까지 명료화한다.

서양교육철학사에서 많은 인물이 그러한 것처럼, 듀이의 목소리는 다른 사상가들의 목소리와 공명한다. 예를 들어, 듀이와 영향력 있는 교육철학자인 프레이리(Paulo Freire, 1921~1997) 사이에는 잘 언급되지 않은 유사성이 있다. 피터 로버트(Peter Roberts)와 이라 쇼어(Ira Shor), 그리고 벨 훅스(bell hooks)의 말을 인용하자면, 듀이와 프레이리는 둘 다 교사 "스스로가 무엇을 대변하는지, 즉 '무엇을 가치 있게 여기고 왜 그렇게 하는지'에 대해 이해할 필요가 있다."고 주장한다. "동시에 두 사상가 모두 교사는 자신의 진리나 이상을 학생들에게 강제하는 것을 피해야만 한다고 주의를 준다. 그들에 따르면, 가르치는 것은 배움에 대한 사랑, 타자에 대한 존중, 그리고 공동체 의식을 키우는 것이다."(Roberts, 제5권: 123) 듀이와 마찬가지로 프레이리의 사상은 "자유주의, 마르크스주의, 비판이론, 실존주의, 현상학, 급진적 카톨릭주의, 그리고 포스트모더니즘을 포함하는 다수의 지적 전통에 의해 형성"되었다(Roberts, 제5권: 111). 진보주의 교육처럼 프레이리의 비판적 교육학도, 이 책 시리즈의 저자들이 분명하게 보여 주는 것처럼, 처음부터 무대 장면에 등장한 것은 아니었다.

교육철학사에서 발견되는 연속성은, 비록 재구성과 재구조화와 더불어 끊임없이 형성되지만, 교육실천에서도 나타난다. 예를 들어, 인간이 지구에 거주해 온 이상, 젊은이는 어른으로부터 듣고 배우기 위해 모였다. 고대 아테네인들은 이러한 필수불가결한 세대 간 만남을 '파이데이아(paideia)'로 불리던 것으로 형식화했다. 그 용어는 좋은 시민을 준비시키도록 의도된 교육 과정, 마음과 몸을 모두 교육하는 것과 관련된 연구와 활동에서의 체계적인 교육 과정을 의미했다. 오크쇼트(1989)가 주장하는 것처럼, 이 개념은 "적절한 변화와 함께 로마제국의 학교로부터 중세 기독교왕국의 성당과 대학, 길드 및 문법학교로 전수되었다……. 그것은 르네상스 유럽의 학교에 정보를 제공하고, 영국과 유럽의 문법학교 혹은 공립학교에 아직도 살아남아 있다."(p. 71). 이 역사를 통하여 아이들과 청소년, 교육에 관심을 가진 부모, 전문적 교사, 그리고 어떤 경우에는 학교 행정가들 및 교회나 국가의 대표자들이 모두 생생하게 무대에 등장했다. 발달론적으로 적절한 교육 과정, 무엇이 아이들에게 최선인지, 필수적 훈련과 교사의 전문적 자질, 국가적 이해의 역할에 대한 이들 간의 논쟁을 통해, 교육 개혁은 동기화되고 이끌어지고 활성화되거나 어떤 경우 왜곡되었다.

강조된 대로 오늘날 교육철학자들은 단지 파이데이아와 같은 고대적 목적을 위하여 교육사상사를 검토하지는 않는다. 반대로 이들은 정확히 우리 시대에 필요한 건전한 이론과 관련된 실천을 형성하기 위한 비판적 관련성 때문에, 과거 사상에 대한 각각의 해석을 끊임없이 검토한다. 연이어 그들은 가르침과 학습, 교육 과정과 같은 교육의 근본적인 개념에 대해 뜨거운 대화에 서로 참여한다. 이러한 논쟁을 이해하고 유지하는 것은 교육철학 분야의 계속적인 생명력에 결정적이다. 철학자 갈리(W. B. Gallie, 1968)가 주장하듯이, 본질적으로 논쟁의 여지가 있는 개념에 대한 근거 있는 불일치는 그 분야의 통일성을 부각시킨다. 이 통일성은 사고의 통일성이 아니라 공유된 탐구 정신에 기반한 것이고 그것의 최적의 발전을 이끈다. 교육철학자들은 다른 철학자들의 이해에 가정된 기준을 스스로 인정할 수 없는 것만큼이나, 교육 실천 및 교육을 구성하는 개념에 대한 자신의 이해 방식이 늘 자신과 다르게 지각하는 이들에 의해 도전받을 수 있다는 것을 안다. 요약하자면, 더 많은 교육철학자가 서로 경쟁하는 해석들의 장점을 인정하면 인정할수록, 그들은 영역 내에 존재하는 학술적 논쟁의 질과 포용성에 더 많이 기여한다.

역동적이고 비판적인 전통

'관념'이란 무엇인가? 그것은 어디에서 오는가? 그리고 '사유' '탐구' '공부' 그리고 '비판'은 무엇인가? 그것들은 어떻게 등장하는가? 이러한 질문에 답하는 한 가지 방식은 다음과 같이 묻는 것이다. 철학은, 그리고 교육철학은 그것이 일어나고 있는 특수한 문화를 어느 정도 반영하는가? 가족적 삶, 건강과 정치를 둘러싼 환경의 다양한 실천들에 대해서 말할 수 있는 것처럼, 철학과 교육철학은 대체로 당연히 받아들여진 가정들, 그리고 둘러싼 문화의 전제들의 표현인가? 아니면 철학은 문화와는 다른 관계를 만들어 내고, 문화 안에서 단순히 유영하는 것 중의 하나가 아니라 비판과 개방적 탐구의 정신으로 그 흐름 바깥에 발을 내딛는 것인가? 우리는 그 등식의 모든 측면에서 진리를 본다. 이 책 시리즈에서 다루는 긴 대화 속에서 우리의 힘을 강화하는 진전된 논의는 최근 수십 년간 철학 자체가, 비록 그 의도에 의한 것은 아니더라도 그 결과에서는, 그것을 둘러싼 풍토와 마찬가지로 때때로 배타적이고 차별적이었던 방식을 차츰 인식해 왔다는 점이다. 철학자들과 사상학파들은 지난 수천 년에 걸쳐 문화 속에서 등장하는 성차별주의나 인종주의, 성인중심주의, 종차별주의 그리고 다른 '이즘'의 실재에 언제나 대응하지도 않았지만 그렇다고 그것을 인정해 온 것도 아니다.

우리는 우리 시대의 지적 · 정치적 · 학술적 조류 변화를 이끌며 이에 참여하는 이들에 의해 자극을 받는다. 이것은 학문을 확장된 범위의 주변화된 목소리나 초청받지 못한 목소리로까지 닿게 하고, 그 목소리들의 집합체는 이 책 시리즈의 여러 권에 걸쳐 등장할 것이다. 이러한 흐름은 계속될 것이라고 전망된다. 그리고 이것은 일반적으로 학계에서, 특별히 교육철학계에서, 더욱더 확장되고 더욱더 심화되는 세계시민주의 에토스를 약속할 것이다.

동시에 관념, 사유, 탐구 등의 기원에 대한 질문에 대해서 말하자면, 이것은 우리 사유의 이면에 '원인'이 아니라 '이유'가 있다는 사실을 상기시킬 것이다. 그 원인이라는 것이 문화적인 것이든 유전적인 것이든 간에 말이다(Oakeshott, 1989: 20). 바로 이 진리는 인식적이면서도 윤리적이다. 리차드 엘드릿지(Richard Eldridge, 1997)가 시적으로 표현하는 것처럼, "나의 인간성에 대한 기억과 그것의 표현 혹은 거절은 나에게 우연히 일어나는 어떤 것이 아니다. 그것은 고정되고 주어진 본성에 따라 작동하는 정신적이거나 물리적인 혹은 사회적인 요소의 효과가 아니다. 그것은 타자들과 함께 나 자신의 삶을 통해 살아 있게 하는 내가 하는 어떤 것"이다(p. 290). 이 책 시리즈에서 특별히 다루는 철학자들과 지적 운동들, 특히 우리 대화에 특별한 질감과 개방된 궤도를 제공해 온 철학자들과 지적 운동들은, 그들 각각의 시대에 지배적인 문화적 가정들의 표현으로 환원될 수 없다. 오히려 반대이다. 많은 경우 플라톤에서 몽테뉴, 마르크스(Karl Marx), 듀이, 아렌트(Hannah Arendt)에 이르는 이들은 총체적인 세계가 이제까지 보아 온 가장 비판적인 사유가에 속한다. 사회에 비판적이고 편견에 비판적이며, 도덕적 맹목성에 비판적이고 스스로에게 비판적이었다. 이 중 한 가지 구체적인 사례를 들자면, 자신의 에세이 「영원한 평화(Perpetual Peace)」(UN의 창시를 포함한 평화를 가져오는 많은 프로젝트의 지적 배경을 아주 심도 깊게 다루는 글)에서 칸트가 유럽의 제국주의와 식민주의적 착취에 대항해 논변할 때, 그는 자신의 편견조차 빛을 잃게 만들었다. 이 책 시리즈의 긴 대화에서 많은 사상가는 최소한 가장 좁은 지성적 의미에서도 '서구적'이지 않았다는 것을 덧붙일 필요가 있다. 많은 경우 플라톤과 같은 이들로부터 에머슨(Ralph Waldo Emerson)에 이르기까지, 그들은 세계로부터의 아이디에 온 정신이 팔렸고 이러한 영향을 온몸으로 받아들였다.

이러한 진술을 통해 말하고자 하는 핵심적인 논지는, 서양철학사와 서양교육철학사는 하나의 문화적 · 사회적 · 정치적 목소리로 특징지어지지 않는 것만큼이나, 이미 설정된 선형적 진보로 특징지어지지 않는다는 점이다. 전통을 매번 새롭게 만났을 때, 사람들은 각각 이전의 사유와 현재의 관심이 상호 섞이는 방식을 새롭게 말하고, 이와 더불어 교육철학을 다시 발견하고 다시 구성한다. 여기 다섯 권의 책 시리즈는 서양교육철학사의 지평이 후기인본주의, 탈식민주의 그리고 원주민철학과 동양철학의 통찰을 통합하여 확장하는 시점과 맞물린다. 이렇게 새롭고 영감을 주는 이론적 발전의 생생한 시작점에서 우리가 할 수 있는 것은 시공간을 가로질러 계속 반복된 오해와 맹점을 인정하고 그것을 수정하려고 시도하는 것이다. 그러나 만약 이러한 오해를 형성하고 우리의 초월성에 불을 지폈던 지적 운동들을 상세하게 검토하지 않는다면, 이것은 우리 사고를 편협하게 하고 우리의 가능성을 구속하며 개선을 위한 우리의 잠재력을 축소시키는 위험을 무릅쓰게 될 것이다(Carr, 2004;

Mintz, 2017; Ruitenberg, 2010). 선도적인 교육철학자들은 이미 존재하는 연구 분야를 비판적으로 검토하고 새로 등장하는 분야를 발전시키기 위한 철학적 논쟁의 역사가 갖는 중요성을 보여 주었다.

궁극적으로 이 다섯 권의 책 시리즈에 기울인 노력이 교육철학을 포함한 서양철학의 비판적 정신이 진정으로 영감적인 전통으로 남아 있다고 지각하는 교육학도와 교육학자를 위한 소중한 자원으로 전환되기를 바란다. 우리의 관심은 철학적 전통이 계속 살아 있어서 새로운 목소리와 비판, 그리고 재구성의 가능성을 계속적으로 지원하는 것이다. 이 입장은 전통주의와 완전히 다른 것이다. 살아 있는 전통으로서 서양교육철학은 "여전히 그것의 정체성과 연속성을 유지하는 한편, 발전할 수 있는 능력"을 가진다(Pelikan, 1984: 58). 이것은 가르침과 학습, 평가, 그리고 그 이상에 대한 질문, 그리고 과거에 그 질문들은 어떻게 규정되고 또 어떻게 제기되었는지에 대한 문제를 포함하는 긴급한 교육적 질문들이 역동적이고 계속적으로 변화하는 별자리와 같다(Hansen, 2001a, b). 대조적으로 지적 전통주의는 '있는 그대로의 방식에' 대한 어떤 도전에도 저항하는 반동적이며 요지부동한 시도로 구성된다.

철학의 두 전통

우리는 '전통'에 대해 말했다. 그러나 철학은 소크라테스와 공자(Confucius)와 같은 선도적 인물로까지 거슬러 올라가는 오랫동안 지속된 두 가지 전통의 상호 역동적 결합으로 이해될 수 있다. 첫 번째 전통은 철학 작업을 이론적이고 개념적으로 보는 전통이다. 이것은 교육을 사회화로부터, 양육을 학교 교육으로부터, 그리고 시민교육을 교화로부터 구분한다. 두 번째 전통은 철학을 삶의 예술(art of living)로서 이해하는 전통이다. 이것은 현명하게 되고자 하는 욕망을 체현할 뿐만 아니라, 철학을 그러한 삶 내에 편입시키고자 노력한다. 이러한 점에서 삶의 예술은 네 가지 상호 연관된 구성 요소를 가진다. 도덕적 요소(윤리적으로 살아가기), 사회적 · 정치적 요소(탐구와 의사소통에의 헌신), 심리적 혹은 영적 요소(마음의 평화를 즐기고 이기적 열정을 제어하는 것), 그리고 지적 요소(세계에 대한 자신의 가치 지향성과 세계 내 자신의 위치에 대해 조심스럽고 비판적으로 사유하는 것)가 그것이다. 사람들이 그러한 삶을 성취하도록 돕는 교수학적 방법이나 '영적 연습'으로는 지적 훈련, 관조의 실행, 그리고 몸에 대한 미적 활동을 들 수 있다(Gregory & Laverty, 2010; Hansen, 2011).

윤리적으로 살아가는 것은 우리 자신의 경험이 어떻게 동정, 이기심, 정직함, 잔인함, 공정성에 의해 다양하게 특징지어지는지를 잘 인식하는 것에 헌신하며 인간적 가치의 개념에 참여하는 것이다. 윤리적 탐구는 조심스럽게 사유하고 느끼는 능력, 건전한 대안을 고려하는 능력, 그리고 신념과 행위의 잘못된 습관을 스스로 교정하는 능력을 강화시킨다. 더욱이 사안에 대한 가장 합당한 판단에 이르는 것은 관념에 대한 자유롭고 개방된 교환을 요구한다. 이것은 지적 겸손함과 용기의 미덕뿐만 아니라 도덕적 상상력을 요구한다. 삶의 예술에서 사회적이고 정치적인 구성 요소는 개인으로 하여금 경험에서 권력이 작동하는 무수한 방식(인종주의, 성차별주의, 계급적 차별 등)을 인식하고, 정의로운 상호작용을 시도하고 유지하도록 요구한다. 심리적이거나 영적인 구성 요소는 자아의 반응을 제어하고, 자아로 하여금 경외심과 존경심을 불러일으키는 보다 깊은 의미의 원천들, 즉 자연이나 문화적 · 종교적 전통 그리고 예술작품과의 자기 관계를 인식하도록 한다. 삶의 예술을 구성하는 지적 요소는 교육에서 핵심적 초점이 되어 왔는데, 왜냐하면 그것이 바로 삶의 예술의 모든 구성 요소에 대한 비판을 이끌고, 그러한 비판 자체가 전통의 일부분이기 때문이다.

교육철학은 이러한 두 가지 오랜 철학적 전통, 교육의 이론화로서 철학과 형성적 실천으로서의 철학을 상호 대화로 이끈다. 교육을 아주 다른 방식으로 이론화했던 역사 철학자와 당대 철학자도, 그럼에도 불구하고 지혜-지향적인 교육을 위한 소크라테스적 정언명령을 존중한다. 이러한 정신으로 이 책 시리즈의 저자들은 사회와 학교가 개인적이고 사회적인 변화를 향상시키거나 해롭게 하는 정도를 검토한다. 그들은 두 전통을 정교화하고, 그 전통이 가르침의 실천들, 교사교육, 교육 과정의 발달, 그리고 정책 개발에 어떻게 관련되는지 보임으로써 오늘날 그 두 가지 전통을 되살리려고 할 것이다.

다섯 권의 저서와 장들을 가로지르는 주제들

다양한 시공간의 교육철학자들은 교육의 목적이나 본질, 수단에 대하여 합의된 생각을 가지고 있지 않다. 그럼에도 불구하고 다른 철학 분야와 구분되는 교육철학만의 (차별적) 특징들을 확인하는 것은 가치 있는 일이다. 철학자 및 지적 운동들 간에는 사유의 차이가 있음을 고려할 때, 그 특징들은 밀폐된 관념적 구획으로서 이해되기보다는 비트겐슈타인(Ludwig Wittgenstein, 1889~1951)에 의해 잘 알려진 용어인 '가족 유사성'으로 이해되어야만 한다. 이러한 특징은 다섯 권의 저서 전체에 걸쳐 다루어지는 주제와 핵심 질문을 구성한다.

- **철학적 인간학**: 인간이 된다는 것은 무엇을 의미하는가? 우리는 어떻게 마음과 몸의 관계를 이해해야 하는가? 누가 교육되어야 하는가? 인간 성숙은 발달적인가 아니면 순환적인가? 우리의 젊은(과거) 자아에는 무엇이 일어나는가? 아이는 동물과 같은가? 아동기는 그 자체로 하나의 삶의 형식인가? 철학은 아동에게 원초적인가? 교육에서 인간의 탄생성과 유한성의 의의는 무엇인가?
- **윤리학**: 인간으로서 잘 산다는 것, 번영한다는 것은 무엇을 의미하는가? 교육은 잘 삶에 어떻게 기여하는가? 어떤 형태의 가르침과 교육 과정이 도대체 예술적이고 의미 있는 삶을 보장하는가? 가르침과 배움의 미덕은 무엇인가? 교사는 어떻게 학교 내에서 혹은 학교 바깥에서 처신하도록 기대되는가? 어떤 윤리적 딜레마가 학교나 학교 지도성에 고유한 것인가?
- **사회 · 정치 철학**: 정의란 무엇이고 우리는 그것을 어떻게 가르쳐야 하는가? 교육자와 교육적 제도 자체가 우리가 개혁하기를 추구하는 바로 그 사회에 속한다면, 우리는 보다 평등하고 정의로운 사회를 위해 어떻게 교육해야 하는가? 시민성 교육의 목적은 정부에 대한 지식, 국가주의적 애국심인가 아니면 공동선에의 헌신인가? 우리는 어떻게 교육적 기회의 공정한 분배를 보장할 수 있는가? 교육은 국가 수준의 기준과 시험에 의해 관리되어야만 하는가? 국가는 교육에 대하여 어떤 권위를 가져야 하는가? 교사는 교육에 대하여 어떤 권위를 가져야 하는가? 아동과 부모의 권리는 무엇인가?

- **인식론**: 무엇이 교육적 '경험'을 구성하는가? 지식은 무엇인가? 지식은 어디에서 오는가? 지식은 타고나는 것인가, 외부 세계의 감각 경험으로부터 오는가? 이것은 발견되는 것인가, 만들어지는 것인가? 구성된다면 이것은 개인이 구성하는 것인가, 사회가 구성하는 것인가? 교수적 전략은 학습자가 이미 아는 것을 끄집어내어야 하는 것인가, 아니면 그가 모르는 것을 부어 넣어야 하는 것인가? 지식의 구조는 학습의 구조나 순서와 어떻게 관계되어 있는가? 지식은 개인적 형성과 사회적 형성에 영향을 미치는가? 교육은 지식과 지혜를 구분하도록 어떻게 가르칠 수 있는가? 이성의 본질은 무엇인가? 이성은 (열정과 구분되는) 절차적이고 도구적인가, 아니면 우리의 사유를 실재 및 좋은 것을 지향하는 직관적이고 평가적인 능력과 결합시키는가?
- **미학**: 경험의 지각된 질성은 무엇이고, 우리는 어떻게 우리 삶의 질성적 차원으로 우리 마음이 가득 차도록 배울 수 있는가? 인간 경험과 교육에서 아름다움의 역할은 무엇인가? 교육은 어떻게 세계를 향한 우리의 기본적인 감수성에 영향을 미치는가? 교육은 어떻게 민감하고 반응적이며 인식적이고 세계에 관심을 갖는 우리의 능력을 향상시킬 수 있는가? 개인은 자신의 삶의 이야기를 어떻게 말할 수 있는가? 좋은 사회를 만드는 미적 질성은 무엇인가?
- **교수법, 학교 교육, 교육**: 교육의 궁극적 목적은 무엇인가? 교육의 목적은 사회적 질서, 동화를 촉진하는 것인가, 개인의 자유를 촉진하는 것인가? 그러한 경험을 생산하기 위한 학교와 같은 기관의 역할은 무엇인가? 학교 교육은 학생들의 시장적 기술을 개발하는 데 초점을 둬야 하는가, 아니면 그들의 문화적 · 정치적 인식에 초점을 둬야 하는가? 어떤 교수적 방법이 가장 적절한가? 그리고 우리는 어떻게 인식론적이고 윤리적 관점에서 그 교수적 방법을 보장할 수 있는가? 우리는 교사교육을 어떻게 개념화할 것인가? 우리는 교사를 국가의 공무원으로 볼 것인가, 아니면 아동과 젊은이들의 교육에 대한 심대한 책임을 가진 '어른'으로 볼 것인가?
- **심리철학과 사회과학**: 교육은 어떻게 평가되어야 하는가? 인간의 교육을 '측정한다'는 것은 무엇을 의미하는가? 교육에 대한 사회과학적 연구의 강점과 한계는 무엇인가? 예술과 인문학의 (교육적) 기여는 무엇인가? 개인과 공동체, 사회가 스스로를 형성하고 재형성할 필요가 있는 자유의 정도는 어느 정도인가?

결론: 이 책 시리즈에 대한 개략적 소개

『서양교육철학사』는 다섯 권의 책으로 구성되어 있고, 각 권은 구분된 특정 시기의 정전적 교육철학자들과 사상학파들을 검토한다.

1. 고대(고대 그리스에서 초기 기독교 시대)(500 BCE~500 CE)
2. 중세와 르네상스 시대(500~1600)
3. 계몽주의 시대(1600~1850)
4. 근대 시대(1850~1914)
5. 당대 지형도(1914~현재)

각 권은 서구 전통에서 쉽게 알아볼 수 있는 시기를 다룬다. 왜냐하면 우리는 관련된 역사적 · 문화적 맥락 내에서 등장하고 지속되는 철학적이고 교육적인 아이디어를 맥락화하기를 원하기 때문이다. 이 목적에 맞게 제1권을 결론짓고 난 후, 기원 후 500년에서 제2권을 시작하는데, 이 시기는 로마제국의 멸망과 중세의 시작을 확정짓는 시기이다. 이 두 권의 책에서는 소피스트, 견유학파, 스토아학파의 등장 및 소멸, 특히 이어지는 사상에 매우 중요한 유대교와 기독교 전통의 등장에 의한 이들의 소멸을 다룬다. 제2권을 마치고 제3권은 17세기의 시작과 더불어 시작한다. 왜냐하면 17세기는 계몽주의와 더불어 등장하는 과학, 인권, 자유민주주의와 불가분의 관계가 있기 때문이다. 제4권을 마친 후 제5권은 제1차 세계대전이 시작되는 1914년에서부터 시작한다. 파괴와 규모에서 선례가 없었던 이 대재앙은 제2차 세계대전과 홀로코스트의 조건을 만드는 한편, 평화와 사회 정의, 개선된 보건과 영양, 전 세계적으로 확장된 교육적 조건의 육성을 위한 유엔과 수많은 다른 운동에 박차를 가하기도 한다.

각 권의 책에서 시작되고 끝나는 시기는 한 역사적 시기에서 다른 역사적 시기로 우리를 추동하는 중추점으로서의 역할을 한다. 이것은 각각 그 시기의 사회적 · 문화적 · 정치적 · 경제적 사건들, 독특하고 영향력 있는 사상가들, 그리고 다양한 사상적 학파들의 특징에 의해 규정되었지만, 다른 한편으로는 고정되고 견고한 경계를 대변하지는 않는다. 이 책 시리즈에 의해 제시되는 교육에 대한 철학적 고찰과 분석은 역사적 시기 자체에 의한 손쉬운 포착을 넘어선다. 논의는 아주 광범위하고 항상 역동적이며 과거와 미래를 오고 간다. 연도는 독자로 하여금 상이한 역사적 시기를 가로지르는 관념의 흐름을 손쉽게 포착하도록 하기 위해 허락된, 쉽게 침투되는 구멍 뚫린 막으로 간주되어야 한다. 독자는 저자들이 다른 시대에 기원을 둔 사상가들과 사상 및 실천의 노선들을 상호 연결시키는 것을 보게 될 것이다. 이 모든 것은 지리학적이고 역사적인 표식들을 가로지르는 전통의 움직임을 보여 주는 것이다. 각 책의 연도는 주목할 가치가 있는 한편, 이 책 시리즈에서 우리의 초점은 서양교육철학사 전체에 걸쳐 엮어져 있는 주제를 둘러싼 대화이다.

이 책 시리즈의 장들은 다음 두 가지 점에서 독자들에게 유용하도록 배치되었다. 과거 소급의 관점에서 볼 때는 이전 사상가와 운동의 중요성을 이해하도록 돕는다는 점에서, 미래 전망의 관점에서 볼 때는 학자들과 학생들이 추구해야 할 탐구의 영역을 지시하도록 그렇게 배치되었다. 이러한 과거 소급적, 미래 전망적 접근을 가능하게 만든 것은 부분적으로, 많은 저자가 그 전통의 핵심적 사상가들에 대한 정형화된 해석들을 교정하는 작업을 해 왔기 때문이다. 저자들은 우리가 왜 과거에 대한 정전적 견해에 저항하고 그것을 마땅히 넘어서야 하는지 설명하기 위해 열심히 작업하였다.

독자는 이 책 시리즈에서 서양교육철학에 대해 알아야 할 모든 것을 발견할 수는 없을 것이다. 범위에 있어 포괄적이기는 하지만 내용상 백과사전적으로 모든 것을 다루려고 하지는 않았다. 각 권의 책은 10개의 장으로 구성되어 있고, 그 책의 편집자에 의한 다소 광범위한 서론이 소개된다. 몇몇 예외를 제외하고, 모든 장이 전문적 교육철학자들에 의해 연구되고 집필되었다. 이들은 이미 존재하는 학술적 저술들에서 자료를 구하되, 그것을 반복하거나 전적으로 의존하지 않는 데에 동의했다. 그리고 자신이 잘 알고 있는 교육철학자나 교육사상학파를 보다 넓은 교육사의 흐름 속에 맥락화하고자 하였다. 많은 저자가 이 작업을 새로운 질문을 묻고, 또 이 질문에 답하기 위해 이전보다 더 광범위하게 읽는 계기로 삼았다. 작업 대상 철학자의 교육 저술에 대해 익숙한 일부 저자들은 회고록, 희곡, 소설과 편지 등과 같은 새로운 유형의 텍스트를 선택하여 읽기도 했다. 작업 대상 철학자의 저술에 익숙한 다른 저자들은 그 개별 철학자의 당대인이나 비판가들의 텍스트를 읽기도 했다. 여

전히 하나의 지적 전통에 익숙한 다른 저자들은 다른 또 하나의 전통과 함께 그 전통을 명료화하려고 했다. 이런 방식을 따라 저자들은 자기 자신의 자유 학습(liberal learning)에 참여했다. 그 경험은 전체 편집자로서 그리고 전체 장의 독자로서 우리 자신의 경험과 다르지 않다. 이 책 시리즈의 미래 독자들도 이와 비슷한 경험을 할 수 있기를 바란다. 교육철학을 공부하는 것은 우리 자신의 계속적인 교육에 직접 참여하는 것이기 때문이다.

선별적 참고문헌

Bailey, Richard, Robin Barrow, David Carr., & Christine McCarthy. (Eds.). (2010). *The Sage Handbook of Philosophy of Education.* Los Angeles: Sage.

Biesta, Gert. (2014). "Is Philosophy of Education a Historical Mistake? Connecting Philosophy and Education Differently," *Theory and Research in Education*, *12*(1), 65-76.

Carr, Wilfred. (2004). "Philosophy and Education," *Journal of Philosophy of Education*, *38*(1), 55-73.

Cavell, Stanley. (1989). "Finding As Founding," in Stanley Cavell, *This New Yet Unapproachable America: Lectures after Emerson after Wittgenstein*, 77-118, Albuquerque. NM: Living Batch Press.

Chambliss, Joseph James. (1968). *The Origins of American Philosophy of Education: Its Development As a Distinct Discipline.* The Hague: Martinus Nijhoff.

Coetzee, J. M., & Arabella Kurtz. (2015). *The Good Story: Exchanges on Truth, Fiction and Psychotherapy.* London: Penguin.

Curren, Randall R. (Ed.). (2005). *A Companion to the Philosophy of Education.* Oxford: Wiley-Blackwell.

Curren, Randall R. (2018). "Education, History of Philosophy of," *Routledge Encyclopedia of Philosophy.* Taylor and Francis. https://doi.org/10.4324/9780415249126-N014-2

Dewey, J. (1985). "Democracy and Education," in John Dewey, *The Middle Works, 1899-1924,* Vol. 9: *Democracy and Education 1916*, Ed. J. A. Boydston. Carbondale: Southern Illinois University Press.

Eby, F., & C. F. Arrowood. (1940). *The History and Philosophy of Education: Ancient and*

Medieval. Saddle River, NJ: Prentice.

Eldridge, Richard. (1997). *Leading a Human Life: Wittgenstein, Intentionality, and Romanticism*. Chicago: University of Chicago Press.

Gallie, W. B. (1968). *Philosophy and the Historical Understanding*. New York: Schocken Books.

German, Andy. (2017). "Philosophy and Its History: Six Pedagogical Reflections," *APA Newsletter on Teaching Philosophy*, *17*(1), 1-8.

Gregory, Maughn Rollins., & Megan Jane Laverty. (2010). "Philosophy, Education, and the Care of the Self," in "Philosophy, Education and the Care of the Self," special issue of *Thinking: The Journal of Philosophy for Children*, *19*(4), 2-9.

Hansen, David T. (2001a). "Teaching and the Sense of Tradition," in David T. Hansen, *Exploring the Moral Heart of Teaching: Toward a Teacher's Creed*, 114-36. New York: Teachers College Press.

Hansen, David T. (2001b). "Cultivating a Sense of Tradition in Teaching," in David T. Hansen, *Exploring the Moral Heart of Teaching: Toward a Teacher's Creed*, 137-56. New York: Teachers College Press.

Hansen, David T. (2011). *The Teacher and the World: A Study of Cosmopolitanism As Education*. London: Routledge.

Hayden, Matthew. (2012). "What Do Philosophers of Education Do? An Empirical Study of Philosophy of Education Journals," *Studies in Philosophy and Education*, *31*(1), 1-27.

Higgins, Chris. (2011). *The Good Life of Teaching: An Ethics of Professional Practice*. London: Wiley-Blackwell.

Horlacher, Rebekka. (2004). "'Bildung': A Construction of History of Philosophy of Education," *Studies in Philosophy and Education*, *23*(5-6), 409-26.

Kaminsky, James S. (1988). "The First 600 Months of Philosophy of Education—1935-1985: A Deconstructionist History," *Educational Philosophy and Theory*, *18*(2), 42-9.

Meyer, A. D. (1965). *An Educational History of the Western World*. New York: McGraw-Hill.

Mintz, Avi. (2017). "The Use and Abuse of the History of Educational Philosophy," in Natasha Levinson (Ed.), *Philosophy of Education Society Yearbook 2016*, 406-13. Urbana, IL: Philosophy of Education Society.

Muir, James R. (1998). "The History of Educational Ideas and the Credibility of Philosophy of Education," *Educational Philosophy and Theory*, *30*(1), 7-26.

Murdoch, Iris. (1997). "The Idea of Perfection,"in Peter Conradi (Ed.), *Existentialists and Mystics: Writings on Philosophy and Literature*, 299–336. London: Penguin.

Neiman, Susan. (2014). *Why Grow Up? Subversive Thoughts for an Infantile Age*. New York: Farrar, Straus & Giroux.

Oakeshott, Michael. (1989). *The Voice of Liberal Learning*, Indianapolis. IN: Liberty Fund.

Pelikan, Jaroslav. (1984). *The Vindication of Tradition*. New Haven, CT: Yale University Press.

Roberts, Peter. (2021). "A Philosophy of Hope: Paulo Freire and Critical Pedagogy," in Anna Pagès (Ed.), *A History of Western Philosophy of Education in the Contemporary Landscape*, 107–28. London: Bloomsbury Publishing.

Rorty, Amélie Oksenberg. (Ed.). (1998). *Philosophers on Education: New Historical Perspectives*. London: Routledge.

Ruitenberg, Claudia. (2010). *What Do Philosophers of Education Do? And How Do They Do It?*. Malden, MA: Wiley-Blackwell.

Siegel, Harvey. (Ed.). (2009). *The Oxford Handbook of Philosophy of Education*. Oxford: Oxford University Press.

Soltis, Jonas F. (Ed.). (1981). *Philosophy of Education since the Mid-Century*. New York: Teachers College Press.

Standish, Paul. (2007). "Rival Conceptions of Philosophy of Education," *Ethics and Education*, *2*(2), 159–71.

Titone, Connie. (2007). "Pulling Back the Curtain: Relearning the History of Philosophy of Education," *Educational Studies, 41*(2), 128–47.

서론

투쟁, 저항 그리고 기회

근대 교육에 관한 역사적, 철학적 관점

안드레아 R. 잉글리쉬 저 · 김희봉 역

이 책의 여러 장은 독자들에게 인간이 된다는 것이 무엇을 의미하는지에 관한 물음과 근본적으로 관련된 교육의 문제를 생각할 수 있는 방식들을 소개한다. 각 장에서는 이 시기와 그 이후에 아이디어를 제시했던 주요 사상가를 다룬다. 이 사상가들은 종종 다른 배경과 문화를 가지고 있지만 공통적으로 인류에 대한 깊은 성찰을 하고 있어서 인간으로서 우리가 다른 견해들을 접해 봄으로써 어떻게 배울 수 있는지에 대한 통찰력을 제공한다. 이러한 다름의 **교육적** 의미는 세상과 타인들과 함께하고 배우는 것이 인간이 된다는 것의 일부라는 사실을 강조한다. 독자들은 이 책에서 인간 경험의 다양성의 본질적인 가치를 드러내 주고 옹호할 수 있는 교육이론과 개념들을 발견할 것이다. 이 외에도 각 장에서는 근대 사상이 오늘날 교육의 실제와 정책을 의미 있게 재구성할 수 있는 방안을 약속하고 있는지를 제시한다.

이 책에서 다루어진 사상가들은 유럽의 근대성이라는 긴 궤적의 일부인 한 시기에 자신들의 사상을 펼치고 있는데, 그 특징은 유럽의 자국 내에서와 밖에서의 통치 문제로 정의된 주권 사상이다(Hardt & Negri, 2000). 그러나 근대성의 발달은 단순히 자연스럽고 지속적인 권력의 획득이 아니었다. 오히려 이러한 발달은 서로 긴장 관계의 특징을 가지고 있었다. 증가하는 제국주의의 팽창은 식민지화된 집단의 저항을 함께 가져왔다. 계속되는 산업화와 자본주의는 노동자들을 보호하기 위한 노동

조합의 투쟁을 함께 초래했다. 경제 성장을 위한 교육에 대한 새로운 요구는 양질의 교육에서 소외된 대중의 요구와 함께 일어났다. 가정이라는 사적 영역에서 여성의 지위를 정의하려는 노력은 여성을 직업 세계와 공적 영역의 일부로 재정의하기 위한 현실적이고 이데올로기적인 투쟁을 함께 가져왔다. 이 모든 것은 과학의 진보가 억압적이면서 해방적인 목표를 지지하는 것이 익숙해지는 동안에 일어났다.[1)]

이러한 맥락에서 역사적으로 노예 제도, 여성의 권리 박탈, 그리고 여학생, 유색 인종, 노동 계급 아동 및 장애인의 불평등한 교육 기회 등 이전 시대부터 초래된 불의를 종식시키기 위한 사회적 · 정치적 운동으로 정의되는 것들이 있었다. 여성과 소수자들은 점점 정치 운동에서 리더의 역할을 맡았다. 그중에는 노동조합의 지도자이자 최초의 여성 각료였던 영국의 본드필드(Margaret Grace Bondfield)와 독일 사회민주당의 활동가이자 국제 사회주의 운동의 지도자인 혁명가 룩셈부르크(Rosa Luxemburg)도 있었다. 그들은 여성의 참정권과 여성 노동자의 권리를 위해 싸웠다.[2)] 또한 영국에 거주하는 캐리비안 학생인 윌리엄스(Henry Sylvester Williams)도 있었는데, 그는 1900년에 런던에서 최초의 범아프리카 의회를 조직하는 데 도움을 주었다. 그것은 인종차별주의와 식민주의를 반대하는 정치적 담론의 확산과 아프리카계 사람들의 정치적 권리를 지원하기 위한 일환으로 이루어졌다(Killingray, 2012; Bogues, 2011 참조). 또 다른 사례는 식민지 교육의 저항적 리더이자 모든 아메리카 원주민의 시민권을 위한 권리 운동가인 지트칼라 사(Zitkala-sa)이다(Redmond, 2016; Terrance, 2011 참조). 이 운동들의 공통점은 개인성을 인정하고 특권층 백인 남성 사회의 의지에 종속되어 타자화되는 비인간적인 경험을 종식시켜야 한다는 근본적인 요구를 했다는 점이다.

20세기의 전환기에, 오늘날과 마찬가지로, 이러한 타자화에 대한 정치적 감각이 작동하였다. 정치적 범주로서의 타자성은 우리 대 그들이라는 생각을 정당화하는 맥락에서 사용되는 분열적인 용어로 이해될 수 있다. 이 관점을 통해 우리는 1893년 쿠퍼(Anna Julia Cooper)가 시카고에서 열린 세계여성대표자회의 연설에서 모든 집단의 타자화를 막기 위한 사회의 투쟁과 모든 사회를 위한 정당하고 필요한 토대로서 모든 인간의 고유한 가치를 주장하는 목소리가 자리를 잡도록 하려는 희망에 대해 언급한 것으로 생각해 볼 수 있을 것이다.

여성의 주장을 추상적인 것만큼이나 구체적인 것에까지 폭을 넓혀 보자. 우리는 인류의 연대성, 생명의 유일성, 그리고 성별, 인종, 국가 또는 조건에 관계없이 모든 특별한 편파성은 부자연스럽고 불의하다는 입장을 취한다. 고리의 연결이 끊어지면 고리는 끊어진다. 다리는 가장 약한 부분보다 더 견고할 수 없으며, 명분은 가장 약한 요소보다 더 가치 있을 수 없다. 무엇보다도 여성이라는 명분으로 약자를 비난할 수는 없다. 따라서 우리가 정의와 인권의 보편적 승리를 위한 노동자로서 바라는 바는, 이 의회에서 우리의 가정으로 돌아가서, 우리 자신, 인종, 성별 또는 종파라는 출입구를 통해서가 아니라 인류를 위한 거대한 고속도로를 통한 입장을 요구한다. 유색인종 여성은 여성이라는 요소를 하나의 보편적인 것이라고 느끼지만, 신성하고 불가침한 신의 형상이라고까지 느끼지는 않는다. 인종, 피부색, 성별, 조건이 삶의 실체가 아니라 우연적인 것이라고 느끼지는 않는다. 생명, 자유, 행복 추구가 인류 보편적 권리로 모든 사람에게 양도할 수 없는 것이라고는 느끼지 않는다. 백인 여성도, 흑인 여성도, 붉은 여성도 아닌, 거대한 불의 아래서 묵묵히 몸부림치는 모든 여성과 남성의 명분이 가르칠 교훈이고 승리한다고 느끼지는 않는다. 따라서 여성의 불리함은 무방비 상태의 비애와 불가피하게 연결되어 있으며, 여성의 '권리' 획득은 권력에 대한 모든 권리의 최종 승리, 이성의 도덕적 힘의 우월성, 정의, 그리고 지구상에 있는 나라들의 정부를 사랑하는 것을 의미할 것이다(Cooper, 1893).

교육철학: 몇 가지 근원

이 책에서 다루는 근대 이전의([사진 1]~[사진 4] 참조) 서양교육철학의 역사는 우리에게 타자성의 대조적인 의미를 정의하기 위한 도구를 제공한다. 이 도구는 쿠퍼가 암시하는 부당한 관행과 관련된 부정적인 정치적·윤리적·문화적 용어에 대해 날카롭게 맞서는 것이다. 이 도구는 모든 인간의 다름과 고유성에 대한 인식을 뒷받침하는 교육 개념에서 발견된다. 특히 계몽주의 시대에 명시된 세 가지 교육 아이디어[『서양교육철학사: 계몽시대(A History of Western Philosophy of Education in the Age of Enlightenment)』 참조]는 인간이 된다는 것이 무엇을 의미하는지의 핵심으로서 다름의 개념을 구체화한다. 이 장을 읽으면서 독자들은 이 책에서 다루어진 사상가들

[사진 1] 런던을 통과하는 시위행진에서 여성 참정권 운동을 하는 남녀 회원들(1900년대).

[사진 2] 맨 왼쪽의 노예제 폐지론자 지도자 해리엇 터브먼(Harriet Tubman, 1820~1913)은 노예였다가 탈출한 노예들에게 안전한 집을 제공한 '지하 철도(Underground Railroad)'의 창시자임(1900년대).

에게 다양한 방식으로 영향을 미친 이 세 가지 개념을 생각해 보도록 초대받는다. 인간의 학습 능력으로서의 **완전성**, 변형으로서의 교육의 개념인 **도야**(Bildung), 교육자와 학습자 관계를 기술하는 방법으로서의 관계성이 그것이다.

완전성

존 듀이(John Dewey)의 연구[이 책에서 왁스(Waks)가 쓴 제1장]에서 분명하게 발견되는 완전가능성, 교육가능성 또는 가소성으로 번역될 수 있는 완전성(perfectibilité)의 개념은 그런 아이디어를 개념화하고 교육적 함의를 연계시킨 루소(Jean-Jacques Rousseau)와 헤르바르트(Johann Friedrich Herbart)로 거슬러 올라간다(이 사상가들에 대한 자세한 내용은 『서양교육철학사: 계몽시대』를 참조). 완전성은 인간으로서 우리가 학습 능력을 갖고 있다는 생각을 표현한다. 이 능력은 우리가 환경에서 새롭고 낯선 것을 받아들이고, 생각해 보고, 우리의 목적과 욕구에 비추어 창의적으로 반응할 수 있다는 사실을 의미한다. 이 외에도 인간의 완전성에는 새로운 것이 우리의 목적과 욕구, 또는 실제로 우리가 누구이며 가치 있게 생각하는 것들에 대한 우리의 총체적 감각을 어떻게 변화시킬 수 있는지 깊이 따져 볼 수 있다는 의미도 들어 있다.

루소는 『에밀, 또는 교육론(Emile, or On Education)』(1763)에서 모든 인간이 삶의 모든 영역에서 배울 수 있는 능력을 타고났다고 묘사하면서 완전성에 대한 생각을 전면에 내세웠다. 그러나 중요한 것은 각 사람이 **무엇**을 배울 수 있는가에 대한 질문을 열어 두고, 그의 시대의 다른 교육자들을 포함하여 그의 독자들에게 수사적인 질문을 하고 있다. "누가 타인의 한계를 아는가?"(Rousseau, 1764, 1979: 62) 그의 간명한 진술은 학습자들이 교육이라는 개념을 미리 정해진 특정 목표에 도달하게 하는 처방이라는 생각을 난감하게 만들고, 그 대신에 각 아동의 학습 과정의 목적은 열려 있고 알려지지 않았음을 암시하고 있다. 아이가 과학이나 독서를 잘할 것인지, 수학에 쩔쩔 맬 것인지는 교육자가 미리 완전히 알 수 없다.

따라서 완전성은 '불확정적'이며, 이는 모든 개인이 동일한 속도와 동일한 능력으로 동일한 것을 배울 것이라는 것을 의미하지는 않는다. 오히려 모든 개인은 자신의 교육의 과정에 참여하고 고유하게 기여할 권리와 능력을 가지고 있기 때문에

불확정적인 것이다. 루소에 이어, 이러한 사고의 실마리는 독일의 교육 이론화 전통, 특히 완전성(Bildsamkeit)이 '교육의 기초 원리'라고 말하는 헤르바르트(Herbart, 1902: 1; 1913, 번역 개정판)에게서 매우 현저하게 보인다. 이 진술은 교육 과학을 발전시키려는 헤르바르트의 프로젝트의 일부였고, 그 맥락에서 그는 교육(teaching)

[사진 3] 1921년 워싱턴에서 열린 여성 평등 옹호 단체인 전국여성당(NWP)의 지트칼라 사(Zitkala-Sa).

이 전문적으로 인정받기 위해 필요한 것을 깊이 따져 보았다. 그의 완전성 원칙은 교육 분야에 입문하는 모든 사람에게 전문적인 실천을 요구한다. 교육자들은 그들이 실제로 교육적 결정을 내리기 전에 모든 아이의 불확정적인 학습 능력을 믿어야 한다.

교육을 하려면 교육이 가능하다는 점을 가정해야 한다고 말하는 것은 동어 반복적인 것처럼 보이지만, 완전성을 교육의 기본 원칙으로 삼는 헤르바르트의 생각은 현대 교육의 실천에 계속해서 의미를 갖는다. 예를 들어, 반대의 경우를 생각해 보자. 교사가 여학생은 수학을 배울 수 없다고 생각한다면, 그 교사가 수학적 사고를 촉진하기 위한 자기 수업 활동에 여학생을 참여시킬 이유가 없다. 더욱이, 완전성의 원칙은 인종, 민족, 성별, 장애 또는 다른 분류에 기초하여 특정 집단의 아동을 열등하게 보려는 견해를 단호하게 거부한다. 이러한 결함이 있는 관점은 어떤 경우에는 특정 아동들을 '교육받을 수 없는' 존재로 규정하게 만들었고, 특정 집단에 대한 분리 교육 제공과 교정적 형태의 교육을 정당화하려는 시도에 사용되었다.[3] 이러한 견해는 근대를 포함한 서구 사회의 역사 전반에 걸쳐, 그리고 그 이후 오늘날까지 나타났다. 대조적으로, 완전성은 모든 사람이 자신의 잠재력을 (자신의 능력, 이해 및 자신과 타인의 잘 삶에 기여할 수 있는 능력의 함양을) 실현하기 위해 노력할 수 있다는 생각을 지지한다. 우리는 이 잠재력이 어떤 모습일지 정확히 알지는 못한다. 이 책의 각 장은 이러한 실현의 의미를 여러 방식으로 말해 준다.

19세기 후반과 20세기 초반에 누가 학교에서 정규 교육을 받아야 하는지에 대한 많은 아이디어가 나타났다. 듀이는 위에서 언급한 고전적인 교육철학적 전통에서 개발된 교육의 원리를 알고 있었다. 동시에, 듀이는 전미유색인종진흥협회(NAACP)[4]의 초기 회원이자 여성의 권리를 지지하는 사람으로서, 정규 교육을 평등하게 받지 못하는 미국 아동들의 현실 상황에 대해서도 알고 있었다(이 책에서 프래그머티즘의 발전에 관한 역사적 · 철학적 맥락을 다루고 있는 스콧 존스턴의 제5장 참조).[5] 완전성에 대한 듀이의 고찰은 모든 아이들을 위한 민주주의 교육을 실제로 가능하게 만드는 이론과 실천을 연결시키고자 하는 더 큰 목적의 일부였다.[6] 그는 완전성이라는 아이디어를 가지고, 때로는 그것을 '교육가능성'으로 논의하고, 때로는 다윈의 영향을 받아 자연주의적인 용어로 그것을 '가소성(plasticity)'으로 구조화하였다. 듀이는 '가소성'이 '변수와 새로운 통제 방식을 획득하는 힘'이라고 언급하고 있다

(1916, 2008: 50). 듀이는 아동의 학습 능력을 억누르는 전통적인 교육 실천에 비판적이다. "일상적인 습관, 그리고 우리가 습관을 소유하는 대신에 그것이 우리를 소유하는 것은 가소성을 말살시키는 습관이다. 그것들은 변화하는 힘의 종결을 의미한다."(p. 54)는 듀이의 말은 다른 사람들을 교육하는 데 관여하는 모든 사람들에게 경고하는 내용을 담고 있다. 즉, 가소성도 인간 본성의 일부이기 때문에 가소성이 완전히 성장할 수 있는 것은 아니지만 학습자가 반복적이고 기계론적 사고와 행동에 참여하도록 강요하는 교육의 형태로 우리가 교육받을 수 있다.

이 사상가들(루소, 헤르바르트, 듀이)은 완전성이란 개념을 가지고 각자 다른 방식으로 그리고 역사의 다른 시점에서 교육과 정치를 하나로 묶고 있다. 완전성을 제대로 인식하는 것은 교육을 하고 있는 기성세대와 그들에게 교육을 받고 있는 어린 세대 사이의 특별한 관계를 함의한다. 이는 교육자들이 아동을 맹목적으로 그들의 의지에 종속시키는 것을 목표로 하지 않으며, 일부 아동중심 교육의 경우처럼 아동의 의지에 임의적으로 맞추려고 하지도 않는 것을 의미한다. 두 상황 모두 한 계층의 사람들이 다른 계층을 지배하는 계층적이고 비민주적인 사회의 토대를 만들고 있다. 오히려, 교육 목적은 아이들에게 자신의 내재된 완전성을 학습을 위한 불확정적인 힘으로 활용하는 방법을 보여 주는 것이어야 한다. 이를 위해 교육 환경은 실험,

[사진 4] 프랑스의 여학교, 1890.

상상 및 반성을 통해 아이들의 풍부한 심미적 경험을 함양하는 일이 일어나야 한다(English & Doddington, 2019).

도야

인간의 유연성과 형성 가능성은 루소, 헤르바르트, 듀이가 교육의 이론과 실천의 토대로 삼고 있는 완전성의 개념에서 파악된 것으로 도야(Bildung) 사상과 밀접하게 연관되어 있다. 도야는 독일 철학의 전통에서 생겨난 개념으로 '형성' '형성 교육' '자기 변형' '자기 함양' 등으로 다양하게 번역되었다. 번역하기가 어렵기 때문에 종종 영어로 번역하지 않고 사용하기도 한다. 도야의 과정으로서 인간의 학습 과정에 대한 이러한 본질적인 이해에서 '반성적' '의미 있는' '변형적인' '심오한' '비판적 사고'가 필요한 오늘날의 학교 학습 개념이 생겨난다. 보다 일반적으로, 우리가 '교육'이라고 부르는 교육학적 노력과 대조해서 개인의 학습 과정을 나타내려고 할 때, 도야는 영어의 '교육(education)'이라는 단어의 용법을 가리킨다. 따라서 도야라는 용어는 '자기 형성과 변형의 과정으로서 교육'으로 번역하는 것이 가장 좋을 것이다. 그렇기 때문에 완전성은 우리가 학습할 수 있다는 사실을 포착하고 있으며, 도야는 인간이 어떻게 학습하는가라는 질문에 대한 답이다. 어떻게 우리가 새롭고 익숙하지 않은 것을 받아들이는가? 도야는 인간이 다름과의 만남을 통해 배운다는 아이디어를 조명해 준다.[7)]

이 개념은 독일 철학자 훔볼트(Wilhelm von Humboldt)로 거슬러 올라가는데, 1792년에 쓴 「도야 이론」이라는 짧은 에세이에서 그는 인간이 삶에 의미와 가치를 부여함으로써 단순한 삶의 유지를 넘어 어떻게 노력하는지를 고찰하고 있다[훔볼트에 대한 자세한 내용은 『서양교육철학사: 계몽시대』에서 홀라처(Horlacher)가 쓴 제4장을 참조]. 이와 관련하여 훔볼트는 인간은 '자아가 아닌', 즉 자아보다는 타자인 다면적인 세계와 상호작용할 필요가 있다고 주장한다(Humboldt, 1792, 1960: 235). 여기서 '타자'라는 개념은 특히 현상학과 해석학의 독일 전통에서 오래 사용된 역사를 지닌 철학 용어이다[이 전통에 대한 자세한 내용은 이 책의 제2장 커드먼(Kerdeman)의 글 참조]. 여기서 어떤 것을 '타자'로 식별하는 것은 가치판단을 의미하는 것이 아니라, 단순히 '자아'로 특징지어지는 것을 넘어서는 뭔가를 의미하는 것이고, 이것은 '세계'

로 지칭될 수도 있다. 교육철학 전통에서의 '타자'는 베너(Dietrich Benner, 2008)가 조명하는 것처럼 타인을 지칭할 수도 있다.[8] 그러나 또한 여기서 그것은 경멸적인 의미는 아니다. 학습자에게 교사는 '타자'이다. 왜냐하면 교사는 타인이고, 학습자가 배울 수 있도록 학습자에게 도전하는 사람이기 때문이다. 학습자는 교사가 예상할 수 없는 방식으로 교육 상황에 독특함과 새로움, 즉 새로운 질문과 행동과 사고방식을 가져다준다. 이는 교사들이 무엇을 가르쳐야 하는지, 어떻게 가르쳐야 하는지, 그리고 실제로 교사가 되는 것의 의미와 도덕적 가치에 대한 교사의 생각에 도전을 줄 수 있다.

도야 개념은 우리가 '타자'라는 문제와 만나게 된다는 것을 강조한다. 이는 인간이 배우고 성장하기 위해서는 새롭고 다르거나 익숙하지 않은 아이디어, 대상, 의사소통 및 상호작용 방식에 관여해야 한다는 것을 의미한다. 이와 달리 우리가 학습하지 않으면, 우리는 기껏해야 현상유지를 하면서 최악의 경우에는 장차 생각을 확장할 수 있는 기회를 잃게 된다. 이러한 새로움과의 만남은 우리 자신의 한계, 즉 우리가 아직 알지 못하거나 이해할 수 없거나 아직 할 수 없는 것을 중요하게 지적한다[이 아이디어가 정신분석과 교육의 전통에서 어떻게 채택되었는지에 관해서는 이 책의 제4장 브리츠먼(Britzman)의 글 참조].[9] 우리가 새로운 것들에 관여하는 사례로는 외국여행을 하면서 새로운 경치를 보고, 새로운 음식을 먹고, 다른 언어를 듣거나 가령 어린아이가 뜨거운 찻잔을 처음 만질 때 따뜻함의 경이로움을 경험하는 것과 같은 특별한 일상적인 경험일 수 있다. 이러한 상호작용은 훔볼트의 도야 사상에 영향을 받은 듀이가 거듭 강조했듯이, 인간의 학습은 능동적이고 수용적인 측면을 모두 포함한다는 사실을 지적한다. 즉, 우리는 행위자로서 행동을 통해 세계에 영향을 미치고 세계를 형성할 뿐만 아니라, 우리는 불가피하게 세계와 타인에 의해 형성되기도 한다.[10]

따라서 도야는 지식을 조금씩 축적하는 지속적이고 부가적인 과정으로서의 학습보다 훨씬 더 많은 것을 포함한다. 이 학습은 오늘날의 교육 정책 담론에서 여전히 널리 퍼져 있는 개념이다.[11] 오히려 그것은 변형 과정으로서 교육이라는 아이디어를 포착하는 데 사용된 개념이다. 교육은 변형적인데, 그 이유는 다른 것과의 만남에서 우리의 확고한 생각이 어떤 의미에서는 혼란스러워지기 때문이다. 우리의 경험이 방해받거나 중단된다는 이 아이디어는 우리가 알고 있는 것과 우리가 그것을 어떻게 알고 있는지, 심지어 우리가 알고 있는 것과 하는 것이 진실하고 정당한 것인지에 대해 질문하기 시작하는 일상생활의 순간들에 대해서 언급하는 방식이다. 한나 아렌트(Hannah Arendt)가 말했듯이, 이것은 우리가 스스로에게 질문하기 시작하는 순간이다. 우리는 안으로 들어가서 '하나 안에서 둘'이 되는 것이고, 그것은 '질문하는 사람과 대답하는 사람'이 되는 것이다(1981: 185). 따라서 도야라는 아이디어는 인간을 성찰적 존재로 강조하고 있다. 즉, 우리가 만나는 새로운 사물, 아이디어 및 상호작용에 대해 비판적으로 생각할 수 있으며, 그 근거로 우리가 생각하고 행동하는 방식에 정보에 입각한 변화를 줄 수 있다는 것을 의미한다. 앞으로 이어지는 장에서 독자들은 도야에 대한 명시적인 논의와 이 전통이 암시하는 교육적 형성과 변형에 대한 논의를 접하게 될 것이다.

교사-학습자 사이의 관계성

> 거의 서른 명에 가까운 학생들이 낡은 벤치에 앉아 있었는데, 얼굴은 옅은 크림색에서 짙은 갈색으로 그늘지고, 작은 발은 맨발로 흔들리고, 기대로 가득 찬 눈은 여기저기서 장난기가 번뜩이고, 손은 웹스터(Webster)의 검푸른 철자책을 움켜쥐고 있었다. 나는 우리 학교를 사랑했고, 아이들이 선생님의 지혜에 대해 가지고 있는 훌륭한 신뢰는 정말 놀라웠다. 우리는 함께 책을 읽고 철자를 익히고, 글도 조금 쓰고, 꽃을 따고, 노래를 부르고, 언덕 너머 세상의 이야기를 들었다(Du Bois, 1903, 2007: 32).

이는 듀보이스(W. E. B. Du Bois)의 자전적 에세이에 나오는 말이다. 세기가 바뀔 무렵 테네시의 외딴 언덕에 학교를 설립하면서 교사와 학습자 사이의 모종의 관계를 '교육적'으로 만드는 목소리들을 묘사하고 있다[이 전통에 있는 듀보이스(Du Bois), 쿠퍼(Cooper) 그리고 다른 학자들에 대해서는 이 책의 제7장 알스턴(Alston)의 글 참조]. 무엇이 교사-학습자 관계를 특별히 교육적으로 만드는가, 즉 학습자와 교사 모두의 학습과 성장을 촉진하는가라는 문제는 현대 교육학 연구에서 널리 검토되어 왔다.[12] 이러한 관계를 지칭하는 한 가지 방법은 '관계적'이라고 부르는 것이다. 교육학에서 사용되는 용어로서의 관계성은 20세기 후반에 유명한 나딩스(Nel Noddings, 2013)와 같은 사상가들과 함께 더 일반화되었다. 배려의 상호적 속성에 대한 개념에

서 나딩스는 관계적인 것으로서 교육적인 교사–학습자 관계에 대한 아이디어에 천착한 것으로 유명하다[관계성에 대한 부버(Buber), 레비나스(Levinas), 나딩스에 대한 논의는 이 책의 제3장 고든(Gordon)의 글을 참조]. 보다 폭넓게 말하자면, 이 용어는 '교육'의 상호적 속성을 묘사하는 데 사용될 수 있다. 여기서 '교육'이라는 용어는 자기 형성 과정인 도야를 지칭하지 않는다. 오히려 여기서 '교육'은 한 사람이 다른 사람을 교육하는 것을 목표로 하는 특정 유형의 세대 간 교육적 관계를 말한다. 영어 'education'이란 단어의 용법은 독일어 Erziehung과 더 밀접하게 관련되어 있다. 이러한 의미에서 교육은 가르침이 본질적으로 관계적인 것이라는 아이디어와 관련된다. 그것은 모든 아이들의 고유한 의견제시에 수용적이고 반응적이며 책임 있는 교사관을 가리킨다. 이러한 관점에서 볼 때, 교사의 역할은 아이들에게 직접적인 일상생활을 넘어 세계의 다면성, 즉 '언덕 너머의 세계'[13]를 소개하는 것이다.

교사–학습자 관계를 관계적인 것으로 묘사하는 것은 어떤 의미에서 아이들을 알아야 할 것과 배워야 할 것으로 이끌어 가는 것[때로는 '교사중심' 접근법으로 언급되거나, 파울로 프레이리(Paulo Freire)가 '은행–저금식 교육'이라고 비판한 것인데, 프레이리의 마르크스주의와의 관계에 대해서는 이 책 제8장 톰슨(Thompson)의 글, 그리고 『서양교육철학사: 당대 지형도(A History of Western Philosophy of Education in the Contemporary Landscape)』 제4장의 로버츠(Roberts)의 글도 참조]과 아이들이 자유롭고 '자연스럽게' 발달하도록 하는(종종 '아동중심' 접근으로 언급되는) 교사의 확연한 두 가지 과업을 넘어서 변화하는 방식으로 생겨났다. 20세기 초, 독일의 철학과 교육학 교수인 리트(Theodor Litt)가 1927년에 펴낸 저서 『이끌기와 성장 돕기(Führen oder Wachsen lassen)』에서 지적한 바와 같이, 교육에 대한 이 두 가지 상반되어 보이는 이념들은 교육 이론과 실천에서 우위를 차지하기 위해 경쟁하고 있었다. 그러나 리트가 당시로서는 급진적인 논문(특히 리트의 책은 나치당에 의해 금지되었다)에서 지적한 바와 같이, 교육은 이 양극단의 어떤 것도 아니다. 그보다는 특별한 해석이 이루어졌는데, 교사의 두 가지 책임을 언급하였다. 교사는 학생이 풍부하고 다양한 세상을 보고 이해하도록 해야 하며, 동시에 의미의 세계를 충분히 열어 두어 학생이 의미 있는 것들에 적극적으로 참여할 수 있도록 해야 하고, 그 결과 미래를 가꾸어 가는 데 도움을 주어야 한다[이 아이디어는 이 책 제9장의 스탠디쉬(Standish)의 글에서 명시적으로 드러나고 있으며, 다양한 방식으로 모든 장에 반영되고 있다].

리트의 아이디어는 이끌기와 관련이 있는 '낡은' '전통적인' 교육에서 포착할 수 없는 교육에 대한 '진보적' 이해를 명확히 하려는 듀이의 목적과 연관되지만, 아이들이 교육 상황을 전적으로 주도하도록 허용하는 의미에서의 급진적인 아동중심적인 것은 아니다. 현대의 교육철학자들이 추구하는 이러한 균형은 '때로는 이끌고 때로는 성장하게 하라'는 것이 아니라, 두 개념이 지배적으로 함의된 그림에서 교사들이 벗어나도록 교사들의 생각을 완전히 되돌리려는 것이었다. 여기서 생각은 어떤 면에서는 교육자가 '교육적 요령'을 습득해야 한다는 헤르바르트의 개념으로 거슬러 올라간다(Herbart, 1802/1887, 1802/1896).[14] 헤르바르트의 교육적 요령이란 개념은 교육적 상호작용의 전개 속에서 나타나는 아동의 표현된 필요들에 대해서 즉흥적인 윤리적 반응의 형태를 묘사하기 때문에 도덕적 의미를 가지고 있다. 헤르바르트의 개념은 아리스토텔레스(Aristotle, 2000)의 실천적 지혜(phronesis), 혹은 어떤 순간에 현명한 결정을 내릴 수 있는 능력이라는 개념과 연결된다.[15] 교사가 어떤 상황에서 현명한 결정을 내리기 위해서는 학습자를 지도하기 위한 기반인 교육의 이론과 원리에 대한 철저한 이해가 필요할 뿐만 아니라, 학습자가 야기하는 실제적이고 생생한 교육 상황에 대해 수용적이고 민감할 필요가 있다.

이것은 듀이주의자들에게서 영감을 얻은 반성적 실천으로서의 가르침이란 개념과 더 관련이 있다. 이러한 실천에는 쇤(Schön, 2005)이 듀이를 묘사하면서 예기치 않은 학습자와의 상호작용의 순간을 '복잡한 상황'이라고 부르고 있는데, 이 상황은 반성을 불러일으키고 우리가 생각하는 방식과 그다음에 해야 할 일에 주의를 기울일 것을 요구한다. 교육철학에서 이와 관련된 발전은 교사를 '청취자'로 초점을 맞춤으로써 가르침의 수용적 측면을 보다 분명하게 했다.[16] 이러한 방식에서 교사에 대한 아이디어는 '관계적'으로 가르치는 것을 가리키는데, 지배적이지 않고 모든 아동에 대한 근본적인 존중에서 아동으로부터 그리고 아동과 함께 하는 학습을 기반으로 한다(English, 2016 참조).

이 책에서 다루고 있는 근대 사상가들이 과거 계몽주의 시대부터 21세기 현대에까지 어떻게 영향을 미치고 있는가에 대한 초기 통찰력을 제공하는 교육사상사에 대한 이 논의에서 세 가지가 나타난다. 첫째는 모든 아동의 고유한 가치에 대한 사상이다. 자율성으로서 독자성이라는 계몽주의적 가치는 '교육받은 사람'이라는 근대적 개념에 강한 영향을 주었고, 아동을 '아직 성인이 아니다'라는 상대적인 용어로

특징짓는 것을 지지했으며, 근대 시대에 많은 사상가는 여러 의문을 제기하였다. 이 시기에 아동은 자신의 지위를 얻게 되었다. 아동은 의미를 창조하기 위한 행위, 관점, 언어를 가지고 있다. 버딕-셰퍼드(Burdick-Shepherd)가 말한 것처럼 아동은 **생활세계**를 가지고 있다(이 책의 제6장, 유아교육 참조). 모든 아동의 가치와 의미는 모든 상호작용에서 교육자로부터 존중받아야 한다.[17]

둘째는 대략 **사회적 공간으로서 교육 환경**에 대한 사상으로 이해되는 것이다. 이 사상은 교사의 위치를 지식에 대한 유일한 권위자로 재구성해야 할지, 학생들이 교사와 상호지지 관계에 있고, 또래들로부터 적극적으로 배우고, 수동적으로 듣기보다는 생각하고 질문하는 것을 촉진하도록 해야 할지 등 교실 공간을 어떻게 봐야 하는지에 대한 교육철학적 고민을 야기한다. 교육 환경에 대한 논의는 또한 교사와 학교가 모든 아동에게 공평한 형태의 민주적이고 비권위적인 교육을 제공할 수 있는 사회적 조건이 무엇인지에 관한 철학적 질문과 관련이 있다.

셋째는 현대에 나타나고 있고 이 책의 모든 장에서 다양한 방식으로 제시되는 것인데, **교육 그리고 학교 교육의 문제가 사회 정의의 문제와 필연적으로 얽혀 있다는 것**이다. 현대에 이루어진 발전은 **우리가 다음 세대에게 물려주기를 원하는 세상은 어떤 것인가**라는 문제를 고민하는 것이 교육철학의 역할의 일부라는 점을 더욱 분명하게 만들었다. 이 문제에 답하는 것은 제2차 세계대전을 둘러싼 파시즘의 발흥과 홀로코스트의 참상 이후 더욱 절박해졌다. 이러한 전환점과 함께 독일로부터 망명하여 저술 활동을 했던 호르크하이머(Max Horkheimer)와 아도르노(Theodor Adorno, 1944, 2002)가 '계몽의 변증법'이라고 지칭했던 것을 철저하게 인식하게 되었다. 이는 이성의 인도함을 받는 인간의 사상이 자연과 타인에 대한 인간의 통제에 대해서 자기파괴적 합리화를 수반한다는 점에서 계몽주의 프로젝트가 본질적으로 모순된다는 사실을 지적하였다. 현대 사상가들은 교육이론이 개인, 집단, 인류를 더 낫게 형성하는 데 도움이 될 수 있는 교육 실천에 대한 우리의 고민들을 어떻게 지원할 수 있는지에 대해서 명확한 의미를 제공하지만, 더 나은 것이 무엇인지에 대한 논의에는 개방적이다. 교육과 사회 정의 사이의 관련성의 의미는 20세기 후반과 오늘날까지 발달해 온 교육철학에 계속 공헌하고 있는데(『서양교육철학사: 당대 지형도』를 참조), 페미니즘 이론, 비판적 인종 이론, 반권위주의 이론, 해방, 아나키즘뿐만 아니라 모든 아동의 고유한 가치에 대한 사상 등이 주요 내용이다. 이 책의 각 장은 나중

에 발전해 나가는 이러한 사상들의 근원을 다루고 있다.

독자들이 이 책에서 논의된 철학 사상의 전통에 낯설거나 익숙한 여부에 상관없이 각 장은 개별적으로 혹은 모두 오늘날 모든 교육철학자와 실천가들이 직면하고 있는 가장 근본적인 문제들 중 하나에 대해서 깊이 생각해 볼 수 있는 방식을 제공한다. 즉, 그 문제는 모든 아동의 잘됨(flourishing)을 증진하는 교육 체제를 개발하기 위해서는 정의로운 사회가 필요하다는 것과 또한 동시에 우리는 정의로운 사회를 만들기 위해서 모든 아동의 잘됨을 증진시키는 교육 체제가 필요하다는 것이다. 이것은 듀이가 그렇게 고민한 것으로 유명한 교육과 민주주의의 근본적인 변증법이다.

이 책의 내용 개괄

제1장 '존 듀이의 민주주의 교육철학'에서 왁스(Leonard J. Waks)는 듀이의 핵심 저서인 『민주주의와 교육(Democracy and Education)』(1916)을 듀이의 저작물에서 대개 간과되어 왔던 초기 민주주의 교육에 관한 저술들에 비추어 검토함으로써 새로운 통찰을 제공한다. 왁스는 듀이의 후기 중심 개념인 '성장' '소통' '자유'가 어떻게 그의 초기 사상에 뿌리를 두고 있는지를 보여 주며, 또한 듀이의 사상이 자아실현의 개방성 쪽으로 옮겨가고 있음을 보여 준다. 이 장에서는 「민주주의의 윤리(The Ethics of Democracy)」(1888)와 『학교와 사회(The School and Society)』(1899)를 포함한 중요한 정치 및 교육 연구에 대한 자세한 분석이 이루어지고 있다. 왁스는 듀이의 저작에서 인간의 본질적인 사회적 본성과 교육이라는 핵심 주제를 다룬다. 왁스는 민주주의 교육이 인간의 사회적 본성과 '민주적인 인격'을 함양하는 일임을 조명한다. 왁스는 오늘날 우리가 교육에서의 학습, 교수, 교육 목적, 교육방법 및 교육 과정을 어떻게 이해하고 있는지와 듀이의 초기 사상의 지속적인 관련성을 강조하면서 마무리하고 있다.

제2장 '현상학, 해석학 그리고 교육'에서 커드먼(Deborah Kerdeman)은 현상학과 해석학이라는 두 전통이 우리 삶에서 타인들과 맺는 관계가 어떻게 의미와 목적을 제공하는가에 대한 생각을 돕는 방식에 대해서 논의한다. 이를 위해서 커드먼은

딜타이(Wilhelm Dilthey, 1833~1911), 후설(Edmund Husserl, 1859~1938), 하이데거(Martin Heidegger, 1889~1976) 및 가다머(Hans-Georg Gadamer, 1900~2002)와 같은 19세기 후반과 20세기의 네 명의 주요 철학자의 사상을 심층 분석하고 차례로 논의한다. 이들 사상가에 대한 커드먼의 연구는 증거기반의 사회과학 연구와 현상학 및 해석학적 관점에 의해 정보가 제공되는 교육 연구 간의 근본적인 차이에 대해서 독자들에게 이해를 제공한다. 그녀의 논의는 왜, 그리고 어떤 의미에서 이 사상가들이 사회생활을 연구하는 데 과학은 한계가 있다고 보았는지에 대한 비판적인 통찰을 제공한다. 커드먼은 마넨(Max van Manen)과 같은 영향력 있는 사상가의 연구를 포함하여 이러한 전통에서 현대 교육 연구에 대한 평가로 결론을 맺는다. 이 장에서는 이러한 철학적 전통이 교육 경험을 실존적으로 변형적이고, 가치 있고, 의미 있는 것으로 입증함으로써 교육의 도구적 관점에 어떻게 대응했는지를 보여 준다. 이 논의는 이러한 전통들이 교육의 재인간화에 대한 요청을 어떻게 지지하는지를 보여 준다.

제3장 '교육에서 윤리적 관계성: 마르틴 부버, 에마뉘엘 레비나스 그리고 넬 나딩스'에서 고든(Mordechai Gordon)은 교육을 철학적 인간학과 윤리학이라는 철학의 두 하위 분야의 맥락에서 고찰한다. 이러한 하위 영역에서 영감을 얻은 교육철학의 핵심 질문은 다음과 같다. 인간으로서 잘 사는 것은 무엇을 의미하는가? 그리고 교육은 정의를 세우는 것과 어떤 관련이 있는가? 이 장에서는 20세기 초의 두 사상가 부버(Martin Buber, 1878~1965)와 레비나스(Emmanuel Levinas, 1906~1995)에 초점을 맞추고 있다. 고든은 그들의 아이디어를 현대 교육철학자 나딩스(Nel Noddings)의 아이디어와 연결시키고 있다. 첫 번째 절에서 고든은 부버의 대화 개념을 분석한다. 그의 논의는 부버 사상의 핵심인 나-너의 개념을 강조하고, 관계의 상호주관적 영역으로서 개인들 '사이'의 영역이 인간관계를 윤리적으로 이해하는 데 얼마나 중요한지를 조명한다. 고든은 부버가 교사와 학생 간 관계의 특수성과 그러한 관계의 의미를 어떻게 이해했는지 검토한다. 이 장에서는 레비나스의 관계 개념을 강조하고 부버와의 유사점과 주요 차이점을 지적한다. 세 번째 절에서 고든은 현대 사상가 나딩스로 전환하여, 그녀가 부버를 다루면서 교육에서 관계적 아이디어로서 배려에 대한 이해를 어떻게 제공하고 있는지를 보여 준다. 이 장은 전인을 위한 교육과 의미 있는 관계의 필요성에 관한 각 철학자의 핵심 사상을 강조하면서 결론을 맺고 있

다. 이 장은 독자들에게 이 사상가들이 어떻게 관계적 교육학에 대한 강력한 개념을 제공하는지, 그리고 이 개념이 오늘날 우리가 교육하는 방식의 극적인 변화를 어떻게 지원할 수 있는지에 대한 이해를 제공한다.

제4장 '정신분석학과 교육'에서 브리츠먼(Deborah P. Britzman)은 독자들에게 정신분석학의 전통에서 다섯 명의 주요 인물에 대한 통찰을 제공하고, 그들의 이론이 교육학에 대해서 우리가 생각할 수 있는 중요한 렌즈를 어떻게 제공할 수 있는지에 대해 논의한다. 브리츠먼은 정신분석학의 창시자인 지그문트 프로이트(Sigmund Freud, 1856~1939)에 대한 소개를 시작으로, 프로이트가 그 분야의 정립을 도모한 이론과 사상, 즉 무의식, 기억, 관계성, 유아기의 삶, 그리고 우리가 '이 모든 것이 무엇을 의미하는지 모른 채' 타인들과 함께 살아야 한다는 아이디어를 묘사한다. 이 논의를 통해서, 그녀는 독자들에게 사고의 기원과 한계, 그리고 우리를 연약하고 취약하게 만드는 미지의 것에 관한 프로이트의 사상이 후기 정신분석 사상가들에게 어떻게 영향을 미쳤는가에 대한 이해를 제공한다. 이어서 브리츠먼은 안나 프로이트(Anna Freud, 1895~1982), 클라인(Melanie Klein, 1882~1960), 비온(Wilfred Bion, 1897~1979), 그리고 위니컷(D. W. Winnicott, 1896~1971)에 대해서 논의한다. 아동 정신분석학을 발전시킨 안나 프로이트와 클라인을 통해서 브리츠먼은 그들이 독자들에게 유아의 정신적 삶의 풍요로움에 대한 이해를 어떻게 제공하는지 설명한다. 이어서 이 장의 비온을 다룬 부분에서는 '좌절'과 관련된 경험에 대한 그의 심층적인 이해가 어떻게 엄마-아기의 관계와 인간의 배움의 좌절을 용인할 필요성에 대한 통찰력을 제공하는지를 보여 준다. 브리츠먼은 위니컷을 통해서 어른보다 덜하지 않은 인간으로서 아동의 세계에서 가치의 핵심적인 역할에 대한 생각을 발전시킨다. 이 장 전체에서 브리츠먼은 이러한 사상가들이 교육, 민주적 시민성 및 정치적 자아에 대한 우리의 현대적 이해를 어떻게 돕고 있는지 관련시키고 있다. 이 장에서는 독자들에게 절대적 지식의 단순한 전달을 목표로 하는 것에 반하는 것으로서 불확실성을 고려한 교육학이 21세기에 어떻게 나타날 수 있는지에 대한 지속적인 질문을 제공한다.

제5장 '19세기 미국 교육의 철학적 환경: 관념주의에서 실용주의로'에서 존스턴(James Scott Johnston)은 교육이 무엇인지에 대한 미국 초기의 근본적인 논쟁에 독자들을 끌어들인다. 존스턴은 특히 '미국적' 철학 전통으로 간주되는 실용주의가 영향

을 받았던 것들을 살펴보면서 시작하고 있다. 실용주의는 미국에서 등장한 풍부한 문학 사상을 포함하여, 특히 독일 철학자 이마누엘 칸트(Immanuel Kant)의 관념철학 전통, 특히 다윈주의, 수학과 같은 과학 발달의 영향뿐만 아니라 미국의 노예제도와 남북 전쟁의 역사적 발전 등의 영향을 받았다. 존스턴의 논의는 실용주의의 주요 인물인 라이트(Chauncey Wright, 1830~1875), 피어스(C. S. Peirce, 1839~1914) 그리고 제임스(William James, 1842~1910)에 초점을 맞추면서, 교육과 관련되고 존 듀이 교육사상에 영향을 미친 실용주의 이론의 핵심 관점들을 다루고 있다. 이어서 존스턴은 듀이에 초점을 맞추고, 듀이의 초기 핵심 교육사상, 특히 1895년의 '의지 훈련과 관련된 홍미'에서 발전시킨 덜 알려진 역사적 · 철학적 · 전기적 맥락을 독자들에게 제공한다. 존스턴은 듀이 생애의 핵심 인물들을 조명하면서, 듀이의 교육과 사회에 대한 사상에 영향을 미친 사례들을 제시한다. 여기에는 듀이에게 교육과 사회 재건에 영향을 준 사회운동가 애덤스(Jane Addams, 1860~1935)와 듀이가 『학교와 사회』(1899)에서 제시한 아동의 사회적 본성에 대한 이해를 알려 준 미드(George Herbert Mead, 1863~1931)의 놀이 개념이 포함된다. 실용주의와 교육사상의 역사는 독자들에게 현재의 사회적 정치적 도전에 비추어 오늘날의 교육적 아이디어와 실천을 재검토하기 위한 통로를 함께 제공한다.

제6장 '교육철학과 유아기: 마리아 몬테소리와 레지오 에밀리아의 유아기로의 초대와 자극'에서 버딕-셰퍼드(Stephanie Burdick-Shepherd)는 몬테소리(Maria Montessori, 1870~1952)와 말라구치(Loris Malaguzzi, 1920~1994)의 연구들에 독자들의 관심을 돌린다. 이 장에서 그녀는 교육에 관한 이 두 가지 접근 방식을 나란히 검토하면서 아동 기관, 아동 권리 및 아동 사상에 관한 이해를 어떻게 풍부하게 할 수 있는지 강조한다. 이 장은 몬테소리가 아동의 세계를 이해하고 그것을 아동이 참여할 수 있도록 '초대'하는 교육 환경으로 전환시킨 독특한 공헌에 대한 통찰로 시작된다. 이 초대 아이디어는, 버딕-셰퍼드가 주장한 것처럼 과소평가되었지만, 창의적인 교육공간의 설계와 일반적으로 몬테소리와 관련된 교사 실천을 안내하는 철학적 의미로 가득 찬 것을 보여 준다. 이어서 버딕-셰퍼드는 에밀리아 접근법의 핵심 아이디어로 전환하여, 세계에 제공하는 중요하고 독특한 무언가를 가진 행위자와 창조자로서의 아동에 대한 깊은 이해에 초점을 맞춘다. 전반적으로 이 장에서는 몬테소리와 에밀리아 사이의 관계를 묘사하며 그들이 단지 일련의 실천의 방법을

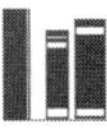

제시하는 것이 아니란 것을 보여 준다. 이 논의를 통해 독자들은 그때나 지금도 이러한 철학적 접근들이 전통적인 교실에 대해서 어떻게 실질적인 비판을 제기하는지를 이해할 수 있다. 이 장에서는 이러한 접근법에 대한 지속적인 연구가 오늘날의 교육과 아동 사상에 중요한 이유를 이해하는 기반이 된다.

제7장 '인종, 정의, 교육의 철학: 몸이 겪은 지식의 전통'에서 알스턴(Kal Alston)은 19세기 후반과 20세기 미국 역사를 '흑인의 렌즈를 통한 현대 미국 교육 분석의 기원과 발전'의 역사와 연결시킨다. 알스턴은 독자들에게 듀보이스(W. E. B. Du Bois, 1868~1963)와 워싱턴(Booker T. Washington, 1856~1915)의 역사적 논쟁을 상기시키면서 시작한다. 이들의 논쟁은 아프리카계 미국인의 교육을 둘러싸고 교육을 통한 개인화를 주장하는 것이었다. 이 장에는 쿠퍼(Anna Julia Cooper, 1858~1964)와 웰스-바넷(Ida B. Wells-Barnett, 1862~1931)을 비롯한 중요한 여성 인물에 대한 논의가 이루어지고 있는데, 그들이 아프리카계 미국인과 여성의 발전에 얼마나 중요한지를 보여 준다. 두 번째 절에서 알스턴은 다음 세대로 전환하여 교육 기회의 중요성을 지지하기 위해 예술, 정치 활동 및 교육철학이 어떻게 결속되었는지를 보여 준다. 이 장은 독자들에게 이전 세대의 사상을 20세기와 21세기의 시민운동과 연결시키는 방안을 제공한다. 이 장에서 알스턴은 반복되는 주제가 이 전통에서 사상가들에 의해 어떻게 받아들여지고 문제시되었는지 지적한다. 그녀는 아프리카계 미국인 아동들이 한편으로는 자기 가치와 학습의 중요성에 대해서 학교에서 배운 것과, 또 다른 한편으로는 잘 삶의 장벽으로 사회에서 경험한 것 사이의 모순을 검토한다. 이 장에서는 독자들에게 이러한 핵심 인물들이 교육 및 사회 정의에 대한 오늘날의 사고에 얼마나 필수적인 요소로 남아 있는가에 대한 통찰을 제공한다.

제8장 '비판이론과 교육'에서 톰슨(Christiane Thompson)은 비판이론의 전통에서 '비판'의 다양한 의미와 그것이 교육사상에 주는 중요성으로 시작한다. 이 장에서는 마르크스(Karl Marx, 1818~1883)의 철학사상에 대한 분석으로 시작하여 '소외'라는 핵심 개념을 강조하고, 마르크스가 프레이리의 현대 교육사상과 비판적 교육학의 전통에 끼친 영향에 주목한다. 톰슨은 마르크스주의 사상에서 발전한 프랑크푸르트 학파에 대해 논의하기 시작한다. 그녀는 20세기 초반의 정치 발전, 특히 민족주의의 발흥과 자본주의의 팽창을 설명하면서 이러한 사건들이 프랑크푸르트 학파의 사상과 그들로부터 유래한 '사회적 책임으로서의 교육'을 포함한 지속적인 교육사

상에 어떻게 영향을 주었는지 독자들에게 조명하고 있다. 세 번째 절에서 톰슨은 아도르노가 국가 사회주의의 발흥에 따라 도야(Bildung)에 대한 서구, 특히 독일의 아이디어를 어떻게 문제 삼는지에 대해서 논의한다. 그녀의 논의는 현대 사상가들이 아도르노의 비판적 통찰을 수용하여 사회구조와 그것을 형성하는 발전에 대한 생각과 항상 만나게 되는 교육사상을 어떻게 재구성했는지를 보여 준다. 이 장에서 톰슨은 비판이론 전통이 교육사상에 영향을 미친 서구의 이성과 주체성에 대한 심오한 비판을 어떻게 제시하는가를 다룬다. 결론적으로 톰슨은 비판이론이 '사실주의 이후의 시대'에 '권위주의적 특성'의 재등장을 포함하여 오늘날의 정치 발전에 대한 비판적 방안을 어떻게 제시하는지를 검토하고, 이를 교육 실천에 도움을 줄 수 있는 근본적인 교육 개념으로서 '비판'이라는 아이디어와 연결시킨다.

제9장 '교육과 언어적 전회'에서 스탠디쉬(Paul Standish)는 인간이 어떻게 '세계 속으로' 들어오는지를 이해하기 위해서는 언어가 필수적이라고 주장한다. 스탠디쉬는 철학의 '언어적 전환'을 둘러싼 전개를 논의하면서 언어와 사상의 관련성에 관한 철학 사상사를 소개하는 것으로 시작한다. 스탠디쉬는 인간이 되는 것의 일부로서 언어의 중요성에 대한 그림을 발전시킨, 일반적으로는 연결되지 않는 세 명의 사상가를 관련짓고 있다. 그들은 비트겐슈타인(Ludwig Wittgenstein, 1889~1951), 하이데거(Martin Heidegger, 1889~1976), 데리다(Jacques Derrida, 1930~2004)이다. 스탠디쉬는 비트겐슈타인과 관련하여 독특한 접근 방식을 채택한다. 그는 비트겐슈타인의 전기를 활용하여, 『논리-철학 논고(Tractatus Logico-Philosophicus)』(1922)에서 표현된 언어에 관한 초기 사상과 『철학 탐구(Philosophical Investigations)』(1953)에서 표현된 후기 사상을 대조시킨다. 스탠디쉬는 독자들에게 『철학 탐구』가 새로운 의미를 부여할 수 있는 '인간의 실천들'에 아이들이 입문하는 과정의 일부인 언어를 어떻게 발달시키는가에 대한 통찰을 제공하는지 조명한다. '의미의 개방성'이 존재한다는 사상은 스탠디쉬가 '교육의 기반'이라고 부르는 것이다. 구체적인 예를 들어, 이 장에서는 하이데거와 하이데거의 정치에 대한 중요한 비판가인 데리다의 후기 연구가 모두 인간의 경험을 구성하는 것으로서 의미의 개방성에 대해 어떻게 생각했는지 살펴본다. 이 렌즈를 통해 독자들은 과학주의와 서양철학의 인간과 세계 사이의 전형적인 이원론의 영향에서 벗어나 교육 정책과 실천을 어떻게 재고할 수 있는지에 대한 통찰을 얻을 수 있다. 스탠디쉬는 독자들에게 창조적인 의미 형성을

위한 능력을 열어 주는 모든 인간 경험을 제공하는 미래 교육의 가능성에 관한 질문을 남기고 있다. 동시에 이 장은 이러한 미래는 교육 연구의 중심에 인문학이 있어야만 가능하다는 것을 제시한다.

미주

1) 이러한 역사적 발전에 대한 자세한 내용은 하르트와 네그리(Hardt & Negri, 2000)의 이 기간을 다루는 시리즈에서 에릭 홉스봄(Eric Hobsbawm, 2000a, b)의 두 권의 책, 『자본의 시대, 1848~1875(The Age of Capital 1848~1875)』 및 『제국의 시대, 1875~1914(The Age of Empire 1875~1914)』를 참조하라. 특히 미국에서 이 시기 이전, 도중 및 이후의 역사에 대한 생생한 그림은 진(Zinn, 1995)을 참조하라.

2) 『세계 전기백과사전(The Encyclopedia of World Biographies)』(Detroit, MI: Gale, 2004) 2판에 등재된 Margaret Grace Bondfield(Vol. 2: 388-389)와 Rosa Luxemburg(Vol. 10: 55-56)를 참조하라. https://link-gale-com.ezproxy.is.ed.ac.uk/apps/doc/CX3404700766/GVRL?u=ed_itw&sid=GVRL&xid=5fdfaf6f 및 https://link-gale-com.ezproxy.is.ed.ac.uk/apps/doc/CX3404704044/ GVRL? u=ed_itw&sid=GVRL&xid=57e1f1ad.

3) 해리 다니엘스(Harry Daniels), 이안 톰슨(Ian Thompson)과 앨리스 타웰(Alice Tawell)이 영국에서 1970년의 「장애 아동 교육법(Handicapped Children Education Act)」에 앞서 논의한 바와 같이, 'IQ가 50 이하로 측정된'(2019: 2) 아동은 '교육이 불가능한' 것으로 분류되었다. 그러한 검사는 오늘날 타당성과 도덕성이 논란이 되고 있다. 미국에서는 완다 블란쳇(Wanda Blanchett, 2006)이 논의한 바와 같이, 인종차별주의와 백인 특권이 아프리카계 미국인 학생들을 특수한 필요의 범주로 분류하는 데 기여했다. 블란쳇은 아프리카계 미국인 학생들이 오랜 역사 속에서 특히 자원이 부족했고, 특수한 필요를 가진 아동을 지원하고 미국의 특수교육 서비스에 따라 동등한 교육 기회를 부여하기 위해서 고안된 객관적인 평가보다는 주관적인 결정에 근거하여 특수교육 프로그램에 위탁된 것을 논의하고 있다.

4) NAACP는 1909년에 설립되었다.

5) 크레민(Lawrence Cremin, 1961)의 저서 『학교의 변형: 미국 교육에서 진보주의 1875~1957(The Transformation of the School: Progressivism in American Education, 1875~1957)』는 이 점에 대한 뛰어난 자료이다. 또한 진(Zinn, 1995)은 미국 교육 발전에 관한 문제에 대해서 중요한 역사적 맥락을 제공한다.

6) 듀이는 인간의 완전가능성(perfectibility) 사상과 모든 사람들의 교육권에 대해서 학자들에게 국제적으로 영향을 미치는 선구적이고 진보적인 교육자로 올바르게 인정받고 있지만, 최근의 연구는 그가 서구 문명을 현재의 가장 높은 단계로 보면서 인간 문화를 사회 · 정치 · 경제 발전의 선형적이고 상향적인 경로에 놓는 진보의 개념을 가지고 있다고 주장한다(예를 들어, Pratt, 2017 참조). 듀이는 후기에 제국주의, 탐욕스러운 세계 자본주의, 인종차별주의 및 기타 현실들로 인해 영속되고 있는 불의를 설명하지 못하는 그러한 사상에 대한 명확한 비판가가 되었다.

7) 교육철학 내에서 도야(Bildung)에 관한 많은 연구가 있다. 예를 들어, 라스 로블리와 폴 스탠디쉬(Lars Løvlie & Paul Standish, 2002)는 『교육철학 저널(Journal of Philosophy of Education)』의 특별호를 편집했다. 특별호에는 아르실라(Rene Arcilla), 홀(Hansjörg Hohr), 울리언스(Michael Uljens), 비에스타(Gert Biesta), 라이헨바흐(Roland Reichenbach), 노르뎀보(Sven Erik Nordembo), 거-제브(Ilan Gur-Zev), 몰튼슨(Klaus Mortensen) 및 포이케르트(Helmut Peukert) 등 국제적인 현대 교육철학자들의 연구물이 포함되었다. 『교육철학과 이론(Educational Philosophy and Theory)』 저널은 2003년 바우어(Walter Bauer, 2003)가 편집한 특별호와 조르젠슨(Estelle Jorgensen, 2014)이 편집한 『음악 교육 리뷰의 철학(Philosophy of Music Education Review)』의 특별호를 통해 덴마크의 음악 교육철학자인 닐슨(Frede V. Nielsen)의 도야에 대한 아이디어를 소개하는 등 이들 역시 국제적인 학자들의 연구가 포함되어 있다. 바후르스트(David Bakhurst, 2011)는 이성 발달과 관련된 도야에 대한 자신의 이해를 포함하여 교육철학 내에서 맥다월(John McDowell)의 학문을 장려하기 위해 많은 노력을 기울였다. 몇 개의 독일어 책들은 독일 전통의 다양한 사상가들의 맥락에서 교육의 과정을 살펴보는 『도야와 부정성(Bildung und Negativität)』(Lutz Koch, 1995)과 푸코의 연구를 묘사하고 있는 『도야의 질서(Die Ordnung der Bildung)』(Norbert Ricken, 2006)를 포함하여 도야에 대한 이해를 다루고 있다. 영어권의 관련된 연구에서 도야에 대한 독일 전통의 묘사는 교육과 학습을 이해하기 위한 변형의 개념을 사용했는데, 잉글리쉬(English, 2013) 및 와이버그(Wiberg, 2016)가 그 사례이다. 관련 연구는 변형과 교육의 개념 전반에 걸친 주제를 살펴보고 있다(예를 들어, Yacek, 2017; Yacek과 Ijaz, 2020를 참조). 또한 '성장 소설(Bildungsroman)' 혹은 '교육 소설'에 대한 관심이 높아지고 있다. 그런 소설에 대한 철학적 해석의 사례는 아르실라(2020)와 라버티(Laverty, 2014, 2019) 등이 있다(Roberts와 Saeverot, 2018도 참조).

8) 베너의 논의는 타자성(Andersheit)이 객체, 교사, 학습자로서 갖는 의미의 역사, 맥락, 교육적 의의를 제공한다.

9) 우리 자신의 한계와의 만남을 수반하는 학습 과정에 관한 사상은 오랜 역사를 가지고 있다(Benner & English, 2004; English, 2013 참조). 이러한 학습 개념에 대해 역사적 · 철학적으로 다룬 것은 마이어 드라베(Meyer-Drawe, 1999)를 참조하라.

10) 도야의 개념과 듀이의 교육 개념 사이의 연관성에 대해서는 베너(2017)를 참조하라.

11) 소비의 산물로서의 학습과 소비자로서의 학습자에 대한 지배적인 정책과 공공성의 시장화 담론에 대한 비판은 비에스타(2006)를 참조하라.

12) 교육적 관계에 대한 논의는 현대 교육철학에서 다양한 주제에 들어가 있다. 예를 들어, 그린(Greene, 1973)은 가르침의 본질과 그 안에서 발생하는 학습자와의 암묵적이고 명시적인 관계에 집중한다. 한센(Hansen, 2001)은 교사에게 필요한 도덕적 인격에 중점을 둔다.

카츠(Katz, 2014)는 교사-학습자 관계의 신뢰성에 초점을 맞춘다(예를 들어, 교사의 사고와 윤리적 판단의 본질을 검토한 연구는 Fuchs와 Schönherr, 2007를 참조. 또 교사와 가르침의 개념을 살펴본 연구는 Biesta, 2014, 2017; Bingham과 Sidorkin, 2004; Burbules, 1993 참조. 그리고 교육과 사회 정의의 문제를 제기하는 다른 연구들은 Boler, 1999; Ruitenberg, 2015; Todd, 2003 참조).

13) 여러 사상가가 가르침에 대한 현대 철학의 일부로 이 아이디어를 채택했다(예를 들어, hooks, 1994; Jackson, 1986을 참조). 또한 듀이주의자들에서 영감을 얻은 본색(Bohnsack, 1976)의 민주주의를 위한 'Erziehung' 아이디어도 참조하라.

14) 헤르바르트의 가르침의 현상학을 적절하게 연관시킨 개념을 활용하고 발전시킨 반 마넨(1991) 그리고 잉글리쉬(2013: 특히 제7장)를 참조하라. 재치 있는 대처에 대한 논의에서 반 마넨을 끌어들이는 가르시아와 루이스(Garcia & Lewis, 2014)도 참조하라.

15) 현대의 사상가들은 아리스토텔레스의 실천적 지혜 개념을 꼭 교육학적 전략과 연결시키지 않으면서도 교육과 가르침에 대한 논의에 도입했다(예를 들어, Furman, 2018; Higgins, 2011; Phelan, 2005을 참조).

16) 윤리적 · 정치적 · 교육적 측면에서 경청에 대해서 검토하는 연구 분야가 늘어나고 있는 것을 다룬 교육철학의 최근 저서들이 몇 권 있다. 여기에는 플라톤, 아리스토텔레스, 헤르바르트, 듀이 등과 같은 특정 철학자의 저서에서 경청의 개념을 탐구한 책이 포함된다. 고든과 라버티(2011)가 편집한 특별호를 참조하라. 그리고 프레이리의 비판적 교육학 또는 레지오 에밀리아와 같은 잘 알려진 교육 접근법에서 경청의 아이디어를 다룬 또 다른 책으로 왁스(2015)를 참조하라. 이러한 철학을 바탕으로 힌츠, 타이슨과 잉글리쉬(Allison Hintz, Kersti Tyson, & Andrea English, 2018)는 경청에 대한 여러 개념들을 모아서, 새로운 이해를 위해 노력하는 학습자가 아는 것과 모르는 것 사이에서 생산적인 '투쟁'을 하는 것을 돕는 교사의 경청의 한 형태로서 '교육학적 경청'에 관한 틀을 개발했다. 그들은 교실 수학 토론에서 경청을 경험적으로 분석하기 위해 이 틀을 사용했다. 이 연구 분야에서 아직 해야 할 일이 많이 있지만, 이 연구는 화자로서의 교사라는 일반적인 개념을, 그리고 지식의 '전달자'라는 화두를 전환시키는 데 필요한 토대를 제공하는 것으로 볼 수 있다.

17) 이 점과 관련하여 근대 말은 영국과 미국에 설립된 많은 실험 학교의 설립의 첨단에 있었다. 이 중 가장 유명한 것은 1921년에 설립되어 오늘날에도 여전히 존재하는 섬머힐(Summerhill)과 1924년에서 1929년까지만 운영되었으나 교육심리학에서 제기된 피아제(Jean Piaget)에 대한 도전의 기초를 형성한 몰팅 하우스 스쿨(Malting House School)이다.

참고문헌

1차 문헌

Arendt, Hannah. (1981). *The Life of the Mind.* New York: Harcourt Brace Jovanovich.

Aristotle. (2000). *Nichomachean Ethics*, Ed. and trans. Roger Crisp, Cambridge: Cambridge University Press.

Cooper, Anna Julia. (1893). "Women's Cause Is One and Universal." https://www.blackpast.org/african-american-history/1893-anna-julia-cooper-womens-cause-one-and-universal/

Dewey, John. (1916/2008). *Democracy and Education*, vol. 9: The Middle Works, ed. Jo Ann Boydston. Carbondale: Southern Illinois University Press.

Du Bois, W. E. B. (1903/2007). *The Souls of Black Folk.* New York: Oxford University Press.

Greene, Maxine. (1973). *Teacher As Stranger: Educational Philosophy for the Modern Age.* Belmont, CA: Wadsworth Publishing.

Herbart, Johann Friedrich. (1802/1887). "Zwei Vorlesungen über Pädagogik," in Karl Kehrbach (Ed.), *Joh. Friedr. Herbart's Sämtliche Werke in Chronologischer Reihenfolge*, Vol. 1, 279-90. Langensalza: Hermann Beyer und Söhne.

Herbart, Johann Friedrich. (1802/1896). "Introductory Lecture to Students in Pedagogy," in William J. Eckoff (Ed. and trans.), *Herbart's ABC of Sense Perception and Minor Pedagogical Works*, 13-28. New York: D. Appleton.

Herbart, Johann Friedrich. (1902). "Umriss pädagogischer Vorlesung [1835 and 1841]," in Karl Kehrbach (Ed.), *Joh. Friedr. Herbart's Sämtliche Werke in Chronologischer Reihenfolge,* Vol. 10, 65-206. Langensalza: Hermann Beyer und Söhne.

Herbart, Johann Friedrich. (1913). *Outlines of Educational Doctrine,* trans. Alexis F. Lange. New York: Macmillan.

Horkheimer, Max., & Theodor W. Adorno. (1944/2002). *Dialectic of Enlightenment: Philosophical Fragments,* trans. E. Jephcott, Stanford. CA: Stanford University Press.

Humboldt, Wilhelm von. (1792/1960). "Theorie der Bildung des Menschen," in Andreas Flitner and Klaus Giel (Eds.), *Wilhelm vonHumboldt, Werke in Fünf Bände*, edited by Andreas Flitner and Klaus Giel. Vol. 1, *Schriften zur Anthropologie und Geschichte*, 234-40. Darmstadt: Wissenschaftliche Buchgesellschaft.

Humboldt, Wilhelm von. (2001). "Theory of Bildung," in Iain Westbury, Stephan Hopmann, and Kurt Riquarts (Eds.), *Teaching as a Reflective Practice: The German Didaktik Tradition,* trans. Gillian Horton-Krüger, 57-61. Mahwah, NJ: Lawrence Erlbaum Associates.

Litt, T. (1967). *Führen oder Wachsenlassen. Eine Erörterung des pädagogischen Grundproblems.* Stuttgart: Ernst Klett, 13. Aufl.

Rousseau, Jean-Jacques. (1764/1979). *Emile, or On Education, trans.* Allan Bloom, New York: Basic Books.

2차 문헌

Arcilla, René V. (2020). *Wim Wenders's Road Movie Philosophy: Education Without Learning.* London: Bloomsbury Academic.

Bakhurst, David. (2011). *The Formation of Reason.* Chichester: John Wiley and Sons.

Bauer, Walter. (2003). "Introduction," *Educational Philosophy and Theory*, *35*(2), 133-7.

Benner, Dietrich. (2008). "'Der Andere' und 'Das Andere' als Problem und Aufgabe der Erziehung und Bildung," in Dietrich Benner (Ed.), *Bildungstheorie und Bildungsforschung: Grundlagenreflexionen und Anwendungsfelder,* 45-57. Paderborn: Ferdinand Schöningh.

Benner, Dietrich. (2017). "John Dewey, a Modern Thinker: On Education (as Bildung and Erziehung) and Democracy (As a Political System and a Mode of Associated Living)," in Leonard Waks and Andrea English (Eds.), *John Dewey's Democracy and Education: A Centennial Handbook*, 263-78. New York: Cambridge University Press.

Benner, Dietrich., & Andrea English. (2004). "Critique and Negativity: Towards the Pluralisation of Critique in Educational Practice, Theory and Research," *Journal of Philosophy of Education*, *38*(3), 409-28. https://doi.org/ 10.1111/j.0309-8249.2004.00394.x.

Biesta, Gert. (2006). *Beyond Learning: Democratic Education for a Human Future.* Boulder, CO: Paradigm.

Biesta, Gert. (2014). *The Beautiful Risk of Education.* New York: Routledge.

Biesta, Gert. (2017). *The Rediscovery of Teaching.* New York: Routledge.

Bingham, Charles., & Alexander Sidorkin. (2004). *No Education Without Relation.* New York: Peter Lang Publishing.

Blanchett, Wanda. (2006). "Disproportionate Representation of African American Students in Special Education: Acknowledging the Role of White Privilege and Racism," *Educational Researcher*, *35*(6), 24-8.

Bogues, Anthony. (2011). "C. L. R. James, Pan-Africanism and the Black Radical Tradition," *Critical Arts*, *25*(4), 484-99. https://doi.org/10.1080/02560046.2011. 639957.

Bohnsack, Fritz. (1976). *Erziehung zur Demokratie: John Deweys Pädagogik und ihre Bedeutung für die Reform unserer Schule* [Education towards Democracy: John Dewey's Pedagogy and Its Meaning for the Reform of our Schools]. Ravensburg: Otto Maier Verlag.

Boler, Megan. (1999). *Feeling Power: Emotions and Education.* New York: Routledge.

Burbules, Nicholas. (1993). *Dialogue in Teaching: Theory and Practice.* New York: Teachers College Press.

Cremin, Lawrence A. (1961). *The Transformation of the School: Progressivism in American Education*, 1876-1957. New York: Knopf.

Daniels, Harry, Ian Thompson., & Alice Tawell. (2019). "After Warnock: The Effects of Perverse Incentives in Policies in England for Students with Special Educational Needs," *Frontiers in Education*, *4*(36), 1-12.

English, Andrea R. (2013). *Discontinuity in Learning: Herbart, Dewey and Education as Transformation.* New York: Cambridge University Press.

English, Andrea R. (2016). "Dialogic Teaching and Moral Learning: Self-Critique, Narrativity, Community and 'Blind spots'," in "50th Anniversary of the Philosophy of Education Society of Great Britain," special issue of *Journal of Philosophy of Education*, *50*(2), 160-76.

English, Andrea R., & Christine Doddington. (2019). "Dewey, Aesthetic Experience and Education for Humanity," in Steven Fesmire (Ed.), *The Oxford Handbook of Dewey*, 411-44. Oxford: Oxford University Press.

Fuchs, Birgitta., & Christian Schönherr, eds. (2007). *Urteilskraft und Pädagogik: Beiträge zu einer pädagogischen Handlungstheorie.* Würzburg: Königshauses & Neumann.

Furman, Cara. (2018). "Descriptive Inquiry: Cultivating Practical Wisdom with Teachers," *Teachers and Teaching: Theory and Practice*, *24*(5), 559-70.

Garcia, Justin A., & Tyson Lewis. (2014). "Getting a Grip on the Classroom: From Psychological to Phenomenological Curriculum Development in Teacher Education Programs," *Curriculum Inquiry*, *44*(2), 141-68.

Hansen, David. (2001). *Exploring the Moral Heart of Teaching: Toward a Teacher's Creed.* New York: Teachers College Press.

Hardt, Michael., & Antonio Negri. (2000). *Empire.* Cambridge, MA: Harvard University Press.

Haroutunian-Gordon, Sophie., & Megan Jane Laverty. (2011). "Listening: An Exploration of Philosophical Traditions," *Educational Theory*, *61*(2), 117-24. https://doi.org/10.1111/j.1741-5446.2011.00394.x.

Higgins Christopher. (2011). *The Good Life of Teaching: An Ethics of Professional Practice.* New York: John Wiley and Sons.

Hintz, Allison, Kersti Tyson., & Andrea R. English. (2018). "Actualizing the Rights of the Learner: The Role of Pedagogical Listening," *Democracy and Education*, *26*(2), Article 8. Available online: https://democracyeducationjournal.org/home/vol26/iss2/8.

Hobsbawm, Eric. (2000a). *The Age of Capital 1848–1875.* London: Abacus.

Hobsbawm, Eric. (2000b). *The Age of Empire 1875–1914.* London: Abacus.

hooks, bell. (1994). *Teaching to Transgress.* New York: Routledge.

Jackson, Peter W. (1986). *The Practice of Teaching.* New York: Teachers College Press.

Jorgensen, E. (2014). "Editorial," *Philosophy of Music Education Review*, 22(2), 109-22. https://doi.org/10.2979/philmusieducrevi.22.2.109.

Katz, M. S. (2014). "The Role of Trustworthiness in Teaching: An Examination of *The Prime of Miss Jean Brodie*," *Studies in Philosophy and Education*, 33, 621-33. https://doi.org/10.1007/s11217-014-9405-8.

Killingray, David. (2012). "Significant Black South Africans before 1912: Pan-African Organisations and the Emergence of South Africa's First Black Lawyers," *South African Historical Journal*, *64*(3), 393-417.

Koch, Lutz. (1995). *Bildung und Negativität: Grundzüge einer negativen Bildungstheorie.* Weinheim: Dt. Studien-Verlag.

Laverty, Megan Jane. (2014). "As Luck Would Have It: Thomas Hardy's *Bildungsroman* on Leading a Human Life," *Studies in Philosophy and Education*, *33*(6), 635-46.

Laverty, Megan Jane. (2019). "JM Coetzee, Eros and Education," *Journal of Philosophy of Education*, *53*(3), 574-88.

Løvlie, Lars., & Paul Standish. (2002). "Introduction: *Bildung* and the Idea of a Liberal Education," *Journal of the Philosophy of Education*, 36(3), 317-40. https://doi.org/10.1111/1467-9752.00279.

Meyer-Drawe, Käte. (1999). "Die Herausforderung durch die Dinge: Das Andere im Lernprozess," *Zeitschrift für Pädagogik*, *45*(3), 329-36.

Noddings, Nel. (2013). *Caring: A Relational Approach to Ethics and Moral Education.* Los Angeles: University *of California Press.*

Ricken, Norbert. (2006). *Die Ordnung der Bildung: Beiträge zu einer Genealogie der Bildung.* Wiesbaden: VS Verlag für Sozialwissenschaften.

Phelan, Anne. (2005). "A Fall from (Someone Else's) Certainty: Recovering Practical Wisdom in Teacher Education," *Canadian Journal of Education*, *28*(3), 339-58.

Pratt, Scott L. (2017). "Boundaries As Limits and Possibilities: On Chapter 16 the Significance of Geography and History," in Leonard Waks and Andrea English (Eds.), *John Dewey's Democracy and Education: A Centennial Handbook*, 146-54. New York: Cambridge University Press.

Redmond, C. D. (2016). "The Sartorial Indian: Zitkala- sa, Clothing, and Resistance to Colonization," *Studies in American Indian Literatures, 28*(3), 52-80.

Roberts, Peter., & Herner Saeverot. (2018). *Education and the Limits of Reason: Reading Dostoevsky, Tolstoy and Nabokov.* New York: Routledge.

Ruitenberg, Claudia. (2015). *Unlocking the World: Education in an Ethic of Hospitality.* New York: Routledge.

Schön, Donald. (2005). *The Reflective Practitioner: How Professionals Think in Action.* London: Basic Books.

Terrance, Laura L. (2011). "Resisting Colonial Education: Zitkala-Ša and Native Feminist Archival Refusal," *International Journal of Qualitative Studies in Education*, *24*(5), 621-6.

Todd, Sharon. (2003). *Learning from the Other: Levinas, Psychoanalysis and Ethical Possibilities in Education.* Albany: State University of New York Press.

Van Manen, Max. (1991). *The Tact of Teaching.* Albany: State University of New York Press.

Waks, Leonard J. ed. (2015). *Listening to Teach.* Albany: State University of New York Press.

Wiberg, Merete. (2016). "The Normative Aspect of Learning," in Ane Qvortrup, Merete Wiberg, Gerd Christensen, and Mikala Hansbol (Eds.), *On the Definition of Learning,* 59-74. Syddansk Universitetsforlag.

Yacek, Douglas. (2017). "Transformation and Education," in Bryan Warnick (Ed.), *Macmillan Interdisciplinary Handbook on Philosophy: Education,* 205-20. New York:

Macmillan.

Yacek, Douglas., & Kailum Ijaz. (2020). "Education As Transformation: Formalism, Moralism, and the Substantivist Alternative," *Journal of Philosophy of Education*, *54*(1), 124-45.

Zinn, Howard. (1995). *A People's History of the United States, 1492-Present*. New York: HarperPerennial.

제1장 존 듀이의 민주주의 교육철학

레너드 J. 왁스 저 · 김운종 역

서론

존 듀이(John Dewey)를 대표하는 저서인 『민주주의와 교육(Democracy and Education)』이 출판된 지 100여 년이 지났지만, 이 저서는 플라톤(Plato)의 『국가(Republic)』, 루소(Rousseau)의 『에밀(Emile)』과 함께 교육철학의 정전에서 여전히 그 위치가 굳건하다. 그리고 그 저서는 듀이의 교육철학뿐만 아니라 그의 사상 체계 전반에 대한 가장 포괄적 저술 중 하나로 남아 있다. 듀이는 어린 시절부터 '민주주의'와 '교육'이라는 주제에 관심을 가졌으며, 『민주주의와 교육』에서 그의 전기 철학적 직관을 넓히고 수정했다. 듀이는 자신의 생이 끝날 때까지 이 문제를 명확히 밝히고 확충하는 작업을 계속했다. 그러므로 그의 교육철학에 대한 설명은 『민주주의와 교육』을 극복해야 한다.

존 듀이([사진 1-1] 참조)에 따르면 전통적 교육은 비민주적이다. 비민주적 교육에서는 흔히 외부 당국이 교육 목적을 설정하고 학습자에게 낯선 교과를 선정한다. 전통적인 교수법에서는 사고를 그저 교과서에 들어 있는 문제를 푸는 것에 제한한다. 학습자는 자신이 의미 있게 바라보는 활동에 자발적으로 참여할 기회가 거의 없으며, 그렇기에 그에게는 목적적 사고의 동기가 생기지 않는다.

반면에 민주적 교육에서 교사와 학습자는 학교 공동체의 서로 평등한 동료이다. 교사는 사회활동을 위한 환경을 만들고, 학습자는 여기에 자발적으로 참여하며, 자신이 설정한 목표를 달성하기 위하여 행동함으로써 배운다. 장애물을 만나면 학습자는 동료와 교사, 그리고 타인으로부터 정보를 얻기 위해 성찰하고 소통한다. 학습자는 그들과 함께 행동함으로써 지적 · 사회적으로 모두 성장한다. 또한 타인의 목적을 포함하기 위해 자신의 개인적인 목적을 확장함으로써 민주적 인성을 형성한다.

제1장에서는 듀이의 민주주의 교육철학에 대한 한 가지 설명을 제시하고자 한다. 듀이의 전기 이론부터 시작하여 『학교와 사회(School and Society)』를 거쳐 『민주주의와 교육』에 이르기까지 그의 성숙한 철학 체계에 대하여 설명할 것이다. 나

[사진 1-1] 타자기 앞의 존 듀이, 1946.

(Leonard J. Waks)는 듀이의 저서들을 편의상 '전기 저작(EW)'과 '중기 저작(MW)'으로 나눈다.[1] '중기 저작(MW)' 중에서 민주적 교육을 다룬 첫 번째 주요 저서인 『학교와 사회』(MW, 1)는 '전기 저작'의 이론과 확연히 달라진다. 일부 추가적인 주제와 부차적인 요건이 '후기 저작(LW)'에서 소개되고 있지만, 이 글에서는 여기까지 다루지는 않는다.

전기 저작에서 민주주의와 교육

전기 저작에 들어 있는 듀이의 민주적 교육철학은 당대 학자들에 의해 대부분 무시되었다. 그 이유는 듀이의 민주적 교육철학이 단지 영국의 관념론으로부터 파생되었거나, 『민주주의와 교육』에서 드러난 그의 성숙한 철학의 초기 이론 정도로 간주되었기 때문이다(Damico, 1978; Ryan, 1995; 주목할 만한 예외는 Rogers, 2011).[2] 전기의 빈약한 이론은 서로 연결되지 않은 일련의 에세이로 제시된다. 그러나 전기 저작은 대안교육 이론에 대한 설명과 비판, 교육적 공통점(목표, 주제, 방법 등)에 대한 상세한 탐구, 뿌리 깊은 이원론에 대한 공격, 교육이론을 철학의 중심에 두는 주장을 담고 있으며, 이 주장들이 나중에 저술된 『민주주의와 교육』에서 구체화된 이론들에 의해 가려지지 않는다는 것은 놀랄 만큼 분명하다. 따라서 전기의 에세이들은 오늘날 학자들과 교사들이 관심을 가지고 있는 민주주의와 교육의 관계에 대하여 초보적이고, 접근하기 쉬우면서도, 듀이 철학에 대한 이해를 뚜렷하게 제공한다.

이 절에서 나는 듀이의 민주주의와 교육에 관한 전기 이론에 대하여 명확한 설명을 제공하고자 한다. 민주주의와 교육에 대한 지속적인 논의를 위해 전기 저작 중 다섯 권의 에세이를 검토하고, 중심 개념을 설명하는 에세이를 선택하였다. 이러한 중심 개념 중 하나는 '인성(personality)'이다. 민주주의와 교육에 관한 에세이에서는 이 개념이 설명되지 않기 때문에, 전기 저작에서 더 자세한 설명을 제공하는 저서들을 찾아보았다. 그 결과 나의 주장을 뒷받침하기 위해, 「민주주의의 윤리(The Ethics of Democracy)」(EW, 1: 228-50, 1888), 「기독교와 민주주의(Christianity and Democracy)」(EW, 4: 4-11, 1892), 「교육의 기초가 되는 윤리 원칙(Ethical Principles Underlying Education)」(EW, 5: 56-84, 1897) 등 세 권의 에세이를 선택하였다. 그리

고 민주주의와 교육에 관한 듀이 사상의 핵심인 '인성'과 '자아'에 대한 발전적인 개념을 구체화하기 위해 「심리학(Psychology)」(EW, 2: 1887)과 「윤리적 이상으로서의 자아실현(Self-Realization as Ethical Ideal)」(EW, 4: 43-54, 1893)을 깊이 고찰하였다. 전기 저작의 가장 중요한 논문인 「나의 교육학적 신조(My Pedagogic Creed)」(EW, 5: 1897)는 듀이의 전기 사상을 요약하고 중기 저작으로 가는 교량 역할을 한다.

민주주의

- **「민주주의의 윤리」(1888)**. 「민주주의의 윤리」(EW, 1: 228-50)에서 듀이는 민주주의를 '자유로운 의사소통의 여건하에서 그리고 끊임없이 변화하는 사회 질서 속에서 모든 사회 구성원이 각자의 위치를 형성하는 자기 조직적인 결과'로 해석한다. 그는 원자론적 개인주의를 비판하는 것으로 그의 주장을 시작하면서, 개인은 구체적인 사회적 조건하에서 자신의 목적을 찾고 자신의 진리를 발견하면서 발전하는 사람일 뿐이라고 말한다. 그러므로 개인들은 모두 이미 사회적 서사, 규범, 가치로 가득 차 있고, 각자는 사회생활의 '국소적 발현'이며, '사회-집중'되어 있다(EW, 1: 237). 개인들을 함께 결합하기 위한 어떠한 사회적 계약도 필요하지 않다. 왜냐하면 사회는 이미 처음부터 인간 삶에 존재하는 사실이기 때문이다. 한 민족은 그저 함께 살고, 소통하고, 공감대를 형성하고, 사회적 질서에서 각자의 입장을 협상함으로써 자율 통치될 수 있다(EW, 1: 231-2). 듀이는 이 저서에서 '국가는 사회생활의 지배를 위한 논리적 필연성이 아니라, 오직 하나의 사회기관'이라고 서술한 것은 『공공성과 그 문제들(The Public and Its Problems)』(LW, 2)에서 다루어질 그의 후기 주장을 예시한다.

이러한 공유된 사회성의 결과로, 듀이는 (25대 뉴욕 주지사이자 1876년 민주당 대통령 후보인 새뮤얼 틸든의 말을 인용하여) 민주주의 정치에서 다수파와 소수파는 '상극'이 아니라고 말한다(EW, 1: 235-6). 그들은 각자 다른 방식으로 사회-집중되어 있고, 자신들만의 공통의 전통 서체를 공유하면서 중도에 있는 사람들에게 호소할 때 자신들의 서체를 사용한다. 소수파는 선거에서 패배했을 때 선거 결과를 거부하지 않고 내전을 유발하지도 않는다. 이는 공통의 이상과 폭

넓은 소통, 공정한 절차에 기초하면 자기 쪽이 더 나은 사례를 가지고 결국 승리할 것이라는 민주적 신념을 유지하기 때문이다. 로저스(Rogers, 2011)는 듀이의 이러한 통찰력이 가치 있다고 여기며, 그리고 「민주주의의 윤리」가 미국 「헌법」 19차 수정보다 30년 먼저 여성에게 투표권을 부여하고, 또 미국 학교를 70년 먼저 통합한 '브라운 대 토피카 교육위원회 사건'을 지적하면서 민주적 신조가 궁극적으로 보상받을 수 있다는 듀이의 관점을 지지한다.[3]

듀이는 『민주주의와 교육』에 들어 있는 이런 취지의 유명한 발언을 예상하면서, 민주주의란 '정부의 형태' 이상이라고 주장한다. 그는 민주주의를 입헌정부라고 부르는 것은 '집을 단순한 벽돌 배열이라고 부르는 것과 같다.'고 말한다(다른 예로 결혼을 서약의 교환이라고 부르는 것과 같다). 그러나 사회-집중된 각 개인에게 민주주의의 현실은 집단적 기억, 현재에 대한 의식, 그리고 사회적 행동을 움직이는 미래의 이상이다(EW, 1: 241). 그러므로 민주주의는 사회적 관계를 통해 작동하고 활성화되는 정신이다.

따라서 민주주의는 주로 윤리적이고 정신적인 이상이다. 이와 달리 플라톤적 사회적 이상(최고의 선인과 현인에 의한 통치)은 현실과 동떨어져 있다. '현인'은 단순히 사람들을 그들에게 적합하고 좋은 사회적 위치에 끼워 넣을 수 없다. "소수의 현인과 선인에게 좋은 권력을 주는 것의 실제적인 결과는 그들이 현명하고 선한 상태로 머무르지 않게 되는 것이다. 그들은 많은 사람들의 필요와 요구에 대해 무지하게 된다."(EW, 1: 242) 듀이가 주장하는 바에 따르면, 각 개인은 사회에서 자신의 고유한 위치를 결정하고, 그것을 확보하는 데 있어 각자가 주도권을 가져야 한다.

이러한 입장에서 듀이는 자유란 제한되지 않는 의지가 아니며, 모든 인격은 절대적인 목적이라는 법칙이라고 칸트(Kant)가 공식화한 법칙에 순종함이라고 말한다. 민주주의는 모든 개인이 개인적 주도를 통해 사회질서에서 그들 자신의 위치를 형성할 자유가 있어야 하므로 자유를 필요로 한다. 그렇지 않으면, 듀이가 1908년 『윤리학(Ethics)』에서 강력하게 되풀이하는 미국 「헌법」의 남북전쟁 수정 조항에서 확인된 사항으로서, 민주주의는 없게 된다(EW, 1: 243-4). 평등은 주로 경제적 분배의 문제가 아니라, 존엄과 존중에 대한 평등한 요구, 즉 인격에 있다(EW, 1: 245). 따라서 민주주의는 정신적 대 세속적 구분이 멈춘 궁

극적인 윤리적 이상이라고 듀이는 결론짓는다. 하나님의 그리스도 왕국에서와 같이, 민주주의에서 사회의 신성한 조직과 인간 조직은 하나이다(EW, 1: 249).

- **「기독교와 민주주의」(1892).** 여기서 심지어 평범한 독자들조차 듀이가 마지막 순간에 윤리학에서 영적인 종교로 전환한 것을 목도할 것이다. 이러한 전환을 정당화하는 근거가 『민주주의의 윤리』에는 없지만, 전기 저작의 다른 부분에 있다. 여기서 나는 듀이가 「기독교와 민주주의」에서 이 생각을 바탕으로 하고 있다는 것에 주목한다. 기독교는 문명화된 인류가 접근할 수 있는 형태로 진리의 계시, 즉 '말의 진실'이라고 해석되고 있다(EW, 4: 6).

> 계시는 반드시 밝혀야 한다. 그것은 단순히 선언된 실체에 대한 질문이 아니라 누구에게서 실체를 선언하는지에 대한 이해의 질문이기도 하다. 계시의 종교는 밝혀 내고 발견해야 한다. 그것은 개인의 의식 속에 그 진리를 깨닫게 해야 한다. 한마디로, 계시는 사물의 진리가 이렇다 저렇다 말할 뿐만 아니라, 그가 진리를 붙잡고, 보고, 느낄 수 있는 신체기관인 진리를 위한 개별 장기를 제공하는 것을 담당한다(EW, 4: 6).

듀이는 예수가 명시적인 진리를 가지고 있었다면 우리가 그렇게 살 때까지 우리 스스로 그것을 파악하지 못했을 것이라고 말한다(EW, 4: 7). 듀이는 여기서 신성한 명령으로부터 우화적인 비유와 은유적인 기적으로의 변화는, 문명화된 청중들이 그들의 의미를 깊이 생각하고 그들 스스로 시험하도록 강요한다고 주장하는 것처럼 보인다. 듀이는 이미 의미와 진실에 대한 실용주의적 개념에 바탕을 둔 우리의 행동과 그 결과는 진리를 정당화하기 위한 유일한 수단이며, 우리는 다른 사람들과 사회적 맥락 안에서만 행동할 수 있다고 말한다.

기독교와 민주주의의 연결고리는 민주주의도 역시 '계시'로서의 사고력이 필요하고, 따라서 우리 동료들과 연결된다는 점이다. 그러므로 민주주의는 사회적 행동의 자유를 내포하며, 진리가 자신을 보여 줄 수 있는 기회를 준다. 개인적 · 문화적 진리는 모든 집단의 자유와 인정의 조건 하에서 사회적 행동으로 표현될 수 있다. 듀이는 "역사의 업적은 자유로운 표현과 소통을 막는 고립과 신분계층의 벽을 허물어 진리를 자유롭게 하는 데 있다."라고 말한다(EW, 4: 8).

이 구절에서 우리는 『민주주의와 교육』에서 꽃을 피우는 민주주의 이론의 씨앗을 발견할 수 있다. 진리는 개인을 통해 움직이며 공적인 것이 될 때만 드러날 수 있다. 이상적인 민주주의는 '사회생활 전반에 걸쳐 진리의 완전한 이동을 가로막는 모든 장벽의 제거'를 의미한다는 점에서 역사상 자유의 절정이다. 그러므로 하나님의 왕국에서 인류의 영적 통합은 이러한 진리의 자유에 대한 '더 나아간 표현'일 뿐이며, 윤리적이고 종교적인 공식의 등가성을 보여 준다(EW, 4: 8-9). 자유로운 소통과 협력을 통한 인류의 자치에 대한 이 영적 이상은 듀이의 전기 철학과 제인 애덤스(Jane Addams)의 철학에 영감을 주고, 듀이가 크게 감탄한 작가 톨스토이(Tolstoy)의 기독교 무정부주의와의 유사성을 보여 준다(LW, 17: 381-93).

- **『심리학』(1887).** 인성, 진리, 하나님의 왕국 사이의 개념적 연관성은 1887년의 저서 『심리학』에 충분히 명시되어 있다. 듀이는 이 글에서 개인적인 존재에 대한 전기 인식은 신체적인 감각을 통해 이루어지며, 우리 입 안에 있는 음식, 숟가락 그리고 우리를 먹여 살리는 간호사로 확장된다고 말한다(EW, 2: 242). 사회적 감정이 발달함에 따라, 우리는 "사회에서 우리의 사적 생활을 합병하고, 우리의 즉각적인 자아를 초월하며, 우리의 존재를 가장 넓은 방식으로 깨닫는다."는 것이다(EW, 2: 245). 타인과의 이러한 합병은 우리가 선에 대한 개인적인 개념 안으로 선과 목적을 가져가는 것을 수반한다.

그렇게 함으로써 우리는 민주적인 윤리적 인성을 형성하게 되고, 결국 우리의 타고난 능력은 하나님과의 통합에서 그들의 최종적인 표현을 찾게 된다. 지식을 통해 우리는 "사물의 세계를 우리 자신 속으로 가져가고"(EW, 2: 245), 미적 인식과 창조에서 우리는 "이상적인 가치의 세계를 우리 자신 속으로 가져간다." 사회생활에서 우리는 개인적인 관계와 도덕적 법칙을 받아들인다(EW, 2: 245). 마지막으로, '완전히 실현된 인성'은 그 자체로 진리(모든 사물의 관계의 통일), 아름다움(모든 이상적인 가치의 통일), 도덕(인류의 통일)을 통합한다. "자아를 깨닫고, 그 참된 생명을 하나님 안에서 찾는다."(EW, 2: 245) 여기서 민주주의는 행동과 소통을 통해 모든 사람이 자신의 지적 · 미적 · 도덕적 차원을 완전히 발전시키고, 결국 하나님 안에서 실현되는 자신을 발견하는 자기 조직화

과정으로 구상된다. 민주주의는 인간과 영적 영역이 하나로 통합된 진정한 '하나님의 왕국'이다.

- **「윤리적 이상으로서의 자아실현」(1893).** 여기서 듀이는 '완전히 실현된 인성'에 대한 관념은 개인의 발전이 끝났음을 시사한다. 그러나 듀이는 새로운 지식, 가치, 사회적 관계를 요구하면서 사회생활이 계속 변화한다고 주장한다. 이 난제는 그에게 자아실현에 대한 개념을 재검토하도록 강요하며, 궁극적으로 「윤리적 이상으로서의 자아실현」(EW, 4)에서 그러한 작업을 수행한다. 그는 완전하고 최종적인 자아실현에 대한 개념을 거부하고, 스스로가 우리의 에너지가 집중되고 분할되지 않는 현재의 행위 속에서만 자아가 실현된다고 주장한다. 모든 새로운 상황이 집중적인 행동을 요구하기 때문에 이 과정은 끝이 없다. 실현된 자아에 대한 이러한 설명은 그가 전기 저작인 '인성'에서 중기 저작인 '성장'으로 전환하고, 따라서 '하나님의 왕국'을 떠나도록 충동질한 것으로 보인다.

교육

전기 저작에서 민주주의에 관한 에세이는 이미 교육철학의 싹을 포함하고 있다. 모든 젊은이는 사회적 행동을 통해 자신의 신념을 발견하고, 개인적 목적을 확립하며, 도덕률에 의해 제약된 개인적 주도를 통해 사회에서 그들 자신만의 고유한 위치를 형성한다.

- **「교육의 기초가 되는 윤리원칙」(1897).** 이 글은 이러한 교육철학을 명시한다. 듀이는 아이들을 인간으로 교육한다는 것은 그들을 사회의 일원인 시민으로 교육하는 것을 의미한다고 주장하면서 시작한다. 그러나 민주주의를 위한 교육은 특정한 자기 주도성과 책임감 있는 리더십의 구체적인 능력을 개발해야 한다.

> 학교의 윤리적 책임은 아이들이 자신을 책임질 수 있도록 자신을 소유하게 하는 훈련과 같다. 이를 통하여 현재 일어나고 있는 변화에 적응할 수 있을 뿐만 아니라, 그러한 변화를 형성하고 지시할 수 있는 힘을 가질 수 있다(EW, 5: 59-60).

듀이는 그의 가장 특징적이고 강력한 생각들 중 하나를 언급하며 계속한다. 학교가 이러한 윤리적 책임을 다할 수 있는 유일한 방법은 그들 스스로 사회생활의 전형적인 조건들을 재생산하는 것이다(EW, 5: 61). 만약 사람들이 그들의 신념을 확립하고, 그들의 목적을 형성하며, 사회생활에서 그들 자신의 위치를 마련하려면, 학교 그 자체가 젊은이들에게 사회적 행동의 장을 제공해야 한다. 따라서 교사들은 그들의 특정한 개인적 노력과 능력을 발견하기 위해 개별 아동들을 관찰하는 것으로 그들의 일을 시작해야 한다. 그다음에 그들은 사회 분야로 이동하여 더 발전하기 위한 조건을 확립해야 한다. 그러고 나서 그들은 사회생활에 대한 '가장 쉽고, 가장 경제적이며, 가장 효과적인 애착 지점'(EW, 5: 76)을 만들기 위해 각각의 아이에게 돌아가야 한다. 이러한 애착의 지점, 즉 학교 직업에서의 상호작용의 역할은 아이를 둘러싼 성인 직업들에 의해 제안되는데, 이는 『학교와 사회』『민주주의와 교육』에서 교육적 원리로 발전된 생성적 아이디어이다.

그러나 이러한 애착은 교사에 의해 만들어지면 안 된다(플라톤과 그의 '현인들'을 기억하라). 아이들에게 일정한 역할을 할당하는 것은 비윤리적일 수 있을 것이다. 왜냐하면 이것은 수단과 목적 사이의 단절을 수반하기 때문이다. 이는 아이들이 선택해야만 하는 수단과 목적 사이의 단절을 포함하기 때문이다. 두 가지 모두 아이들이 자발적으로 행동하여 선택해야만 한다.

> 교사가 실제로 연결고리를 만들 수 없다. 그는 아이들이 스스로 만들 수 있는 방식으로만 조건을 형성할 수 있다. 게다가, 교사가 연관성을 만들 수 있다고 해도 그 결과는 윤리적이지 않을 것이다. 개인이 자신이 일하는 목적 그 자체를 스스로 감사하고, 그러한 목적을 위해 개인적인 관심과 헌신적인 정신으로 일을 할 때만 도덕적인 삶을 살아가게 된다(EW, 5: 77).

인성(character)은 학교 공부의 목적이지만, 인성은 개인적 목적과 스스로 선택한 사회적 지위를 윤리적으로 추구하는 사회적 주체성의 힘을 의미한다. 이러한 인성의 형태는 사회적 규범과 입장의 맥락에서 다른 사회적 행위자들과의 협상을 통해 형성된다. 비록 사회적 기관이라 할지라도, 학교와 교사들은 국가의

대리인이 아니라 자유롭고, 자기 주도적이며, 상호 자기 조직적인 사람들의 조력자여야 한다.

「나의 교육학적 신조」(1897): 중기 저작으로 건너가는 다리

「나의 교육학적 신조」(EW, 5)는 듀이가 초기 10년간의 전기 저작으로부터 발전한 사상의 결과에서 비롯된 민주주의와 교육의 이론을 요약한 논문이다. 이 신조는 '교육' '학교' '교과' '방법' '사회적 진보'의 다섯 부분으로 정의된다. 여기에서 우리는 이미 듀이의 가장 특징적인 생각들 중 일부를 발견한다. "교육은 삶의 과정이지 미래의 삶을 위한 준비가 아니다."(EW, 5: 87) "학교는 현재의 삶, 즉 가정, 이웃 또는 운동장에서의 삶처럼 아동들에게 현실적이고 필수적인 삶을 대표해야 한다."(EW, 5: 87) 학교 공부를 위한 조직의 중심은 교과에서 발견되는 것이 아니라 '아동 자신의 사회활동'(EW, 5: 89)에서 발견되며, 이는 듀이가 후속 저서에서 계속 발전시키고 있는 학문중심 교육 과정에 대한 혐의이다.[4] 교과서에서 "비록 통일된 요약으로 만들어질 수 있지만, 기본적인 것으로 만들어질 수는 없다."라고 그는 덧붙인다(EW, 5: 89). 즉, 그러한 교과서들은 학교에서 유용하게 사용될 수 있지만, 교과서에서 극화한 사회적 사실들이 이미 고려된 후에만 가능하다. 이것은 듀이가 『민주주의와 교육』 그리고 다른 곳에서 상세히 기술한 아이디어이다.

각각의 강령이 이전 에세이들의 주제들을 반향하는 동안, 종교적인 어휘는 사라지게 되었다. 우리는 더 이상 하나님, '목적 왕국'으로 귀결되는 사회, 인간과 영적 영역의 결합으로서의 민주주의에서 그것의 최후의 안식처를 찾는 완전히 발달된 인격의 법칙을 찾을 수 없다. 이 공식들에서 남은 것은 마지막 판에서 수사적인 것으로 받아들여야 하는 것, 즉 스승은 참된 하나님의 예언자이며, 참된 하나님의 왕국을 인도하는 사람이라는 것이다(EW, 5: 95). 듀이는 종교적 절대주의의 과도한 짐을 벗어던졌고, 중기 저작의 실험주의를 발전시킬 준비가 충분히 되어 있었다.

중기 저작에서 민주주의와 교육

듀이는 자신만의 새로운 세속적 어휘를 채택한 후에도 시카고에 남아 1903년까지 대학의 실험학교에 계속 관여했다. 그 기간에 그의 교육에 관한 가장 중요한 연구는 『학교와 사회』(1899)이지만, 듀이는 『교육 상황(The Educational Situation)』(1901)과 같은 책에서도 교육에 계속 초점을 맞췄다. 그러나 컬럼비아 대학교로 옮긴 후, 이제는 학교 선생이 아닌 듀이는 당대의 전문 철학자들이 차지하고 있던 문제들로 그의 관심을 돌렸다. 웨스트브룩(Westbrook)은 다음과 같이 말했다.

> 표면적으로, 듀이의 컬럼비아로의 이동과 1917년 제1차 세계대전에 미국이 참전하는 사이의 세월은 그의 경력에서 가장 전문적인 것 중 하나였다. 비록 공적인 일과 교육개혁에 대한 그의 관심은 느슨해지지 않았지만, 그의 적극성은 느슨해졌다. 이 시기에 그의 저작 대부분은 전문 저널에 국한되었고, 난해한 철학적 문제들을 다루었다(Westbrook, 1991: 119-20).

듀이는 공교육의 문제들에 주의를 기울이면서도 『민주주의와 교육』(1916)을 완성할 때까지 교육의 사회적 측면에 관한 다른 책은 쓰지 않았다. 그 저서에서 우리는 민주주의와 교육의 개념에 대한 철저한 설명과 민주주의 사회의 교육적 요구에 대한 상세한 검토를 발견한다. 교수, 학습, 목표, 방법, 교과 등 모든 주요 교육적 공통점은 민주주의를 위한 교육의 필요에 맞게 재조명되고 재구성된다. 듀이는 『학교와 사회』(MW, 1, 1899)에서 『윤리학』(MW, 5, 1908)에 이르기까지 전기 저작뿐만 아니라, 중기 초반의 저작으로부터 통찰력을 재구성한다. 전기 저작에 관한 앞 절과 같이, 이 두 번째 절에서 나는 듀이의 민주주의에 대한 새로운 이론으로 시작하고, 그다음에 그의 더 발전된 교육이론으로 나아간다.

민주주의

듀이는 자신의 저서 전반에 걸쳐 민주주의를 주로 사회집단과 계층 간의 공유된

이해와 풍부한 소통을 가진 '연계된 삶의 형태'로 생각하고 있다(MW, 9: 94-5). 민주주의에 대한 그의 가장 상세한 논의는 『민주주의와 교육』 제7장(MW, 9: 87-106)에서 찾을 수 있으며, 여기에서 그는 민주주의의 개념을 분석하고 민주적 삶의 방식의 도덕적 가치를 설명한다.

- **『민주주의와 교육』에서의 민주주의.** 듀이는 『민주주의와 교육』에서 민주주의에 대한 논의를 시작하는데, 현대 사회는 민주적이든 그렇지 않든 상호 연관된 집단과 하위 집단들(경제, 정치, 종교, 문화)의 집합체이다. 각 시민은 여러 집단의 구성원이다(MW, 9: 87). 어떤 집단은 다른 집단보다 개별 구성원이나 전체 구성원에게 모두 더 좋다.

  그렇다면, 어느 집단의 가치 기준은 무엇인가? 듀이는 어느 집단에서든 공통 관심사(그렇지 않으면 무엇이 집단을 하나로 묶을 것인가?)와 다른 집단과의 상호작용을 발견할 것이라고 대답한다. 그런 다음 우리는 이 두 가지 차원을 따라 모든 집단을 평가할 수 있다. 즉, 구성원이 공유하는 이해관계가 얼마나 많고 다양하며, 집단과 다른 집단과의 상호작용이 얼마나 완전하고 자유로운가 하는 것이다(MW, 9: 89). 1차 집단 내에서 공유되는 이해관계가 좁고, 다른 집단과의 교류가 엄격히 제한된다면, 구성원의 권한 표현과 세력 확대가 제한될 것이다. 그들은 인간으로서 성장하지 못할 것이고, 공동의 목적을 달성하기 위한 그들의 협력을 이끌어 내지 못함으로써 사회는 번영하지 못할 것이다(MW, 9: 87-90).

  듀이는 자신의 주장을 입증하기 위해 두 가지 사회의 예를 제시한다. 범죄 집단에서 그 구성원들은 오직 '약탈'이라는 한 가지 이익만을 공유한다. 자신을 덜 드러낼수록 서로에게 덜 의존하게 되고, 집단으로서의 자신을 덜 보일수록 개인의 안전을 위해 더 좋다. 이러한 편협한 관심으로 인해 다른 집단과의 자유로운 교류가 제한된다. 즉, 잠재적 피해자들에게 그들을 하나로 묶어 주는 단 한 가지 사실을 알릴 수 없다. 그러므로 범죄 집단은 집단생활의 빈곤한 형태이다.

  반면에 건강한 가족은 건강, 경제, 문화 발전 등 많은 상호 관심사를 공유한다. 이러한 관심 추구에서 나타나는 구성원의 진보는 다른 모든 구성원에 의해 공감하게 된다. 게다가, 그들의 삶은 그들을 다른 많은 경제적 · 문화적 · 교육적·정치적 집단이나 단체와 접촉하게 한다. 그들은 종교 단체에 소속되어 있고, 지역 학교를 지원하고, 학부모-교사 협회 내에서 동맹을 맺고, 아이들에게 음악 수업을 해 주고, 도서관, 박물관, 오케스트라에 데려간다. 그들은 이러한 단체들을 적극적으로 지원하고, 이는 결국 그들 가족의 공동 목표를 달성하도록 지원한다. 가족의 각 구성원은 개인 목표를 성취할 힘뿐만 아니라, 다른 사람들과 그들의 목표에 관한 관심과 배려의 태도도 성장하게 된다. 그 결과, 가족 자체는 사회 내 집단으로서, 그리고 가족과 연결되는 모든 집단도 성장하고 번영한다(MW, 9: 88-90).

범죄 집단과 건강한 가족이라는 이 두 집단은 서로 다른 형태의 사회의 축소판이라고 볼 수 있다. 비민주적인 사회에서 일부 집단은 과도한 권력을 가지고 있으며, 자신의 편협한 목표를 위해 그리고 다른 집단을 지배하고 착취하기 위해 그것을 사용한다. 지배계급은 하위집단에 속한 사람들에게 지시를 내리지만, 그들의 생각과 감정을 고려하거나 상호이익을 위해 그들과 협력하는 것에는 관심이 없어 소통도 되지 않는다. 부하들은 목적이 아닌 수단으로 취급된다. 전통적인 교육은 이 모든 경향성을 보여 준다. 자극의 다양성이 없으면 혁신적 사고를 자극할 새로운 것이 거의 없으므로, 공평한 교류의 부족은 두 계층의 성장을 제한한다. 두 집단 모두 정체되고 무지하며 두렵고 적대적이다. 사회 자체가 구성원의 더 강력한 기여와 협력으로부터 이익을 얻지 못한다. 더 큰 규모의 건강한 가족인 민주주의 사회에서는 정반대의 과정이 일어난다. 사회와 개인 구성원 모두의 성장에 기여하고 공유한다.

이 두 가지 사회적 가치의 기준을 종합하면 '민주주의를 가리키는' 것이지만, 그것이 민주주의를 **정의**하는 것은 아니다(MW, 9: 92). 첫째, 민주주의 사회에서는 다양하고 수많은 공동의 이해관계가 존재할 뿐만 아니라, **이러한 공동의 이해관계를 사회통제의 한 요소로 인식하는** 것에 대한 의존도가 더 높다. 상호이익과 협력 활동의 공유된 **경험**만으로는 충분하지 않다. 구성원은 또한 집단의 삶을 지속하고 증진시키는 요소로써 상호성을 **의식적으로** 인식해야 한다. 그들은 타인의 목적에 대한 명시적인 언급을 통해 자기 주도성과 사회적 영향력 양자에 **의식적으로** 참여해야 하고 자각해야 한다. 인종과 계급 폭력으로 상처 입었던 미국의 재건 이후의 맥락에서 듀이는 국가 통합에 대한 더 깊은 인식을 요구

하고 있다. 둘째, 집단은 자유롭고 완전하게 상호작용할 뿐만 아니라, 그에 따른 **사회적 습관의 변화**도 있어야 한다. 즉, 개인과 집단이 계속 늘어나는 다양한 사회적 접촉으로 야기되는 새로운 상황에 맞닥뜨리는 **지속적 재적응**도 있어야 한다(MW, 9: 92-3). 이를 위해서는 새로운 도전과 이를 충족시키는 데 필요한 행동 변화에 대한 자의식, 나아가 애정 어린 **포용**이 필요하다(LW, 11: 549-61). 우리는 다음과 같은 질문을 할 수 있다. 자연적으로 건강한 가족의 단순한 자연적 동정심에서 그러한 추가적 요건과 부합되는 가족, 즉 윤리적 가족으로의 전환은 무엇을 의미할까?

이러한 전환은 가족적 자기통제의 도구로서 가족 원칙에 대한 의식적 인식, 그리고 새로운 가족 상황에 대응하는 **지속적 적응에 대한 명시적 약속**을 요구할 것이다. 첫째, **규범의 원천**으로서 가족에 대한 명시적이고 반복적인 언급을 요구할 것이다.[5] 어머니가 음악 수업과 오케스트라 콘서트를 제공하는 것은, 단지 자기 아이들을 사랑하기 때문에만 그런 것이 아니라, **그밖에** 그녀가 가족의 가치를 더 높이기 위해 그렇게 한다는 점, 그리고 그녀의 딸들이 자기 아이를 가질 때에도 중요한 가치에 대한 똑같은 관심을 기대한다는 점을 밝힐 것이다. 모두가 서로를 돌볼 때 가족은 번영한다. 둘째, 만약 딸 중 어느 한 명이 남다른 음악적 관심이나 재능을 보이고, 그녀의 선생님이 그녀를 위해 더 풍부한 음악 문화를 가진 도시에서 더 나은 선생님을 찾도록 그녀의 어머니에게 권유한다면, 그 가족은 가족생활의 급진적 조정을 **기꺼이 고려**할 뿐 아니라, 새로운 상황에서 또 다른 가족 가치에 그처럼 재조정하는 일을 **환영**하고 **포용**할 것이다.

민주주의에 대한 듀이의 정의는 이 노선을 따라 사회생활 전체를 재상상하며, 민주적 원칙을 의식적으로 인정하고 그에 습관적으로 일치되게 살아간다. 모든 구성원은 자신의 목적을 찾고, 사회 질서 속에서 자신이 선택한 장소를 상상하고 실현하기 위해 각자가 솔선수범할 것이다. 그러나 그들은 또한 **민주적 원칙**을 분명히 마음에 새기고, 타인의 선과 선택된 목적을 자기 자신의 선에 대한 개념으로 받아들이고, 그리고 **민주적 인격**을 형성할 것이다. 이를 통해 그들은 윤리적 이상을 실현하게 될 것이다.

• **『윤리학』에서 민주적 성격**. 듀이는 『윤리학』(1908)에서도, 「민주주의의 윤리」에

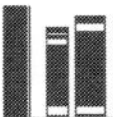

서처럼, 민주주의와 윤리적 이상은 동일하다고 주장한다. 도덕적인 사람은 '자신의 모든 능력과 습관을 사회적 관점에서 고찰하는 습관이 형성되고 활동적인 사람'이다(MW, 5: 271). 이로 인해 민주적 인격이 형성되고, 자아의 모든 능력과 욕망을 협력적인 전체로 조화시키고 확장하며, "자아의 다른 모든 충동적이고 습관적인 특성들과 공감적인 성향들을 혼합하고 융합하는 결과를 낳는다."(MW, 5: 272). 여기서 자아는 사회 속에서 상실되는 것이 아니라, 사회적 환경 내의 고유한 힘으로 확장되면서 사회적 가치를 충분히 고려한다. 개인의 힘에 대한 자연스러운 추진력이 애정적이고 동정적인 충동으로 스며들 때, 자아는 더 이상 지배를 추구하지 않는다. 그 대신에, 다음과 같이 말했다.

그것은 공동 목적에 대한 고려의 효과성에 대한 관심이 된다. 예술적 또는 과학적 대상에 대한 관심이 유사하게 융합될 때, 그것은 전문가임을 표시하는 무관심하고 냉랭한 비인격적인 성격을 잃고, 공동생활의 조건들의 적절한 심미적 · 지적 발달에 대한 관심이 된다. 동정심은 이들 경향 중 하나를 다른 것과 연합하기만 하지 않고, 게다가 그것은 하나를 다른 것의 목적을 위한 수단으로 만드는 일이 더 적다. 그것은 이들 경향에 매우 친밀하게 스며들어서 그들을 단일한 새롭고 도덕적인 관심으로 변화시킨다. 이러한 상호 흡수의 결과는 그들의 원래 형태에서 자연스러운 경향의 소멸 그리고 도덕적, 즉 사회적 관심의 생성이다(MW, 5: 272-3).

그렇다면 자아실현이란 자연적 자아로부터 '사회화된 욕구와 애정이 지배적인' 자발적 자아가 형성되는 것을 의미한다(MW, 5: 357, 강조 추가). 그리고 교육은 윤리적 프로젝트, 다시 말해서 독특한 타고난 성향과 편견을 가진 자연적 자아가 사회적으로 실현된 자아로 변화되는 일로 보이며, 이런 개별적 잠재력은 사회적 가치와 관련하여 발달된, 즉 민주적 자아로 개혁된 것이다.

교육

민주적 인격에 도움이 되는 교육은 구체적인 준비가 필요하다. 민주적 인격은 자치를 추구하고 외부의 권위를 거부하기 때문에, 그들은 자발적 성향 속에서 대체자

를, 즉 소통과 상호 관심을 통한 자치를 찾아야 한다. 이런 성향은 인간의 본능에 뿌리를 두고 있을지라도 전적으로 **자연적인** 것은 아니다. 이런 성향은 공유 활동을 기반으로 한 교육을 통해 개발될 필요가 있는데, 이에 요구되는 **창의적 사고, 의사소통, 적극적 협력**은 개인이나 집단이 타인들의 목적과 행동의 영향을 파악하지 못하게 만드는 인종 · 계급 · 민족 · 성별의 장벽과 장애물을 타파한다(MW, 9: 93). 그러한 장벽은 모든 구성원의 완전한 발전을 방해하고 집단적 자치를 불가능하게 만든다. 물론 이런 원칙들에 대한 듀이의 가장 추상적인 진술은 『민주주의와 교육』에서 발견되지만, 민주주의를 위한 교육의 구체적인 그림은 전기 저작들(EW, 4: 9)에서 이미 그려지고, 『학교와 사회』에도 명시되어 있다.

- **『학교와 사회』(1899)**. 민주주의의 기조는 『학교와 사회』의 시작 부분에서 바로 들린다. 듀이는 말하기를, 우리는 학교를 개별 학생들이 배우는 것의 관점에서 보는 경향이 있지만, 그러한 관점은 확대되어야 한다. 학교는 **사회적** 도구이기도 하다. 좋은 사회는 최고의 아이디어와 실천, 긍정적인 자아상, 그리고 미래에 실현하기를 바라는 이상을 모으고, 그리고 이런 점들을 새로운 구성원 **모두**의 재량에 맡기기를 바란다. 그 이하의 것은 "사랑스럽지 않고, 우리의 민주주의를 파괴한다."(MW, 1: 5).

- **산업사회에서 학교 직업의 필요성**. 듀이가 시카고와 뉴욕에서 직접 경험한 것처럼, 신흥 산업 시대의 민주주의 사회는 교육적 변혁이 필요했다. 이전에는 농촌 가정이 활동의 중심지로서 근면, 협력, 효과적인 연속적 사고 등의 습관에 관한 가장 기본적인 교육을 제공했기 때문에, 학교 교육은 읽기, 쓰기, 셈하기로 제한할 수 있었다. 가족 영농과 가내 제조의 시대에는 산업의 전 과정이 노출되고, 모든 가족 구성원이 중요한 역할을 했다(MW, 1: 7). 가정은 훈육과 인성교육을 제공했다. 가정교육은 자연의 실물, 재료, 과정에 대한 친밀한 지식을 제공했다. 아이들은 사고, 즉 관찰, 건설적인 상상력, 생생한 현실감을 형성하는 논리에 대한 훈련을 받았다. 듀이는 다음과 같이 쓰고 있다.

우리는 이런 종류의 삶에 관련된 훈육과 인격 형성의 요소들을 간과할 수 없다. 질서와

근면의 습관, 그리고 책임감, 무언가를 행하고 생산해야 할 의무의 개념에 대한 훈련 등이다. 거기에는 정말 해야 할 일이, 그리고 각자가 자신이 맡은 바를 충실히 그리고 다른 가족들과 협력 속에서 해야 하는 현실적인 필요성이 언제나 있었다(MW, 1: 7-8).

그러나 산업화된 도시의 아이들은 더 이상 그런 경험을 하지 않았고, 학교에서의 어떤 실물 수업도 그것을 대체할 수 없었다. 전통적인 학교는 늘 붐비는 곳이다. 거기에는 아이들이 무엇을 할 공간도 별로 없고, 동기도 전혀 없다. 듀이는 "모든 것은 가능한 한 많은 수의 아이를 다루도록, 아이들은 단위의 집합체로서 **집단으로** 다루도록 하며, 다시 말해서 그들은 수동적으로 취급되는 일이 들어 있다."라고 말한다(MW, 1: 22). 목표 달성과 관련된 관찰, 선택, 추론 등과 같은 사고의 자극은 없다. 잃어버린 교육적 가치를 회복하기 위해 교육적으로 등가적인 활동이 학교에 도입되어야 했다. 듀이는 그의 실험학교에서 '직업'의 기치 아래 그런 활동을 조직하게 되었다. 직업은 나중에 『학교와 사회』 『민주주의와 교육』에서 교육 원칙으로 격상되었다.[6]

• **학교 직업은 무엇인가?** 학교 직업은 바쁜 일이 아니고, 단순히 '실습'하는 일도 아니며, 주변 공동체의 성인 활동을 학교 안에서 최대한 재현한 활동이다. 듀이가 『학교와 사회』에서 논의한 주요 예시(MW, 1: 제2장)는 요리, 바느질, 목공이지만, 그가 학교 직업에 대해 개발한 원칙은 광범위하게 적용된다([사진 1-2] 참조). 학교 안팎에서 직업 활동은 불확실한 상황에서 목적 달성을 위한 수단을 택하는 것이 들어간다. 따라서 직업 활동은 사고를 요구한다. 이는 "실제적 또는 집행적 측면이 성공적으로 수행될 수 있도록 자료의 지속적 관찰 그리고 지속적 계획과 성찰"이다(MW, 1: 92). 따라서 이러한 활동은, 전형적인 학교 수업과는 대조적으로, '의식의 최대치'(MW, 1: 93)를 요구하며, 실제로 끌어낸다. 왜냐면 직업 활동에서는 예상치 못한 일이 일어날 것으로 예상되기 때문이다. 학습자는 항상 예상치 못한 사건에 대응할 준비가 되어 있어야 한다. 듀이가 『논리이론 연구(Studies in Logical Theory)』(특히 제2~4장; MW, 2: 316-67), 『우리가 어떻게 생각하는가?(How We Think)』(MW, 6: 178-356), 『민주주의와 교육』(특히 제11장, 제12장; MW, 9: 146-70)에서 설명한 것처럼, 행동의 율동적 흐름(주

[사진 1-2] 파티를 위해 크리스마스 푸딩을 만드는 카디프의 '성 독일학교' 어린이들. 1939.12.15.

저-반성-반응)이 지배한다.

아이들은 직업 활동에 직접적이고 본능적인 관심이 있다. 직업에서 그들의 출구를 찾는 본능은 자연과의 관계 속에서 발전하여 생명을 유지하는 것이기 때문에, "매우 근본적이고 항구적인 유형"이다(MW, 1: 94-6). 학교에서 직업의 활용은 아이들을 주변 사회의 생활과 연결해 준다. 공업도시에서도 아이들은 일상적으로 요리, 바느질, 청소와 같은 가정 직업에 둘러싸여 있다. 아이들은 그들의 연장자들이 우체국장, 정육점, 제빵사, 채소 장수, 우유 배달원, 방문 판매원 등과 같은 직업에 종사하는 것을 본다. 그들은 이러한 직업의 결과에 늘 영향을 받는다. 예를 들어, 부모가 집을 꾸미거나 일터에서 월급을 받아 돌아올 때 그렇다(MW, 1: 95).

- **학교 직업과 민주주의 공동체.** 교육에서의 직업 원리에 대한 듀이의 설명은 민주주의에 대한 그의 개념과 민주적 인성을 촉진하는 목표에 따라 전체적으로 이루어

진다.

좁은 **교육적** 측면에서, 경제적 압박으로부터 해방된 학교 직업은 '예술의 동맹지이자 과학의 중심지'가 된다(MW, 1: 13). 지리학에서는 이제 지구를 직업의 '지속적 고향'으로 제시한다. 직업을 통해서 인류는 역사적 · 정치적 진보를 이룩하고, 자연의 힘에 대한 지적 이해를 얻는다(MW, 1: 3). 직업은 학생들에게 학교 공부에 대한 진정한 동기를 제공한다(MW, 1: 15).

그러나 민주적 교육을 위해서는 **사회적** 측면이 훨씬 더 중요하다. 아이들은 친숙한 직업에 참여함으로써 민첩해지고 그들의 감각은 자극받는다(MW, 1: 8). 아이들은 다른 사람들을 돕고, 그 결과 다른 사람들뿐 아니라 자신의 능력도 자유롭게 한다. 아이들은 자유로운 소통의 정신, 그리고 아이디어와 제안의 교환에 참여한다(MW, 1: 8). 아이들은 그들 자신의 공동체 가치의 기준을 함께 만든다(MW, 1: 11). 아이들은 규율(MW, 1: 13-14), 즉 근면과 질서의 습관을 습득한다(MW, 1: 25). 직업을 통해 학교는 아이들의 거주지가 되고, 더 큰 사회의 생활 활동(MW, 1: 19)으로 가득 찬 작은 공동체, 그리고 모태 사회가 된다(MW, 1: 12). 직업을 통해 학교는 모든 아이에게 효과적인 자기 주도성의 도구를 제공할 수 있다. 직업을 중심으로 조직된 학교들은 모든 아이를 지역사회의 일원으로 훈련시키고, 봉사 정신을 함양시킨다. 따라서 직업을 통한 학교 교육은 '가치 있고 사랑스러우며 조화로운', 즉 민주주의 사회 건설을 위한 최선의 보증을 제공한다(MW, 1: 20).

- **어떻게 학교가 직업을 포함할 수 있을까?** 듀이는 직업을 중심으로 조직된 학교의 그림을 몇 가지 제시한다. [그림 1−1]은 그가 그린 초등학교이다(MW, 1: 49). 학교는 정원, 공원, 시골과 같은 자연뿐만 아니라, 성인 직업으로 가득 찬 가정, 기업, 실험실, 대학으로 둘러싸여 있다는 점에 주목해야 한다. 학교는 요리, 바느질, 목공 등의 직업 영역으로 구성되어 있다(다른 잠재적 직업 영역은 인쇄소, 사진, 그래픽 디자인 스튜디오, 그리고 정원으로도 구성될 수 있다). 그 학교에는 교실이 없다. 그렇다면, 교육의 더 지적인 측면은 어떻게 진행되어야 할까?

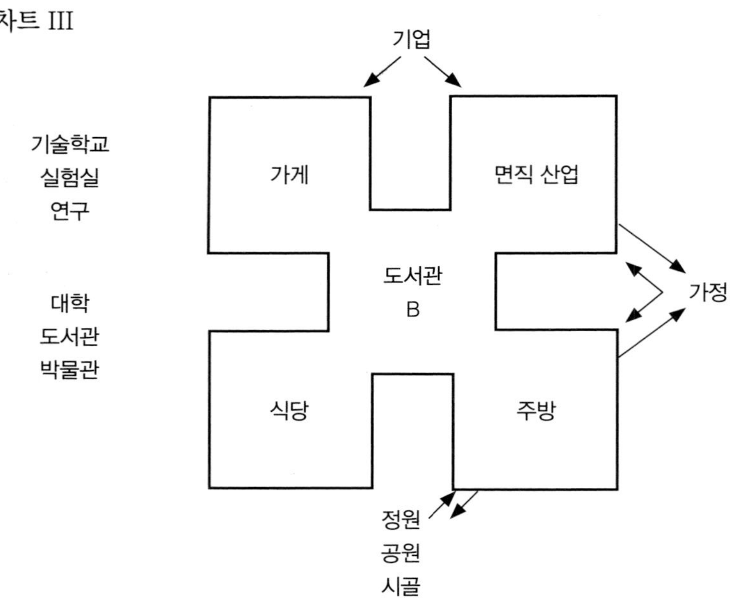

[그림 1-1] 직업 영역 집합으로서의 초등학교에 관한 듀이의 다이어그램.

- **「교육에 대한 실용주의의 연관성(The Bearings of Pragmatism upon Education)」(1988).** 듀이는 이 글에서, 직업에서 학교 교과 학습으로의 진행에 대한 유용한 설명을 제공한다(MW, 4: 178-92). 듀이는 다음과 같이 말한다.

> 모든 교육적 과정은 '무엇을 함'에서 시작해야 한다. 그리고 감각, 기억, 상상, 판단의 필수적 훈련은 본질적으로 중요한 어떤 것…… 행하고 있는 것의 조건과 필요로부터 자라나야 하며, 그리고 아이가 핵심적인 흥미를 느낄 정도로 그것의 중요성을 스스로 인식하는 그런 성격으로부터 자라나야 한다(MW, 4: 185 원문 강조).

듀이가 말하기를, 행하는 것이 직업의 본성이어야 한다. "점토 모형 만들기, 정원 가꾸기, 나무/금속 작업, 요리, 직조 등은 관찰력의 함양 그리고 감각의 정확한 해석을 위한 일반적 방법이다."(MW, 4: 186) 그는 계속해서 말한다.

> 인류는 지식을 위해서 원래부터 축적된 정보를 습득한 것이 아니며, 자연적 사물 자체가 인간의 마음에 인상을 새겨넣게 함으로써 그런 것도 아니다. 인류가 식물, 동물, 돌, 금

> 속, 날씨 등에 대해 배운 것은, 이런 것을 알아 두어야 음식, 거처, 의복, 사회적 협력, 방어 등의 문제를 해결할 수 있었기 때문이다(MW, 4: 186-7).

듀이는 이 직업 원칙에 관한 특징 없는 독단적 진술에서 다음과 같이 말한다. "지적 교육의 모든 것은 학생들이 스스로 참여하는 활동의 필요와 기회로부터 자라날 것이다. 이 원칙은 보편적일 것이다."(MW, 4: 187, 강조는 추가됨)

그동안 지속적 오해가 있었기 때문에, 듀이의 이론에서 직업 활동 그리고 다른 형태의 '행동을 통한 학습'은 지적 교육의 배경과 출발점을 제공하기만 한다는 점을 꼭 강조해야 한다. 학생들이 더 많은 사실과 이론에 관심을 쏟게 되면, 더 간접적이고 추상적인 교과는 곧바로 그런 직업 활동에서 자라난다.

> 어떤 일을 성공적으로 수행하기 위해서 일정한 정보가 곧바로 습득된다. 어린이는 정원을 지적으로 가꾸려면 토양, 씨앗, 줄자, 식물과 이들의 성장, 비, 햇빛 등의 정보에 관해서 배워야 한다. 그러나 그런 활동의 지속적 수행에 대해 흥미가 생기면, 당장 필요한 것들과 직접 관련되지 않는 다른 많은 것에 대해 호기심과 열린 마음이 생겨난다. …… 학교 작업을 주로 직업의 노선을 따라서 조직하려고 하는 한 가지 큰 목표는 이런 노선이 온갖 종류의 사실과 아이디어를 수집하고 조직하는 데에 자연적 축을 제공하게 하는 것이다(MW, 4: 188).

듀이의 결론에 따르면, 학교 직업의 "일차적 가치는 교육적이며 …… 이는 넓고 자유로운 지식 체계를 배제하지 않고 포함한다."(MW, 4: 190). 이 주장은 '교육적'의 두 가지 경쟁적 의미에 의존하는 것으로 보인다. 듀이는, 직업이 정당화되는 것은 직업이 '넓고 자유로운 지식의 체계'라는 협소한 의미에서, 대안들보다 더 나은 교육을 제공하기 때문이라고 주장하는 듯 보인다. 그러나 듀이는 이 주장을 지지하지 않는다. 듀이는, 직업의 일차적 가치가 넓은 의미의 교육 목표라고 그가 설명하는 민주적 인격의 발달을 지원하는 데에 있으며, 교과 지식의 넓고 자유로운 (그러나 반드시 최선의 것은 아닌) 체계를 지지하기도 한다고 주장하는 것이 더 안전할 것이다. 그런 다음 그는, 넓은 의사소통과 참신함을 포용하는 민주적 인격이 결국은 사회의 모든 구성원을 위한 충실한 (그러나

반드시 최고 수준은 아닌) 지적 발달에 생산적이라고 덧붙일 것이다.

민주주의와 교육

이제까지 나는 『민주주의와 교육』에서 제시된 민주주의 이론과 이 책이 출판되기 전의 중기 저작에서 제시된 교육이론을 설명하였다. 그렇다면 『민주주의와 교육』이라는 듀이의 저서 자체는 민주주의 교육이론에 무엇을 더 추가하는가? 그 책 전체가 민주주의 교육에 관한 포괄적 논문이므로 나는 이를 선별적으로 다룰 것이다.

『민주주의와 교육』의 첫 부분은 민주적이건 아니건 모든 사회에 적용할 수 있는 교육이론을 제시한다. 듀이는 일상적인 비공식적 학습과 교과 학습의 가치를 탐색하고, 이를 학교 프로그램에서 가장 잘 그리고 균형 있게 조정하는 방법을 탐구하여 우리가 이미 접한 아이디어를 통합하여 새로운 종합을 제시한다.

그는 먼저 모든 행동, 즉 인간의 행동이 목적을 지향한다는 점을 지적한다. 인간의 행동은 언제나 모든 사람이 자신의 목적을 향해서 행동하는 사회적 맥락에서 일어난다. 따라서 모든 행동은 이미 사회적 상호작용을 통해 발전된 공유된 규범을 가진 사회적 세계를 전제로 한다. 듀이에게 교육은 가장 넓은 의미에서 '경험의 재구성'이다. 이것은 아이들을 유아기에서부터 성인 직업에 완전히 참여시킨다는 뜻이며, 그 자체가 끝없는 재구성을 수반한다. 아이들을 이끌어 가는 방법은 아동기와 청소년기에 걸쳐 반성적 사고가 필요한 학교 직업에 그들을 직접 참여시키는 것이다.

아이들이 사회적 맥락에서 자신의 목적을 향하여 행동하면서, 그들이 행하는 것과 겪는 것, 즉 경험(행함과 겪음)으로부터 배운다. 경험은 그들의 습관을 고쳐 준다. 그들은 '성장'한다. 그들은 극복해야 할 장애물에 부딪히면서 일을 더 잘하게 되고, 더욱 많은 역량을 발전시킨다. 행함은 의사소통이 필요하므로, 행하면서 그들은 타인과 관계 맺고, 어울리고, 듣고, 이끌고, 따르는 방법도 배운다. 듀이는 "인종, 종교, 관습이 서로 다른 아이들이 학교에서 교류함으로써" 의사소통을 위한 "온갖 새로운 더 넓은 환경을 창조한다."고 주장한다(MW, 9: 26). 모든 의사소통은 교육적이다. 왜냐하면 의사소통에서 각자는 상대방이 생각하고 느낀 것을 공유하면서 자신의 태도를 수정하기 때문이다(MW, 9: 8).

학교 직업을 통해 아이들은 사회생활의 규범과 태도에 둘러싸이고, 그것을 내면으로 흡수한다. "아이들에게 사회적 교류를 위한 일차적 장비가 선물로 주어진다."(MW, 9: 48) 아이들이 무엇을 하고, 또 할 수 있는가는 "타인의 기대, 요구, 승인 및 비난에 좌우되며"(MW, 9: 15-16) 따라서 아이들이 동참하고 참여하면서 그들의 행동은 규범의 적용을 유도하고, 그들의 "원래 충동은 수정된다."(MW, 9: 17). 아이들은 집단의 구성원이 되어 타인들과 생각이나 감정을 공유한다. 이런 방식으로 아이들은 "집단의 정서적인 태도에 젖게 된다."(MW, 9: 18).

직업에서 아이들의 행동은 직업 자체에 들어 있는 목적에 의해서 이끌어지는 것이지, 어른에 의해서 (직접적으로) 이끌어지지 않는다. 케이크를 구울 때 활동이 따라야 하는 점은 교사가 아니라 케이크를 만들 필요성이다. 성인인 부모와 교사는 '볼 수 있고 손댈 수 있는 어떤 행동 방식을 자극하는 조건을 설정함'으로써 아이들을 가장 잘 향상시킬 수 있다(MW, 9: 18). 따라서 교사의 첫 번째 임무는 직업 활동 영역, 즉 주방, 봉제실, 상점 등을 설계하고, 그런 다음에 아이들이 자신의 흥미에 따라 자유롭게 참여할 수 있는 구조화된 활동을 설계하는 것이다.

사려 깊은 교육은 연습을 "더 충분하게 하도록 함으로써 형성된 능력을 자유롭게 만들 수 있다."(MW, 9: 21). 직업에 대한 참여가 진행됨에 따라, 학습자들은 자신의 경험을 이해하는 데에 더 논리적으로 조직된 교과 지식이 필요할 것이다. 이때 교사는 점진적으로 그런 지식을 혼합할 수 있고, 마침내 학습자들은 성인 수준의 지식을 얻어 사회에서 성인의 역할을 맡을 수 있다.

사회의 젊은 구성원들은 주변 사회에서 성인 행동에 내재하는 규범과 가치를 습득한다. 그러나 그들은 일정한 가소성, 즉 "경험을 통해 학습하고, 이전 행동의 결과에 따라 행동을 수정하는 능력"도 소유한다(MW, 9: 49). "삶은 발달이고, 또 성장은 삶이다."(MW, 9: 54) 경험의 결과는 새로움이 생기는 것이다. 교육은 평생 계속된다. 삶은 교육이고, 그리고 교육은 삶 그 자체이지 미래의 삶을 위한 준비가 아니다. 따라서 교육이 종속되는 것은 없다(MW, 9: 56). 교육은 "그 자체 이외의 목적이 없다.". 교육은 그 자체가 목적이다(MW, 9: 58).

- **교육에서의 민주주의.** 젊은이들을 교육하는 가장 좋은 방법은 그들을 사회의 직업에 점진적으로 참여시키는 것이다. 그 목적은 현재 조직화된 사회의 특정 직업을 위해 준비시키는 일이 아니라, 예측 불가능하게 진화하는 사회의 도전에

대응할 준비를 시키는 일이다. 직업을 통한 교육을 위한 민주적 환경을 구축하는 것이 이 목적을 달성하는 최적의 방법이다.

이것은 『민주주의와 교육』의 가장 독특한 공헌을 위한 발판을 마련해 준다. 이 발판은 민주적 교육을 위한 표준적인 교육 공통 영역, 즉 학습과 교수, 목표, 방법, 교과의 재구축이다. 이런 요소는 종합적인 그림을 위해서 특수한 특징에 제각기 기여한다.

• **학습과 교수**. 인습적 · 비민주적 교육에서, 교수(teaching)는 미리 선정되고 미리 구성된 자료를 학생에게 전달하는 일이다. 학습은 그런 자료를 암기하고, 시험에서 그것들을 되살리는 일이다. 이와 대조적으로, 민주적 학교의 교수는 항상 학습자가 활동에 자발적으로 참여하게 하는 것에서 시작한다. "교육이라는 활동에서 교육자의 역할은 반응을 자극하고 학습자의 과정을 이끄는 환경을 제공하는 일이다."(MW, 9: 188) 따라서 학습은 수동적으로 수업을 듣거나 교과서를 읽거나 시험을 준비하는 것을 가리키지 않는다. 학습은 원예의 꽃, 제빵의 케이크와 같은 고유한 목표가 있는 활동에 참여함으로써 직접적으로 일어난다. "기본적인 통제는 아이들이 참여하는 상황의 성격에서 나온다."(MW, 9: 45) 교사가 학습을 지도하는 것은 아니다. "학생의 거의 모든 행동이 교사에 의해 지시될 때, 학생의 행동에서 나타나는 유일한 순서가 수업에서 제시하는 과제에서 혹은 타인이 제시하는 방향에서 나오는 것일 때, 교육적 목적에 관한 이야기는 무의미한 이야기나 다름없다."(MW, 9: 104)

따라서 교사의 첫 번째 과제는 활동 영역을 설계하고, 그 안에서 구조화된 활동을 고안하는 것인데, 이것이 학습자가 자발적으로 참여하는 환경이 된다. 학교 주방을 생각해 보자. 학생들이 자신의 음식을 마련할 때, "기운차게 발산되는 에너지는 얼굴에 느껴질 정도로 아주 또렷하다."(MW, 1: 10). 그러나 주방의 정당성은 아이의 흥분에 있는 것이 아니다. 오히려 음식을 준비하는 일은 "학생들이 수단과 목표의 관계에 주의를 기울이고, 그다음에 사물들이 상호작용하여 일정한 효과를 낳게 되는 방식으로 고려하도록 이끌어 가는 그런 종류의 활동"이다(LW, 13: 57, 원문 강조). 그러나 에너지와 흥미가 아무 주방에서나 나타나지는 않을 것이다. 모든 것은 아이들이 어떤 목표와 그 구조를 생각할 수 있는 실험실로서의 주방을 설계하는 것, 그리고 이런 주방에서 구조화된 활동이 추구하는 목적에 달려 있다.

- **목적**. 교육 목적은 교육 밖에 있는 것이 아니라고 듀이는 말한다. 만약 목적이 교육 과정을 넘어선 어떤 세력이 부여한 것이라면, 그 과정은 결코 민주적이지 않다. 교사와 학생의 자유로운 행동이 제한된다. 민주적 교육의 목적은 교육 환경 내에서 나타나며, 교사와 학생이 그것을 추구하면서 취할 수 있는 행동만큼 다양하다. 따라서 질문은 '교육의 목적이 무엇인가?'에서 '교육에서 무엇이 목적인가?'와 '교육에서 좋은 목적은 무엇인가?'로 옮겨 간다.

목적은 항상 결과와 관련되므로 교사에게 첫 번째 문제는 '배정된 작업이 내재적 연속성을 갖는가'이다(MW, 9: 108). 목적은 '자발적 자기표현이라는 명칭의 변덕스러운 혹은 비연속적 행동'을 방지해야 한다. 그것은 '과정의 점진적 완료'를 낳아야 한다(MW, 9: 108). 따라서 목적이 있는 행동은 '종료 또는 가능한 종료에 앞선 사전 예측'을 의미한다(MW, 9: 108). 교사와 학생에게 또 다른 문제는 목적이 활동의 적절한 방향을 제시하는가의 여부, 그리고 그것이 조건의 관찰, 가능한 수단의 결정, 수단의 경제적 순서 마련 등을 지원함으로써 목표에 도달할 수 있는 단계에 영향을 미치는가의 여부이다(MW, 9: 109).

그렇다면 좋은 목적이란 무엇인가? 듀이는 목적을 평가하기 위한 세 가지 기준을 제시한다. 첫째, 목적은 상황적인 것, 즉 '기존 조건의 자연적 산물'이어야 한다. 그것은 "이미 진행되고 있는 것의 고려에, 즉 그 상황의 자원과 난관에 기초한 것이어야 한다."(MW, 9: 111). 예를 들어, 이런 조건의 밖에서 부과되는, 즉 외부에서 부과된 이론이나 기존 교육 과정 지침을 참조하는 모든 목적은 지능을 제한하는데, 이는 지능의 기능을 어떤 수단을 기계적으로 선택하는 일로 축소하기 때문이다(MW, 9: 111).

둘째, 좋은 목적은 유연한 것이어야 한다. 복잡한 상황에서 연결과 결과에 주목하는 지적 행동은 예견 · 예측 불가능한 조건을 밝혀 줌으로써, 우리의 목적을 어느 정도 수정할 것을 요구한다. 외부에서 부과되는 모든 목적은 경직된 것이며 '상황의 구체적 조건과의 유용한 관계'가 없는 것이다(MW, 9: 111).

셋째, 목적은 의도하는 종결을 제공하고 경계를 설정함으로써 활동을 자유롭

게 만든다. 이는 18행 단시(短詩)의 규칙이 시인에게 그런 시를 쓸 수 있게 하는 것과 똑같다. 목적은 "우리가 수행하려고 하는 그 **활동**을 마음이 구체화하는 표시나 기호일 뿐"이다(MW, 9: 112). 만약 표적이나 명중시킬 것이 없다면 궁수의 활동은 임의적일 것이다.

- **방법.** 듀이가 말하기를, 인습적인 비민주적 교육에서 교과와 방법은 두 개의 독립된 영역, 즉 별개의 문제로 여겨진다. 교과는 '인간과 자연에 관한 사실 및 원리를 이미 체계화해 놓은 분류'로 생각한다(MW, 9: 171). 그리고 방법은 단순히 '이 선행된 교과 내용을 가장 잘 제시하고 마음에 새겨 넣을 수 있는 방식'이다(MW, 9: 171). 다시 말해, 공식적인 교과 선정은 교육적 과정의 외부에서 부과된 교육 목적을 참고함으로써 결정된다. 민주주의 교육에서는 방법과 교과는 상호 침투한다. 교과는 어떤 일을 할 때 사용되는 자료에 불과하다. 따라서 방법은 "교과가 원하는 결과를 향하게 하는 효과적인 방향 제시 …… 공부의 내용은 무한한 활용이 가능하며, 그리고 방법은 어떤 경우이건 어떤 종결을 위해 어떤 자료를 효과적으로 사용하는 방법일 뿐이다."(MW, 9: 172-3).

우리가 방법과 교과를 분리하고 교육 방법을 별도로 연구할 경우, 방법은 더 이상 지능에 기여하지 못한다. 그런 방법은 자료를 사용하는 아이들에 대한 교사의 면밀한 관찰에서 생겨난 것은 아니다. 그 대신 그런 방법은 '권위적으로 교사에게 추천되는' 것이고 '기계적 획일성', 즉 모든 교사가 '적용할' 도구로 축소된다. 그러나,

> 일과 놀이에서 직업 활동을 이끌어 주는 환경을 제공함으로써 유연한 개인적 경험이 쌓이는 경우, 개인마다 확인된 방법은 다양할 것이다. 왜냐하면, 개인마다 일에 접근하는 방식에 어떤 특징이 있다는 점은 확실하기 때문이다(MW, 9: 175).

간단히 말해서, 가르치는 방법은 **상황 속에서 벌어지는** 지적인 교수법적 사고이다. 이는 결과를 지향하는 관찰, 선택, 추론, 그리고 행동이다. 자유로운 개인으로서 교사는 자신의 학습 과정의 역사를 기반으로 삼아 자기 스타일의 사고를 할 것이다. 각 교사의 개인적 방법은 그들의 "타고난 성향과 습득한 습관 및

홍미에 뿌리를 둔다. 그래서 교수법은 교사가 원래 타고난 능력이 다양하듯이, 그의 과거 경험과 선호가 다양하듯이 다를 (그리고 **당연히** 다를) 것이다."(MW, 9: 180, 원문 강조).

그러나 이것은 교사가 변덕스럽게 **즉흥적**이어야 한다는 뜻이 아니다. 가르침은 모든 형태의 행동과 똑같이 **사회적인** 일이다. 모든 기술에는 이미 초보자가 재료와 도구에 충분하게 친숙해지도록 만드는 확실한 전통이 있다. 교사들은 실천 공동체의 구성원이다. 그들의 훈련은 '객관적 재료에 대한 지속적이고 집중적인 관심을 요구하는' 일이며, 그들은 예술가로서 '무엇이 성공하고 무엇이 실패하는가를 보려고 자신만의 노력'을 기울인다(MW, 9: 178). "그런 경험은 '**일반적** 방법'이라고 일컬을 수 있는 것을 위해 재료를 제공해 준다. …… 결과에 도달하는 꽤 안정된 방법들이 축적된 것이며, 그리고 과거 경험과 지적 분석에 따라 권위가 부여된 방법들이 축적된 것이며, 개인이 그것을 무시하면 위험에 빠지는 것이다."(MW, 9: 177, 원문 강조) 그러나 이런 일반적 방법은 "개인의 주도권과 독창성, 즉 개인적인 작업 방식에 전혀 반대되지 않는다."(MW, 9: 178). 일반적 방법과 처방된 규칙 사이에는 분명한 차이가 있다고 듀이는 말한다. 일반적 방법은 개인의 지능을 매개로 하는 간접적 안내이다. 처방된 규칙은 외부에서 부과된 지시에 대한 순응을 통해서 직접적으로 작동한다.

이와 똑같은 방법적 고려 사항이 학습자에게도 똑같이 적용된다. 학습자도 역시 공동체 규범이 스며든 존재이다. 또한 민주적 교육에서 학습자는 학교 직업에 참여함으로써 규범적 전통 안으로 들어가게 되며, 그럼으로써 일반적 지적 방법을 습득한다. 이런 방법을 학습자는 행동에 접근하는 자신만의 개별적 방식을 개발하는 과정에서 사용하고 검증한다(MW, 9: 179-80).

- **교과**. 전통적인 비민주적 교육에서 교과는 외부 당국에 의해 강요된다. 교사와 학생은 교과의 선택과 형성에서 아무런 역할도 없다. 민주적 교육에서 교과는 '목표가 있는 상황이 전개되는 과정에서 관찰된, 회상된, 이해된, 이야기된 사실 그리고 제안된 아이디어'로 구성된다(MW, 9: 188).

비형식적 교육에서, 즉 가정 주방, 상점, 놀이터에서 교과 주제(주방 난로, 믹싱 그릇과 주방 도구, 가게 도구, 그네와 시소 등)는 "사회적 교류의 망을 통해 직접 전

해진다."(MW, 9: 188). 그러나 형식 교육에서, 즉 학교의 수업과 학습에서 우리는 교사의 교과와 학습자를 위해 조직된 교과를 구분해야 한다. 풍부한 인생 경험과 폭넓은 중등 · 대학 교육을 함께 갖추고 있는 교사의 입장에서 교과는 다음과 같다.

> 교사는 교사의 것처럼 경험의 잘 익은 결실을 의미한다. …… 다양한 공부가 대표하는 것은 성인의 작업 자원, 가용 자본 …… 이미 구성된, 결정된, 체계화된 교과를 대표한다. 즉, 책과 예술작품에서 발견되는 자료이다(MW, 9: 190).

이와 대조적으로, 아이들의 교과는 학술적 학문과 전문 영역에서가 아니라, 아동이 직접 흥미를 갖는 실천 센터, 즉 가정이나 이웃과의 관련 속에서 조직된 '단편적인 스크랩'으로 구성된다. "배운 사람에게 교과는 광범하고, 정확히 정의되며, 논리적으로 연관된 것이다. 배우는 사람에게 그것은 유연한, 부분적인, 그의 개인적 직업을 통해 연결되는 것이다."(MW, 9: 191)

그렇다면 학교에서 교과는 어떻게 개발되는가? 나는 『학교와 사회』 그리고 「교육에 대한 실용주의의 연관성」에 나타난 듀이의 일반적 대답을 이미 거론했다. 그것은 성인을 위해 이미 조직된 지식을 나타내는 교과 분야에서 시작하는 것이 아니라, 주변 사회의 직업을 반영하는 학교 직업에서 시작하는 것이다. 아이들은 이미 그러한 직업에 둘러싸여 있다. 그들은 그 배경과 자료, 그리고 기초적으로는 그 방법에 친숙해 있다. 그들은 그런 직업의 배경 속에서 협력적 활동에 참여하면서, 처음에는 자신의 어떤 원시적 이해에 의존한다. 그다음에 그들은 자신을 사고하도록, 즉 관찰하고 반성하며, 추상하고 선택하며, 추론하고 검사하도록 만드는 문제와 장애를 곧바로 만난다. 이런 과정은 듀이가 『민주주의와 교육』 제11장 '경험과 생각'(MW 9: 147-59)에서 상세히 분석하고, 제12장 '교육에서의 사고'에서 학교 학습에 적용한 것이다(MW, 9: 160-71). 학습자는 자신만의 대처 방법을 사용하며, 이를 사용하고 수정하면서 더 효과적으로 된다. 이 성장 과정은 그 학습자 집단 내의 의사소통, 그리고 자문 역할에 봉사하는 집단과의 의사소통을 요구하며, 이를 통해 질문은 명료해지고 학습자는 유용한 정보 자원으로 향하게 된다.

『민주주의와 교육』 제14장 '교과의 본질'에서 듀이는 이런 아이디어를 확장하면서, 교과 학습의 발전에서 나타나는 세 가지 전형적 단계를 지적한다. ① 행동에서의 기초 지식, ② 의사소통과 정보에 의해 증강된 지식, ③ 합리적으로 혹은 논리적으로 조직된 자료로 확장되고 다듬어진 지식(MW, 9: 192), 즉 교과 전문가의 학문적 지식이다. 이런 단계모형은 학교에서 교과를 제시하고 조직하기 위한 듀이의 지침서 역할을 한다.

첫 번째 단계에서, 교사들은 학습자가 이미 가장 친숙한 것들, 즉 자주 사용되는 것들을 활동에 집어넣는다. 즉, 테이블과 의자, 음식과 옷, 나이프와 포크, 종이와 연필 등은 자주 사용되는 것이어서 그것이 어떻게 움직이고 반응하는지를 학습자가 이미 예상할 수 있다.

친숙한 것들이 들어 있는 이런 활동은 두 번째 단계, 즉 다른 사람들과의 접촉으로 빠르게 옮겨간다. 아이들의 의사소통 충동은 효과적 연결로 자리를 잡아 유지되도록 변형되어야 하며, 이 과정에서 비형식적인 사회적 지식이 거대하게 형성된다. 아이들은 서로에게서 배운다. 그들은 자신의 경험을 이야기하고, 타인, 즉 또래, 교사, 다른 성인의 경험으로부터 배우며, 이는 자신이 축적한 경험에 들어간다. 아이들의 행동은 비판적 평가를 받게 되며, 이를 통해 그들은 지적 규범에 익숙해진다. 이 단계에서 교사와 타인이 끌어들이는 정보는 두 가지 기준에 비추어 시험을 받을 수 있다. "그 정보는 학생이 관심을 쏟는 어떤 질문에서 자연스럽게 생겨나는 것인가? 그 정보는 그의 더 직접적인 인식과 맞아떨어져서 그 효능이 높아지고 그 의미가 깊어지는 것인가?"(MW, 9: 194) 그 정보는 두 가지 목표에 부합된다. 그것은 '의심스러운 상황에서 주어진, 결정된, 확립된, 확인된 것으로서 의지할 수 있는' 지식 기반, 그리고 추가적 탐구를 위한 자극을 제공해 준다(MW, 9: 196).

그러나 활동이 전개되는 과정에서 도입된 정보는 아직 단편적이고 비조직적이다. 발견되고 전달된 정보는 세 번째 단계에서 조직되어 논리적 형태로 제시된다. 아이디어가 조직됨으로써 "모든 …… 진술은 다른 진술로부터 나오고 다른 진술로 이어질 수 있는 그런 종류가 될 것이다."(MW, 9: 198). 이렇게 해서 비조직적 정보는 합리적인 과학적 지식 체계로 바뀐다. 교과의 학문적, 과학적 조직을 보여 주는 텍스트 자료와 미디어가 도입됨으로써, 학습된 것들이 통일

되고 점들이 연결된다.

> 과학은 가장 특징적인 형태의 지식을 가리키는 명칭이다. 그것은 학습의 완벽한 성과를 그 정도만큼 보여 준다. …… 어떤 경우에 지식이라고 하는 것은 확실한, 분명한, 확정된, 정리된 것이며, 우리는 그것을 **'가지고'** 생각하지, 그것에 관해서 생각하지는 않는다(MW, 9: 196, 원문 강조).

그러나 어느 시점에 확립된 지식도 추가적 탐구에 따라 언제든 흔들릴 수 있다. 일반인이 기성 진리에 집착할 때, 과학은 교과 학습에서 '매우 귀중한 자리'를 차지하는데, 이는 오직 학습자가 '과학적 정신으로 입문'되어야 비로소 아이디어를 고려하고 재평가할 때 '최선의 도구를 …… 효과적인 방향의 반성을 위해서' 활용할 수 있기 때문이다(MW, 9: 198).

교과 발달의 3단계가 끝날 때, 학습자는 과학의 정신이 스며들게 된다. 그들은 어떤 주장을 내놓거나 평가할 때 습관적으로 관련된 증거에 호소하게 된다. 그들의 관심은 문제점들과 공적 관심사에 집중하게 되고, 그들의 동정심은 공동체의 모든 구성원에게 널리 퍼지게 되며, 그리고 그들은 마치 실험실 과학자들이 경험적 주장을 검증하고 그 결과를 소통하는 것처럼, 과학적 정신을 가지고 제안된 문제의 해결책을 고려하게 된다.

결론

듀이의 민주주의 교육이론의 요지는 『민주주의와 교육』의 종결 부분에 제시되는데, 그는 그 이론을 그의 후기 저서들(예: 『공공성과 그 문제들』의 성인 교육, LW, 2)로 확장했으며, 그리고 「교육적 혼란에서 벗어나는 길(The Way out of Educational Confusion)」(LW, 6: 88)에서 그 이론을 완화했다. 여기서 그는 어쩔 수 없이 "모든 지적 교육은 협력적 활동에서 '행함을-통한-배움'으로부터 시작해야 한다."라는 요구를 약화했다.

듀이의 이론은 20세기로 넘어오는 전환기에 인간 공동체의 절박한 사회적 · 정치적 문제들을 다루었다. 여기에는 국가적·민족적·계급적 갈등, 제국주의와 전쟁, 그리고 지식과 가치의 기존 개념에 대한 도전 등이 포함되었다. 듀이는 플라톤, 아리스토텔레스(Aristotle), 로크(Locke), 루소, 칸트, 프뢰벨(Fröbel), 헤르바르트(Herbart) 등 기존의 철학적·교육적 전통에서 나온 고전들을 끌어들임으로써 그의 시대를 위한 새롭고 포괄적인 민주주의 교육이론을 구축했다.

그의 업적은 그의 생존 시기에 널리 인정받았으며, 교육이론의 새로운 작업을 위해 자극이 되었을 뿐만 아니라 교육 개혁과 혁신의 구체적 프로젝트를 위한 지침이 되기도 하였다. 교육철학에서 그 이후의 움직임은 듀이의 업적을 고려해야 했다. 예를 들어, 교육철학에서 분석철학적 혁명의 선도자인 셰플러(Israel Scheffler, 1974)와 피터스(Richard S. Peters, 1977)는 모두 듀이에 주목했고, 그를 선구자로 인정했다. 로티(Richard Rorty, 1982)와 힉먼(Larry Hickman, 2007)은 듀이가 이미 포스트모던 철학을 괴롭히는 많은 문제를 해결했다고 주장했다.[7] 프랑크푸르트 학파의 전통에서 나타난 비판이론 연구는 듀이가 제시한 방향으로 움직이고 있음이 분명하다(Frega, 2017).

듀이의 지속적 중요성에 대한 한 가지 증거는, 『민주주의와 교육』의 출판 100주년을 맞이하여 듀이의 민주주의 교육이론에 관한 연구가 새롭게 분출되었던 점이다. 이런 새로운 연구에는 주요 학술지의 특별호, 단일 저서와 편집 도서, 그리고 핸드북이 포함된다.[8] 그동안 나타났던 일련의 교육혁신은 듀이의 사상에 일정한 뿌리를 두고 있는데, 여기에는 열린 교실, 협동 학습, 체험 교육, 학습 공동체 학교, 그리고 아동을 위한 철학이 포함된다. 그러나 태너(Laurel Tanner, 1997)가 지적하듯이, 그런 운동의 힘이 약화되고 만 것은 듀이 이론의 한두 가지 요소만 선택하고 나머지는 무시했기 때문이다.

대안적 사실들이 넘쳐나고 민주적 가치가 후퇴하고 있는 탈진실 시대(the post-truth era)로 접어들면서, 듀이의 민주적 교육론이 교육철학에서 관련성을 계속 유지할 수 있을지는 두고 볼 일이다. 완전히 새로운 것이 등장하여 미래의 교육철학자와 교육 실천가에게 감명을 줄 수 있으나, 듀이의 민주주의 교육이론이 성숙한 모습을 드러낸 지 100년이 지난 지금, 그것은 여전히 전 세계의 교육이론과 실천의 지도자들에게 감명을 주고 있다.

미주

1) EW는 『존 듀이 전집(The Collected Works of John Dewey)』에서 전기 저작을, MW는 중기 저작을, 그리고 LW는 후기 저작을 가리킨다.
2) 로버트 웨스트브룩이 지적한 바에 따르면, 듀이 학자들은 듀이가 사회이론가로서 형성되는 연간에 비교적 관심을 쏟지 않았으며, 그리고 "민주주의 이론가로서 그의 커리어에 관한 의문들은 대체로 탐구되지 않은 채로 남아 있다."(1991: 34). 그는 이어서 말하기를, 듀이의 사회사상은 "특별히 독창적인 것은 아니었다. 그의 민주주의 이론의 발전에서 사회사상이 상당히 중요하다는 점과 별도로, 그의 윤리적 · 정치적 저술은 미미한 편이고, 대체로 관념주의 사회사상에 대한 파생적 공헌으로 남는다."(p. 37). 여기서 웨스트브룩이 시사한 점은, 그런 점이 부족했음에도 불구하고 전기 저작에서 듀이의 사회적 저술은 그의 민주주의 이론의 발전을 위해서 상당히 중요하다는 점인데, 이는 주목할 가치가 있다. 학자들의 문헌에서 듀이의 초기를 소홀히 다룬 한 가지 사례로서, 『민주주의와 교육』 이전의 듀이의 민주주의 철학과 교육에 관한 자신의 설명에서 챔블리스(J. J. Chambliss, 2003)는 전기 저작에 들어 있는 에세이들을 전적으로 무시한다. 그는 교육철학에 관한 강의에서 나온, 미발표된 강의록 두 가지에 전적으로 의존한다.
3) '브라운 대 교육위원회'의 토론은 역사 채널 웹사이트(Brown v. Board of Education, 2009)를 참조하라. 온라인 자료는 다음에 있다. https://www.history.com/topics/black-history/brown-v-board-of-education-of-topeka.
4) 특히 다음을 참조하라. 「세인트루이스 예술과학 회의(The St. Louis Congress of the Arts and Sciences)」(MW, 3: 145-50), 그리고 「교육적 혼란에서 벗어나는 길」(LW, 6: 76-90).
5) 도덕 발달의 요지로서 가족 규범에 대한 의존은 유교 문화의 본질적 요소이며, 그런 규범은 다른 많은 문화에서 찾아볼 수 있다.
6) 직업(occupation)이라는 용어는 『학교와 사회』에서 74회, 그리고 『민주주의와 교육』에서 97회 나온다.
7) 리처드 로티는 『실용주의의 결말(Consequences of Pragmatism)』의 서론에서 다음과 같이 주장한 것으로 유명하다. 듀이는 영미 분석철학자들과 유럽 포스트모더니스트들이 여행하고 있는 "변증법적 길의 종점에서 기다리고" 있었다(1982: xiii).
8) 최근에 편찬된 선집으로는 다음을 보라[Gordon과 English(2018), Lowery와 Jenlink(2019), Waks(2016), Waks와 English(2017), Oliverio, Striano와 Waks(2016), Zhang(2019)]. 최근의 단일 저자의 단행본으로는 다음을 보라[Pring(2014)과 Phillips(2016)].

참고문헌

1차 문헌

Dewey, John. (1887/2008). *Psychology*, in J. A. Boydston (Ed.), *The Early Works, 1882-1898, Vol. 2 Psychology*. Carbondale: Southern Illinois University Press.

Dewey, John. (1888/2008). "The Ethics of Democracy," in J. A. Boydston (Ed.), *The Early Works, 1882-1898, Vol. 1 Early Essays and Leibnitz's New Essays*, 227-249. Carbondale: Southern Illinois University Press.

Dewey, John. (1892/2008). "Christianity and Democracy," in J. A. Boydston (Ed.), *The Early Works, 1882-1898, Vol. 4 Early Essays and The Study of Ethics: A Syllabus*, 3-10. Carbondale: Southern Illinois University Press.

Dewey, John. (1893/2008). "Self-Realization as Ethical Ideal," in J. A. oydston (Ed.), *The Early Works, 1882-1898, Vol. 4 Early Essays and The Study of Ethics: A Syllabus*, 42-53. Carbondale: Southern Illinois University Press.

Dewey, John. (1897/2008). "Ethical Principles Underlying Education," in J. A. Boydston (Ed.), *The Early Works, 1882-1898, Vol. 5 Early Essays*, 55-83. Carbondale: Southern Illinois University Press.

Dewey, John. (1897/2008). "My Pedagogical Creed," in J. A. Boydston (Ed.), *The Early Works, 1882-1898, Vol. 5 Early Essays*, 84-95. Carbondale: Southern Illinois University Press.

Dewey, John. (1899/2008). *The School and Society*, in J. A. Boydston (Ed.), *The Middle Works, 1899-1924, Vol. 1 Journal Articles, Book Reviews, and Miscellany, and The School and Society, and The Educational Situation*, 1-110. Carbondale: Southern Illinois University Press.

Dewey, John. (1903/2008). "The St. Louis Congress of the Arts and Sciences," in J. A. Boydston (Ed.), *The Middle Works, 1899-1924, Vol. 3 Journal Articles, Book Reviews, and Miscellany*, 144-149. Carbondale: Southern Illinois University Press.

Dewey, John. (1908/2008). *Ethics*, in J. A. Boydston (Ed.), *The Middle Works, 1899-1924, Vol. 5 Ethics*. Carbondale: Southern Illinois University Press.

Dewey, John. (1909/2008). "The Bearings of Pragmatism upon Education," in J. A. Boydston (Ed.), *The Middle Works, 1899-1924, Vol. 4 Journal Articles, Book Reviews, and The Pragmatic Movement of Contemporary Thought and Moral*

Principles in Education, 178-91. Carbondale: Southern Illinois University Press.

Dewey, John. (1910/2008). *How We Think*, in J. A. Boydston (Ed.), *The Middle Works, 1899-1924, Vol. 6 Journal Articles, Book Reviews, Miscellany, and How We Think*, 177-356. Carbondale: Southern Illinois University Press.

Dewey, John. (1910/2008). "Tolstoi's Art," in J. A. Boydston (Ed.), *The Later Works, 1925-1953, Vol. 17 Miscellaneous Writings*, 380-92. Carbondale: Southern Illinois University Press.

Dewey, John. (1916/2008). *Democracy and Education*, in J. A. Boydston (Ed.), *The Middle Works, 1899-1924, Vol. 9 Democracy and Education*. Carbondale: Southern Illinois University Press.

Dewey, John. (1927/2008). *The Public and its Problems*, in J. A. Boydston (Ed.), *The Later Works, 1925-1953, Vol. 2 Essays, Reviews, Miscellany, and The Public and its Problems*, 237-372. Carbondale: Southern Illinois University Press.

Dewey, John. (1931/2008). "The Way Out of Educational Confusion", in J. A. Boydston (Ed.), *The Later Works, 1925-1953, Vol. 6 Essays, Reviews and Miscellany*, 75-89. Carbondale: Southern Illinois University Press.

2차 문헌

Boostrom, Robert, Ed. (2016). "Rethinking John Dewey's Democracy and Education on Its Centennial," special issue of *Journal of Curriculum Studies, 48*(1).

Chambliss, J. J. (2003). "John Dewey's Philosophy of Education Before Democracy and Education," *Education and Culture*, *19*(1), 1-7.

Damico, Alfonso J. (1978). *Individuality and Community: The Social and Political Thought of John Dewey*. Gainesville: University Press of Florida.

Frega, Roberto. (2017). "Pragmatizing Critical Theory's Province," *Dewey Studies, 1*(2), 4-47.

Gordon, Mordechai., & Andrea English. (2018). *John Dewey's Democracy and Education in an Era of Globalization*. London: Routledge. (Originally published as *Educational Philosophy and Theory*, *58*(10), September 2016.)

Hickman, Larry A. (2007). *Pragmatism As Post-postmodernism: Lessons from John Dewey*, Vol. 21. New York: Fordham University Press.

Lowery, Charles., & Patrick Jenlink, Eds. (2019). *The Handbook of Dewey's Educational*

Theory and Practice. Dordrecht: Brill/Sense.

Oliverio, Stephano, Maura Striano., & Leonard Waks, Eds. (2016). "Dewey's *Democracy and Education* As a Source of and a Resource for European Educational Theory and Practice," special issue of *European Journal of Pragmatism and American Philosophy*, *8*(1).

Peters, Richard S. (1977). *John Dewey Reconsidered*. London: Routledge and Kegan Paul.

Phillips, D. C. (2016). *A Companion to John Dewey's Democracy and Education*. Chicago: University of Chicago Press.

Pring, Richard. (2014). *John Dewey*. London: Bloomsbury.

Rogers, Melvin L. (2011). "The Fact of Sacrifice and Necessity of Faith: Dewey and the Ethics of Democracy," *Transactions of the Charles S. Peirce Society*, *47*(3), 274-300.

Rorty, Richard. (1982). *Consequences of Pragmatism*. Minneapolis: University of Minnesota Press.

Ryan, Alan. (1995). *John Dewey and the High Tide of American Liberalism*. New York: Norton.

Scheffler, Israel. (1974). *Four Pragmatists: Critical Introduction to Peirce, James, Mead and Dewey*. London: Routledge and Kegan Paul.

Tanner, Laurel. (1997). *Dewey's Laboratory School: Lessons for Today*. New York: Teachers College Press.

Waks, Leonard, Ed. (2016). "Symposium: *Democracy and Education* at 100," special double issue of *Educational Theory*, *66*(1/2), 1-296.

Waks, Leonard and Andrea English, Eds. (2017). *The Centennial Handbook of John Dewey's Democracy and Education*. Cambridge: Cambridge University Press.

Westbrook, Robert. (1991). *John Dewey and American Democracy*. Ithaca, NY: Cornell University Press.

Zhang, Huajun, Ed. (2019). "Dewey and Chinese Education," special issue of *Beijing International Review of Education*, *1*(4), 585-760.

제2장
현상학, 해석학 그리고 교육

데보라 커드먼 저 · 손승남 역

서론

교육에 대한 현상학과 해석학의 가치를 소개하기 위하여 나(Deborah Kerdman)는 이러한 철학적 접근에 주목하고 있는 네 명의 저명한 교육학자들의 작품을 살펴보고자 한다. 랑에펠트(Martinus Jan Langeveld, 1983a: 6)는 "인간 그 자체의 본질적 의미와 관계되는 질문"과 함께 교육자들이 현상학과 조우하게 된다고 말한다. 마넨(Max van Manen, 2014: 609)은 현상학자들에게 "교육학을 연구하는 것은 자기 자신을 변화시키는 것이다. …… 문제는 우리가 어떻게 교육적 만남의 일상적 경험 안에서 자신을 확인하고, '형성'할 수 있는가이다."라고 쓰고 있다. 비에르친스키(Andrzej Wiercinski, 2011: 109; 2015)는 해석학적 사상가들이 교육을 어떻게 이해하는지를 설명한다. 그는 "가장 깊은 실존적 의미에서 교육은 타인과 미지의 것에 대한 개방을 통하여 자기 삶을 부단히 변화시키려는 노력"이라고 설명한다. 마지막으로, 페어필드(Paul Fairfield, 2011b: 3)는 현상학과 해석학이 "최후의 언어 대신 끊임없는 질문과 대답의 논리로 교육 과정이 우리를 어떻게 이끌어 가는지를 보는 데 도움이 된다."라고 주장한다. 그는 또한 "그것이 영혼을 형성하고, 우리를 진리의 안전한 소유가 아니라 그 진리를 끈질기게 추구하도록 한다."라고 하였다.

이 학자들이 제안하는 것처럼 현상학과 해석학은 교육에 대한 목표를 분명하게 그려 주고 있다. 특히 교육은 사람들이 의미와 목적으로 가득 찬 좋은 삶을 사는 법을 배우도록 도와야 한다. 실존적 · 윤리적 질문을 탐구하기 위해 다른 사람들과 함께 참여하는 일은 이 목표를 실현하는 데 필수적이다. 이러한 참여가 최종 답변을 주지는 않는다. 그런데도 이런 참여 경험들이 영혼을 형성하고, 자기 이해를 변화시킨다.

오늘날 현상학과 해석학의 교육관은 교육이 지향하는 틀에 따라 그 양상이 사뭇 다르다. 비에르친스키는 "현대 사회에서 교육은 일종의 보험과도 같은 것이다. …… 교육은 필요에 따라 적용할 수 있는 유용한 지식으로 축소된다. 더 나쁜 것은 교육을 인증의 형식으로 축소하는 것이다. 이것은 주어진 지식 분야에서의 숙달 정도와 전문성을 의미한다."(2011: 108-9)라고 말한다. 마넨 또한 비에르친스키의 견해에 공감을 표한다. 마넨은 "우리는 더 이상 아이들을 위해서도, 현장 교사들을 위해서도 봉사하지 않는다. 교육행정가들은 우리가 단지 '학습 결과'와 '시험 가능한 결과들'로 좁혀 집중하기를 바란다. 하지만 깊고도 풍부한 교육적 경험이 학습 및 학교 생산성 프로그램으로 적절하게 기술될 수 없다는 사실을 우리는 너무나 잘 알고 있다."(Van Manen, 2016a: 12)라고 역설한다.

비에르친스키와 마넨에 따르면, 교육은 전형적으로 지식과 기능 기반의 역량 습득과 같이 특정 결과를 성취하기 위한 수단으로 간주된다. 이러한 결과는 자명하게 비교육적인, 가령 경제적 생산성과 전문성 향상과 같은 목적에 도움을 준다. 이들은 교육의 도구적 관점은 비인간적이라고 주장한다. 그 관점이 가정하고 있는 것은 교육이 하나의 상품이라는 사실이다. 그것의 가치는 사람들이 교육에 부여하는 개인적 의미가 아니라 시장의 요구에 달려 있다고 가정하는 것이다. 또 다른 가정은 교육이 학생들이 학업을 마치고 더 넓은 세계로 나갈 수 있다고 증명해 준다는 것이다. 이와 달리, 현상학과 해석학은 교육이 좋은 삶의 외적인 요소가 아니라고 주장한다. 대신 교육은 잠재적으로 변혁적인 경험이며, 따라서 그 자체로 본질적으로 가치 있는 목적이다.

마넨은 "교육에 적절한 교육적 충동과 의미를 회복시켜야 한다."(Van Manen, 2016a: 12)라고 주장한다. 현상학과 해석학의 교육학자들에게 교육의 도구적 관점에 도전하는 것은 증거 기반 사회과학 연구에 의한 개혁을 요구하는 것이 아니다.

페어필드는 사회과학이 왜 교육을 다시 인간화할 수 없는지를 다음과 같이 지적하고 있다. "우리는 교육과 교육 연구가 실용주의와 과학주의의 틀에서 실행될 때 과도한 단순화를 통한 오해의 위험에 빠지게 된다. …… 우리의 이론화는 반드시 사실을 되돌아보아야 하고, '교육적' 현상을 과학에서 가져온 모델에 억지로 맞추려 해서는 안 된다."(Paul Fairfield, 2011a: 2)

페어필드의 관점에서 볼 때 사회과학의 방법과 이론을 채택하는 것만으로는 왜 사람들이 교육을 가치 있다고 여기는지를 설명할 수 없다. 왜냐하면 사회과학 이론은 교육 실천의 복잡성을 단순화하기 때문이다. 교육에 대한 해석학적 이론은, 그와는 반대로, "교육 실천 그 자체와 거리를 두지 않는다. 교육 기관 내에서 혹은 그것과 무관하게 일어나는 교수와 학습에 대한 현상학적 기술로서 수행된다."(Paul Fairfield, 2011b: 3). 랑에펠트는 여기에 더해, "현상학적 관점에서 볼 때, 우리는 더 나은 실천을 위해 들여온 것처럼 보이는 순수 반성이나 사변 이론들에서보다는 인간과의 만남 속에서 본질적 의미를 추구한다."(1983a: 6)라고 주장한다.

이를 종합해 볼 때 내가 언급한 학자들은 다음과 같은 점에서 의견의 일치를 보인다. 즉, 현상학과 해석학은 현재 널리 퍼져 있는 교육에 대한 도구적 가정에 대하여 대대적인 교정을 가할 수 있다. 그들이 주장하듯 교육의 도구적 관점은 사람들이 왜 교육에서 실존적으로 강렬하게 요청되는 것을 찾는지를 인지하거나 설명하지 못하는 사회과학 연구에 의해 뒷받침된다. 이와 달리, 현상학과 해석학은 교육을 본질적으로 의미 있고, 근본적으로 윤리적이며, 개인의 총체적 변화를 수반하는 경험으로 간주한다. 앞의 여러 학자는 사람들이 이러한 교육관에 공감한다고 주장한다. 왜냐면 이 교육관은 그들이 이미 잘 알고 있고, 교육에 대해 가치 있는 것을 잘 반영하기 때문이다.

언뜻 보기에 사회과학에 대한 현상학과 해석학의 문제 제기가 부당하게 보일 수 있다. 많은 사회과학자와 교육 연구자들은 추상 이론이 교육 관행을 밝혀 줄 수 있는지에 대해 의문을 제기한다. 어떤 이들은 일상의 실천적 지식에 뿌리를 둔 방법과 이론을 개발하기도 한다. 게다가 질적 연구를 수행하는 연구자들은 교육이 의미로 가득 찬 경험이라는 사실을 강조한다. 연구자들은 그러한 경험을 다양한 사회문화적 맥락에 처해 있는 사람들의 관점에서 해석할 수 있다(Flyvbjerg, 2001; Jessor, 1996; Strauss, 1988 참조).

현상학과 해석학에 기반을 둔 교육학자들이 이러한 경향을 잘 인지하고 있다는 점에서 우리는 이러한 발전도 그들에게는 불충분하다는 인상을 줄 수 있음을 짐작해 볼 수 있다. 현상학 및 해석학 학자들에게 사회과학의 지식은 사람들의 실존적으로 '살아 있는' 교육 경험을 밝혀 줄 수 없다. 현상학 및 해석학 학자들은 어떤 이유로 사회과학이 교육의 실존적 의미에서 벗어났다고 주장하는가? 왜 이들은 현상학과 해석학이 교육을 실존적으로 요청되는 경험으로 설명하는 데 더 낫다고 보는가? 교육적 맥락에서 살아 있는 경험을 조명하기 위하여 이들은 어떤 방법을 취하는가?

이 질문에 답하기 위해서는 19세기와 20세기 초에 전개된 현상학과 해석학의 발전에 주목해 볼 필요가 있다. 이때 네 명의 독일 철학자들의 저작은 매우 중요하다. 왜냐하면 이들은 과학적 지식과 매우 혁신적이고, 심오하게 살아 있는 경험 사이의 긴장 속에서 치열하게 싸웠기 때문이다. 이들 네 명의 철학자는 빌헬름 딜타이(Wilhelm Dilthey, 1833~1911), 에드문트 후설(Edmund Husserl, 1859~1938), 마르틴 하이데거(Martin Heidegger, 1889~1976), 그리고 한스 게오르크 가다머(Hans-Georg Gadamer, 1900~2002)이다. 그들의 사상을 자세하게 살펴봄으로써 과학적 지식과 살아 있는 경험 사이의 긴장이 교육에 독특한 것이 아니라는 점이 분명해질 것이다. 이 긴장은 오히려 학자들이 사회적 삶의 어떤 관점을 반성하며 탐구할 때 얼마든지 일어날 수 있다.

다음 절에서 나는 딜타이, 후설, 하이데거, 가다머가 사회적 삶의 탐구에서 과학이 지니는 한계를 어떻게 이해하고 있는지, 그리고 왜 그들은 현상학과 해석학이 살아 있는 경험을 해명하는 데 더 낫다고 보는지를 약술할 것이다. 이어서 왜 현상학 및 해석학 교육학자들이 사회과학에 문제를 제기하는지에 대한 시사를 얻기 위하여 그들의 철학사상을 다루고자 한다. 나아가 이들이 어떻게 교육 연구를 재조명하기 위하여 현상학과 해석학을 끌어들이는지도 살펴볼 것이다. 요컨대, 과학적 지식과 살아 있는 경험 사이의 긴장이 어떻게 현상학과 해석학의 교육학자들에게 유의미하게 지속되는지 사례를 통해 분명하게 보여 주고자 한다.

살아 있는 경험과 사회과학: 딜타이와 후설의 딜레마

빌헬름 딜타이

19세기에 과학은 자연 세계를 설명하는 데 큰 발전을 거두었다. 수많은 학자가 과학적 방법의 힘을 이용하여 인간 사회를 연구하고자 하였다. 딜타이([사진 2-1] 참조)는 과학적 방법으로 사회적 의미를 해명하고, 실천적 문제를 해결하거나 도덕적 문제를 이끌어 갈 수 없다는 점을 역설하였다. 그 이유는 과학이 인간 경험에 대한 그릇된 견해를 전제하고 있기 때문이다. 딜타이에 따르면, 과학은 경험이 각각 분리된 감각 자료로 구성되어 있으며, 인식이 서로를 연결하여 의미 있는 경험을 만들어 간다고 가정한다. 이처럼 과학자들은, 가령 인과율과 같은 개념을 근거로 삼아 어떻게 감각 자료가 의미 있게 연결되는지를 설명하려고 한다.

딜타이는 경험이 인식에 의해서 최후에 연결될 수밖에 없는 분리된 감각 자료로 구성되는 것은 아니라고 반박한다. 인식이 '거친' 경험에 의미 있는 경험을 부여하는 것도 아니다. 경험은 오히려 내재적으로 의미 있는 것이다. 즉, 경험은 지각될 때 이미 구조화되어 있으며, 논리 정연한 상태에 놓여 있다. 경험의 통합적 의미는 지각의 행위 속에서 직접적으로 확인이 가능하다. 이 점에서 딜타이는 '체험(Erlebnis: 생생한 경험 혹은 삶의 경험)'이라는 독일어 용어를 쓰고 있다. 이 개념은 인간 경험의 총체성과 강도(剛度)는 물론 사람들이 경험의 의미를 직관적인 즉시성을 통해 포착한다는 사실을 잘 보여 준다.[1]

딜타이가 비록 과학적 방법으로 살아 있는 경험을 표현할 수 없다고는 하였지만, 과학적 지식의 규범마저도 부정한 것은 아니다. 19세기 다른 많은 학자와 같이 딜타이 또한 타당한 지식은 객관성 · 보편성 · 확실성을 지녀야 한다고 믿었다. 딜타이는 "모든 철학의 최상의, 그리고 가장 중요한 과업은 타당한 지식을 확보하는 데 있다."라고 보았다. "왜냐하면 인류의 진보가 과학적 지식의 인도를 받은 근대이기에 가능했기 때문이다. 이러한 지식은 주관성의 어두운 감정과 임의성에 맞서 지켜져야 할 뿐만 아니라, 이 둘을 포함하는 회의주의적 정신에 맞서서도 마찬가지이다."(Dilthey & Ermarth, 1981b: 89에서 재인용) 딜타이는 심리학으로부터 사회과학

을 구분해 줄 뿐만 아니라 지식 성립 요건의 엄격성에서는 과학에 버금가는 체험(Erlebnis)을 탐색할 방법을 찾고자 하였다. 딜타이는 **체험들**(Erlebnisse, 체험의 복수형)이 과거에 어떻게 이해되었는가에 대한 엄격한 (과학적) 지식을 확보할 수 있는 인문주의적 방법을 개발하는 데 집중하였다.

[사진 2-1] 빌헬름 딜타이(1833~1911), 독일 철학자.

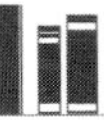

체험의 역사적 연구를 위한 인문주의적 방법을 개발하기 위하여 딜타이는 이해와 해석의 이론인 해석학으로 관심을 돌렸다. 해석학자들은 성서, 법률, 고전 텍스트를 해석하기 위하여 '부분과 전체'의 해석학적 순환 방법을 발전시켜 왔다. 성서와 같은 텍스트가 하나의 통일된, 일관된 의미를 담고 있다는 믿음 속에 해석학자들은 성서의 개별 구절들이 성서라는 전체의 틀에 비추어 해석될 수 있다는 결론에 이르렀다. 동시에 성서를 하나의 전체로 이해함으로써 성서의 개별 구절들에 대한 추정이 가능하다. 해석학적 주해(exegesis)는 이처럼 예견과 검토의 지속되는 순환 속에서 이루어진다. 성서의 한 구절의 의미를 해석하는 일은 성서 전체의 의미에 대해 이미 이해한 것을 토대로 가능하다. 마찬가지로 성서의 전체적 이해는 성서를 구성하는 부분들에 대한 의미가 밝혀질 때 전체적 윤곽이 잡힐 수 있다.

개신교 신학자 프리드리히 슐라이어마허(Friedrich Schleiermacher, 1768~1834)는 해석학적 순환을 단지 성서만이 아니라 언어적 표현으로까지 확장하였다. 딜타이는 언어적 표현을 해석하기 위한 부분과 전체의 순환 방법이 우리가 체험에 대한 직관적 이해를 하는 데도 유용하다고 보았다. 전체로서의 삶을 어떻게 직관하느냐에 따라 우리는 전-반성적으로(pre-reflectively, 반성의 과정을 거치기 이전에) 구체적인 살아 있는 경험(구체적 체험들)의 의미를 이해한다. 삶의 총체적 의미에 대한 직관은 구체적 체험들을 가능하게도 하지만, 동시에 구체적 체험들에 대한 의미가 축적되면서 형성되기도 한다.

딜타이는 체험들이 어느 시대나 문화를 막론하고 모든 사람에게 속하기 때문에 해석학이 과거의 체험들이 어떻게 이해되었는가를 반성적으로 해석할 수 있는 인문주의적 방법의 기초가 될 수 있을 것으로 보았다. 하지만 딜타이는 인간 자신의 살아 있는 경험의 전-반성적 이해를 반성적으로 과거 삶의 경험에 대한 역사적 지식을 얻는 데까지 확대하면서 문제에 봉착하게 되었다. 딜타이는 개인 전기의 '부분들'이 과거 경험을 이루고 있다는 사실을 인식하고 있었다. 인간이 삶의 전체적 의미를 헤아림으로써 미래의 지평은 열리게 된다. 인간의 미래에 대한 전-반성적 이해는 그가 자신의 과거를 어떻게 이해하느냐에 달려 있으며, 동시에 과거 삶에 대한 이해를 재구성해 준다. 마찬가지로 인간의 과거에 대한 전-반성적 이해는 미래에 대한 인간의 이해 방식을 예견해 줄 뿐만 아니라 교정하는 데 도움을 줄 수 있다. 요컨대, 시간의 통로야말로 인간이 전-반성적으로 살아 있는 경험을 이해할 수 있게

해 주는 조건이 되는 셈이다.

체험에 대한 전-반성적 이해가 시간적 조건의 지배를 받는다는 딜타이의 통찰에서 얻은 결론은 다음의 세 가지이다.

첫째, 딜타이는 역사가 이해의 대상이 될 수 없다고 보았다. 역사를 이해하기 위하여 과거를 압축하거나 객관화하는 것이 불가능하다. 미래는 결코 이해가 목적으로 하는 정적 목표가 될 수 없다. 오히려 우리는 역사 깊은 곳에서 움직일 때 역사의 의미를 이해하게 된다. 살아 있는 경험이 머무는 곳에서 역사 이해와 역사 경험은 동시에 일어난다.

둘째, 만일 우리가 시간 속을 배회하면서 시간을 이해한다고 할 때 살아 있는 경험의 의미는 불가피하게 유동적일 수밖에 없다. 시간을 통과하면서 과거와 미래의 의미는 한곳에 머물지 않고, 서로 상대적이며 수시로 변하게 된다. 미래의 어떤 지점에서 인간의 과거는 다른 의미를 지닐 수 있다. 미래가 예견되는 특정한 삶의 단계에 따라 미래의 의미 또한 변한다.

셋째, 살아 있는 경험의 해석이 삶의 경험으로부터 추출된 이해를 가져다주는 것은 아니다. 우리는 삶을 이해할 수도 없고, 경험할 수도 없다. 오히려 우리는 우리가 해석하며 살아가는 삶과 실제적으로 연루되어 있다. 다시 말해서, 체험의 전-반성적 이해가 불가피하게 체험 안에 자리를 잡고 있다. 그러한 이해는 결과적으로 관점적 · 부분적 · 실천적 · 개인적인 성격을 지닌다.

체험의 전-반성적 이해가 필연적으로 일시적이며, 역사적 조건 속에 놓여 있다는 사실은 사회과학에서는 하나의 역설로 비칠 수 있다. 특히, 역사적 사건을 반성적으로 숙고하는 역사가는 스스로가 역사적 상황을 피할 수 없는 역사적 존재이다. 그 조건은 심지어 방법론적 반성을 통해서도 넘어설 수 없다. 그렇다면 역사가들은 어떻게 엄밀한 과학적 지식을 얻을 수 있는가? 과거의 의미는 언제나 변할 수밖에 없으며, 역사가의 사관에 따라 항상 바뀐다. 이처럼 역사적 지식은 상대주의적이며, 보편타당성과는 거리가 멀다. 게다가, 역사가가 역사에 '속하는' 한, 역사적 해석은 객관성을 유지하기 힘들다. 대신에 역사적 해석은 주관적, 다시 말해서 관점적 · 부분적 · 우연적이다. 역사적 해석의 주관성은 역사적 '지식'이 미리 가정하는 것만을 입증할 가능성을 높인다.

요컨대, 딜타이는 해석학적 순환을 과거 체험들의 역사적 지식을 얻는 데 적용하면서 딜레마에 봉착하게 되었다. 한편으로는, 딜타이는 사회과학의 한 방법으로서 해석학적 순환이 역사가로 하여금 자신의 역사적 상황으로부터 '그들 스스로를 반성할 수' 있게 해 줄 수 있다고(해 주어야 한다고) 보았다. 반성적 초월은 진실성과 객관성을 지닌 지식과 역사가 자신의 시대적 편견의 제약에서 자유로운 지식을 얻는 데 필수적이다. 다른 한편으로는, 자신만의 살아 있는 경험의 의미를 전-반성적으로 이해하기 위한 하나의 방법으로 볼 때, 딜타이는 해석학적 순환이 초월을 가능하게 하지 않는다는 결론을 내렸다. 그와는 정반대로 딜타이는 해석학적 순환이 삶의 의미를 해석할 때 자기 삶에서 벗어나 스스로를 사유할 수 없다는 점을 드러내고 있다. 누구라도 역사를 해석할 때 자신이 처해 있는 역사에서 벗어날 수 없다는 것이다. 딜타이가 이 딜레마를 어떻게 해결했는지는 미지수이지만, 전-반성적 이해에 대한 비판적 성찰을 불가능하다고 본 것으로 보인다.

에드문트 후설

딜타이와 마찬가지로 후설([사진 2-2] 참조)도 과학적 방법이 사회 연구에 부적합하다고 주장하였다. 후설은 그가 보기에 과학적 방법의 가장 중심부에 자리하고 있는 인식론적 가정에 주요 관심사를 두었다. 즉, 그의 관심사는 주관과 객관의 이원론적 분리에 있었다. 후설 생전에 인식론자들은 주관과 객관의 이원론이 자연적이며, 필요하다고 주장하였다. 그들은 왜 엄밀한 과학적 지식이 객관성을 지녀야 하는지, 다시 말해서 과학자의 주관적, 개인 특유의 신념과 일정한 거리를 두어야 하는지를 보여 주고자 하였다.

후설은 주관과 객관의 분리가 인간의 지각 현상을 제대로 설명하지 못한다고 반박하였다. 지각은 외부 세계를 정확하고도 객관적으로 재현하는 방식으로 전환하여 낯선 대상을 '받아들이는' 일이 아니다. 후설은 자신의 비판 근거를 프랑스 심리학자 프란츠 브렌타노(Franz Brentano, 1838~1917)에게서 찾았다. 이 시기 유행하던 원자론적 심리학의 견해에 맞서 브렌타노는 인간 지각은 의도적, 즉 지각이 항상 그리고 필연적으로 뭔가를 '의도하거나' 어떤 대상을 지향하고 있다는 자신의 입장을 피력하였다. 후설은 브렌타노의 논지를 확장하여 모든 형태의 의식은 항상 무엇인가에 관한 의식이라는 점을 주장하기에 이르렀다. 모런(Dermot Moran, 2000: 16)

[사진 2-2] 에드문트 후설(1859~1938), 현상학의 창시자.

이 설명하고 있는 바와 같이, 후설에게 모든 대상은 "의미를 지니고 있으며, 의식을 위한 존재 방식을 갖는다. 그것이 바로 의식적 행위의 유의미한 **상관물**(correlate)"이다. 이처럼 객관적 대상은 그것을 정확하게 수용하고(지각하고) 재현하려는, 때로는 실패할 수도 있지만, 주관과 분리되지 않는다. 대상은 의식되는 바로 그 행위 안에 의도되거나 포함되어 있다.

만일 '관함(aboutness)' 개념이 의식이 항상 어떤 대상에 대한 것이라는 사실을 분명하게 해 주는 것이라면 '관함'은 의식이 항상 주관에 대해서도 그렇다는 것을 의미한다. 후설의 견해에 따르면 의식은 그저 자유롭게 떠다니는 상태로 존재하지 않는다. 의식은 주관에 '속하며', 주관에 의해서 경험이 된다. 주관 없이 의식은 일어날 수 없다. "실제 경험의 특별한 방식에 따르면 모든 경험은 누군가에 대한 경험이다." 라고 모런(Moran, 2000: 11)은 말하고 있다.

이처럼 후설에게 대상은 나타나거나 직관적인 즉시성과 함께 의식에 '주어져' 있다. 달리 표현하자면, 대상의 의미가 인간에게 직접적으로 드러나는 것은 바로 의식이 의도적으로 구조화되어 있다는 사실에서 기인한다. 의식의 의도성에 대한 후설의 논지는 주관과 객관이 서로 분리된 자기 폐쇄적 실체라는 가정을 정면으로 반박하고 있다. 이와는 반대로, 주관과 객관은 상관적 결합 상태로 하나를 이루고 있다. 그래서 모런(Moran, 2000: 15)은 오직 '주관성을 위한 객관성'이 있을 뿐이라는 설명을 덧붙인다. 자하비(Dan Zahavi)는 모런의 관점을 다음과 같이 상세하게 설명하고 있다.

> 우리가 지각, 사고, 판단, 환상, 의심, 기대, 회상 어느 것에 관하여 이야기하든지 이 모든 다양한 형태의 의식은 의도하는 대상에 의해서 그 성격이 밝혀질 수 있으며, 그것의 객관적 상관물, 가령 지각된, 의심하는, 기대하는 대상을 살펴보지 않고서는 결코 분석될 수 없다. …… 결과적으로 의도성을 지니고 있는 한 주관이 대상에 도달하는 것은 문제가 될 수 없다. 즉, 주관 그 자체는 자기 초월적이며, 그 자체로서 자신과는 다른 어떤 것을 지향하고 있다(2008: 665-6).

주관과 객관의 분리에 맞서 후설은 의식, 지식의 구성 그리고 인간 경험의 의미를 다시 규정하였다. 후설에게 의식은 과학에서 가정하듯 인간 내부의 정신적 활동이 아니다. 의식은, 웨스트(David West, 2010: 102)의 말을 빌리자면, '대상을 구성하는 주관성'이다. 나아가 의식이 의도적이라는 점에서 본다면 지식 습득에서 주관성을 결코 배제할 수는 없다. 그와 달리 주관성은 지식 구성에 본질적으로 관여하고 있다. 모런(Moran, 2000: 21)의 견해로 볼 때, 후설은 "지식의 본성을 완전하게 이해

하기 위한 필수적인 부분으로서 경험의 주관적 관점을 매우 강력하게 옹호하였다." 마지막으로 후설의 경험은 동떨어진 '대상'으로서 주관과 만나지는 않는다. 경험은 개인적이고, '살아 있다(체험)'. 살아 있는 경험 안에서 사람들은 직관적으로 사물의 의미를 이해한다.[2)]

후설은 자신의 생애를 '주관성을 위한 객관성', 다시 말해서 객관적 대상이 주관적 의식에 '스스로를 드러내게' 하는 의도적 구조를 분석하는 데 헌신하였다. 후설에게 "가장 불가사의한 질문은 …… **객관적 대상이 어떻게 의식 속에서 그리고 의식을 위해 구성되는가?**"라고 모런(2000: 15, 원문의 강조를 따름)은 설명하고 있다. 이 질문은 지식의 구성에 관한 것이며, 철학적 분석이 필요하다. 하지만 후설이 활동하던 시기의 인식론적 가정에 따르면 주관과 객관은 이원론적으로 분리되어 있었기 때문에 후설의 프로젝트에는 적합하지 않았다.

하지만 후설은 철학을 포기하지 않았다. 그는 오히려 '현상학'이라고 불리는 새로운 철학적 방법을 고안해 냈다. 현상학은 후설이 '에포케(epoché)'라고 명명한 개념으로부터 시작된다. 에포케는 현상학자들이 '괄호 치거나(bracket)', 세계가 어떻게 우리의 주관적 의식 안으로 들어왔는지를 자세히 탐구하지도 않은 채 세계를 인식할 수 있다고 믿는 순진무구한 신념을 파기하는 것이다. 이 점에서 에포케는 현상학자들을 과학의 교조적인 '자연주의적 태도'로부터 해방시켜 주고 있다. 에포케 개념에 더해 현상학에서는 후설이 '초월적 환원'으로 명명한 일련의 부가적인 단계를 끌어들이고 있다. 후설은 지향적 의식이 지식을 구성할 때 초월적 환원이 현상학자들에게 주체와 세계의 상호작용에 관한 심오한 통찰을 제공해 준다고 믿었다.

후설은 의식의 지향적 구조를 계속 분석해 나가면서 초월적 환원이 지향적 의식 내에서 대상의 나타남(appearance)이 선행하는 존재 양식을 밝혀 줄 수 있음을 알게 되었다. 후설은 이러한 존재 양식을 '생활세계(Lebenswelt)'라고 불렀다. "생활세계는 …… 항상 거기에 있다. 우리보다 앞서 존재하는 것 …… 그 (생활) 세계는 우리보다 앞서 주어져 있다. …… 가끔이 아니라 항상 그리고 반드시 실제로 가능한 모든 활동(praxis)의 보편적 영역에서 지평과도 같이."라고 후설은 말한다(Husserl, Warnke, 1987: 36에서 재인용). 생활세계는 일상적 경험의 세계이다. 생활세계 내에서의 일상적 경험은 주어진 공간과 정해진 시간에서 벗어난 순간적 흐름 속에서 일어난다. 따라서 그것은 언어학적 이념(idealization)과 과학적 객관화에 앞선다(Moran, 2000: 12).

후설의 생활세계에 대한 통찰은 과학이 생활세계의 일상적 이해를 어떻게든 입증하려던 생각과는 배치되는 것이다. 그와는 반대로, 생활세계의 존재가 과학적 설명에 선행하며, 그것을 가능하게 한다. 게다가 생활세계가 선행한다는 것은 과학이 자신의 이론과 방법이 뿌리를 두고 있는 원초적으로 살아 있는 경험과 직관으로부터 완전히 벗어날 수 없음을 의미한다. 자하비는 후설의 '코페르니쿠스적 전환(Copernican turn)'을 다음과 같이 기술하고 있다. "과학은 생활세계에 뿌리를 두고 있다. 과학은 과학 이전의 영역으로부터 통찰을 얻는다. …… 우리가 현미경을 보고, 측정 결과를 이해하거나 다른 과학자들과 결과를 해석, 비교, 토의할 때조차 (과학은) 직관의 기여에 주목하지 않을 수 없다."(Zahavi, 2008: 679)

한편, 과학이 생활세계에 뿌리를 두고 있다는 후설의 주장은 좋은 소식으로 들릴 수 있다. 적어도 추상적 · 과학적 이론이 언제나 생활세계와 동떨어져 있는 것은 아니며, 결과적으로 생활세계를 설명하는 데 도움을 줄 수 있다. 하지만 후설의 생활세계에 대한 통찰이 추상적 이론의 소외 효과를 감소시킬 수 있다는 점에서 그의 통찰이 엄밀한 지식의 규범을 해치는 것은 아니다. 왜냐하면 과학은 생활세계로부터 성장하기 때문에 "특정 공동체의 관심사를 반영하고 그 요구를 따르게 된다."라고 원키(Georgia Warnke, 1987: 36)는 설명하고 있다. 다시 말해서, 과학적 지식은 역사적 · 문화적 상황의 지배를 받는다. 과학적 지식의 규범은 "모든 종류의 지식을 총괄하는 하나의 초월적 이념이 될 수는 없다. 그것은 오히려 특정 목적과 목표를 지닌 특정 유형의 지식에 맞는 하나의 기준일 뿐이다."(p. 36)라는 것이다.

후설은 이러한 결론의 상대주의적 함의에 대하여 걱정하였고, 이어지는 통찰은 그의 걱정을 가중시켰다. 후설이 인식한 바에 따르면 의식의 구조는 공동체마다 서로 다르다. 이것이 의미하는 바는 오직 하나의 생활세계가 존재하는 것이 아니라, 다양한 생활세계가 존재한다는 사실이다(Warnke, 1987: 37). 후설은 현상학이 최종적으로 다양한 생활세계를 통찰하고, 더욱 깊숙이 생활세계의 본질에 다가설 수 있기를 바랐다. 원키의 견해에 따르면, 그 본질은 "의미의 본래적, 비역사적 구성의 산물"로 간주된다(p. 37). 하지만 후설의 상대주의에 대한 몰역사적 '해법'이 그의 엄격한 지식에 대한 헌신을 지속시켜 주었으나 자신의 근본적 전제를 완화하는 결과를 초래하였다. 왜냐하면 과학이 주관과 객관의 독립을 미리 전제하기 때문에 생활세계를 가늠하는 것은 물론 자세한 탐구는 더더욱 할 수 없기 때문이다. 오직 현상학

만이 주체와 세계의 동시 출현을 자세하게 탐구할 수 있다. 하지만 생활세계의 상대주의적 함의에 관한 한, 후설은 현상학이 그 결론을 정당화하거나 생활세계를 세밀하게 기술함으로써 엄밀한 지식을 얻을 수 있다고 주장하기는 어렵다고 보았다.

요컨대 후설과 딜타이는 과학이 인간 경험을 제대로 보여 주지 못한다고 주장하였다. 원키도 후설의 과학의 한계에 대한 논증이 딜타이를 능가하는 것으로 보고 있다. 딜타이는 해석학이 과학적 지식의 규범적 위상을 손상하지 않으며, 따라서 해석학적 사회과학은 자연과학 못지않은 엄밀성을 지녀야 한다고(지닐 수 있다고) 믿었다. 이와는 대조적으로, 현상학의 생활세계 기술은 과학적 규범과 실제가 의존하고 있는 가정의 연결망을 드러내 주었다. 과학은 결코 현상학과 동등하지 않다. 과학적 지식은 현상학적 기술에 비해 부차적이다(Warnke, 1987: 35).

결국 후설은 과학적 지식의 규범에 대한 헌신과 과학적 방법의 한계에 대한 통찰을 화해시키는 데 있어서 결코 딜타이를 넘어서지 못했다. 두 사상가 모두 반성 단계 이전의 이해가 불가피하게 특정한 맥락과 시간(딜타이) 그리고 특정한 생활세계(후설)의 지배를 받는다는 점을 인식하였다. 이들은 또한 공통으로 인간 경험에 대한 지식이 엄밀성과 상대성을 지녀야 하며, 역사가와 현상학자들은 그들 자신이 체험한 경험을 넘어설 수 있어야 한다고 보았다. 하지만 초월은 탐구자와 삶의 유대에 도움을 준다(West, 2010: 116). 후설과 딜타이에게 살아 있는 경험에 대한 지식을 얻는 일은 필요한 것으로 보이나, 실제로는 불가능했던 것으로 보인다.

이해의 역사성: 하이데거와 가다머

마르틴 하이데거

후설의 제자였던 하이데거는 **생활세계**를 기술하는 후설의 현상학 창안에 깊이 영향을 받았다. 하지만 하이데거는 후설이 극복하고자 했던 주관과 객관의 분리 문제에 꼼짝없이 빠져들게 되는 두 가지 이유를 알게 되었다. 첫째, 주관과 객관의 이원론은 '괄호 치기(**에포케**)'를 관통하고 있다. 후설은 **에포케**가 문자 그대로 현상학자들을 생활세계로부터 해방시켜 주지는 않는다는 점을 강조하였다. 그것은 단지 현

상학자들이 주관과 객관이 동시에 생기(生起)한다는 점을 더욱 분명하게 보여 줄 수 있는 태도의 전환을 촉진할 뿐이다. 비록 에포케가 현상학자들을 생활세계로부터 해방시켜 주지는 못하였지만 그들로 하여금 '자연주의적 태도'에서 벗어나게 해 주었다. 괄호 치기는 그런 점에서 내재적으로 모순인 것처럼 보인다. 왜냐하면 괄호 치기는 그 자체가 부정하는 바로 주관과 객관의 이원론에 기대고 있기 때문이다. 둘째, 후설은 생활세계의 현상학적 기술이 반드시 객관적 지식으로 정당화되어야 한다고 가정하였다. 하지만 생활세계에 대한 '객관적' 지식의 성립 기준 자체가 생활세계의 구속을 받을 때 생활세계의 현상학적 기술이 어떻게 객관적 지식으로 정당화될 수 있을지는 분명치가 않다.

하이데거는 생활세계가 객관화될 수 없으며, 그것의 기술이 객관적 지식으로 정당화될 필요가 없다는 결론을 내렸다. "생활세계에 대한 초월적 관점은 있을 수 없다. 왜냐하면 우리의 모든 사고는 내부에서 일어나며, 필연적으로 생활세계의 영향을 받는다. …… 생활세계는 모든 인간 경험과 활동이 결코 넘어설 수 없는 지평과도 같은 것이다."라고 웨스트(West, 2010: 116)는 설명하고 있다. 하이데거는 생활세계를 기술하는 데 집중하였으나, 그 기술의 관심을 객관적 지식으로 돌리지는 않았다.

자신의 과업을 수행하기 위하여, 하이데거는 현상학으로 눈을 돌렸다. 하지만 후설과는 달리, 하이데거는 어떻게 생활세계(객관적 대상)가 (주관적) 의식에 드러나는지(disclosed)를 묻지 않았다. 하이데거는 그 문제를 다루는 후설의 방식이 지식을 지식의 근거(ground)와 혼동을 일으킨다고 보았다. 자하비(Zahavi, 2008: 672)의 말을 빌리자면, 후설의 질문(하이데거에 따르면)은 "진정으로 초월적인 질문, 즉 주어진 것(givenness) 자체의 가능성에 관한 질문을 제기하지 못한다."라는 것이다. 이처럼 하이데거는 다른 현상학적 질문을 던졌다. 즉, 생활세계를 밝혀 줄 수 있는 조건은 무엇인가? 그리고 생활 그 자체에 '살아 있는' 현상을 이해하기 위한 구조는 어떠한가? 하이데거의 질문은 지식의 구성에 선행한다. 말파스(Jeff Malpas, 2003: 148)는 "사물의 지식은 이미 사물이 알려진 상태로 먼저 드러나 있었음을 미리 가정하고 있다."라고 말한다. 하이데거는 '비은폐성의 탈은폐'(p. 147)를 입증하고자 하였다.

하이데거에 따르면, 생활세계를 밝혀 주는 것은 '존재'이다. 존재 인식은 서양철학에서는 친숙하다. 하지만 하이데거가 보기에 서양철학은 존재를 하나의 주제나 지식 주장이 생성되고 보증될 수 있는 '객관적 대상'으로 간주한다. 에르마스

(Michael Ermarth, 1981a: 185)는 이러한 존재관은 “사고가 존재에 속하는 것이 아니라 존재가 사고에 속한다는 가정을 거만하게 하고 있다.”라고 말한다. 이와는 달리, 하이데거에게 있어서, “진리는 설명이나 판단의 문제가 아니라, 존재의 자기표현이나 비은폐성이다.”(p. 185). 진리가 사고의 가능한 결과가 아니라 존재의 비은폐성이라는 가정하에, 하이데거는 지식에 관한 철학인 인식론에서 실존에 관한 철학인 존재론으로 방향을 전환하였다.

주체가 존재의 지식을 생성하거나 확증하는 것이 아니라고 주장함으로써 하이데거는 인식론의 우위에 도전장을 던짐과 동시에 인식 주체를 주변부로 몰아냈다. 원키(1987: 40, 가다머에서 재인용)는 하이데거가 “현대 철학의 모든 주관주의를 산산이 조각냈다.”라고 기술하고 있다. 하이데거는 인식 주체를 주변부로 몰아냈지만, 비은폐 과정에서 사람이 중요하다는 사실을 잘 알고 있었다. 주체와 세계의 동시 출현에 관한 후설의 현상학적 전제의 영향을 받은 하이데거는 존재와 존재자가 결코 서로 분리되지 않는다고 인식하였다. 대신에 존재는 인간 안에 비은폐되어 있으며, 인간을 통하여 드러난다. 에르마스(1981a: 185)는 “진리가 분명 인간을 통해서 나오지만, 꼭 인간, 즉 그의 선택과 그가 고안한 도구 때문만은 아니다. 사람은 주인이나 척도가 아니라 존재를 ‘밝혀 주는 것(clearing)’이자 지평이다.”라고 말한다. 하이데거는 인식론의 인식 주체와 하나의 장소로서 세계의 ‘거기에’ 있는 존재 혹은 존재의 비은폐를 ‘밝혀 주는 것’을 구별하기 위하여 **현존재**(Dasein, there being)라는 개념을 창안하였다.

하이데거의 도전은 이처럼 존재가 어떻게 존재자에게 드러나는가를 보여 주려는 것이었다. 그는 이때 주체가 어떻게 지식을 생성하는지에 집중하는 인식론의 잘못된 경향에 빠지지 않았고, 존재가 인간과 인간 지식을 가능케 하는 조건임을 결코 잊지 않았다. 하이데거는 존재의 탐구는 반드시 존재 그 자체를 문제로 삼는 **현존재**로 시작해야 한다고 보았다. 그는 다음 문제를 고심하였다. **현존재**가 어떻게 자신의 존재를 이해하는가? 존재에 대한 **현존재**의 이해는 **현존재**에 선행하며 **현존재**의 실존을 가능케 하는 존재 구조의 어떤 점을 밝혀 주는가?

현존재가 실제로 사람이나 사물과 관계를 맺고, 배려와 관심 안에서 상황을 헤쳐 나갈 방법을 이해할 만큼 세계와 관계를 맺지 않는 한 그 존재와 진정한 관계를 맺을 수 없다고 하이데거는 간주하였다. 간단히 말해서 **현존재**가 세계의 ‘거기에’ 존재하는 최상의 방식은 바로 상황마다 발휘되는 실제적 노하우이다. 그러한 이해는 세계를 객관화하는 '관찰자'의 인식론적 성취와는 무관하다. 오히려 그것은 현존재의 실존의 존재론적 특징과 가깝다. 결과적으로 이해는 현존재가 임의로 취하는 선택적 행동이 아니다. 그와는 반대로 현존재가 어떤 식으로든 세상을 이해하지 못하는 경우란 결코 있을 수 없다.

상황에 맞는 실천적 이해가 가능한 것은 현존재 스스로가 자신의 탄생을 알거나 현존재의 실존에 선행하는 의미 있는 맥락 속으로 자신을 내던지기 때문이다. 왁터하우저(Brice Wachterhauser, 1986: 22)는 "인간은 사물의 관찰과 이해 방식을 임의로 조정하기 훨씬 이전에 자신을 둘러싼 사물을 관찰하는 방식을 유전적으로 타고났다. …… 우리의 대단한 이해 능력은 실재를 최초로 의미 있게 하는 맥락에 참여하는 데서 나온다."(p. 22)라고 하였다.

이해가 이미 해석된 맥락에 의해 가능하다는 사실에서 우리는 현존재가 역사적 상황에 '사로잡혀' 있거나 이해가 결코 변화될 수 없다고 말할 수 있는 것은 아니다. 존재에 대한 염려를 통하여 현존재는 끊임없이 존재를 위한 새로운 가능성을 기획한다. 물론 현존재가 미래를 기획하는 방식은 과거에 기획했던 가능성에 달려 있다. 미래 가능성은 자유롭게 선택될 수 있는 것이 아니라 사전 이해의 영향을 받는다. 기획된 이해는 이전의 가정을 단순하게 반복하는 일이 아니다. 이해는 시간적이며, 시간의 흐름에 따라 변한다. 과거의 이해는 감옥과 같은 것이 아니라 미래의 전망을 보여 주는 하나의 창(window)과도 같은 것이다.

하이데거는 현존재의 이해 방식을 '던져진 기투'라고 명명한다. 던져진이라는 용어는 현존재가 이해를 가능케 하는 유의미한 맥락을 구성한다는 것을 의미하지는 않는다. 던져진의 의미는 이해가 현존재 실존의 불가피한 특징이지 결코 현존재가 선택하는 활동이 아니라는 점이다. 기투(projection)는 현존재가 미래 가능성을 예견하는 것을 말한다. 미래 가능성이 열려 있다고 해서 이미 충족된 가능성의 영향을 받는 것은 아니다.

'던져진 기투'는 이해가 시간적 순환 안에서 지속해서 회전한다는 딜타이의 통찰을 떠올린다. 하지만 딜타이는 전-반성적 순환성이 역사가들을 자신의 역사적 상황에서 벗어날 수 있도록 해 주는 비판적 성찰에 대한 형식적인 해석학적 방법으로 진화할 수 있다고(있어야 한다고) 믿었다. 딜타이에게 맞서 하이데거는 이해의 시간

적 순환이 현존재의 존재의 존재론적 구조를 내포하고 있기 때문에 그러한 초월은 불가능하다고 보았다. 하이데거는 '역사성' 개념을 창안하여, 시간(역사)이 필연적으로 세계 내에서 현존재의 존재 방식을 규정한다는 사실을 기술하고자 하였다. 이 점에서 왁터하우저(1986: 7)는 "인간은 그 스스로가 역사이다."라고 말하고 있다.

비판적 성찰이 현존재의 역사성을 결코 부인하거나 해소하지 못한다고 설명하면서 하이데거는 비판적 성찰이 가능하지 않다고 주장하였다. 현존재의 역사성에 관해서 논한다고 해서 현존재가 '기투된' 맥락을 초월한다는 의미로 비판적 성찰 개념을 받아들여서는 안 된다. 비판적 성찰은 오히려 세계 내 존재의 새롭고, 더 계몽된 방식을 의미한다. 이러한 존재 방식은 현존재의 세계 안에서 직관적 · 실천적 관여가 더 이상 통용되지 않을 때 일어난다. 망치로 내리치는 예를 들어 보자. 망치 사용은 '두들겨 열다'라는 의미를 유의미한 맥락으로, 즉 이전에 배후에 물러나 있던 현존재의 상황의 특징을 부각해 준다. 망치로 박은 못, 판자에 못을 박아 만들어진 탁자와 같은 예들이 그것이다. 현존재는 이처럼 새롭고, 보다 반성적인 관점에서(현존재의 망치 사용과 관련된 의미 있는 사물의 네트워크를 모두 포함하여) 망치를 의식하게 된다.

요컨대, 현존재에 대한 하이데거의 기술은 이해가 '관찰자'인 주체의 입장에서의 인식론적 성취가 아니라는 점을 보여 준다. 이해는 오히려 인간 존재의 명백한 존재론적 특징이다. 세계 안에서 인간적 존재 방식으로서 이해는 사람이나 사물과 개인적 · 실제적 · 전-반성적으로 관계 맺는 방식이다. 즉, 이해는 배려와 염려의 관점에서 삶을 헤쳐 나가는 법을 아는 것이다. 세계 안에서 존재'할 줄 아는' 경험은 세계 내 존재의 의미가 일상적 경험 안에서 인간에게 드러나기 때문에 가능하다. 하이데거의 용어로 존재는 존재자, 즉 현존재에 드러나 있다. 이때 현존재는 존재의 드러남을 위한 하나의 장소로서 세계 내에서 '거기에' 있으며, 주로 그 자체의 고유한 존재 의미와 관련된다.

존재가 일상적 경험 과정에서 현존재에 드러나기도 하지만, 존재는 현존재의 전-반성적 경험과 지식이 중단될 때도 드러난다. 그러한 중단은 이전에 숨겨져 있었던 존재(즉, 세계 내 존재 의미) 양상을 보여 준다. 현존재의 전-반성적 이해는 점차 분명하게 의식이 되고, 비판적으로 성찰된다. 현존재를 위한 존재론적 가능성으로서 비판적 성찰은 객관적 지식을 보장해 주는 인식론적 성취가 아니다. 비판적 성찰은 현존재의 세계 내 존재 방식이 보다 계몽되고, 자각되는 방향으로 전환되었음을 의미한다.

한스 게오르크 가다머

하이데거의 제자였던 가다머는 자기 스승의 이해의 재해석에 대하여 "진정한 질문은 어떤 방식으로 존재가 이해되느냐가 아니라 어떤 방식으로 이해가 존재가 되는가이다."(Linge, 1976: 49, 강조는 원문을 따름)라고 정리하고 있다. 가다머는 하이데거의 현상학이 인식론의 우위를 무너뜨렸을 뿐만 아니라, 특히 학문 탐구에서 방법을 중시하는 사회과학의 규범과 실천에 도전장을 내민 것으로 보았다.

가다머에 의하면, 학문의 과정에서는 방법이 연구자가 통제하거나 연구자의 주관적 신념을 '괄호 치는' 데 도움을 준다고 가정하고 있다. 그러한 신념은, 정밀하게 확인하지 않는다면, 사회과학자가 미리 가정하거나 입증하고자 하는 편향된 결과만을 가져다주며, 결국 객관적 지식의 성취를 위협할 수도 있다. 하이데거(후설이 아니라)를 따라 가다머는 인간의 살아 있는 이해를 방법론적으로 한정하는 것이 불가능하며, 도움이 되지도 않는다고 보았다. 이러한 방법 위주의 탐구방식은 그릇되게도 연구자 자신이 세계와 관계를 맺고 있다는 사실을 부정한다. 또한 연구 주체를 연구자의 인간 동료로서가 아니라 연구 '대상'으로 자리매김하게 된다.

나아가 가다머는 방법이 연구자가 지식으로 간주하는 것을 결정해 준다는 믿음에도 반대 의견을 표명하였다. 가다머가 우려했던 점은, 지식의 구성에 관한 가정을 포함한 연구자의 가정이 기각되었을 때조차 연구자들이 그러한 신념을 따를 것이냐 하는 점이다. 이처럼 가다머에게 방법은 '진리로 가는 길'이 아니라 "오히려 진리로 가는 길을 어둡게 하는 인간의 그림자와 같은 것이다. …… 방법은 '존재 방식 안에서가 아니라 자신의 방식으로 (그것을) 얻는' 사람이라고 할 수 있다."라고 에르마스는 말한다(Ermarth, 1981b: 192, 인용은 하이데거).

요컨대 가다머는 방법에 의존하는 것이, ① 사회과학자의 고유한 살아 있는 이해를 부정하며, ② 사회과학자들 자신의 동료인 인간으로부터 거리를 두게 하며, ③ 사회과학자들이 기존의 지식관을 새로운 통찰로 뒤집을 수 있도록 독려하기 힘들다고 논박하였다. 그는 비판적 성찰이 연구자가 자신의 가정을 방법론적으로 통제하거나 자기 세계나 타인과의 관련성을 막지는 않는다고 보았다. 현상학적 관점

에서 가다머는 연구자의 주관적 이해가 지식 구성에 필연적임을 보여 주고자 하였다. 연구자의 전-반성적 이해와 타인과의 관계가 방법적으로 통제되거나 객관화되지 않는다면, 사회적 삶을 반성적으로 이해하는 것이 어떻게 가능한가?

비판적 성찰이 어떻게 사회과학자들에게 존재론적 가능성이 될 수 있는가를 보여 주고자 가다머는 전-반성적 가정이 명백하게 의식되려면 중단되어야 한다는 하이데거의 통찰을 받아들여, 이 생각을 대화의 맥락으로까지 확장하였다. 가다머의 대화로의 전환은 의외로 받아들여질 수 있다. 왜 반성적 이해의 실현이 방법론적 성취보다는 대화에 가까운가? 가다머의 사상을 올바로 평가하기 위해서는 그의 대화에 대한 현상학적 기술을 정리해 보는 것이 도움이 된다.

진정한 대화 속에서 대화 참여자들은 동일한 주제나 질문, 가령 친구가 어떻게 지내는지, 골치 아픈 상사에 대처하려면 어떤 전략이 효율적인지 등과 같은 질문이나 주제에 관심을 둔다는 말로 가다머는 시작하고 있다. 함께 대화하면서 대화 상대자들은 점수를 따려 하거나 각자의 입장만을 고수하려 들지 않는다. 오히려 그들은 서로 관심을 두고 있는 문제를 명확히 하길 바란다. 이 점에서 가다머는 진정한 대화가 토론, 인터뷰, 대본 공연과는 다르다고 말한다.

대화가 공통 관심사 주변을 맴도는 동안 대화 참여자는 결코 각자의 입장에서 주제에 접근하지는 않는다. 관점이 같다면 대화할 필요가 없을 것이다. 우리는 통상 차이가 대화를 방해하며, 따라서 상대방과의 공감을 위하여 차이를 제거해야 한다고 생각한다. 이러한 통상적 믿음과는 달리 가다머는 공감이 진정한 대화에 도움을 주거나 심지어 가능하지도 않다고 주장한다. 공감은 (그 누구도 자기가 '내던져진' 실존적 상황에서 벗어날 수 없다는 사실인) 역사성을 부정한다. 공감은 나아가 새로운 이해가 얼마나 우리가 이미 이해한 것에 의해서 가능한지를 무시한다. 더군다나 우리가 이미 알고 있는 바가 세계 내에서 우리의 방향을 제시하는 사회적 · 역사적 맥락을 반영한다. 그러므로 우리가 이러한 가정을 버리고, 두 사람의 마음이 금방 하나가 되는 것과 같은 방식으로 다른 사람과 연결될 수 있다고 쉽게 생각해서는 안 된다.

가다머는 그릇된 공감으로 차이를 간과하는 것보다 대화 참여자들이 서로의 차이를 진지하게 직면하기를 원한다. 가다머의 존재론적 모델에 따르면 차이의 직면은 일종의 윤리적 방향 설정과도 같다. 즉, 그것은 대화 참여자를 그 어느 것으로 바꿀 수 없는 인간 존재로 간주한다. 이 과정에서 이들은 각자 자신의 독특한 삶의 경험을 충분히 대화 속으로 끌어들이게 된다. 대화 참여자 각자가 그 자신만의 독특한 존재라는 사실은 서로의 관점이 얼마든지 다를 수 있음을 시사한다. 더 중요한 사실은 각자의 관점이 대화 상대자가 자신을 미처 헤아리지 못한 대화의 주제에 대해서도 통찰을 제공해 줄 수 있다는 점이다. 타인의 견해에 담긴 진리의 가능성을 인지한 후 우리는 다음과 같이 말할 수 있다. '좋아. 그녀는 그 나름의 진실을 가지고 있고, 나는 나만의 진실이 있어.' 이러한 반응이 더 나을 것이라는 점을 가다머는 인정하고 있다. 하지만 그것은 타인의 관점을 저지하면서 내 입장을 보호하고 있다. 그 결과, 이해에서 변화는 일어나지 않는다.

이해에서 변화가 일어나려면 대화 참여자들이 상대방의 입장을 보다 깊이 생각해야 한다. 각자가 자신을 상대방이 말하고자 하는 바에 영향을 받거나 '요구에 응할' 준비 태세를 갖출 필요가 있다. 가다머(1989/2013: 280)는 이 경험을 '갑작스러운 중단'으로 표현하고 있다. 갑작스런 중단은 자신만의 이해를 좁고, 불완전하며, 그릇된 것으로 드러내는 것을 말한다. 가다머는 이 가능성을 맞이하기가 쉽지는 않다고 인정한다. 그것은 우리에게 겸손, 개방성, 자기가 지향하는 믿음에 맞설 용기를 요청한다. 그럼에도 불구하고 가다머는 이전의 가정을 부정하지 않는 한 이해에서의 변화는 결코 일어나지 않는다고 말한다. 비록 고통스럽긴 하지만 가정의 부정은 우리를 개방성으로 인도한다. 그 결과, 우리는 보다 반성적이며, 보다 비판적 차원에서 서로를 이해할 수 있게 된다.[3)]

반성적 의식은 대화 참여자로 하여금 상대방의 관점이 진실로 판명될 때 언제라도 자신의 이해를 갑자기 중단할 수 있는 윤리적 방향 설정을 하도록 요청한다. 각자의 입장을 얼마든지 서로 반박할 수 있을 때 두 참여자는 자신의 주제를 새롭고, 보다 반성적 차원에서 이해할 수 있게 된다. 대화는 성향과 관련되기 때문에 어떤 주제를 새롭게 이해한다는 것은 자기 이해에도 변화를 가져다준다. "대화에서 이해를 실현하는 것은 단지 자신의 입장을 일방적으로 밀어붙이거나 자신의 견해를 성공적으로 주장하는 문제가 아니라, 더 이상 과거의 모습에 안주하지 않는 새로운 성찬식(communion)으로 탈바꿈하는 것과 같다."라고 가다머는 말한다(1989/2013: 386-7).

가다머는 대화 과정에서 일어나는 새로운 반성적 이해의 성찬식을 '지평 융합(fusion of horizons)'이라고 부른다. 지평 융합으로 이전에 양자에게 분명하지 않았던 주제의 국면이 분명하게 드러난다. 새로운 의미는 다른 지평(관점)을 하나의 동

질적인 새로운 관점 속에 동화시키거나 통합시키는 일이 아니다. 지평은 융합될 때 사라지는 것이 아니다. "타인을 수용한다고 해서 누군가가 자신의 양도할 수 없는 존재를 의식하지 못할 것으로 생각해서는 안 된다."라고 가다머는 말한다(1992a: 206). 그러한 융합이 동화를 내포하기보다는 지평 융합의 과정에서 드러난 새로운 의미는 우리의 시야가 최상으로 확대된 것을 의미한다. "지평 획득은 가까이 있는 것을 넘어서 멀리 보는 법을 배운다는 것을 의미한다."라고 가다머는 말한다(1989/2013: 316). 즉, "더 전체적으로 그리고 더 진실하게 멀리 볼 뿐만 아니라 더 잘 볼 줄 안다."라는 것이다.

가다머는 대화 참여자들이 서로의 의견을 좁히려 하지 않는 한 지평 융합이 일어날 수 없다고 말한다. 하지만 지평 융합이 대화 참여자의 태도에 달려 있을지라도 이들이 대화 과정을 통제하거나 조정하는 것은 아니다. 가다머가 보여 주듯이 '진정한' 대화가 일어날 때 우리는 그 대화 속으로 푹 빠지게 된다. 우리는 시간이 어떻게 흘러가는지도 모르고, 우리가 알아차리기도 전에 토론 중인 주제와 관련된 새로운 지점에 도달하게 된다. 간단히 말해서 진정한 대화는, 마치 게임이 게임에 참여하는 사람들을 빨아들이는 것과 같이, 대화 참여자들을 흠씬 빨아들인다. 가다머는 이러한 상황을 다음과 같이 기술하고 있다.

> 우리는 우리가 대화를 '주도한다'고 말하지만, 진정한 대화일수록 대화 참여자가 그 주도성을 갖는 경우는 드물다. 이처럼 진정한 대화는 결코 우리가 주도하려는 어떤 것이 아니다. 오히려 대화에 빠져든다고 말하는 것이 더 정확한 표현일 것이다. …… 대화가 예상 밖 진로를 거쳐 하나의 결론에 도달할 때 단어 하나하나에 천착하는 방식이 어떤 점에서 대화를 잘 이끄는 것처럼 보일지 모르지만, 대화의 과정에서 대화 참여자는 그 주도자라기보다는 오히려 대화에 이끌려간다고 보는 것이 타당하다(Gadamer, 1989/2013: 411).

대화 참여자들이 대화의 논리와 흐름에 빠져드는 것처럼 그들은 또한 지평 융합 속으로 '녹아들어간다'. 이들은 지평 융합이 언제, 어떻게 일어날지 통제하거나 예언할 수 없다. 가다머에 의하면, 이해는 "우리에게 일어나는 사건이다. …… 우리의 바람과 행위 저편에 존재한다."(pp. 40: xxvi)라는 것이다. 더군다나 지평 융합이 드

러내는 의미를 대화 참여자들이 형성하거나 생성하지 않는다. 새로운 의미가 출현하는 것은 대화 참여자가 대화를 조정해서가 아니라 그들이 대화의 과정에 흠씬 빠져들었기 때문이다. 가다머의 용어를 빌리자면, "진실 안에서 출현하는 것은 로고스(logos)이다. 그것은 나 또는 너에게 속하는 것이 아니다. 적어도 그것은 대화 참여자의 주관적 견해를 초월해서 존재할 만큼 대화를 주도하는 사람조차도 자신이 모른다는 사실을 자각할 정도이다."(p. 376).[4)]

요컨대 가다머는 진정한 대화에서 대화 참여자들이 그들이 통제하거나 조정할 수 없는 경험 속으로 빠져든다고 설명하고 있다. 그 결과로 일어나는 지평 융합은 그 어느 편도 생성하거나 예견할 수 없는 주제(로고스)에 대한 통찰을 드러내 준다. 대화 참여자들은 그들이 타인의 관점에 의해 언제라도 자신의 입장을 철회할 수 있다는 가정을 받아들이지 않는 한 의미의 비-은폐를 반성적으로 이해할 수 없다. 이러한 일은 우리가 요구하거나 기대하지 않은 상황에서 얼마든지 일어난다.

사회과학을 진정한 대화와 비교하면서 가다머는 비판적 성찰이 주관적 믿음을 통제할 기술적 절차가 요구되는 특별한 형태의 이해라는 점을 논박하고자 하였다. 가다머의 견지에서 볼 때 비판적 성찰은 일상 경험의 과정(가령 일상적 대화)에서 일어나며, 연구자들이 자신의 과정을 방법적으로 통제할 것을 요청하지 않는다. 이와 달리, 비판적 의식은 연구자가 자신의 가정을 적극적으로 활용할 것을 요청하며, 이때 자신의 입장이 다른 사람의 관점에 의해 기각될 수 있다. 이러한 경험에 대한 개방성을 위해서는 방법적 역량이 아니라 윤리적 성향이 요구된다. 특히 연구자는 대화의 방향을 조정하려는 충동을 억제해야 하며, 대화 상대자가 무슨 말을 할 것인지 예견하거나 선취하려는(preempt) 욕망을 자제해야 한다. 동시에 다른 사람과의 대화 경험이 대화 참여자 각자가 하려는 바나 바라는 바를 넘어선 주제에 대해 새로운 의미를 비추어 줄 것이라는 확신을 가져야 한다. 비판적 성찰이 대화 경험에서 어떻게 일어나는지를 밝힘으로써 가다머는 인문과학이 어떻게 인간 상호 간 관계에 대한 도덕적 실천이 되며(될 수 있는지를) 보여 주고자 하였다.

철학으로부터의 학습: 교육 연구에 주는 시사점

딜타이, 후설, 하이데거, 가다머가 보여 준 통찰은 오늘날 교육학자들에게 지속해서 사유할 거리를 제공하고 있다. 네 명의 철학자의 사유는 다음 몇 가지 점에서 지속적인 영향을 주고 있다. ① 사람들은 일차적으로 실천적 관여와 인간 상호 간 관계를 통하여 세계를 이해한다. ② 일상적 삶의 과정에서 세계가 사람들에게 자신에 내재된 의미를 드러내기 때문에 세계의 이해가 가능하다. ③ 사람들은 자신의 '살아 있는' 경험으로부터 완전히 벗어날 수 없으며, 인식론이나 과학에서 가정하는 것처럼 세계를 객관화할 수도 없다. ④ 인식론과 과학을 뒷받침하고 있는 주관과 객관의 이원론만으로 인간이 어떻게 세계 내에서 자기 경험을 이해하는지를 완전하게 포착하지 못한다. 이런 사유는 현상학과 해석학의 교육학자들이 왜 사회과학에서는 교육의 실존적 의미를 파악할 수 없으며 그리고 현상학과 해석학이 어떤 이유에서 교육을 실존적으로 강력한 경험을 밝히는 데 더 적합하다고 믿는지에 대한 분석 틀을 제공한다.

사회과학의 한계

현상학과 해석학의 교육학자들의 관점에서 볼 때 교육 연구자들은 사회과학의 핵심 전제, 즉 주관과 객관이 철저하게 서로 분리되어 있다는 믿음에 의문을 품지 않기 때문에 교육을 실존적으로 의미 있는 경험으로 연구하지 못한다. 이원론을 선봉에 내세움으로써 다른 분열을 조장한다. 가령, 이해와 경험, 이론과 실천 그리고 목적과 수단의 분리 등이 그것이다. 이러한 이원론을 당연시하면서 교육 연구자들은 교육을 도구적으로 보게 되며, 그것을 마치 방법론적 절차에 따라 관찰할 수 있는 대상과 같이 취급한다. 그러나 만일 교육이 객관화될 수 없는 하나의 실존적 경험이라면 (미리 정해진 가정에 따라) 그 경험을 더 명확히 보기 위해 한 단계씩 안으로 접근해 들어갈 방법을 통해서 연구될 수 없다. 교육은 교육적 경험 그 자체로부터 해명되어야 한다. 이러한 노력에서 필요한 것은 방법론적 역량이 아니라 명석함, 감수성, 인내력과 같은 일련의 성향이다.

나아가 현상학과 해석학의 교육학자들은 사회과학 이론이 교육의 생활세계로부터 너무나 동떨어진 나머지 연구 과정에서 이 세계에 집중할 수 없다고 믿는다. 이론과 실천의 괴리를 줄이려는 노력만으로 이 문제를 해결하지는 못할 것이다. 이론과 실천의 괴리를 줄이려면 양자가 분리되어 있다는 전제하에 이 둘을 하나로 연결해야 한다. 하지만 생활세계 안에는 이해와 경험이 이미 공존하고 있다. 달리 말해서, 살아 있는 경험이 하나의 이해 방식, 즉 세계 내에서 실천적으로 관여하는 방식이 된다. 이론의 추상적 관념은 먼 곳으로부터 교육 실천을 밝혀 줄 수 있다. 하지만 추상적 이론은 살아 있는 경험을 구성하는 경험과 이해의 내적 관계까지 밝혀 줄 수는 없다. 현상학과 해석학의 교육학자들은 사회과학자들이 하는 방식으로 교육을 이론화하지 않는다. 이들은 "자신이 경험한 교육 현상 그 자체에서" 출발한다(Van Manen, 2014: 606).

요컨대, 현상학과 해석학의 교육학자들은 사회과학의 중심에 있는 주관과 객관의 이원론이 교육 연구자들에게 사람들이 왜 교육을 실존적으로 강력하고, 개인적으로 의미가 있으며, 잠재적으로 근본적인 변화를 가져다준다고 느끼는지를 설명하는 데 방해가 된다고 본다. 일부 학자들은 현상학과 해석학이 사회과학을 통째로 대체해야 한다고 주장한다.[5]

교육정책과 교육 실천에서 갈수록 증거 기반 연구에 가치를 두는 시대에는 현상학과 해석학의 사회과학에 대한 비판이 순진무구한 것으로 비칠 수 있다. 현상학과 해석학적 입장의 장점을 충분히 인정하려면 이 접근을 특징지어 주는 근본적 질문을 해명할 필요가 있다. 사회과학자들과 달리 현상학과 해석학의 교육학자들은 증거가 연구 결과를 정당화해 주는지, 또 어떻게 정당화하는지에 대해서는 관심이 없다. 대신에 그들은 전혀 다른, 더 근본적인 질문을 제기한다. 즉, 도대체 어떻게 사물이 우리에게 분명해지는가? 우리가 교육이나 모든 삶의 영역에 대한 지식의 요구를 보증해 줄 만한 증거를 활용하기 전에 우리는 먼저 삶이 하나의 의미 있는 경험이라는 믿음을 지니고 있어야 한다. 나아가 그러한 삶의 경험이 밝혀질 수 있거나, 우리가 이해할 수 있을 정도로 우리에게 분명해지며, 그리고 삶의 의미를 이해하는 일이 우리의 실존 자체를 억압하지 않는다는 믿음을 지녀야 한다. 삶의 이해가 곧 삶의 일부이며, 이해가 '살아 있는' 경험이다. 그렇다고 해서 삶이 이론과 방법을 통해 이해될 수 없다는 의미도 아니다. 하지만 이론 및 실천적 지식은 삶, 즉 살아 있

는 삶을 보다 근본적으로 이해하는 데 부차적이며, 파생물에 지나지 않는다.

현상학과 해석학의 교육학자들은 삶의 의미와 살아 있는 경험의 비-은폐가 교육적으로 적절한 질문과 함께 '성숙한다'고 주장한다. 가령 다양한 교육적 맥락에서 의미의 비-은폐를 가능하게 하는 조건이 무엇인가? 사람들은 의미의 비-은폐가 일어날 때 이를 인지할 수 있으며, 이를 더 심화시켜 세계 내에서의 이해와 경험을 변화시킬 수 있는가? 의미의 비-은폐로부터 인지하고 배우기 위해서는 어떤 성향, 방향 설정 그리고 마음의 습관이 요청되는가? 이러한 능력들은 가르칠 수 있는가, 만일 가르칠 수 있다면, 어떻게 가능한가?

현상학과 해석학의 교육학자들은 삶의 의미의 비-은폐가 어떻게 추상적 이론이나 이원론적 방법의 여과 없이 교육적으로 되거나 될 수 있는지를 반성적으로 해명하고자 한다. 나아가 그들은 이 현상에 대한 반성적 해명이 객관적 연구 결과물이 될 수 없다고 주장한다. 이들은 교육을 이해하는 경험 '내부로부터' 해명하고자 한다. 다음 절에서는 이 접근에서 교육을 어떻게 탐구하는지 살펴보고자 한다.

반성적으로 해명하는 교육 경험: 현상학과 해석학의 접근방법

현상학과 해석학의 교육학자들은 어떻게 다양한 교육적 상황과 배경에서 삶의 의미가 인간에게 드러나는지를 탐구한다. 이러한 연구의 예를 몇 가지 들어 보자. 아동의 삶 속의 비밀 공간(Langevelt, 1983b), 읽기 학습 과정에서의 실수 이해(Magrini, 2013), 교육행정(Vandenberg, 1982), 고등학교 진학(Ganeson & Ehrich, 2009), 학생들의 시험 부정행위(Ashworth, 1999), 고등교육의 목적(Mackler, 2009), 고등교육에서의 학생 업무(Sherman, 2011), 인문교육(Sotiriou, 2014), 종교교육(Aldridge, 2015; Lombaerts & Pollefeyt, 2004) 등이 그것이다. 현상학과 해석학의 교육학자들의 학문적 배경은 교육철학자, 교육 과정 학자, 읽기 전문가 등 실로 다양하다.

현상학과 해석학의 교육학자들은 동일한 목표로 연구를 시작하지만, 그 접근방법은 사뭇 다르다. 후설을 추종하는 교육 현상학자들은 반성적 이해에 도움이 되는 방법을 활용하는 편이다. 그렇다고 해서 사회과학 방법에서 주로 사용하는 주관과 객관의 이분법을 따르는 것은 아니다. 현상학자들 중 일부는 반성적 해명 과정에 수반되는 요소를 반성적으로 해명하는 논문, 즉 어떤 면에서 보면 사회과학의 '방법'

에 가까운 논문을 발표하기도 하였다(Chamberlin, 1974 참조). 이와 달리, 해석학적 교육학자들은 반성적 해명이 방법론적 안내가 필요하지 않은 직관적 경험이라고 주장한다. 가다머를 추종하는 이들 학자는 방법과 현상학적 기술을 선호하는 반성적 과정에 대한 '메타적' 기술을 피한다. 다음 절에서 나는 우선 현상학적 기술을 분석하고자 한다. 이어서 해석학적 사상가들이 어떻게 교육을 자기 이해에 근본적 변화를 가져다주는 심오한 경험으로 기술하는지를 정리하고자 한다.

현상학적 방법

교육 현상학자들은 의미의 비-은폐를 기술하기 위해서는 우리가 익숙한 방식으로 미리 이해한 개념과 이론의 영향을 먼저 인지한 다음 이를 저지해야 한다고 주장한다. "이것이 그렇다고 해서 자신의 문화적 · 역사적 맥락으로부터 인간이 자유로울 수 있다는 것을 의미하는 것은 아니다. 이것은 교육적 맥락이 지금, 그리고 여기에서 경험되는 방식으로 우리의 방향을 잡을 수 있다는 것을 의미한다."(2014: 606)라고 마넨은 말한다. 이러한 노력을 돕고자 교육 현상학자들은 후설이 개발한 방법인 에포케(판단중지)와 환원에 눈을 돌린다. "에포케는 현상학적 의미를 포착할 가능성을 위해 공간을 열어 두는 것이며, 환원은 현상학적 의미가 나타나서, 스스로를 내어 주거나 보여 주는 것이다."(2017: 777)라고 마넨은 설명한다.

현상학자들은 후설의 방법을 채택하므로 질적 연구자와 심리학자들이 하는 것처럼 맥락을 객관화하지 않으며 주체가 어떻게 맥락을 이해하는지 탐구하지도 않는다. 삶의 의미가 개인의 실존에 대한 살아 있는 이해를 떠나 밝혀질 수 없고, 개인들이 결과적으로 현상학적 기술 안에서 포착될 수 있다는 것은 분명한 사실이다. 하지만 현상학자들이 현상에 대하여 의미를 생성하고, 구성하며, 부가한다는 이유로 개인에 대한 관심을 표명하는 것이 아니다. 개인에 관심을 두는 이유는 그들의 살아 있는 경험이 의미의 비-은폐 공간이자 주요 무대가 되기 때문이다.

살아 있는 경험의 구조를 밝히기 위하여 현상학자들은 "당신은 이 경험이 의미하는 바를 어떻게 이해합니까?"와 같은 방식으로 묻지 않는다. 마넨(2017: 775, 강조는 원문을 따름)은 현상학적 질문이 '살아 있는 경험 속에서 저절로 보여 주거나 드러내는 것 …… 사물(현상이나 사건)이 어떻게 우리에게 스스로를 내어 주는지'를 캐묻

는다고 설명한다. 그런 질문들은 다음과 같은 형식을 취한다. "이런 살아 있는 경험은 어떤 모습을 띠고 있는가?" "이 현상이나 사건을 어떻게 경험할 수 있는가?" 혹은 "우리가 어떻게 경험의 원초적 의미를 이해하거나 의식할 수 있는가?"(p. 776) 등이다. 이러한 질문에 답하기 위해서는 **에포케**, 환원과 같은 일련의 성향이 요청된다. 마넨(1983: i)은 이러한 성향을 "정신을 한곳에 모으고, 주의를 집중하며, 염려하는 기분의 상태(attunement), 즉 삶의 기획이나 삶을 산다는 것의 의미에 대한 주의 깊고, 사려 깊은 선취(先取)"라고 부르고 있다. 마넨은 생활세계 안에서 반성적으로 방향을 잡아가는 성향을 기술하기 위하여 '재치(tact)'라는 용어를 사용하기도 한다. 재치는 교육 연구에서뿐만 아니라 교사들이 교실 상황에서 학생들의 살아 있는 경험과 이해를 반성적으로 해명하는 데 도움을 준다고 마넨(2016a; English, 2013b)은 말한다.

현상학적 통찰이 객관적 지식으로 정당화될 수는 없다. 오히려 현상학적 기술을 정당화시켜 주는 것은 우리가 이미 알고 있었음에도 외적으로 인지하지 못했거나 표현하지 못했던 교육에 대한 어떤 것을 알아차리게 도와줄 수 있는 감각과 깊은 관련이 있다. 마넨(2017: 779)은 "현상학은 잘만 수행된다면 우리가 경험하는 삶의 비밀에 대한 통찰로 우리의 마음을 사로잡기에 충분하다. 즉, 우리는 삶이 내어 주고, 스스로 드러내는 세계를 놀라운 눈으로 경험할 수 있다. 진정한 현상학 탐구는 도전적이며, 만족스럽다. 왜냐하면 현상학에서 드러내는 의미가 근원적이며, 실존적으로도 영혼에 깊은 울림을 주기 때문이다."라고 기술하고 있다. 현상학적 기술은 분명 교육 현상학자들에게 영감을 불어넣어 줄 뿐만 아니라 교육에 종사하는 모든 사람에게 영향을 줄 수 있다.

해석학적 교육: 빌둥

해석학에 뿌리를 둔 현상학자들은 독일어 **빌둥**(Bildung, 도야)을 교육을 기술하는 데 사용한다. **빌둥**은 철학에서 오랜 역사를 지니고 있다. 그 말은 때때로 영어로는 '함양'이나 '문화화'로 번역되기도 한다. 가다머는 교육이 근본적으로 자기 교육이라는 특별한 생각을 조명하는 데 **빌둥**을 사용한다(Gadamer, 2001; Cleary & Hogan, 2001).[6] 현대 교육학 담론에서 자기 교육은 정체성 형성과 자율성 함양과 같은 의미

로 쓰이고 있다. 나아가 자기 교육은 메타-인지적으로 자기 생각을 조절하고, 자기 경험의 방향을 통제하며, 논증이나 토론에서 자신의 입장을 방어할 수 있는 학습의 의미를 내포하고 있다. 이런 관점에서 보자면, 교육의 목적은 개인들로 하여금 세계 내에서 자신의 주도적 감각을 키울 수 있도록 돕는 일이다.

자기 교육은 가다머에게는 약간 다른 의미가 있다. 빌둥은 자율성 강화나 역량과 기능의 개발을 의미하지 않는다. 빌둥의 일반적 특징은 "나와 다른 것, 즉 보다 보편적 관점에서 모든 타자에게 개방성을 유지하는 것"이다(Gadamer, 1989/2013: 16). 타자에 대한 개방성을 배우는 일은 매우 중요하다고 가다머는 힘주어 말한다. 만일 우리가 자신의 관점이나 전제에 대하여 타인에게 비판할 수 있는 여지를 남겨 두지 않는다면 반성적으로 의미가 해명될 수 없다. 전제는 우리가 수집한 일련의 정보를 담고 있으나 세계 내에서 우리의 존재 방식을 반성적으로 드러낸 것은 아니기 때문에 전제에 대한 비판은 우리를 혼란에 빠뜨릴 수 있다. 이러한 혼란이 우리가 예상하거나 원하는 경험은 아니다.

요컨대, 빌둥으로서 교육은 타자와의 면대면 관계에서 발생하는 부정적 경험을 통한 이해와 자기 이해의 끊임없는 변신을 목적으로 한다. 이러한 교육 경험은 지극히 개인적이고 치밀한 관계에 기반을 두고 있으며, 실험적인 성격을 피할 수 없다. 빌둥의 맥락 속에서 해석학자들은 다양한 주제를 탐구한다.

예를 들자면, 부정적 경험이 학습을 방해한다는 평범한 가정에 도전장을 내미는 학자들이 있다. 학자들은 왜 부정성이 학습에 필수불가결한지, 왜 부정적 경험의 회피가 개인들로 하여금 자신의 이해와 자기 이해를 반성적으로 해명하는 데 도움이 되지 않는지를 분석한다(English, 2013b; Kerdeman, 2003, 2019). 타인에 대한 개방성을 위해 필수적인 성향으로서 요청되며, 그러한 성향을 함양해 주는 경험으로서 경청에 주목하는 학자들도 있다(Hartounian-Gordon & Waks, 2010). 빌둥을 촉진하는 관계 유형을 탐구하는 학자들도 있다. 이들은 가다머식의 대화가 인문학 강좌는 물론 자연과학 강좌에서도 단순한 강의와 원격 수업보다 더 낫다는 주장을 펴기도 한다(Fairfield, 2011a).

빌둥은 또한 교수(teaching)에 대해 문제를 제기하기도 한다. 빌둥이 학생뿐만 아니라 교수와 관련되어 있다고 주장하는 학자들도 있다. 빌둥의 관점에서 보자면 교수는 단순히 이타적 활동이나 하나의 전문직의 수행이 아니다. 더 중요한 사실은 교

수가 학생과의 관계 속에서 교사의 자기 이해를 함양하는 하나의 삶의 방식이라는 점이다. 미지의 것에 대한 개방성은 이러한 삶의 방식에서 매우 중요하다(Higgins, 2011). 가다머는 학생의 삶 속에 교사가 현존하는 것이 중요하다고 강조한다. 가다머에게 교사는 학생의 질문에 답하고, 학생이 올바른 질문을 할 수 있도록 돕는 대화 상대자이다. 올바른 문제 제기가 학생들의 고유한 관점에 대해 비판을 허용한다는 점에서 교사들은 개방성이 어떤 결과를 수반하는지를 시범적으로 보여 줄 수 있다. "나는 비판받는 일이 편할 것이라고 생각하지 않는다. 비판받는 일은 누구에게나 고통스럽고, 자신에 대해 평상시보다 더 의기소침해지게 한다. 이것은 교사는 물론 학생에게도 진실이다. 이것을 선택하는 것은 우리의 몫이다."라고 가다머(1992b: 58)는 쓰고 있다.

빌둥이 개인을 몰입하게 하는 하나의 경험이라는 사실은 교사의 책임과 관련된 규범적 문제를 제기한다. 가령, 학생들과 같은 방식으로 교사들도 대화에 몰입해야 하는가? 만일 대화가 나아가야 할 방향을 제대로 조정하거나 통제하지 못한다면, 누군가에게 상처를 주거나 아무런 생산성도 없는 대화에 대해서는 최종적으로 누가 책임을 져야 하는가? 어떻게 도전에 대한 개방성이 교육학 전문 지식과 교과목 지식을 배양하기 위한 교사의 책임을 반박하고, 강화하거나 또는 재구성하는가? 해석학자들과 현상학자들은 아직 이러한 질문까지는 세심하게 다루지 않았다. 다가올 미래에 이들이 더 많은 기회를 갖고 이 질문들을 다룬다면 교육에 대한 우리의 이해를 분명하게 하고, 이의를 제기하며, 나아가 재구성하는 데 기여할 것이다.

결론

도구적 교육관에 대한 문제 제기와 교육적 경험을 연구하는 사회과학의 대안을 모색함으로써 교육 현상학과 교육 해석학자들은 의미 있는, 영감을 불어넣는 생각을 끌어들이고 있다. 무엇보다도 이들은 교육이 실존적으로 강렬한 경험이 되어야 함을 역설한다. 많은 사람이 이 견해에 공감하고 있다.

그러나 현상학과 해석학의 통찰이 중요하고 아무리 가치가 있다손 치더라도 이 관점 또한, 다른 모든 학설이 그러하듯, 더 깊은 검토가 필요한 검증되지 않은 가정을 품고 있다. 한 가지 염려는 좋은 현상학이 "영혼에 실존적으로 강렬한 통찰로 우리를 매료시킨다."라는 마넨(2017: 779)의 주장과 관련된 것이다. 그럼에도 불구하고 다음과 같이 문제를 제기해 볼 수 있다. 과연 누구에게 강렬하다는 것인가? 만일 독자들이 교육에 대한 현상학적 기술에 감동을 받지 않는다면, 이것은 현상학자의 약점 때문이거나 독자의 감수성 결여 때문은 아닐 것이다. 현상학적 기술의 한계는 오히려 의미가 언제나 '친절한', 명백한 방식으로 드러나지 않는다는 사실에서 기인하는지도 모른다. 의미는 직접적 혹은 명료한 방식으로 스스로를 드러내지 않는 정치적 · 경제적 관심의 영향을 받기 때문에 오도되고 왜곡될 수 있다. 만일, 살아 있는 경험이 폭로하고자 하는 바로 그 이데올로기의 영향을 받는다면 살아 있는 경험의 반성적 해명 노력에도 불구하고 이데올로기적 허구를 드러내는 것만으로 충분치 않을 수 있다. 반성은 이론적 지지와 신뢰성에 대한 방법론적 보증을 필요로 한다(Warnke, 1987: 34).

요컨대, 하이데거와 가다머가 본 것처럼 이해는 역사적 조건의 지배를 받는지도 모른다. 하지만 딜타이와 후설이 그랬던 것처럼 우리가 반성적일 때 이해는 반드시 역사적 조건의 지배를 받거나 그럴 필요도 없다. 과학적 지식과 살아 있는 이해 사이의 긴장이 단지 19세기와 20세기 초의 유물로만 치부될 수는 없다. 오히려 이러한 긴장은 교육적 경험을 반성적으로 해명하려는 현재에도 지속되고 있다.

미주

1) 독일어에는 두 개의 경험 개념이 존재한다. **체험**(Erlebnis)과 **경험**(Erfahrung)이 그것이다. 딜타이는 살아 있는 경험의 의미로서의 **체험**을 과학적 경험의 의미를 지닌 **경험**과 구별하고 있다. 두 개념의 차이에 대한 논의는 원키(Warnke, 1987: 26-35)와 코켈만스(Kockelmans, 1967: 33)를 참조하라.
2) **체험**(Erlebnis)에 관한 후설과 딜타이 간의 유사성과 차이점에 관한 흥미로운 논의를 위해서는 틸먼(Tillman, 1976: 123-130)을 참조하라.
3) 원키(Warnke, 1987)는 가다머가 **경험**(Erfahrung) 개념을 부정적 경험을 기술하는 데 사용하고 있다고 설명한다. 그렇게 함으로써 가다머는 **경험**이 과학적 경험뿐만 아니라 학습 경험을 의미한다고 보는 헤겔(Hegel)의 생각을 따르고 있다. 가다머가 경험을 어떻게 이해하고 있는지에 관한 전반적 논의를 위해서는 원키(Warnke, 1987: 26-9)를 참조하라.
4) 가다머(Gadamer, 1989/2013: 472-490)에 따르면 의미는 언어를 통해서 밝혀진다. 왜냐하면 언어는 '사변적'이기 때문이다.
5) 이러한 관점의 적절한 예시를 위해서는 갤러허(Gallagher, 1992), 파이너와 레이놀즈(Pinar & Reynolds, 1992)를 참조하라.
6) 포스트모던 시대의 **빌둥**에 대한 고찰을 위해서는 로블리, 모텐슨과 노덴보(Løvlie, Mortensen, & Nordenbo, 2002)를 참조하라.

참고문헌

1차 문헌

Gadamer, Hans-Georg. (1989/2013). *Truth and Method*. London: Bloomsbury.

Gadamer, Hans-Georg. (1992a). "The Future of the European Humanities," in Dieter Misgeld & Graeme Nicholson. (Eds.), *Hans-Georg Gadamer on Education, Poetry, and History: Applied Hermeneutics*, 193-208. Albany: State University of New York Press.

Gadamer, Hans-Georg. (1992b). "The Idea of the University: Yesterday, Today, and Tomorrow," in *Hans-Georg Gadamer on Education, Poetry, and History: Applied Hermeneutics*, 47-59. Albany: State University of New York Press.

Gadamer, Hans-Georg. (2001). "Education Is Self-Education," *Journal of Philosophy of*

Education, 35(4), 529-38.

Langeveld, Martinus Jan. (1983a). "Reflections on Phenomenology and Pedagogy," *Phenomenology and Pedagogy, 1*(1), 5-7.

Langeveld, Martinus Jan. (1983b). "The Secret Place in the Life of the Child," *Phenomenology and Pedagogy, 1*(2), 181-91.

2차 문헌

Aldridge, David. (2015). *A Hermeneutics of Religious Education.* London: Bloomsbury.

Ashworth, Peter. (1999). "'Bracketing' in Phenomenology: Renouncing Assumptions in Hearing About Study Cheating," *International Journal of Qualitative Studies in Education*, *12*(6), 707-21.

Chamberlin, Gordon J. (1974). "Phenomenological Methodology and Understanding Education," in David E. Denton (Ed.), *Existentialism and Phenomenology in Education*, 119-38. New York: Teachers College Press.

Cleary, John., & Padraig Hogan. (2001). "The Reciprocal Character of Self-Education: Introductory Comments on Hans-Georg Gadamer's Address, 'Education is Self-Education,'" *Journal of Philosophy of Education*, *35*(4), 519-27.

English, Andrea. (2013a). "Pedagogical Tact: Learning to Teach 'In-Between,'" in *Discontinuity in Learning: Dewey, Herbart, and Education as Transformation*, 126-46. New York: Cambridge University Press.

English, Andrea. (2013b). "Revisiting Learning In-Between and *Umlernen*," in *Discontinuity in Learning: Dewey, Herbart, and Education as Transformation*, 113-25. New York: Cambridge University Press.

Ermarth, Michael. (1981a). "The Transformation of Hermeneutics: 19th Century Ancients and 20th Century Moderns," *The Monist*, *64*(2), 175-94.

Ermarth, Michael. (1981b). *Wilhelm Dilthey: The Critique of Historical Reason.* Chicago: University of Chicago Press.

Fairfield, Paul. (2011a). "Dialogue in the Classroom," in Paul Fairfield (Ed.), *Education, Dialogue, and Hermeneutics*, 77-89. New York: Continuum.

Fairfield, Paul. (2011b). "Introduction: Education, Dialogue, and Hermeneutics," in Paul Fairchild (Ed.), *Education, Dialogue, and Hermeneutics*, 1-4. New York: Continuum.

Flyvbjerg, Bent. (2001). *Making Social Science Matter: Why Social Inquiry Fails and How It*

Can Succeed Again. Cambridge: Cambridge University Press.

Gallagher, Sean. (1992). *Hermeneutics and Education*. Albany: State University of New York Press.

Ganeson, Krishnaveni., & Lisa C. Ehrich. (2009). "Transition into High School: A Phenomenological Study," *Educational Philosophy and Theory, 41*(1), 60-78.

Hartounian-Gordon, Sophie., & Leonard J. Waks, Eds. (2010). "Listening: Challenges for Teachers," *Teachers College Record*, *112*(11), 2717-873.

Higgins, Chris. (2011). "Teaching As Experience: Towards a Hermeneutics of Teaching and Teacher Education," in *The Good Life of Teaching: An Ethics of Professional Practice*, 241-81. Malden, MA: Wiley-Blackwell.

Jessor, Richard. (1996). "Ethnographic Methods in Contemporary Perspective," in Richard Jessor, Anne Colby, & Richard A. Shweder (Eds.), *Ethnography and Human Development: Context and Meaning in Social Inquiry*, 3-14. Chicago: University of Chicago Press.

Kerdeman, Deborah. (2003). "Pulled Up Short: Challenging Self-understanding As a Focus of Teaching and Learning," *Journal of Philosophy of Education*, *37*(2), 293-308.

Kerdeman, Deborah. (2019). "Pulled Up Short: Confronting White Privilege," in Ann Chinnery (Ed.), *Philosophy of Education 2017*, 1-18. Urbana, IL: Philosophy of Education Society.

Kockelmans, Joseph J., Ed. (1967). *The Philosophy of Edmund Husserl and Its Interpretation*. Garden City, NY: Doubleday and Company.

Linge, David E., Ed. (1976). *Philosophical Hermeneutics: Hans-Georg Gadamer*. Berkeley: University of California Press.

Lombaerts Herman., & Didier Pollefeyt, Eds. (2004). *Hermeneutics and Religious Education*. Leuven: Leuven University Press.

Løvlie, Lars, Klaus Peter Mortensen., & Sven-Erik Nordenbo, Eds. (2002). "Educating Humanity: *Bildung* in Postmodernity," special issue of *Journal of Philosophy of Education*, *36*(3), 317-512.

Mackler, Stephanie. (2009). *Learning for Meaning's Sake: Toward the Hermeneutic University*. Rotterdam: Sense Publishers.

Magrini, James M. (2013). "When Praxis Breaks Down: What Heidegger's Phenomenology Contributes to Understanding Miscues in Learning to Read," *Analysis and Metaphysics*, *12*, 25-46.

Malpas, Jeff. (2003). "Martin Heidegger," in Robert C. Solomon & David Sherman (Eds.), *The Blackwell Guide to Continental Philosophy*, 143-62. New York: Blackwell.

Moran, Dermot. (2000). *Introduction to Phenomenology*. New York: Routledge.

Pinar, William F., & William M. Reynolds, Eds. (1992). *Understanding Curriculum As Phenomenological and Deconstructed Text*. New York: Teachers College Press.

Sherman, Glen L. (2011). "Hermeneutics and the Traditions of Student Development and Learning," *Journal of College and Character*, *12*(2), 1-10.

Sotiriou, Peter Elias. (2014). "A Gadamerian Perspective on Teaching the Humanities: Students, Teachers, and the Unmethodical Questioning of Truth," *International Journal of Humanities Education*, *11*, 9-14.

Strauss, Anselm L. (1998). *Basics of Qualitative Inquiry: Techniques and Procedures for Developing Grounded Theory*. Thousand Oaks, CA: Sage.

Tillman, Mary Katherine. (1976). "Dilthey and Husserl," *Journal of the British Society for Phenomenology*, 7(2), 123-30.

Vandenberg, Donald. (1982). "Hermeneutical Phenomenology in the Study of Education Administration," *Journal of Education Administration, 20*(1), 23-32.

Van Manen, Max. (1983). "Editorial: Invitation to Phenomenology + Pedagogy," *Phenomenology and Pedagogy*, *1*(1).

Van Manen, Max. (2014). "Phenomenological Pedagogy," in Denis C. Phillips (Ed.), *Encyclopedia of Educational Theory and Philosophy*, 606-10. Los Angeles: Sage.

Van Manen, Max. (2016a). *Pedagogical Tact: Knowing What to Do When You Don't Know What to Do*. New York: Routledge.

Van Manen, Max. (2016b). *The Tact of Teaching: The Meaning of Pedagogical Thoughtfulness*. New York: Taylor & Francis.

Van Manen, Max. (2017). "But Is It Phenomenology?," *Qualitative Health Research*, *27*(6), 775-9.

Wachterhauser, Brice R., Ed. (1986). *Hermeneutics and Modern Philosophy*. Albany: State University of New York Press.

Warnke, Georgia. (1987). *Gadamer: Hermeneutics, Tradition, and Reason*. Stanford, CA: Stanford University Press.

West, David. (2010). *Continental Philosophy: An Introduction*, 2nd edn. Malden, MA: Polity.

Wiercinski, Andrzej. (2011). "Hermeneutic Education to Understanding: Self-Education

and the Willingness to Risk Failure," in Paul Fairfield (Ed.), *Education, Dialogue, and Hermeneutics*, 107-23. New York: Continuum.

Wiercinski, Andrzej, Ed. (2015). *Hermeneutics-Ethics-Education*, International Studies in Hermeneutics and Phenomenology, Vol. 8, Zurich: Lit Verlag GmbH & Co. KG Wien.

Zahavi, Dan. (2008). "Phenomenology," in Dermot Moran (Ed.), *The Routledge Companion to Twentieth Century Philosophy*, 661-92. New York: Routledge.

제3장

교육에서 윤리적 관계성

마르틴 부버, 에마뉘엘 레비나스 그리고 넬 나딩스

모르데하이 고든 저 · 김희봉 역

서론

서양철학이 시작된 이래로 수많은 철학자에게 흥미를 불러일으킨 두 가지 반복되는 주제는 **철학적 인간학**과 **윤리학**이다. 전자는 다음과 같은 인간 주제에 관한 다양한 근본적 질문을 다룬다. 인간이 된다는 것은 무엇을 의미하는가? 인간은 지구상의 다른 동물들과 어떤 면에서 다른가? 그리고 인간의 육체적 · 정신적 · 정서적 측면들은 어떤 관계가 있는가? 후자(윤리학)의 주제는 인간의 발달과 잘됨(flourishing)의 문제를 다룬다. 윤리와 도덕에 관심을 가진 교육철학자들은 다음과 같은 광범한 질문을 던졌다. 인간의 가치는 어떤 근원에서 비롯되며 어떻게 확립되었는가? 인간이 잘 살고 잘 된다는 것은 무엇을 의미하는가? 교육과 정의의 확립 사이에는 어떤 관계가 있는가? 그리고 교육은 인간이 잘됨이나 좋은 삶을 사는 데 어떻게 기여할 수 있는가?

이 장은 교육철학자들이 철학적 인간학과 윤리학의 주제뿐만 아니라 양자 사이의 중요한 교집합에 대해서 여러 세대 동안 진행해 온 대화에 기여하도록 구상하였다. 보다 구체적으로, 나(Mordechai Gordon)는 교육에서 윤리적 관계성에 초점을 둔 세 사상가의 통찰력을 심도 있게 검토한다. 즉, 그들은 부버(Martin Buber), 레비

나스(Emmanuel Levinas) 그리고 나딩스(Nel Noddings)이다. 나는 먼저 부버의 존재론을 신중하게 설명하면서 대화나 대화적 접근에 대한 그의 철학을 설명한다. 즉, '나-너'와 '나-그것'의 구분과 '사이'에 대한 그의 개념, 그리고 여러 유형의 대화적 관계들을 설명한다. 다음으로, 레비나스의 관계, 타자, 그리고 급진적인 윤리학의 개념들을 살펴보는데, 이것들은 부버에게서 영감을 받았지만 중요한 방식에서 그의 생각과 차이를 보인다. 다음으로 나는 부버의 철학과 밀접한 관계를 맺고 있는 나딩스의 타인 배려 개념을 고찰한다. 이 장의 마지막 부분에서는 교육에 좀 더 구체적으로 주목해 보고, 부버, 레비나스, 나딩스의 통찰에서 유추할 수 있는 몇 가지 중요한 교육적 함의를 살펴본다.

부버의 대화 철학

오스트리아 태생의 유대인 출신 철학자이자 신학자인 부버는 철학적 인간학, 즉 인간에 대한 연구의 선구자로서 인간과 인간 '사이'의 영역에 대한 새롭고 영향력 있는 개념을 설명하였다.[1] 그는 각 개인에게 근본적이면서도 그들을 묶어 주는 결합된 세계를 위해서 매우 중요한 두 사람 사이에서 어떤 본질적인 무엇인가가 일어날 수 있다고 강조하였다. 이 무엇은 아래에서 자세히 묘사하듯이, 부버가 '대화' 혹은 '나-너 관계'로 칭한 것이다. 전(全) 존재의 한 사람이 다른 전 존재의 사람을 만날 때, 즉 각 개인이 자신의 전 존재를 다른 사람에게 육체적으로, 지적으로, 감정적으로, 영적으로 제시하고 아무것도 제지받지 않을 때 대화가 나타난다. 부버는 『인간과 인간 사이(Between Man and Man)』에서 유창하게 언급하고 있다.

> 삶의 대화는 변증법과 같이 학식 있는 활동의 특권이 아니다. 대화는 인간성의 고상한 이야기에서 시작되지 않는다. 그것은 인간성이 시작되는 곳보다 결코 높지 않은 곳에서 시작된다. 여기에는 재능의 유무가 아니라, 오직 자신을 주는 사람과 자신을 숨기는 사람만이 있다(1947/1969: 35).

부버의 대화 개념 또는 나-너의 관계를 소개하기 위해서는 나-그것을 포함해야 한다. 왜냐하면 이 두 태도는 근본적으로 상반되지만, 별개의 두 대상을 분리하듯이 실제로 분리할 수 없기 때문이다. 사실, 부버가 나-너는 나-그것과 근본적으로 상반된다는 자세를 취하지만, 이 두 가지 태도는 서로를 설명하고 이해하는 데 도움이 된다. 그는 태도가 단순히 심리적 전망이나 기분이 아니라 오히려 존재의 두 가지 뚜렷한 존재론적 형식을 의미한다고 본다. 부버는 자신의 책 『나와 너(I and Thou)』에서 다음과 같이 설명하고 있다.

> 세계는 인간의 두 가지 태도에 따라 그에게 두 가지로 펼쳐진다. 인간의 태도는 그가 말할 수 있는 두 가지 근원어에 따라 두 가지로 펼쳐진다. 근원어는 하나의 말이 아니라 짝말이다. 한 가지 근원어는 짝 말 나-너이다. 다른 근원어는 짝 말 나-그것이다. 그러나 이 근원어는 그 또는 그녀가 그것을 대체해도 바뀌지 않는다. 따라서 인간의 나 역시 두 가지로 나뉜다. 왜냐하면 근원어 나-너에서의 나는 다른 근원어 나-그것에서의 나와는 다르기 때문이다(1923/1970: 53).

부버는 나(I)와 같은 것은 없고 근원어 나-너에서의 나와 나-그것에서의 나만 존재한다고 주장한다. 달리 말해, 사람이 다른 사람을 너로 언급할 때, 근원어 나-너의 나가 포함된 것이다. 마찬가지로, 사람이 다른 사람을 그것으로 언급할 때, 근원어 나-그것의 나가 포함된 것이다. 부버의 나-너와 나-그것의 구분은 그의 "근원어 나-너는 **오로지** 자신의 전 존재로만 말해질 수 있다. 근원어 나-그것은 결코 자신의 전 존재로 말해질 수 **없다**."(Buber, 1923/1970: 54, 강조 추가)라는 언급을 볼 때 매우 극단적이다. 그럼에도 불구하고, 그의 핵심은 경험과 관계라는 매우 다른 두 가지 존재 방식을 강조하는 것이다. 근원어 나-그것은 항상 그 대상에 대해서 무엇인가를 갖는 경험의 영역에 속한다. 무엇인가를 보는 것, 느끼는 것, 원하는 것 등등은 모두 어떤 대상을 향한 의식적인 행위이고, 그 대상은 결코 전체가 파악될 수 없다. 즉, 우리가 무엇인가를 인식할 때, 우리는 항상 그것의 전체와 마주치기보다는 그것의 일부를 인식하거나 부분적으로 그것을 보고 있다. 요컨대, 부버는 본질적으로 나-그것은 우리에게 부분적인 측면과 그 대상에 대한 불완전한 이해를 제공할 뿐이라고 믿는다.

반면에 근원어 나-너는 전혀 다른 영역, 즉 관계나 대화의 영역에 속한다. 이 영

역은 우리가 생각하거나 알기가 매우 어렵다. 왜냐하면 부버의 모형에서 그것과 연관시킬 수 있는 대상이 없기 때문이다. 나-너의 관계 또는 대화를 통해 부버가 말하는 것은 우리가 매일 동료, 친구 또는 가족과 나누는 일상적인 대화를 의미하지 않는다. 부버에게 '대화'라는 용어는 하나의 전 존재가 다른 전 존재와 만나거나 대면하는 행위를 의미하기 위한 매우 좁은 의미로 사용된다. 관계를 맺는다는 것은 다른 존재와 만나거나 대면하는 것을 의미하지만 결코 경험하는 것은 아니다. 부버는 『나와 너』에서 세계와의 연결을 끊고 객관화하는 우리의 실제들을 언급하는 데 경험을 사용한다. '대면'이라는 단어는 다소 거칠게 말하면 실제 각 사람이 다른 사람과의 근본적 차이를 확인하고 여전히 자신의 존재를 확고하게 견지하는 관계를 포착하기 위한 것이다. 부버의 요점은 진정한 만남은 종종 자신을 강요하거나 다른 사람을 변화시키기 위해서가 아니라 상대방을 대화의 파트너로 승인하고 받아들이는 것을 포함한다는 것이다.

대상을 경험한다는 것은 그것에 거리를 두고, 대상화하고, 그것으로부터 나(주체)를 배제하는 것이다. 데카르트를 비롯한 서양철학자들은 개별 주체를 분리하여 '객관적 세계'의 존재를 확립하려고 시도했다. 개별 주체인 자아는 세계와 다른 모든 존재로부터 배제되었고 그 자체로 중요한 것으로 간주되었다. 부버에게는 그러한 시도가 경험의 영역인 나-그것에 속한다. 왜냐하면 이 이론은 관조되는 존재들을 대상으로 보기 때문이다. 그는 많은 서양철학의 기초가 되는 주체/대상의 이분법이 개인을 자신과 대면하는 존재와 멀어지게 한다고 믿는다. 더욱이, 우리의 일상 언어는 주체/대상 이분법을 전제로 한다. 우리가 말할 때, 그것은 우리에게서 배제된 어떤 것, 즉 대상에 관한 것이다. 우리는 끊임없이 대상을 분석하고, 즉 그것들을 부분으로 나누고, 그것들의 색깔, 모양, 숫자를 추상화한다. 부버에 따르면 문제는 "경험하는 사람은 세상에 참여하지 않는다."(1923/1970: 56)라는 점이다. 달리 말해, 경험하는 사람들은 전 존재를 파악하는 것이 아니라 그것의 부분, 자질 또는 특성만을 파악하는 것이다.

경험의 영역과 달리 나-너의 관계는 직접적이다.

> 나와 너 사이에 개념적으로 끼어드는 것이 아무것도 없고, 사전 지식도 상상력도 없으며, 기억 자체는 특수한 것에서 총체적인 것으로 기울면서 변화된다. 나와 너 사이에는

> 어떤 목적도 개입하지 않고, 탐욕도 없고, 기대도 없으며, 갈망 자체는 바람에서 외양으로 기울면서 변한다. 모든 수단은 장애물이다. 모든 수단이 없어진 곳에서만 만남이 일어난다(Buber, 1923/1970: 62-3).

이 인용문은 부버의 '대화'라는 용어가 다른 사람에게 영향을 미치려는 의식적인 의도를 갖지 않은 두 존재의 독보적인 종류의 직접성과 연결을 의미한다고 제안한다. 대화는 내가 성취하고자 하는 목적이 없으며, 너에게서 구체적으로 아무것도 기대하지 않고, 너에 대한 나의 경험은 이전의 만남에서 갖게 된 생각 때문에 제한되지 않는다는 것을 의미한다. 이것이 부버가 '모든 수단은 장애물'이라고 말하면서, 우리가 독보적인 개인이 아닌 목적을 위한 수단으로 다른 사람들과 관계를 맺을 때 대화가 이루어질 수 없다는 것을 암시한 이유이다.

앞서 언급했듯이, 부버의 나-너와 나-그것 사이의 본질적인 대립은 두 가지 매우 다른 존재 방식을 구분하는 것이지만, 두 윤리적 입장 사이의 갈등으로 볼 수도 있다. 실제로 리패리(Lisbeth Lipari)는 이 갈등을 "나-너의 상호주관적 · 윤리적 · 대화적 관계와 나-그것의 도구적 · 목표지향적 · 일원론적 관계"(2004: 125) 사이의 갈등으로 특징지었다. 전자는 배려와 차이의 수용과 같은 태도에 기반을 두고 있으며, 후자는 우월감과 세상을 통제하려는 욕구에 의존하고 있다. 부버는 나-너와 나-그것이 존재의 필수 유형이라고 강조했지만, 그는 우리가 전자의 형태로 존재하는 것이 너무 적은 반면, 후자의 형태로 존재하는 것이 너무 많다고 믿었다. 그가 볼 때 인간은 고립된 개인이나 집단의 일부가 아니라 다른 존재와의 대화 또는 관계에서 인격체로 완전하게 드러난다. 여기서 필자의 분석 초점은 인간 사이의 대화에 있지만, 부버를 연구하는 많은 학자들은 대화의 개념이 사람들 사이의 관계에만 국한되지 않는다고 지적하고 있는데, 이는 맞는 것 같다. 예를 들어, 블렌킨숍(Sean Blenkinsop, 2005)은 부버의 대화 관계 개념이 신성한 존재와의 만남은 말할 것도 없고 동물, 광물 및 식물과의 만남의 가능성도 포함한다는 것을 보여 준다. 블렌킨숍의 영향을 받은 벡(Wayne Veck)은 그의 요점을 되풀이하여 사람이 "나무에 주의를 기울이고, 이런 식으로 나무의 배타적인 힘에 사로잡힐 수도 있다."(2013: 615)라고 언급하고 있다. 핵심은 부버의 대화 개념이 두 사람 사이의 관계에만 국한되지 않는다는 것이고, 그것은 적어도 다른 존재와의 관계를 맺는 데 열려 있는 한 인간 주체

를 포함하는 듯 보인다.

부버에게 너-너 관계에서 본질적인 것은 개인으로서 나 또는 개인으로서 네가 아니라 오히려 우리만이 접근 가능한 차원에서 나와 너 사이에 일어나는 어떤 것이다. 부버가 볼 때 사랑은 각자가 느끼는 감정과는 달리 너와 나 사이에 있다고 주장한다. 그는 『나와 너』에서 "감정은 사람 속에 거하지만, 사람은 그의 사랑 속에 거한다."(Buber, 1923/1970: 66)라고 기록하고 있다. 한 개인에게 국한될 수 있는 분노나 슬픔 같은 감정과는 달리 사랑은 한 사람이 다른 사람에게 상호 책임지는 것을 의미한다. 이 책임에 관해서, 부버는 "주로 나에 관한, 즉 나 자신과 독립된 영역에서부터 내가 대답할 수 있는 영역에까지 다루는 것"(1947/1969: 45)으로 추정하고 있다. 그러므로 책임은 상당 부분 개인적인 특성이 아니라 다른 사람에게 사람으로 반응하는 한 개인의 전제이다.

그럼에도 불구하고, 사랑은 너와 나 사이에 있다는 부버의 말의 진정한 의미는 무엇인가? 그리고 그가 말하는 '사이'의 영역은 무엇을 의미하는가? 그의 핵심은 우리가 개별 영혼 내에서 또는 그들을 묶어 주는 결합된 집단 내에서의 인간 사이의 관계에 국한시키지 말아야 한다는 것이다. 그보다는 관계가 문자 그대로 사람들 '사이에서' 발생한다고 그는 주장한다. 그가 언급하듯이, 진정한 대화, 진정한 교실 수업 또는 자발적인 포옹에서 "본질적인 것은 각 참가자 또는 두 사람이 다른 모든 것을 포함하는 중립적인 세계에서 일어나지 않는다. 오히려 그것은 가장 정확한 의미에서 그들 사이에서 일어난다. 왜냐하면 그것은 둘만이 접근할 수 있는 차원에 있었기 때문이다."(Buber, 1947/1969: 203-4). 따라서 부버에 따르면 대화는 사람들 사이에 존재하는 상호주관적 영역에서 발생한다. 그것은 개인의 정신 내에서 혹은 집단의 역동성 내에서 일어나는 것으로 환원될 수 없다. 부버의 대화 개념에서 영감을 얻어, 나는 교육하는 과정에서 항상 학생들에게 우리 수업에서 가장 중요한 것은 여러분이 집에서 읽은 것이나 내가 여러분에게 부여하는 과제가 아니라 오히려 "우리가 일주일에 두 번 여러분이 읽은 교재와 교육에 대해 1시간 15분 동안 나누는 대화"라고 말한다. 부버의 대화 개념에 충실하여 학생들과 나누는 대화는 종종 예기치 않은 통찰과 즉흥적으로 가르칠 수 있는 순간으로 이어진다.

부버에 따르면, 사람들 사이의 대화는 하나의 나가 하나의 너에게 언어를 사용하여 말을 거는 것과 같은 담화의 수준을 포함하여 다양한 수준에서 발생할 수 있다. 그

럼에도 불구하고, 부버는 사람들 사이의 대화 관계가 결코 담화에만 국한되지 않는다는 것을 분명히 하고 있다. 사실 다른 사람의 눈과 마주치는 눈빛이나 표정, 혹은 시선은 때로 대화가 이루어지기에 충분하다. 부버는 공습 중에 대피소에서 함께 껴안고 있는 두 사람과 오페라를 함께 듣고 있는 또 다른 두 청중의 사례를 들고 있다.

> 공습 대피소의 엄청난 폭격에서 두 낯선 사람이 갑자기 놀라서 잠시 서로 시선이 교차된다. 모든 상황 종료 소리가 나면 잊힌다. 그러나 그것은 그 순간에서만 존재했던 영역에서 일어났다. 어두운 오페라 하우스에는 서로를 모르는 두 명의 청중 사이에 모차르트의 음악에 대해 동일한 순도와 강도로 듣는 일이 생길 수 있는데, 이 관계는 거의 인식할 수 없지만 기본적인 대화 중 하나이며, 다시 불이 켜질 때 여운을 남기고 사라진다(1947/1969: 204).

부버가 여기서 언급하고 있는 사례들은 말할 필요도 없이 일시적이고, 매우 자주 일어나는 것은 아니다. 그러나 많은 사람은 아마도 그들이 살면서 적어도 한 번은 비슷한 존재론적 사건을 겪었다는 것을 인정할 것이다. 부버가 인용한 두 사례에서 중요한 점은 각각의 경우 대화의 관계가 담화의 수준보다는 공유하는 경험을 통해서 보는 것과 시선의 수준에서 일어난다는 것이다. 로버츠(Peter Roberts)는 이 점을 더욱 발전시켜 언급하고 있다.

> 부버에게 대화 관계는 대화식 의사소통에만 국한되지 않는다. 즉, 대화는 담화 없이, 심지어 소리와 몸짓이 없는 경우에도 발생할 수 있다. 가장 기본적인 수준에서 대화는 타인, 즉 자아에 의해 정의된 존재에 대한 경험이고 보다 더 특별한 인정이다(1999: 184).

이상적인 나-너 관계는 설명한 것처럼 두 사람 사이의 사랑의 경우와 마찬가지로 호혜성과 상호성의 특징을 갖지만 부버는 모든 관계가 완전히 상호적인 것은 아니라고 생각한다. 예를 들어, 교육자와 학생 또는 심리치료사와 환자 간의 관계와 같이 일부 관계는 본질적으로 완전한 상호관계로 전개될 수 없다. 부버는 학생들이 잠재력을 실현하도록 돕고자 하는 교육자는 단순히 그들의 자질과 열망의 합산이

아닌 전체로 파악해야 한다고 주장한다. 그러나 이것은 교사들이 대화적 관계에서 학생들과의 만남이 이루어질 때만 성취될 수 있다. 1957년에 저술한 『나와 너』의 후기에서 부버는 설명하기를, 교육자는 자신의 영향력을 의미 있게 만들기 위해서 다음과 같은 노력을 해야 한다.

> 자신의 관점뿐만 아니라 그의 파트너의 관점에서 상황의 모든 측면을 헤쳐 나가도록 노력해야 한다. 교사는 내가 '포용'이라고 부르는 깨달음을 실천해야 한다. 학생이 교육자를 이런 특별한 사람으로 의식하고 인정하도록 그 학생 속의 나-너 관계를 일깨우는 것은 필수적이지만, 그 학생이 교육자의 관점을 공유하는 상황을 헤쳐나감으로써 '포용'하는 기술을 실천한다면 교육적 관계는 더 이상 지속할 수 없다(1923/1970: 178, 강조 추가).

따라서 부버가 인식한 바와 같이 교육적 관계와 완전한 상호성 사이에는 일정한 긴장과 불협화음이 존재한다. 마찬가지로, 그는 치료사-환자의 관계가 완전한 호혜성을 유지할 수 없다고 주장한다. 환자가 치료사가 느끼는 감정을 포용하려고 시도하면 치료 관계는 훼손될 것이다. 부버는 여기서 '포용(embrace)'이라는 용어를 사

[사진 3-1] 새로운 통합 교실에서(Louisville, Kentucky School Integration) 학부모들의 대화적 만남.

용하는데, 이는 다른 사람의 입장과 계속되는 상황을 아는 동시에 자신의 명확한 의미를 유지하는 행위를 가리킨다. 여기서 강조해야 할 점은 완전한 상호성을 특징으로 하는 나-너 관계는 두 파트너가 상대적으로 평등하고 다른 파트너를 바꿀 의도가 없다는 것을 전제로 한다. 반대로 부버는 주장하기를 "한 파트너가 다른 파트너에게 어떤 목표를 달성하려고 행하는 시도가 이루어지는 상황에서의 모든 나-너의 관계는 결코 상호성이 이루어질 수 없다고 비난받게 된다."(1923/1970: 179)([사진 3-1] 참조).

레비나스, 타자 그리고 급진적 윤리학

유대인이며 리투아니아 출신의 프랑스 철학자 에마뉘엘 레비나스(Emmanuel Levinas)가 부버의 영향을 받고 그를 높이 평가했다는 사실은 그가 부버의 사상을 연구하는 데 바친 수많은 논문에서 입증된다.[2] 부버와 마찬가지로 레비나스도 인간이 일상생활에서 상호작용하는 영역인 상호주관적 영역에 대해 사유하고 글을 쓰는 데 많은 시간을 보냈다. 부버와 마찬가지로 레비나스는 모든 진지한 철학적 인간학이 개인을 주제로 한(예: 데카르트, 사르트르) 특징을 보이거나 인간 공동체와 사회의 본질을 묘사하는 것(예: 마르크스, 베버)과는 대조적으로 인간 상호작용의 영역을 비판적으로 검토하는 데서 시작해야 한다고 가정하였다. 마지막으로, 레비나스는 부버와 마찬가지로 상호주관적 영역에 대한 분석을 기반으로 한 철학적 인간학이 인간은 서로 어떻게 관계를 맺어야 하는지에 관한 진지한 윤리적 질문과 씨름하도록 강요한다고 확신하였다. 그러나 레비나스와 부버의 이러한 유사점에도 불구하고, 레비나스는 우리가 관계를 맺고자 원하는 상대방 타자의 표현, 두 개인 사이의 관계성의 본질, 그리고 우리에게 부여된 타자에 대한 윤리적 의무와 같은 문제들에 대해서 부버와 상당한 견해차를 보였다. 이제 내가 관심을 가지려는 것은 이러한 유사점과 차이점이다.

그의 책 『시간과 타자(Time and the Other)』에서 레비나스는 이렇게 언급하고 있다.

> 우리가 단수로 존재하지 않는다고 말하는 것은 진부할 정도이다. 우리는 우리가 관계를

> 유지하는 존재와 사물에 둘러싸여 있다. 시각, 촉각, 교감, 협력을 통해 우리는 타자와 함께한다. 이 모든 관계는 타동사형이다. 나는 대상을 만지고, 타자를 본다. 그러나 나는 타자가 아니다. 나는 늘 혼자이다. 따라서 내 안에 있는 존재, 내가 존재한다는 사실, 나의 존재는 절대적으로 자동사적인 요소, 즉 의도성이나 관계성이 없는 무언가를 구성한다. 존재하는 것들 사이에서 존재 외에는 모든 것이 바뀔 수 있다(1947/1987: 42).

토드(Sharon Todd)는 레비나스의 이 인용문을 해석하여 인간 사이에 의미 있는 관계가 있음을 인정하지만, 그러한 관계는 분리되고 환원 불가능한 두 주체 사이에서만 가능하다고 주장한다. 토드는 레비나스가 한 개인이 동시에 타자와 같다고 가정하는 것은 "타자를 고압적인 조치로 식민지화하는 것이다. 그 대신, 타자는 항상 나, 지식의 총합, 내가 알 수 있는 것을 능가한다."(2015: 248)라고 지적하였다. 레비나스에게 있어서, 타자는 나 자신이 아닌 타자로 존재하는 것을 통해서, 항상 나의 의도와 범주화에서 벗어난다.

여기서 우리는 레비나스와 부버의 주요 차이점 중 하나를 보기 시작한다. 부버와 달리 레비나스는 사람들 사이의 대화보다는 존재의 초월성, 즉 존재가 아닌 다른 것에 초점을 맞추고 있다. 간단히 말해서, 레비나스는 타자가 자신을 이해하고 동일시하려는 우리의 시도를 항상 어떻게 초월하는지를 세심하게 묘사하는 데 관심이 있다. 레비나스에 따르면, 그러한 시도와 상관없이 타자는 항상 완전히 알 수 없는 차이와 독특성을 유지한다. 고든(Neve Gordon)은 "타자와 나 자신과의 차이는 가진 것의 차이(키가 크고, 강하고, 기타 등등)도 아니고 심리적 성향의 차이(타자의 절망이 나를 지배하지 않는다)도 아니다. 그 차이는 타자와 분리된 존재로서 나의 지향에서 비롯된다."(2004: 99)라는 글을 통해 이 점을 잘 포착한다. 레비나스의 통찰력은 교사들에게 학생들에 대해 알아야 할 모든 것을 알고 있다고 가정하지 말고 경이로움을 가지고 학생들을 대하도록 노력해야 한다는 것을 암시한다. 레비나스의 타자 개념을 진지하게 받아들이는 것은 교사가 학생들과의 상호작용에서 겸손해야 할 것을 요청할 것이고, 그래야 독특한 존재인 학생들이 스스로 수업에 출석하는 것을 환영받고 있다고 느낄 수 있다.

레비나스는 타자가 항상 존재와 분리되어 있고 그 특성을 파악하려는 우리의 시도를 회피한다는 점을 강조하면서 주체성에 대한 새로운 개념을 만들려고 하지 않

는다. 비에스타(Gert Biesta)는 다음과 같이 말했다.

> 레비나스가 하고 있는 일이 인간의 주체성의 본질을 개괄하려는 시도로 이해되어서는 안 되며, 그 주체는 본성이 없다는 것을 표현하려는 시도로 이해되어야 한다. …… 혹은 좀 더 정확히 말하자면, 주체의 단일성이나 독특성은 존재론적인 용어로 생각할 수 없다는 것을 표현하려는 시도로 이해되어야 한다(2003: 63).

비에스타의 요점은 레비나스가 부버의 매우 편안하게 생각하는 개념, 즉 존재론적인 측면에서 인간의 독특성은 다른 존재와 대화 관계를 맺을 수 있는 능력을 갖는 것이 가능하다는 점을 부인한다는 것이다. 부버와는 달리 레비나스에게 있어서 인간 주체의 독특성은 존재론적 측면이 아닌 윤리적 측면으로 표현될 필요가 있다(Biesta, 2003).

레비나스와 부버 사이의 또 다른 중요한 차이점은 나와 너, 자기 자신과 타자 사이의 관계의 본질에 관한 것이다. 부버의 대화 개념은 두 개인 사이에 존재할 수 있는 계층적 · 이데올로기적 또는 도덕적 차이를 해소하는 다른 존재와의 대등한 관계를 순간적으로 만들 수 있음을 시사한다. 부버는 모든 관계가 전적으로 상호적인 것은 아니라는 것을 인정하지만(예: 교육자와 학생 또는 치료사와 환자 간의 관계), 이상적인 나–너 관계는 호혜성과 상호성의 특징을 지닌다고 주장한다. 이러한 대칭 관계의 예로는 남편과 아내 사이의 사랑 또는 두 사람 간의 우정이 있다. 부버는 이 두 경우 모두에서 두 파트너가 본질적으로 평등하며 다른 파트너를 조종하거나 지배하려고 하지 않는다고 가정한다.

부버와 달리, 레비나스는 나와 너 사이의 대화가 늘 상호적 관계가 될 수 있다는 가능성을 부인하였다. 실제로, 그는 그러한 관계가 본질적으로 비대칭적이라고 믿었다. 레비나스는 그의 저서 『전체성과 무한성(Totality and Infinity)』에서 이 점을 강조했는데, 이 책에서 그는 인간이 본질적으로 비대칭적이고 결코 완전한 균형을 이룰 수 없는 공간에 놓여 있다는 점에 주목했다(1961/1969: 216). 더욱이 레비나스는 1964년 부버와의 만남에서 다음과 같이 언급하고 있다.

> 우리는 너(Thou) 관계의 호혜성을 더 근본적이면서 호혜성을 배제하는 구조로, 즉 비대

> 칭 또는 수준차를 포함하여 실제 거리가 있음을 함의하는 구조로 대체해야 하지 않겠는가(1964: 27)?

이 인용문에서 레비나스가 언급하고 있는 구조는 근본적으로 비대칭인 타자와의 윤리적 관계이다. 리패리(Lipari)가 지적했듯이, 레비나스는 "윤리적 관계는 단방향으로, 주체는 타자를 위해 자신을 정지시킨다. 따라서 레비나스의 윤리적 존재론은 부버의 나-너 관계에서의 상호주관적인 만남을 거부한다."(2004: 135)라고 말한다.

레비나스에게 윤리학이 존재론보다 앞서고 우선한다는 개념은 그의 철학과 부버의 철학 사이의 세 번째 본질적인 차이이다. 레비나스는 그의 책 『존재와는 달리, 또는 본질을 넘어서(Otherwise than Being, or Beyond Essence)』에서 이렇게 언급하고 있다.

> 타자에 대한 책임은 나의 헌신, 나의 결정에서 시작될 수 없었다. 나 자신을 발견하는 무한한 책임은 '모든 기억에 선행하여' '모든 성취의 저편에' 존재하지 않는 탁월함, 독창적이지 않은 것, 무정부주의적인 것, 본질에 선행하여 또는 본질을 넘어선 것으로부터 나의 자유의 이쪽 편에서 나온다(1974/1998: 10).

앤 치네리(Ann Chinnery)와 여타의 학자들이 지적한 바와 같이 레비나스에게 있어서 타자에 대한 윤리적 헌신은 주체로서의 자신의 실현(존재론)에 선행한다. 치네리는 그것이 레비나스의 "불가피한 입장인데 그것은 다른 모든 것이 파생되는 타자에 대한 실존적 · 윤리적 부채"(2003: 12)에서 나온 것이라고 언급한다. 이 견해에 따르면 주체성은 주체의 합리적 자율성에 의해서가 아니라 타자에 대한 윤리적 책임에 의해 구성된다.

확실히 부버도 레비나스처럼 인간이 타자에게 윤리적 책임이 있다는 사실을 인정했다. 그는 『인간과 인간 사이』에서 "진정한 책임은 진정한 응답이 있는 곳에만 존재한다."(Buber, 1947/1969: 16)라고 언급하고 있다. 따라서 부버와 레비나스 모두에게 윤리는 다른 존재와의 만남에서 발생한다. 다른 존재와의 만남은 우리의 자기중심적인 자아를 포기해야 한다. 그러나 두 사상가는 개인이 타자와 의사소통할 의무가 있는 반응의 본질을 생각하는 방식에서 각각 갈라진다. 부버의 경우, 다른 존재에 대한 윤리적 반응은 상대를 조종하고 통제할 수 있는 대상으로 취급하려는 성향을 보류할 수 있을 때 발생한다. 부버는 고유한 개인인 다른 사람과 반응하고 이전인으로서 타자와 관계를 맺는 것은 상호 인정과 신뢰를 바탕으로 한 윤리적 관계를 형성할 수 있다고 믿는다.

레비나스는 부버가 구상한 것보다 훨씬 더 급진적인 유형의 윤리적 관계를 이론화하였다. 리패리의 주장대로 "레비나스에게 있어서 주체의 주체성은 타자에게 모든 것을 빚지고 있다."(2004: 130). 이것은 레비나스가 "자아가 항상 타자에게 책임이 있기 때문에, 그것의 근본적인 존재는 타자의 부름에 빚지고 있다."(Lipari, 2004: 128)라고 추정한다는 것을 의미한다. 실제로 레비나스는 인간이 타자의 잘삶에 '집착'할 필요가 있으며, 타자의 필요가 완전히 충족될 때까지 멈추지 말아야 한다고 주장한다. 그는 이렇게 언급하고 있다.

> 타자를 인식하는 것은 허기를 인정하는 것이다. 타자를 인정하는 것은 주는 것이다. 그러나 그것은 지배자에게, 주인에게, 높이의 차원에서 '당신(Vous)'에 근접하는 사람에게 주는 것이다(Levinas, 1961/1969: 75).

따라서 레비나스는 타자에 대한 윤리적 반응을 보여 주는 것이 의무적이며 개인의 선택의 문제가 아니라 타자의 도덕적 위치가 자신보다 높다고 생각해야 한다고 제안하는 것으로 보인다. 그의 견해에 따르면, 부버의 이상적인 대화적 만남의 경우처럼 자신과 타자 사이를 윤리적 동등성으로 간주할 수 있는 상황은 결코 없다.

레비나스와 부버의 통찰을 간략하게 비교하는 것은 (여러 학자가 이미 그렇게 했듯이) 한 이론가의 견해를 다른 이론가들의 견해에 비해 더 옹호하기 위한 의도가 아니다. 부버와 레비나스가 서로의 견해를 알고 진지하게 받아들였음에도 불구하고 왜 그들은 차이를 좁힐 수 없었는지를 추측하려는 나의 의도도 아니다. 내 목적은 레비나스에게 영감을 준 부버의 사상을 파악할 뿐만 아니라 몇 가지 중요한 주제에서 레비나스는 부버의 사상에서 어떻게 분리되었는지 알아보려는 것이다. 나의 분석에 따르면 레비나스의 타자 개념과 그에 대한 윤리적 의무는 부버의 주장에서 크게 영향을 받았는데, 부버의 주장은 가치 있는 철학적 인간학은 개별 주체나 자아(ego)에 대한 탐구가 아닌 인간관계와 대화에 대한 연구로부터 시작해야 한다는 것이다.

동시에, 레비나스는 중요한 방식으로 부버와 갈라졌으며, 그중 가장 중요한 것은 그가 타자에 대한 책임의 본질을 밝히는 방식이다. 비에스타는 레비나스에게 있어서 타자에 대한 책임은 우리가 선택할 수 있는 것이 아니라고 명확하게 주장한다. "왜냐하면 이것은 우리가 이 관계에 '등록'되기도 전에 우리가 자아나 의식이었을 때만 가능할 것이기 때문이다."(2010: 294) 대신에 레비나스는 이 책임을 타자를 도우려는 절대적인 열정에 의해 추진되는 것으로 간주하는데, 이 열정은 어떤 선험적 헌신이나 인간 주체라는 원초적 개념에 호소한다 해서 정당화될 수 없다. 인간은 자유로워야 한다는 사르트르(Jean-Paul Sartre)의 주장과 비슷하게, 레비나스는 인간이 동료 인간에 대한 책임을 져야 한다고 주장한다. 이는 우리가 노숙자를 어떻게 돌보아야 하는지, 서구 민주주의 국가에서 망명을 원하는 이민자를 어떻게 생각해야 하는지, 특수교육이 필요한 학생들과 다른 장애를 지닌 사람들을 교육하는 방식 등 다양한 공공 문제에 분명한 영향을 미치는 대담한 입장이다. 또한 레비나스의 입장은 인간이 그가 제시한 관점의 기초를 가지고 태어났는지, 아니면 그것에 대해 교육을 받아야 하는지와 관련하여 많은 질문을 제기한다.

관계 윤리, 넬 나딩스 그리고 현대적 전망

레비나스 외에도 몇몇 현대 교육 이론가들은 부버의 대화 철학에서 영감을 받았다[가령, 넬 나딩스, 파울로 프레이리(Paolo Freire), 매들린 그루멧(Madeleine Grumet), 파커 파머(Parker Palmer)]. 부버의 영향을 받은 다양한 현대 사상가 중에서 20세기 미국의 철학자이자 교육자이고 페미니스트였던 나딩스의 몇 가지 사상을 조명해 보고자 한다. 나딩스는 자신의 유명한 저서인 『배려: 윤리 및 도덕 교육에 대한 페미니스트적 접근(Caring: A Feminist Approach to Ethics and Moral Education)』(1986)과 배려에 관한 여러 다른 연구들에서 부버에게 빚지고 있음을 이미 인정하고 있다(Noddings, 1992, 2010). 나딩스를 연구하는 학자들은 그녀의 '배려자(one-caring)'와 '배려받는 자(cared-for)'란 개념이 부버의 나-너 관계 개념을 연상하게 한다고 언급하였다. 예를 들어, 테이어-베이컨(Barbara Thayer-Bacon)은 부버와 나딩스를 비교하면서 "배려하는 관계에서 배려자와 배려받는 자는 특별한 나-너 관계에서 나 그리고 너와 유사한 것"(2003: 135)이 분명하다고 언급하고 있다. 또한 부버와 나딩스는 너-너 혹은 배려 관계가 상대방에 대한 반응과 관계에서 두 주체 간의 상호성을 특징으로 한다고 제안한다. 따라서 부버의 대화 철학과 관련하여 배려에 대한 나딩스의 견해를 탐구하는 것은 매우 의미 있는 것으로 보인다.

나딩스는 자신의 책 『배려: 윤리 및 도덕 교육에 대한 페미니스트적 접근』의 제1장에서 배려 현상은 다른 존재에 몰입하는 것을 의미한다고 주장한다. 나딩스는 배려 관계가 강도, 기간 및 관련 형태 등에 있어서 매우 다를 수 있지만 결국 모든 관계는 타자와의 몰입이 필요한 것이라고 강조한다. 그녀는 그것을 다음과 같이 언급한다.

> 근본적으로 모든 배려에는 몰입이 포함된다. 그 몰입은 강렬할 필요도 없고, 배려자의 삶에 만연할 필요도 없지만, 반드시 일어나야 한다. 이 요건은 일부 비판가들이 우려하는 것처럼 낭만적인 사랑의 모델과 같은 배려를 강요하는 것은 아니다. 왜냐하면 우리의 몰입은 장기간 잠재되어 있을 수 있기 때문이다(Noddings, 1986: 17).

따라서 나딩스는 다양한 유형의 배려 관계가 있고 그중 일부만 낭만적인 사랑을 포함한다는 것을 분명히 인식하고 있다. 동시에 그녀는 연인, 부모와 자식, 형제자매, 친구 사이의 모든 관계가 배려받는 자에 대한 깊은 관심과 관여를 수반한다고 주장한다.

나딩스의 '배려자'와 '배려받는 자' 개념을 이해하기 위해서는, 그녀가 배려를 여러 서양철학자가 제시한, 가령 합리성 혹은 담화 등과 같이 인간의 고유한 속성이라고 가정하면서 분석을 시작하고 있지는 않다는 점을 강조해 둘 필요가 있다. 대신, 그녀는 엄마와 유아 사이의 원초적인 관계와 엄마가 아기를 돌보는 자연스러운 본능을 검토하면서 시작한다. 나딩스는 언급하기를, 아기가 울 때 엄마는 "비록 그것을 배웠다 할지라도 울음소리를 해석하려고 시도하지 않는다. 뭔가 문제가 있구나라는 감정에 우리는 먼저 반응한다."(1986: 31). 그녀의 요점은 배려자는 무엇보다도 먼저 타인의 **감정**에 **몰두**한다는 점을 강조한다. 나딩스는 배려가 자신의 성격을 관조의 대상으로 투사하는 것과 관련되는 공감과 동일하지 않다고 주장한다. 배려는 배려받는 자와 감정을 나누고, 도움이 필요한 사람으로 받아들여 그 필요에 응답하는 것과 관련이 있다.

동시에, 나딩스는 타인을 배려하고 수용하는 것이 동기적 전환을 포함하기 때문에 단순한 감정 이상임을 강조한다.

> 내 동기 에너지는 타인 쪽으로 흐르고, 반드시 그렇지는 않지만 타인의 목적 쪽으로 흐른다. 내가 나 자신을 포기한 것은 아니다. 나는 내가 하는 일에 대해 변명할 수 없다. 그러나 나는 나의 동기 에너지가 공유되는 것을 허락한다. 나는 그것을 타인을 돕기 위해 사용한다. 내가 배려할 때 나의 취약성은 잠정적으로 증가할 것이 분명하다. 왜냐하면 나는 나 자신뿐만 아니라 타자를 통해서도 상처를 받을 수 있기 때문이다. 그러나 나의 힘과 희망도 증가한다. 왜냐하면 내가 약해지면, 내 일부인 이 타인이 완고하고 고집스런 상태를 유지할 수 있기 때문이다(1986: 33).

여기서 나딩스가 배려자의 관점에서 설명하고 있는, 타인을 배려하고 수용하는 행위는 부버의 나-너 관계를 연상시킨다. 두 경우 모두, 우리의 관심은 그들이 우리와 관계를 맺는 데 관심이 있다는 신호를 보낸 다른 존재에 관한 것이다. 부버의 대화 개념과 마찬가지로 나딩스는 타인에게 응답하는 것이 단순한 정서적 반응 이상의 것을 필요로 한다고 믿는다. 이 만남의 결과가 어떻게 될지 미리 알지 못한 채 이 사람과 의미 있는 관계를 맺기 위한 노력에서 타인을 자신의 전 존재로 받아들여야 한다.

나딩스가 들고 있는 사례는 배려자와 배려받는 자가 취하는 행동을 이해하는 데 도움이 된다. 수학 교사 경력이 있는 나딩스는 학생들이 문제를 지나치게 생각함으로써 특정 수학 문제를 해결하려고 노력하는 데 어려움을 겪는 다소 익숙한 상황을 설명한다. 그녀는 그러한 상황에 직면한 많은 학생이 난해한 문제를 특정 해법만 고집하며 풀어 보려고 노력하다가 결과적으로 매우 좌절하고 낙담하게 된다고 지적한다. 하지만, 상황판단이 빠른 선생님은 이 기회를 이용하여 이렇게 말할지도 모른다.

> "잠깐만, 잠깐만 가만히 있어 봐. 생각은 그만하고 문제를 보기나 해." 유머, 인내심, 그리고 정적이 흐른다. 학생들은 "어떤 수학 선생님이 학생에게 '생각을 그만하라'고 할까?"라고 말할 수도 있다. 교사와 학생은 서로를 받아들인다. 그러면 학생은 긴장을 풀

> 고 문제를 받아들인다. 종종 그 결과는 꽤 주목할 만하다. 계속해서, 나는 학생이 자신 앞에 있는 것을 보면서 말하는 것을 들었다. "이런 제발! 왜 나는 이전에 그것을 보지 못했지?"(Noddings, 1986: 35)

이 경우에, 교사는 좌절한 학생들을 만날 수 있었고 동시에 그들을 받아들여 한 개인과 관련시킴으로써 풀어낼 방법을 지도할 수 있었다.

나딩스의 모형에서 배려받는 자는 배려자와 마찬가지로 두 사람 사이의 관계를 설정하고 유지하는 데 중요한 역할을 한다. 그녀는 이렇게 언급하고 있다. "배려받는 자는 배려자의 존재에 반응한다. 그는 받아들이는 것과 보류하거나 무시하는 것의 차이를 느낀다."(Noddings, 1986: 60-1) 나딩스는 배려받는 자는 관계를 증진시키거나 소원하게 하는 태도로 배려자의 행동에 반응한다고 주장한다. 그녀의 '태도'가 의미하는 것은 부버가 타인의 소환에 대해 '개방적'이 되는 것으로 언급한 것과 유사하다. 나딩스는 아마도 배려받는 자가 배려자의 초대를 받아들일 수 있는 정도이면 두 사람 사이의 관계가 나아졌다고 말할 것이다. 앞에서 언급한 복잡한 수학 문제를 풀려고 끙끙대다가 교사가 긴장을 풀고 문제를 너무 심각하게 풀려고 하지 말고 바꿔 보도록 도울 때까지 당황했던 학생의 사례를 생각해 보자. 이 학생이 문제를 해결하기 위해서 잠깐 정신적 휴식을 취하라는 선생님의 제안을 받아들이지 않았다면, 학생은 무시를 당한 느낌을 받았을 것이고 두 사람 사이의 관계는 더욱 악화될 수 있었다. 따라서 배려자의 소환에 대한 배려받는 자의 반응은 관계의 상호성을 충족시키는 데 필수적이다.

그럼에도 불구하고, 일방적인 배려자와 배려받는 자 사이의 상호성은 후자의 관점에서 어떤 형태를 취하는가? 다시 말하지만, 부버의 말을 따라서, 나딩스는 상호성이 주고받는 선물이라는 것을 함의하지 않는다는 점을 상기시킨다. 그녀는 언급하기를 "배려자로서의 나의 몰두와 반드시 동일하지는 않은 어떤 것이 나의 너, 즉 배려받는 자에게 요청된다."(Noddings, 1986: 74). 배려받는 자가 관계에 미치는 것은, 그들이 진정한 반응(가령, 정직한 말, 느낌, 미소)을 나타내는 한, 배려자가 제공하는 것과는 상당히 다른 뭔가가 될 수 있음이 분명하다. 나딩스는 그러한 반응이 "관계의 유지에 기여하고 배려자가 자기에 대한 고뇌와 관심의 형태로 되돌아가는 것을 막는 역할을 한다."(1986: 74)라고 믿는다. 배려자와 배려받는 자는 종종 관계에

완전히 다른 무언가를 가져다준다는 나딩스의 주장을 입증하기 위해서는 부모와 유아 사이의 관계를 꼭 생각해 볼 필요가 있다. 유아는 부모에게 전적으로 의존하면서도 미소, 울음, 몸짓만으로도 관계를 충족시킬 수 있다.

나딩스와 부버의 유사점에도 불구하고 몇 가지 중요한 차이점이 있다. 우선, 나딩스는 부버가 대화 철학에서 제공하는 것보다 배려와 관계에 대해서 더 많은 구체적인 설명을 제공한다. 많은 비평가들이 지적했듯이, 『나와 너』에서 부버의 글은 매우 상징적이고 시적이다. 대조적으로, 나딩스의 담론에는 다양한 유형의 배려 관계와 자연계에 존재하는 모든 물질적인 사례들을 설명하기 위해 고안된 수많은 사례가 들어 있다. 예를 들어, 반쪽인 배려받는 자의 행동이 없을 때 배려가 있을 수 있는지에 대한 질문을 논의할 때, 나딩스는 다음과 같은 경우를 제시한다.

> 이미 만족스럽고 훌륭한 결혼생활을 하고 있기 때문에 결혼할 수 없는 연인들의 문제를 생각해 보라. 사랑하는 남자는 연인이 아프다는 것을 알게 되었다. 그는 그녀 곁에 있고 싶은 열망이 간절했다. 그러나, 그가 그녀를 데려오려고 할 때, 갑자기 나타난 자신의 모습으로 인해 비난받을 문제에 대해 두려워한다면, 그는 그녀에게 다가가지 못할 수 있다. 확실히 우리는 그런 경우에 그 남자가 배려하지 않는다고 말할 수는 없을 것이다 (1986: 10).

부버보다 훨씬 추상적이고 모호한 레비나스의 연구에서는 말할 것도 없고, 부버의 글에서도 관계에 관여하는 두 사람의 그런 명확한 사례를 찾기란 어려울 것이다.

나딩스와 부버의 두 번째 차이점은 대화에 대한 부버의 실존적-존재론적 관점에 비해 나딩스는 인간관계에서 배려의 중요성을 제시하는 페미니스트적 접근 방식과 관련이 있다. 설명했듯이 부버에게 대화는 두 명의 전 존재 사이의 만남인데, 두 존재는 서로에게 객체가 아닌 주체로서의 타인이다. 나딩스의 초점은 전인 사이의 존재론적 만남보다는 엄마가 아기를 돌볼 때 가장 분명하고 완전하게 보이게 되는 배려 현상에 훨씬 더 초점을 맞춘다. 나딩스의 관점은 아기, 어린이 및 보편적인 인간을 돌보는 여성의 경험을 바탕으로 한 페미니스트적 관점이다. 나딩스가 지지하는 페미니스트적 배려 개념은 배려자에게 있는 공통적인 원초적 본능일 뿐만 아니라 타인들에게 윤리적으로 반응하는 것이고, 정서와 공감적 반응을 소홀히 다루는 다

양한 합리주의 모형의 대안으로 기여할 수 있는 접근이기도 하다.

관계 철학과 교육

지금까지 부버, 레비나스 그리고 나딩스에 대한 분석에서 나는 교육과 학교 교육의 영역에 대해서는 상대적으로 거의 다루지 않고 각각의 관계 철학에 중점을 두었다. 이 장의 나머지 부분에서, 나는 지금까지 살펴본 세 가지 관계 철학에서 얻을 수 있는 몇 가지 중요한 교육적 함의에 더 명시적으로 집중해 보려고 한다. 특히, 이 절에서 나는 몇 가지 중요한 질문을 다룬다. 관계 철학을 강조하는 것은 교육 목적에 대한 우리의 사고방식을 어떻게 바꿀 것인가? 그리고 그러한 강조가 교사와 학생, 그리고 학생들 사이의 상호작용에 어떤 영향을 미칠 수 있을 것인가? 이러한 질문들과 여타의 교육적인 질문들을 다룰 때, 나는 앞서 부버, 레비나스 그리고 나딩스로부터 제시된 몇 가지 핵심 통찰을 활용한다.

나는 부버, 레비나스 그리고 나딩스의 철학에 대한 논의의 맥락에서 그러한 질문을 다루는 최초의 학자는 아닌 것이 분명하다. 이런 작업을 한 주목할 만한 문헌 중 하나는 빙험(Charles Bingham)과 시돌킨(Alexander Sidorkin)이 공편한 『관계가 없이는 교육도 없다(No Education Without Relation)』(2004)는 관계 교육학을 발전시키기 위해 편집한 책이다. 테이어-베이컨은 이 책의 '인간관계와 사회관계'를 논하는 장에서 교육의 관계 모형이 교육 목적을 어떻게 생각할 수 있는지에 대한 문제를 다룬다. 테이어-베이컨은 현 미국 대부분의 공립학교가 학교 교육의 과정보다는 성과나 결과에 초점을 맞추고 있음을 상기시킨다. 그녀는 그러한 교육 모형에서 다음과 같이 언급한다.

> 학생들은 졸업하기 위해 특정 양과 질의 성과를 만들어 내야 하는 대상이 되고, 교사는 학생들의 성과에 따라 직업적 안정성과 급여가 결정되는 이러한 성과 노력의 관리자가 된다. 현재 미국에서의 능력 평가의 강조, 교사들에게 모든 학생이 미리 결정된 결과를 만들어 내는 것을 보장하는 책무성을 부과하는 시도는 오직 성과에 대한 관심만 키우고 있다(Thayer-Bacon, 2004: 168).

성과 모형과는 달리 테이어-베이컨은 교육에 대한 관계적 접근이 "학습 과정에 초점을 맞추고, 타인과 관계를 맺는 사회적 존재인 학생들이 식견자가 될 수 있도록 도울 방법을 매우 깊이 고민해야 한다."(2004: 168)라고 주장한다. 부버와 나딩스 같은 사상가들로부터 영감을 얻은 테이어-베이컨은 교육의 과정에 참여하는 것은 학교 교육의 목적이 성과와 시험 점수를 강조하는 것에서 교사와 학생 및 학생들 간에 의미 있는 관계를 형성하는 것으로 전환되어야 함을 의미한다고 제안한다. 성과와 시험 점수가 배후로 물러나고 관계가 전면으로 부각될 때 교사와 학생 간에 대화적인 배려 관계가 생겨날 기회가 크게 향상된다. 자상하고 신뢰할 수 있는 환경이 된 학교에서 교사는 학생의 요구를 듣고 해결하는 데 주력하게 된다. 또한 이러한 환경에서 학생은 교사가 자신보다 더 많은 지식과 경험을 소유하고 있다는 사실을 이해하기 때문에 교사와 함께 공부하고 배우기를 열망한다.

부버와 나딩스도 역시 관계적 교육 모형이 교사와 학생 및 학생 간의 상호 작용에 어떻게 영향을 미칠 수 있는지에 대해 많은 것을 언급하고 있다. 이 두 이론가가 볼 때 교사가 관계적 교수법을 채택할수록 교실 환경과 학습 과정의 모든 참여자 간의 관계가 크게 향상될 것이 분명하다. 부버는 「인격 교육(The Education of Character)」(1947/1969: 104-17)이란 논문에서 **위로부터 시작하는** 개념을 소개하는데, 이는 교사들이 대화를 하거나 학생들과 관계를 맺으려는 시도를 하면서 수업을 시작할 때 일어난다. 부버의 위로부터 시작하는 개념은 아래로부터 시작하는 것이 아니라 교실에서 훈육 문제를 이해하고 대응하는 대안적 방식으로 생각할 수 있다. 부버의 관점에서 보면, 새로 맡은 교사가 교실에 들어올 때 수업을 방해하는 학생들은 잘못 행동하고 존경심을 나타내지 않을 뿐만 아니라 이 교사를 신뢰할 수 있는지 여부를 알아 보려고 노력하는 것이다. 교사가 명령조로 지시를 하는 대신 학생과의 신뢰를 바탕으로 관계를 맺으려고 노력하면서 학년을 시작하는 것은 매우 유익하다. 학생은 교사가 자신들을 조종하려고 시도하지 않고 오히려 도움을 줄 가치가 있는 사람으로 자신들을 알기 위해 노력하고 있음을 인식하게 되면 교사에게 마음이 열리고 경청하며 존중할 가능성이 훨씬 크다. 그리고 교사가 학생과 의미 있는 대화를 나누기 위해 노력한다면 학생이 되고자 하는 인간상에 오랫동안 지속적인 영향을 미칠 기회를 더 많이 가질 수 있게 된다.

부버와 마찬가지로 나딩스는 배려를 기반으로 한 관계적 접근의 교육을 실시할 때 교실의 역동성을 크게 향상시킬 수 있다고 생각한다. 나딩스는 학생들이 배려받는 것으로 생각되지 않을 때 관계를 비판하거나 거부할 수 있는 적극적인 참여자로서의 학생들과 교사는 배려 관계를 수립할 필요가 있다고 주장한다. 테이어-베이컨에 따르면, 배려 관계는 다음과 같다.

> 존중과 존엄성을 가지고 상대방을 대하는 것을 기반으로 하므로 둘 사이의 신뢰 관계는 발전할 수 있다. 배려 관계에서 교사는 학생들의 필요를 소중히 여기고 이해하며 그들의 흥미와 욕구가 무엇인지를 아는 데 노력을 집중해야 한다(2003: 168).

따라서 나딩스는 교사와 학생 간의 배려 관계가 교실의 어떤 한 사람도 조종되거나 피해를 입지 않을 뿐만 아니라 학생들이 지적 · 사회적 · 도덕적으로 발전하는 것을 보장할 수 있다고 믿는다.

부버나 나딩스의 경우와 달리, 레비나스의 아이디어는 교육에 연결하기가 훨씬 어렵다. 실제로 비에스타와 토드는 레비나스의 개념을 활용하여 교실에 적용할 수 있다고 믿는 것은 잘못이라고 제안한다. 비에스타는 "레비나스와 교육의 관계를 탐구하는 것은 그의 사상을 교육에 적용하는 문제가 아니다."(2003: 61)라고 주장한다. 비에스타가 볼 때 교육에 대한 레비나스의 이해는 적용에 대한 공통적인 개념의 가능성에 의문을 제기한다는 것이 문제이다. 토드도 비에스타와 같은 기조를 보이고 있는데, "레비나스의 윤리학에 대한 비체계적 접근은 전통적인 적용 모형을 거부한다. 윤리적 관계성의 의미를 추구함에 있어서 오히려 그의 연구는 실제로 존재하는 관계를 윤리학의 기원으로 '읽어 낼' 수 있는 가능성을 열어 주는 방향, 접근, 참여 방식을 제공한다."(2003: 3). 토드의 요점은 레비나스의 글이 우리에게 이론이나 일련의 개념보다는 방향이나 접근법을 제공하기 때문에, 그의 글을 교육과 연관시키려는 노력은 적용보다는 암시적인 쟁점이 된다는 것이다.

비에스타와 토드의 통찰에 비추어 볼 때, 우리는 레비나스의 아이디어를 교육에 직접 적용하려고 시도하는 것이 유익하지 않다는 것을 깨달아야 한다. 그 대신 그들이 제언하는 바와 같이 우리는 다음과 같은 질문을 해야 할 것이다. 타자에 대한 무조건적인 윤리적 의무라는 레비나스의 개념은 어떤 교육을 함의하고 있는가? 만약 우리가 타자에 대한 윤리적 책임이 있다는 레비나스의 이해를 진지하게 받아들인

다면 도덕교육을 어떻게 봐야 하는가? 비에스타와 토드는 레비나스의 연구들을 읽을 때 중요한 다른 질문을 제기한다. 비에스타는 레비나스에게 근본적일 뿐만 아니라 교육에 영향을 미치는 소크라테스와 같은 다른 사상가들에도 동일하게 중요한 질문을 제기한다. 예를 들어, 비에스타는 "레비나스는 어떤 종류의 교사인가?" "레비나스에게서 무엇을 배울 수 있는가?" "레비나스에게서 어떻게 배울 수 있는가?"(2003: 64)라고 묻는다. 토드가 볼 때, 레비나스의 관점에서 교육에 접근하면 "주체성, 책임 및 의사소통은 교수 학습 과정에서 어떻게 수행되는가?" "윤리적 관계성을 발생시키는 교육적 삶의 구성적 특징은 무엇인가?"(2003: 3)와 같은 보다 구체적인 질문을 하게 될 것이다.

말할 것도 없이, 이러한 질문에 대한 쉬운 대답은 없지만, 『철학과 교육 연구(Studies in Philosophy and Education)』의 2003년도 특별호뿐만 아니라 토드(2003), 비에스타(2003), 그리고 졸더스마(Joldersma, 2008)의 여타 연구들은 교육에 대한 레비나스 교육사상의 함의에 대한 우리의 이해를 돕는다. 여기서 내가 의도하는 것은 레비나스에 대한 대안적인 이해를 제공하는 것이 아니라, 레비나스의 교육사상이 함축하고 있는 것에 대한 토드와 비에스타의 개념이 내가 볼 때 올바른 것으로 보인다는 사실을 강조하는 것이다. 토드와 비에스타에 이어, 우리는 레비나스의 연구가 교육철학자들에게 아직 완전히 탐구되지 않은 풍부한 도덕적 · 교육적 통찰력을 제공한다는 것을 인정할 필요가 있다. 그렇다 하더라도, 나는 관계 철학이 교육에 가져올 수 있는 것을 강조하기 위해 부버나 나딩스와 함께 레비나스에 다시 집중하면서 이 장을 마무리하고자 한다.

결론

이 장에서 나는 부버, 레비나스, 나딩스가 교육에서 윤리적 고려의 필요성을 강력하게 조명하는 관계 철학의 세 가지 관점을 제시한다는 것을 입증하려고 노력했다. 여기에서 검토된 세 가지 관계 철학은 모두 인간에 관한 가장 근본적인 것은 자율적인 주체 또는 그들을 하나로 묶는 공동체가 아니라 오히려 서로 다른 개인들 간의 관계를 수립하려는 시도라는 입장을 취한다. 이 관계를 나와 너 사이의 대화적 만남으로(부버), 타자에 대한 절대적인 윤리적 의무로(레비나스), 또는 두 사람 사이의 배려 관계(나딩스)로 특징짓든 간에, 핵심은 한 존재와 다른 존재 사이의 관계 맺음이 더 잘 이해될 필요가 있는 인간 실재의 한 측면이라는 것을 인식하는 것이다. 또한 부버, 레비나스, 그리고 나딩스에게 있어서 인간이 서로 의미 있는 관계를 맺는 방법을 이해하는 것뿐만 아니라 이 목표를 향해 지속적으로 노력하는 것이 중요하다. 이 세 사상가에 따르면 관계를 맺는 행위는 필수적이다. 왜냐하면 그것은 인간의 고통을 줄이고 다양한 개인과 집단 간의 의사소통을 개선하며, 궁극적으로 우리를 더 좋고 인도적인 세계로 더 가까이 나아갈 수 있는 가능성을 열어 주는 윤리적 목표이기 때문이다.

관계 철학은 교육의 실제에 미치는 함의가 실질적이고 풍부하다는 것이 내 주장이다. 즉, 대화와 관계 교육학을 강조하는 것이 교육에 필수적이라는 생각을 언젠가 우리가 진지하게 받아들이면, 학교와 교실에서 요구되는 변화는 단순히 사소한 또는 외관상의 변화일 수 없다. 사실, 나는 관계 교육학을 받아들이는 것은 우리의 가르치고 배우는 방식을 근본적으로 바꾸는 변화, 미국의 K-12 교육 시스템에서 현재 초점을 맞추고 있는 성과, 평가 및 책임 등에서 벗어나려는 변화를 요청한다고 믿는다. 여기서 중요한 것은 거의 전적으로 측정 가능한 결과에 초점을 맞춘 교육 패러다임에서 교사와 학생 간의 의미 있는 관계의 함양뿐만 아니라 아이들의 사회적·정서적·도덕적 발달에 관심을 기울이는 교육 패러다임으로의 전환이다. 현재 많은 학교에서 측정 가능한 성과에 초점을 맞춘 편협한 관점에서 사회적 및 정서적 학습과 전체 아동의 발달을 강조하는 쪽으로 교육 목적을 재정의하고 확장하기 위한 노력이 이루어지고 있다. 동시에, 그러한 조치들은 대세라기보다는 예외로 보인다. 이러한 노력이 성과와 책임을 가리키던 바늘을 관계의 함양과 전체 아동의 발달을 가리키는 쪽으로 움직이도록 하는 데 성공했는지 여부는 시간이 말해 줄 것이다.

미주

1) 이 장의 주요 부분은 나의 이전 논문 「타인에 대한 포용으로서 경청: 마르틴 부버의 대화 철학(Listening As Embracing the Other: Martin Buber's Philosophy of Dialogue)」과 고든(2011)을 참조하라.

2) 레비나스가 부버에 대해 논한 여러 연구 중에서 특히 다음을 참조하라. 「마르틴 부버에 대한 질문(Question to Martin Buber)」(1964), 「마르틴 부버와 지식이론(Martin Buber and the Theory of Knowledge)」(1967), 『총체성과 무한성(Totality and Infinity)』(1969), 「마르틴 부버 사상과 현대 유대교(Martin Buber's Thought and Contemporary Judaism)」(1993), 「마르틴 부버, 가브리엘 마르셀 그리고 철학(Martin Buber, Gabriel Marcel and Philosophy)」(1993), 그리고 「부버의 제안: 일부 주석(Apropos of Buber: Some Notes)」(1993).

참고문헌

1차 문헌

Buber, Martin. (1923/1970). *I and Thou*, trans. Walter Kaufman. New York: Charles Scribner & Sons.

Buber, Martin. (1947/1969). *Between Man and Man*, trans. Roger Gregor Smith. New York: Macmillan.

Levinas, Emmanuel. (1961/1969). *Totality and Infinity*, trans. A. Lingis. Pittsburgh, PA: Duquesne University Press.

Levinas, Emmanuel. (1964). "Question to Martin Buber," in S. Rome & B. Rome (Eds.), *Philosophical Interrogations*, 27. New York: Holt, Rinehart and Winston.

Levinas, Emmanuel. (1967). "Martin Buber and the Theory of Knowledge," in P.A. Schilpp & M. Friedman (Eds.), *The Philosophy of Martin Buber*, 133-150. La Salle, IL: Open Court.

Levinas, Emmanuel. (1974/1998). *Otherwise than Being, or Beyond Essence*, trans. A. Lingis. The Hague: Martinus Niihoff.

Levinas, Emmanuel. (1947/1987). *Time and the Other*, trans. R. Cohen, Pittsburgh. PA: Duquesne University Press.

Levinas, Emmanuel. (1993). "Apropos of Buber: Some Notes," in *Outside the* Subject, trans.

M. B. Smith, Stanford. CA: Stanford University Press.

Noddings, Nel. (1986). *Caring: A Feminist Approach to Ethics and Moral Education.* Berkeley: University of California Press.

Noddings, Nel. (1992). *The Challenge to Care in Schools: An Alternative Approach in Education.* New York: Teachers College Press.

Noddings, Nel. (2010). *The Maternal Factor: Two Paths to Morality.* Berkeley: University of California Press.

2차 문헌

Biesta, Gert. (2003). "Learning from Levinas: A Response," *Studies in Philosophy and Education*, *22,* 61-8.

Biesta, Gert. (2010). "Education after the Death of the Subject: Levinas and the Pedagogy of Interruption," in Zeus Leonardo (Ed.), *Handbook of Cultural Politics and Education*, 289-300. Rotterdam: Sense Publishers.

Bingham, Charles., & Alexander Sidorkin, Eds. (2004). *No Education Without Relation.* New York: Peter Lang Publishing.

Chinnery, Ann. (2003). "Aesthetics of Surrender: Levinas and the Disruption of Agency in Moral Education," *Studies in Philosophy and Education*, *22,* 5-17.

Gordon, Mordechai. (2011). "Listening As Embracing the Other: Martin Buber's Philosophy of Dialogue," *Educational Theory*, *61*(2), 207-19.

Gordon, Neve. (2004). "Ethics and the Place of the Other," in P. Atterton, M. Calarco, & M. Friedman (Eds.), *Levinas and Buber: Dialogue and Difference*, 98-115. Pittsburgh, PA: Duquesne University Press.

Joldersma, Clarence. (2008). "Beyond Rational Autonomy: Levinas and the Incomparable Worth of the Student as Singular Other," *Interchange*, *39*(1), 21-47.

Lipari, Lisbeth. (2004). "Listening for the Other: Ethical Implications for the Buber-Levinas Encounter," *Communication Theory*, *14*(2), 122-41.

Roberts, Peter. (1999). "Beyond Buber: Dialogue, Education, and Politics," *Journal of Educational Thought*, *33*(2), 183-9.

Thayer-Bacon, Barbara. (2003). *Counterpoints*, Vol. 226: *Relational Epistemologies.* New York: Peter Lang.

Thayer-Bacon, Barbara. (2004). "Personal and Social Relations in Education," in Charles

Bingham & Alexander Sidorkin (Eds.), *No Education Without Relation*, 165-79. New York: Peter Lang Publishing.

Todd, Sharon. (2003). "Introduction: Levinas and Education: The Question of Implication," *Studies in Philosophy and Education*, *22,* 1-4.

Todd, Sharon. (2015). "Experiencing Change, Encountering the Unknown: An Education in 'Negative Capability' in Light of Buddhism and Levinas," *Journal of Philosophy of Education*, *49*(2), 240-54.

Veck, Wayne. (2013). "Martin Buber's Concept of Inclusion as a Critique of Special Education," *International Journal of Inclusive Education*, *17*(6), 614-28.

제4장 정신분석학과 교육

데보라 브리츠먼 저 · 곽덕주 역

인간 사유에 대한 정신분석학적 견해: 삶의 문제

이 장은 정신분석학의 시대를 이끈 20세기의 선도적인 다섯 인물을 교육의 문제와 함께 탐색하며, 인간 사유의 기원과 발달 및 그 원인에 대한 기본적인 정신분석학적 개념을 탐구하고, 정신분석학의 도입으로부터 형성된 교육적 문제와 교수적 어려움을 고찰한다. 이것은 인간의 사유가 관계적 윤리로부터 분리되었던 때, 검열이 해석을 배제하던 때, 그리고 자아와 타자의 감정적 세계의 취약성과 창조성에 대해 배려하기는 했지만 자신의 마음을 가질 자유는 아직 상상되기만 했을 뿐 인정받지는 못했던 시기에 대한 연구이다. 여기서의 주장은 인간 사유에 대한 정신분석학적 접근이 교육학을 위한 새로운 철학을 연다는 것이다. 특히 초기 존재(영유아기)의 영향력과 현재의 삶을 통합하기 위한 해석적 방법에 도움을 줄 수 있는 관계성, 보상적 역사, 윤리학과 상실, 그리고 고통받는 몸에 대한 해석에 대한 거대한 당대 교육학적 수수께끼들의 수용과 전수를 제공한다. 시작점들, 알려지지 않은 동기들, 사랑과 혐오의 관계, 그리고 심리적 삶의 관심과 중요성을 둘러싸고 자아와 타자가 전달하고 수용하고 논변하는 방식 등으로 되돌아가 이것들을 검토할 때, 인간의 사유는 상호주관적인 관계, 불규칙한 발전, 그리고 자유의 연약함에 기대야만 한다

(Bass, 2006; Bollas, 2018; Britzman, 2016; Edmundson, 2007; Forrester & Cameron, 2017; Kristeva, 2010; Leader, 2011; Major & Talagrand, 2018; Von Unwerth, 2005; Webster, 2018). 인간은 자신의 감정적 상황의 중심으로서 불안과 방어의 주체이다. 그래서 외부 실재를 만날 때 인간은 심리적 실재에 닿고, 그것을 변형시키거나 때로는 상실하는 것을 받아들이는 지속적인 작업에 내던져진다. 인간이 의미를 창조할 때는 섬세한 (심리적) 연루와 소외가 있고, 이것은 평생에 걸친 갈등과 질문, 그리고 욕망을 철학에 부여한다. 정신분석학이 관심을 갖는 인간 사유의 측면은, (인간) 자아가 알지 못하는 것을 만나는 동안 스스로 사유하면서 지탱하는 법을 배우는 것과 많은 관계가 있다.

교육의 문제와 더불어 정신분석학을 소개하는 것은 언제나 정신분석학의 창시자인 지그문트 프로이트(Sigmund Freud, 1856~1939)로부터 시작한다. 교육과 마찬가지로 정신분석학은 삶을 보는 하나의 견해이자 그것의 상징화 수단이기도 하다. 프로이트가 교육의 우연성을 교육학의 시야에서 벗어난 경험과 무의식적 인상에까지 확장시켰음에도 불구하고, 가르침과 배움, 그리고 인간 사고 이론과 같은 것과 그가 자주 연결되어 떠오르지 않는다는 것은 여전히 흥미롭다. 이 간과는 다음 두 가지 사실을 고려할 때 더욱더 놀랍다. 정신분석학에서는 성인의 정신적 삶에 나타나는 갈등을 이들이 아동기에 수용한 인상에 대한 기억을 잃어버리는 역사적 과정으로 설명한다. 그리고 아동정신분석의 영역에서는 관계성을 향한 충동을 통하여 유아기를 이해한다. 발달적 스펙트럼의 양 극단은 가르침과 배움을 향한 감정적 태도와 그것을 위한 무의식적 환상들을 생산하고, 이때 가르침과 배움은 대중이 교육이라는 주제에 대해 왜 그렇게 뜨겁고 차갑게 반응하는지 그 이유를 잘 설명한다. 정신분석학과 교육 간의 다소 덜 알려진 연결도 있는데, 그것은 바로 정신분석학적 임상에서 우리가 배우는 것에 대한 프로이트의 절제된 충고에서 발견된다. 그는 분석자가 탐구 방법을 배울 때의 어려움과 장애에 초점을 두었다. 그리고 인간적 실천에 연루된 의사소통에서의 불가피한 사고와 실패를 피하지 않았다. 정신분석의 이러한 어려움은 그것의 관계적 수수께끼가 지니는 불온한 성질로부터 등장한다. 그러한 수수께끼는 최소한, 욕망을 느끼는 동시에 그것이 무엇을 의미하는지를 미리 알지 못하면서도 타자들과 함께 살아가는 법을 배우는 일의 역사와 관련되어 있다. 프로이트가 '전이(transference)'로 이름 붙이는 것은 바로 그러한 관계적 수수께끼이다. 그 수수께끼는 사랑을 요구하고 그것의 상실을 불안해하는 역사로부터 심리적 탄력을 얻는다. 전이는 바람, 정서, 방어 그리고 지식의 교환을 통해 사랑, 미움 그리고 권위의 무의식적 갈등을 반복하는 것으로서, (의식적으로) 알려고 노력할 때는 아주 큰 위험 요소이지만, 공유된 성찰을 위해서는 가장 정교한 자원이 된다. 실제로 전이 없이는 교육도 없다. 왜냐하면 우리는 우리 안의 가장 깊은 욕망과 권위와의 갈등을 가르침과 배움의 상황에 투사하지 않을 수 없기 때문이다(Felman, 1987).

자아 및 다른 관계성의 문제와 장애에 관한 프로이트의 연구는 서구의 철학적 정전들로부터 파생하지만, 그리스 신화, 비극, 철학, 조각, 미술, 고고학과 (그의 시대의 고전 문학과 당대 문학을 포함한) 문학 등도 포함한다. 프로이트는 삶과 죽음의 거대한 심리적 갈등의 이야기에 근대적 감수성을 불어넣는다. 그는 삶과 죽음의 충동을 공격, 성, 파괴성, 문화, 광기의 장면을 가지고 분석하고, 그 충동이 지닌 능동성과 수동성, 사랑과 미움, 쾌락과 현실 및 개인과 사회라는 환상들을 가지고 분석한다(Brenkman, 2004). 심리적 실재 · 현실의 대리자이자 대표로 이름 붙여진 기본적 열정들은 창조적인 문화적 표현들에서, 그리고 그의 환자들이 가진 판타지, 꿈, 무의식적인 감정 논리 및 고통에서 발견될 수 있었다. 프로이트는 이로부터 자유연상이라는 정신분석의 방법으로 새로운 장치를 만들어 내고, 아무것도 의미하지 않는 사물로의 이야기식 표류에 주목하였다(Britzman, 2011). 자유연상은 그의 환자들의 마음속에서 가장 멀리 떨어져 있는 것들, 그리고 꿈, 우연적 사고, 판타지에 대한 표현을 허락했다. 기억과 망각을 일상적 · 정신적 외상과 연결시키는 것은 새로운 종류의 소통을 가능하게 했고, 글쓰기에 영향을 미쳤다. 미셸 드 세르토(Michel de Certeau)는 프로이트의 글을 정서에 의해 '혼란스럽게 동요된 담화'로 묘사했다(1988: 244).

소포클레스의 비극 『오이디푸스 왕(Oedipus Rex)』은 타자와 함께 있는 것의 본성에 대한 프로이트의 가장 강력한 신화적 기준이며, 기억, 망각, 무지, 자기 지식 및 성찰의 어려운 전개에 대해 그 자신을 특정 방향으로 지향하게 하는 픽션 · 구성물이기도 하다. 그 끔찍한 가족은 엄청나게 논의되어 온 오이디푸스 콤플렉스, 다시 말해서 어린아이의 성(sexuality)과, 아이의 성장 초기에 부모의 사랑을 원하고 바라고 알고 또 그것과 분리되는 도덕적 곤경과 부딪침 간의 핵 갈등 혹은 그것을 구조화하는 이야기라고 생각되는 오이디푸스 콤플렉스의 모델이 되었다. 왕이 되기를

원하지만 될 수 없는 아이는, 한 부모를 사랑하고 그 상대가 되는 적을 미워한다. 판타지로서 오이디푸스 콤플렉스는 심리적 주체인 초자아를, 다시 말해서 문화적 전통, 유산, 금지에 대한 정서적 연대의 내면화된 역사를 대변하는 초자아를 창조하는 것으로 간주된다. 그 콤플렉스가 약해지는 것은 자아의 죄의식, 즉 프로이트가 양심의 시작이라고 간주하는 것을 부추긴다. 자아가 아무런 죄를 저지르지 않았는데도 죄의식을 느낀다는 정서적 사실에는 아무런 아이러니도 없다. 죄의식을 느끼지 않고는 양심이란 있을 수 없다. 스스로가 잘못을 할 수도 있다고 상상하는 능력은, 그리고 잘못된 것과 옳은 것을 판단하는 책임을 느끼는 능력은, 우리의 내면적 삶에 윤리적 차원을 더하고, 자신의 바람이나 충동과 갈등을 일으키게 한다. 오이디푸스 신화는 최소한 어려운 지식으로서 인간 사유에 대한 하나의 이야기이고, 정신분석학과 교육철학의 미래를 위한 공통된 질문임이 틀림없다.

이 장에서 논의될 다섯 명의 정신분석학자는 크리스테바(Julia Kristeva, 2000)가 반역, 교육, 그리고 정보의 시대라고 부른 20세기의 첫 70년 동안에 등장한 인물들이다. 이들은 어떻게, 언제 그리고 왜 인간의 사유가 시작되었고, 무엇이 그것을 멈추게 하거나 혹은 의미를 생각하고 관계 짓고 또 전복하려는 욕구를 촉발하는지에 대해 질문한다. 그리고 이 질문들은 사랑, 인식, 안전과 같은 삶의 문제, 그리고 상실, 애도, 용서, 회복과 같은 (인간의) 경험에 대한 당대 철학적 · 교육학적 · 정치적 질문으로 나아간다. 정신분석학에 대한 프로이트의 소개 그리고 의식적 · 무의식적인 심리적 삶의 기원에 대한 그의 잠정적 정식화는, 마음에 대한 갈등적 모델을 제안한다. 이런 모델은 쾌락의 원리와 현실의 원리 사이에서 동요한다. 해석에 대한 다음 절, 그리고 이어지는 프로이트에 대한 절에서, 프로이트의 접근은 중심 사상으로 제시된다. 왜냐하면 정신분석학을 일반 대중에게 선보이려는 그의 노력으로 인하여, 교육학의 문제는 지식의 등록과 전수에 수반되고 이를 은폐하는 인간 활동에서 만들어지는 깊은 불안의 차원을 이해하려는 작업과 연결되게 되었기 때문이다. 프로이트가 자신의 동료뿐만 아니라 일반 대중에게 정신분석학을 소개하려고 한 것은, 생각하고 사유할 필요가 있는 인간의 문제를 위한 연구로 이해될 수 있다. 그의 접근은 앞서 언급된 관계적 수수께끼의 불안 요소들에 학습 · 배움의 어려움을 더한다는 점에서 정신분석적이다.

(인간) 사유를 위한 관계적 선회는 불안이라는 주제 및 자아의 방어기제와 더불어

등장한다. 이것은 (넓게 얘기했을 때) 교육에 관심을 가진 것으로 알려진 아동 분석의 창시자 중 한 사람인 안나 프로이트(Anna Freud, 1895~1982)의 글에서 발전된 것이다. 그녀의 교육에 대한 관심은 유아기 삶의 운명과 밀접히 연결되어 있다. 그녀의 견해에 따르면, 당장의 만족을 바라는 것으로 나타나는 초기 리비도의 삶은 아이가 충동을 자제하고 기다리는 것을 배우도록 요구하는 교육자와 갈등한다. 안나 프로이트는 교육을 모든 유형의 간섭으로 간주했다. 그리고 이것은 교육자에게 사랑과 권위라는 문제에 연루되는 관계적 수수께끼를 제시한다. 교육자들 또한 당장의 만족과 거리를 두고, 또 두 가지의 상이하고 대조되는 경험을 더 완전하게 이해할 수 있도록 기다려야만 한다. 이 두 가지 대조되는 경험이란, 첫째, 가르치고 배울 때 전이로서 자기 자신의 자아 방어 경험이다. 둘째, 아이가 그들에게 전달하려고 하는 것에 대한 경험이다(Britzman, 2003). 안나 프로이트가 주로 아동기와 청소년기의 발달적 상황에 대해 말하는 한편, 그녀의 이론은 가족, 대학, 직업적 교육, 정치적 삶에서 발견되는 정서적 상황과 자아 방어로까지 확장될 수 있다.

멜라니 클라인(Melanie Klein, 1882~1960)은 매우 어린 아이들의 불안을 그들의 대상 관계에 대한 판타지를 통해 분석했다. 이때 대상 관계는 알고자 하는 욕구와 연결된 초기 새디즘적 방어를 포함한다. 그녀는 정신적 삶의 시각적 상황으로서 감정을 강조했다. 그리고 정신적 삶은 신체적 사건과 충동으로 시작된다. 클라인은 유아기 드라마의 파노라마에 대한 설명을 통해, 자신의 이론을 이미지적이고 판타지 상태의 마음으로 표현했다. 그녀는 아이의 무의식적 지식을 어른의 계몽에 대한 강조와 대비시켰다(Klein, 1921/1975; Kristeva, 2001). 그녀는 우리의 신체 기관을 감정, 판타지 그리고 대상 관계의 내적 세계의 기원으로 간주했다. 신체 부분을 그 자체의 느낌을 갖는 '부분 대상'으로 인격화하는 근거에 관한 질문이 남아 있는 한편, 클라인은 신체적 삶의 느낌 세계에 그 자체로 들어가고, 우울증은 인간성의 조건인 만큼이나 인간적 삶의 조건이라고 주장하는 특별한 재능을 가졌다(Britzman, 2016, 2017).

윌프레드 비온(Wilfred Bion, 1897~1979)은 인간 사유의 기원에 대한 철학적 접근의 엄격함을 보여 준다. 비온(1994)은 칸트의 '공허한 생각들'(그것에 대해 사유되었지만 알려지지 않은 어떤 것)과 더불어, 어떤 사람을 향한 감정적 상황과 태도로서 좋음과 나쁨의 감정 투사를 강조하는 클라인의 대상 관계의 개념으로부터 자신의 아

이디어를 이끌어 낸다. 비온은 클라인의 느낌-생각들(feeling-thoughts) 혹은 투사적 동일시의 견해를 확장하는데, 이것은 불안에 대항하는 방어로서 정의된다. 이 방어를 통해 자아의 부분은 대상으로 투사되고, 이를 통해 지각과 그렇게 동일시되는 대상 둘 다를 왜곡시킨다. 비온은 또한 이러한 적대적인 투사적 동일시를 수용하는 사람들에게 이것이 어떻게 경험되는지를 묘사했다. 비온은 이러한 정신적 적대성을 '생각들(thoughts)'이라고 이름 붙이고, 아동의 고통스런 감정의 모성적 수용과 변형에 모델을 둔 기관으로서 '사유(thinking)'를 개념화한다. 어머니는 유아의 고통을 관리 가능한 경험으로 바꾼다. 그러한 절제는 생각할 수 있고, 또 '생각들'을 소화하는 사유가를 만들어 낸다. 비온은 또한 정신분석학자들에게 시인 존 키이츠(John Keats)의 '부정적 능력(negative capability)'이라는 아이디어를 소개한다. 이것은 정신분석학자들에게 필요한 수단으로서, 알려지지 않은 것을 수용할 필요가 있고 좌절의 고통을 허락하며 이러한 감정의 경험으로부터 배우는 사유의 파토스를 창조하는 수단이다(Bion, 1995: 124).

위니컷(D. W. Winnicott, 1896~1971)에게 사유는 원초적 고뇌, 실패의 두려움을 견뎌낼 수 있고 창조적 삶의 노력을 받아들이는 문화의 전이적 공간에 달려 있다. 논의된 모든 정신분석학자 중에 위니컷은 (아이의) 발달을 충분히 좋은 환경의 우위에 달려 있는 것으로 강조한다. (인간) 사유에 대한 그의 지향성은 모성의 배려와 더불어 충분히 좋은 엄마-아이의 관계를 인정하는 것이다. 이 관계는 지각의 대상을 창조하는 것과, 이미 거기에 있던 외적 실재에서 대상을 발견하는 것 사이의 완전한 일치에 대한 유아의 환상을 받아들이는 작업과 관계가 있다(Winnicott, 1999). 충분히 좋은 엄마는 객관성이라는 것이 스스로 해결할 수단을 가지고 있지 않은 유아에게 문제가 된다는 것을 알고 있기 때문에, 아이의 마술적 주관성의 환상(illusion)을 허용한다. 유아의 전능이라는 환상을 점차 일깨워 벗어나게 하는 어머니의 역할은, 성장하는 아이가 주관적 대상으로서 마술적 타자를 떠나 객관적 주체로서 타자를 그 자체로 만나는 것을 허용한다. 놀이에 대한 위니컷의 이론은 감각적 존재로서의 인간다움과 취약성은 실제적 타자들에 대한 우리의 필요와 의존성을 인식하는 것과 함께 시작한다는 것을 암시한다. 필요에 대한 인식이 있을 때만 오로지 (세상에 대한) 관심의 능력이 있을 수 있다.

이러한 정신분석학자들은 감정적 경험과 감각의 삶을 마음속에 있는 내적이고 외적인 대상들과 연결시키는 자신만의 언어를 만들었다. 그들은 모두 다른 방식으로 인간 사고, 상상력, 불안 그리고 실재 사이의 관계에 관심을 가진다. 각각은 '내가 무엇을 알 수 있는가?'라는 칸트적 질문을 다음과 같이 다시 쓴다. '나는 무엇을 할 수 있는가?' '나는 무엇을 희망할 수 있는가?' 그들은 또한 다음과 같은 어마어마한 질문들을 제기한다. '나는 왜 생각하는가?' '나는 무엇을 생각하는가?' '언제 '나' '너' 그리고 '우리'가 등장하는가?' '창조적 생각을 막는 것은 무엇인가?' 그들은 인간 사유의 기원과 이를 위한 자원들이 삶의 역경과 죽음 충동, 의미를 발견하고 잃어버리고 또 회복하는 것, 그리고 사랑과 미움의 과정과 나란히 협력하여 다른 것에 신세를 진다는 사실에 대해 최소한 서로 동의한다. 사유의 기원과 원인은 프로이트가 자신의 이론들에 소개하며 새로운 유형의 인간성과 소통하는 작업에 들어가는 기본적인 교육적 문제인 것으로 판명되었다. 다른 한편, 그것은 프로이트로 하여금 정신분석학의 정서적 수용과 정신분석학 내의 갈등을 교육과 함께 검토하게 하는 계기가 되었다.

해석의 새로움에 대하여: '그때와 지금'

20세기 초반에 성(sexuality), 무의식, 꿈, 그리고 유아기 삶과 같은 프로이트의 주제들을 처음 만나는 것이 어떤 경험이었을지를 상상하기는 어렵다. 그것은 아마도 프로이트(1900)가 자신의 저서 『꿈의 해석(Interpretation of Dreams)』을 내놓을 때 공표한 것처럼, 심리적 삶의 유동과 당혹스러움이 해석될 수 있다는 견해만큼이나 아마 상상하기 어려운 것이다. 그러나 심리적 실재의 존재와 그것의 무의식적 차원에 대해 아는 것은, 그 힘과 모순들, 난해함, 표현 수단이나 그 기원을 받아들이는 것으로 바로 번역되지 않는다. 오늘날 자주 망각되는 것은, 알란 바스(Alan Bass)가 지적하는 것처럼, 정신적(mental) 삶과 정신분석학 이 양자 모두의 새로움이다. "프로이트의 정신분석(학)은 해석과 동일한 말이다. 치료적 조치로서 그것이 얼마나 특이한지를 언제나 기억하는가?"(2000: 1) 사실의 발견과 자신의 한계에 있는 과학혁명 사이의 관계를 이해하려고 할 때, 구성, 이야기식 서술, 합의의 공동체, 증언과 같은 아이디어들이 얼마나 이상하게 느껴지는지를 언제나 기억하는가(Forrester, 2007,

2017; Kuhn, 1970)?

해석은 망각에 저항하는 강장제일 수 있다. 그러나 이것은 또한 외관, 지각, 언어 그리고 의사소통이 우리를 속이는 불확실성의 상태에 대한 근대주의적 실험의 길을 열었다. 유럽에서의 초기 정신분석학 운동은 근대 미학의 핵심적 근거 중 하나이다(Fuechtner, 2011; Meisel & Kendrick, 1985; Spitz, 1994). 알 가치가 있는 것으로서 그리고 알기 어려운 것으로서, 심리적 실재에 대한 프로이트의 강조는 질병과 건강의 무의식적 동기에 의미를 부여했다. 오늘날 해석의 중요성에 대한 프로이트의 영향은 정밀 해독 이론들, 문학과 미학 연구들, 인류학, 정신적 외상의 개념, 기억과 역사 연구, 초기 아동교육에서 언어학습과 언어연구, 교육학, 그리고 참여관찰과 의학 면담의 연구 방법 등에서 찾아볼 수 있다(Forrester & Cameron, 2017). 망각되고 묻힌 과거에서 중요한 의미를 발견하는 이러한 역사는 자신의 아동기에 대한 기억의 어려움에 관한 프로이트의 연구(1899), 아동기 성과 유아기 기억상실에 대한 이론들(1905), 그리고 '탐색 과정'이라고 불리는 정신분석학적 기법(1914)을 형성하였다([사

[사진 4-1] 지그문트 프로이트(1856~1939). 오스트리아 저술가, 정신분석 창시자. 그의 중국산 조피와 함께 그의 연구실(Berggasse 19, Vienna, Austria)에서. 이 사진은 1937년 무렵, 그의 환자였던 미국인 작가, 힐다 두리틀(Hilda Doolittle, 1886~1961)이 찍음.

진 4-1] 참조).

(정신분석학에 대한) 충격과 저항, 그리고 주목 간의 역동성이 1909년 프로이트가 유럽으로부터 미국 매사추세츠주 우스터의 클라크 대학교로 여행할 때 펼쳐지기 시작했다. 이 여행은 정신분석학을 일반 대중에게 소개한 심리학자이자 교육자였던 스탠리 홀(Stanley Hall)에 의해 초청되었다(Hale, 1971; Taubman, 2012). 독일어로 진행된 프로이트(1909)의 다섯 차례에 걸친 강연은 정신분석학의 짧은 역사, 유아기 성 정체성의 발달과 그것이 성인의 마음에 남아 있는 방식, 실재에서 판타지로의 이동, 정신분석학적 견해에 대한 불가피한 저항, 그리고 이 모든 것이 보통의 청중에게 제시할 어려움에 대하여 설명하였다. 프로이트는 여기에서 개인의 (작은) 오해들, 놓친 만남들, 사고의 혼란, 연애 그리고 상호주관적 관계에 대한 일상적 장면으로 눈을 돌렸다. 이러한 대담한 이야기를 담은 강연의 소개는 심리학 · 의학 · 과학 · 교육학 · 철학 · 문학작품 그리고 학습이론이 아직 변화하고 있는 중이고 교류 중일 때 일어났다(Micale, 2004). 이 모든 분야에서는 인간 의식의 일부분이자 구획으로서, 그리고 질병이나 몽상에 영향받는 것으로서, '영혼(soul)' 혹은 '영성(spirit)'이라는 관념을 공유했다(James, 1899/1983; Makari, 2015; Zaretsky, 2005).

프로이트가 미국 방문 기간에 불안이나 금기, 기억, 신경증의 문제에 대해 철학자 윌리엄 제임스(William James)의 생각과 공통점을 발견했을지라도, 정신분석학이 받아들여지기 어려울 것이라는 자신의 견해에서는 선견지명이 있었다. 제임스는 하버드 대학교에서의 강좌를 위해 이미 『심리학의 원리(The Principles of Psychology)』(1890/1950)라는 두 권의 책을 출판했었다. 정신적 삶(mental life)에 관한 제임스의 탐구는, 몇 가지 아주 뜨거운 주제만 들자면, 의식의 본성, 분리 작용, 지각적 구분, 사적인 생각, 영혼의 이론에 대한 철학적 논쟁의 역사와 대화를 나누는 것이었다. 제임스에 따르면, 철학 · 문학 · 심리학은 아직 잡히지 않고 파악되지 않는 마음의 활동을 인식해야 하는 문제를 공유했다. 그는 유아 자아의 의식에 대한 한 절에서 성인은 어린 시절 느낀 바를 기억할 수 없고, "부분적으로 아동이 느꼈던 것에 대한 표상은 이야기로 나타나지 않기 때문에…… 계속적인 기억이 없다."(James, 1890/1950: 335, 강조는 원문을 따름)라고 말하는데, 이것은 기억상실에 대한 프로이트의 아이디어(1905)뿐만 아니라 관념 작용 혹은 사건과 정서의 분리에 대한 그의 견해를 이미 예견했다는 것을 보여 준다.

프로이트(1899)의 초기 저작은 또한 정서와 기억 간의 불균등한 발달, 혹은 시각적인 사물 제시와 청각적인 단어 제시 간에 연속성의 단절을 논의했다. 이러한 기억의 추적들은 의식의 기원에 관한 프로이트의 탐구로 이어졌다. 그는 아동기가 기억될 수 없는 다른 이유들을 제공했다. 기억들이 '토르소(torso) 이상은 아닌 정도로' 파편적이라는 것이다(Freud, 1899: 306). 그리고 유아기 삶에 대한 우리의 초기 인상은 마음 형성에 깊이 연루되는 한편, 유아기 기억상실 때문에 이러한 인상들이나 정서의 강렬함은 기억으로 남아 있지 않다. 추방된 정서는 다른 사건들과 연합하여 아동기 기억은 이민과 추방을 통해 다시 작업하는 역사를 가진다. 우리는 두려움, 흥분, 사랑 그리고 미움과 같은 감정이 일깨워지는 것을 기억할 수 있지만, 거의 말로 표현할 수 없는 형태로 그것을 기억한다. 그래서 프로이트는 정신분석(학)을 그것의 이웃인 해석(학)적 작업과 구분하고, "(인간의) 의식을 심리적인 것의 성질로 간주하고, 이것을 다른 성질과 더불어 나타날 수도 있고 나타나지 않을 수도 있는 것"(1923: 13)으로 보면서, 역동적으로 움직이는 무의식 개념을 제안한다.

그러면 우리는 혼란케 하는 무의식의 특징과 더불어 의식의 불안정성 상태를 어떻게 전달할 수 있는가? 프로이트의 대화적 스타일은 소크라테스적 대화를 열며, 대체로 알 수 없는 정신적 삶의 성질인 역동적인 무의식과 더불어 우리 스스로를 알아야 하는 정언명령을 우리 앞에 제시한다. 의식은 중요하지 않다고 암시하는 것은 뚜렷한 이유 없이 꼬리에 따라다니는 판타지를 의미 없는 것으로 일축하는 것만큼이나 오류일 것이다. 프로이트는 주관적 복잡성을 분석하는 작업을 통하여, 의식-지각과 무의식-바람은 주체의 내부에 있는 것과 주체의 외부에 있는 것 사이의 경계를 흐리는 경향의 갈등적인 심리적 기능이자 활동이라고 설명한다(Laplanche & Pontalis, 1973: 84). 자아(ego)가 또한 부분적으로 무의식적이라는 사실은, 그것이 어떻게 알게 되고 믿게 되고 느끼게 되며 잘못 인식하게 되는지에 파토스를 더한다(Freud, 1938-40).

그리하여 자신을 아는 것은 정신심리학적 역설과 함께 등장한다. 우리는 비록 꿈과 실수, 우연한 사고와 유머, 망각 그리고 자기방어에서 터져 나오는 것을 널리 해석함으로써 무의식과 함께 자기 지식의 경계를 열 수 있다고 하더라도 그 무의식을 알 수는 없다. 우리는 우리가 말하는 것을 알 수 없는 때 혹은 말없이 충동이 일어나는 때에 대해 흥미를 느낄 수 있다. 우리는 망각과 기억의 덤불 사이를 헤매면서, 정서의 힘과 양을 초기 삶에 묶인 우리의 에너지와 결부시킬 수 있다. 이러한 주장이 매우 어렵게 보일 수 있다는 조건하에서, 특히 의식은 정신적 삶의 예외라는 주장하에서, 그리고 상실에 대한 불안에 저항하는 강한 자아 방어하에서, 정신분석(학)적 방법은 심리적 실재의 일부분이자 구획으로서의 해석에 저항하고 차이로서 분리되고 다시 생각될 수 있는 주체로서의 해석에 저항하는 우리의 심리를 활용한다. 인간 사유의 본성과 원인을 탐구하는 정신분석학적 접근은 살아가는 법을 학습하는 철학으로 간주되지는 않지만, 교육에 연루된 오래된 딜레마, 즉 해결될 수 없는 문제이지만 여전히 요청되는 그러한 교육을 수용해야 하는 오래된 딜레마에 새로운 접근을 제공했다(Britzman, 2006, 2009, 2011, 2015).

클라크 대학교에서의 강연 이래 10년이 지난 후, 프로이트(1917)는 다시 일반 대중과 의료계 청중들의 정신분석학 수용 가능성을 고려하기 시작했다. 그때까지 정신분석학의 수용은 교육의 문제로 간주되었다. 프로이트는 정신분석학이 지적 어려움이 아닌 정서적 어려움을 제안하고 있다는 사실을 강조할 필요가 있었다. 이것은 감정적 · 심리적 실재에 개방된다는 것 자체가 꿈이나 예술적 사건에서만 가능한 것이 아닌가 하는 생각으로 사람들을 이끌 수 있다. 정신분석학에의 저항은 그 자체가 프로이트 연구에서 두드러진 주제가 되었고, 일반 대중에 대한 그의 글쓰기 성격과 스타일에 영향을 미치곤 했다. 프로이트의 영어 번역자였던 조안 리비에르(Joan Riviere)라는 정신분석학자는 프로이트의 글쓰기 방법이 매우 직접적이었기 때문에 효과적이었다는 것을 발견했다. "그는 바로 나에게 말을 걸고 있었다."라고 말한다(1958/1991: 350). 프로이트는 정서와 생각 사이의 불균등한 관계에 치료적 접근을 소개했다. 그는 인간의 사유를 충동의 심리적 표상을 상징화하는 작업을 통해 고려했고, 그 사유는 사랑과 상실로부터 만들어지는 불안을 포함하는 것으로 간주했다. 그리고 이 모든 것은 우리의 관념이 수용되는 방식과 세계가 우리에게 지각되는 방식에 영향을 미친다.

프로이트의 후기 강연(1932~1933)들은 그의 저서들이 베를린에서 불태워졌던 해에 출판되었다. 그리고 무심한 일반 대중에게 그의 정신분석학을 소개하는 것은 교육적 한계가 있다는 점이 이때 인정되었다. 통치, 의료와 더불어 교육을 불가능한 직업 중의 하나로 인정하면서, 프로이트는 교육을 서로 불일치하는 의미들로 해석해야 한다고 조언했다. 교육적 작업을 수행하는 것이 아동기와 성인기의 과제들처럼, 그 과제에 대한 주체의 예견을 넘어서기 때문에 그가 그렇게 조언했던 것만은 아니다.

상호주관적인 수수께끼는 전이에 속하거나, 우리가 아동으로서 학교에 있었던 경험으로부터 잘 아는 사랑과 권위의 교환 문제에 속한다. 심리적 삶에 대한 프로이트의 접근은 교육을 무엇으로 해석해야 하느냐의 문제를 새롭게 열었는데, 그것은 교육에 대한 공식적 선언과는 다른 어떤 것으로 바라보게 하는 급진적 해석이었다(Britzman, 2009, 2011). 정신분석학과 함께 교육은 무의식의 인상, 기억 추적, 성적 사고들, 연상의 통로들, 끊긴 연결, 감각 경험, 억압된 관념 작용과 정서, 판타지에의 민감성, 쾌락의 원리, 그리고 이유를 알지 못한 채 사랑하는 것에 대한 불가능한 이론들을 믿는 것 등과 같은, 통제하기 힘든 장면들에 (교육적) 의미를 제공할 수 있게 된다.

해석의 불확실성과 발견된 내용의 진실성에 대한 의심이 인정될 때, 정신분석학은 하나의 세계관도 총체적 세계관도 될 수 없다. 그 기획은 완성될 수 없고 오래된 견해를 뒤집을 새로운 발견들에 쉬이 종속된다(Freud, 1932-33: 9). 프로이트는 총체적 세계관을 "철학자들에게 남겨진 구조물"(1926: 96)로 간주했다. 폴 리쾨르(Paul Ricoeur)가 프로이트 저작에 나타난 해석의 상태를 연구할 때 이름 붙인 것으로서 "인간 발화와 욕망의 의미에 대한 새로운 접근"(1970: 6)이 있을 수 있다고 하더라도, 어떻게 살아야 하는지에 대한 일반적인 프로그램은 있을 수 없다고 생각한다. 그리고 살 만한 가치가 있는 삶과 회복의 활동 사이의 놀라운 관계를 상상하기 위한 전환적 공간으로서 문화에 대한 새로운 지향이 또한 있을 수 있다. 이러한 노선의 생각을 따라 사유와 상상, 그리고 창조적 삶을 보살필 인간의 권리로서 심층심리학에 대한 철학적 확신 또한 있을 수 있다.

프로이트: 쾌락과 현실에 대하여, 그리고 불행과 문화에 대하여

프로이트(1911)는 심리적 기관(apparatus)에 대한 자신의 초기 모델을 가지고 정신분석학을 전달하는 것은 어렵다고 파악했다. 그리고 그 심리적 조직체의 순서적 질서에 따라 작동하는 마음의 창조에 연루되는 지배적인 두 가지 원칙을 제안했다. 그는 쾌락의 원칙을 어머니의 젖가슴에서 자신의 욕구를 만족시킨 행복한 유아의 관점에서 기원하는 것으로 간주했다. 그러고 나서 겉으로 보기에 단세포적인 자기성애, 원초적 나르시시즘, 그리고 환각적 존재로서 유아가 점차 채워지지 않은 필요로부터 오는 고통을 느끼고, 세계에 영향을 미치기 위해 울며 손을 뻗고, 그렇게 하면서 이전에 기억의 흔적을 낳았던 잃어버린 만족을 세계 속에서 다시 발견하고자 한다고 상상했다. 현실의 원리는 나중에 발달하는 것으로서 기다리는 능력에 헌신한다. 이것은 자신의 지각의 진리를 검증하는 데 관심을 가지고, 마침내 직접적인 만족의 충동을 지연시킬 수 있는 자아의 결정으로 구성된다. 프로이트는 이때 사유를 실험적 형태의 행위로 규정했다. 그의 접근에서 놀라운 선회는 스스로에게 생각을 허용하는 것은 현실이 아니라 그 반대라는 점이다. 사유는 견딜 수 없는 자극을 자제하고 행위를 지연시키는 수단, 인상과 실제를 연결시키고 '언어적 찌꺼기' 혹은 언어의 기억들을 발화와 연결시키는 수단들을 제공한다(Freud, 1911: 221). 그러나 쾌락의 원칙은 사라지지 않는다. 이 쾌락의 원칙은 상상력과 욕망을 위한 기초로서, 집요하고 승화, 과학적 탐구, 글쓰기, 창의적 작업, 몽상, 그리고 꿈에서 발견될 뿐만 아니라 스스로나 타자와의 성적 경험에서도 발견된다고 보았다.

프로이트(1929~1930)가 심리적 삶을 자아(ego)의 경계 문제 및 자신의 이웃을 사랑하는 문화적 정언명령을 통해 묘사했을 때, 쾌락의 원리로 초래되는 어려움은 계속 발전되었다. 『문명 속의 불만(Civilizations and Its Discontents)』에 명료하게 표현된 그의 군중심리학은, 사회가 마치 초기 단계의 선-역사를 어쨌든 보존하면서 억누르는 심리적 기관, 그래서 사회적 갈등을 통해 그것의 망각된 불균등한 발전을 반복하고 다시 탈환한 후, 마침내 사랑의 대상을 버리는 거대한 심리적 기관을 위해서 있는 것처럼 그것을 묘사했다. 쾌락의 원리의 프로그램은 "전체 세계와 불화"한다(Freud, 1929-30: 76). 프로이트는 다음과 같이 결론 내린다. "그리하여 행복을 위한 우리의 가능성들은 이미 우리의 구성에 의해 제약된다."(pp. 76-7) 아마도, 가장 놀랍게도 쾌락의 사원인 성적인 것(sexuality)의 힘 그 자체는 만족에 저항한다. 의식이 도망가는 것처럼 성적 행복감도 또한 그러하다. 프로이트의 『문명 속의 불만』은 오늘날 자아(the ego)가 사랑, 공격, 그리고 상실이라는 불가피한 삶의 문제들을 돌파해 나가는 것을 감당할 수 있거나 감당할 수 없는 방법을 위한 기본 지침서로 읽힐 수 있다. 그러나 프로이트는 또한 그의 연구를, 인간성이 자체로 가진 (세상에 대한) 적개심의 외화와 미워하는 성향을 극복할 수 있는지, 그리고 교육자가 학생에게 삶이라는 것이 어떠한 것인지를 제시할 용기를 발견할 수 있을 것인지에 관한 질문으로 끝맺는다.

안나 프로이트: 자아, 불안 그리고 방어기제

안나 프로이트는 아동 정신분석학을 발전시키고 전후 디아스포라적(diasporic) 프로이트 정신분석학을 정립한 것으로 유명하다([사진 4-2] 참조). 교육, 법 그리고 사회복지 영역에서 두드러지는 그녀의 기여(Young-Bruehl, 2012), 그리고 지그문트 프로이트의 이론에 대한 그녀의 헌신은 누구도 필적하지 못한다. 가장 잘 알려진 안나 프로이트의 저서는 『자아와 방어기제(The Ego and the Mechanisms of Defense)』(1936/1995)이다. 이 저서는 교육과 정신분석학을 위한 기본 지침서로 읽힐 수 있다. 안나 프로이트는 불안이 왜 지각, 판타지, 그리고 방어기제의 형성에 핵심적일 뿐만 아니라 억제와 학습을 위한 자원 모두로서 봉사하는지를 증명해 보였다. 그녀는 무의식적 불안과 실제적인 정신 외상, 현실적이고 판타지적 위험, 사랑의 상실에 대한 염려 그리고 타자의 세계에 대한 의존에 대항하여, 하나의 조직으로서 자아가 스스로를 방어하는 다양한 방식을 명료화하였다. 그녀의 논의는 초기 어린 시절로부터 성인기와 노인기에 이르기까지 삶의 발달론적 견해를 제공한다.

[사진 4-2] 안나 프로이트와 어린 학생들의 단체 사진(Cottage Lyzeum, Vienna, 1917).

부분적으로 무의식적이지만 타자의 세계에 가장 가까울 뿐만 아니라, 불안(위험의 예견과 신호)과 리비도(쾌락과 판타지 삶으로의 끌림) 둘 다의 장소인 복잡한 감정적 논리 혹은 사회적 자아의 정서를 고려하는 새로운 방식이 여기에 있다. 자아는 현실 검증, 지각, 주목, 적응, 판단, 그리고 사유라는 자신의 계속적이고 모순적인 과제로부터 발전한다. 자아(ego)의 기능은 어떤 사물 혹은 사람을 향한 사유-태도의 표현으로서, 혹은 사랑의 상실에 대한 구성적 불안으로부터 자아를 보호하는 것으로서 간주될 수 있다. 안나 프로이트는 세 가지 종류의 불안을 묘사한다. 추진 충동(drive impulse)으로부터 파생되는 불안(id), 객관적 위험으로부터 파생되는 불안(ego), 그리고 죄책감으로부터 파생되는 불안(super-ego)이 그것이다. 이때 자아(ego)는 비쾌락(불안)의 원천의 성질을 판단하려고 하는 한편, 그 비쾌락을 제거한다. 불안에 대항하는 방어기제의 흔한 방법은 투사, 내사, 거부, 마술적 사고, 억압, 동일시, 반대하기, 선과 악으로 나누기, 관념 작용, 이미 일어난 것을 되돌리기, 공격자와 동일시, 이타주의, 회피, 반대로 뒤집기, 합리화 그리고 부인하기를 포함한다.

이러한 방어기제의 대부분은 우리 사유를 제약하여 자아를 축소시키는 것으로 확인되지 않는 한편, 학교에서는 가치 있는 것으로 여겨진다는 것을 지적할 필요가 있다. 방어기제는 나쁜 감정과 불편한 생각을 거부하는 식으로 작동한다. 그것들은 방어의 과정을 통해 자아를 분열시키는 한편, 제약된 자유를 대가로 한 환상적인 자기도취를 방해하는 다양한 위협들을 떨쳐낸다(S. Freud, 1938-40). 그러나 자아는 불안의 신호 없이는 그리고 사랑과 인정을 위한 바람 없이는 아무것도 할 수 없는 것처럼, 방어기제 없이도 아무것도 할 수 없다. 다른 한편, 사회적 자아의 내면화된 문제는 정서나 불안의 양이나 정도가 어떻게 엄격성, 폐쇄된 마음, 그리고 자아나 세계를 향한 적개심에 기여하는가 하는 것이다.

수잔 스튜어트 스타인버그(Suzanne Stewart-Steinberg, 2011)는 안나 프로이트의 자아(ego)에 대한 견해를 민주적 주체가 되는 기초로 간주한다. 민주주의는 한편으로 시민들이 스스로 발화하는 강한 자아, 자유와 시민적 권리의 방어자로서 행위하는 강한 자아를 창조하도록 요청한다. 다른 한편, 정치적 삶은 또한 시민들이 보다 큰 선을 위하여 개인적 이해를 스스로 희생하고 그리하여 이타적인 복종을 즐길 수 있도록 요청한다. 사람들은 자신의 견해에서는 강하지만, 동시에 스스로를 기꺼이 내어 주고 상실을 수용하기조차 하는 보다 부드러운 의미의 자아를 함양해야 하는

역설적 과제를 가진다. 스스로를 내어 주는 것은 타자와 동일시하고 이타적인 복종의 방어기제에 속한다. 이 두 가지 능력은 집단 감정 속에서 공유하는 능력과 연관된다. 그러나 스스로 사고하는 것은 또한 집단적 사고를 거부하는 것을 의미하고, 방어는 결코 관계적 수수께끼로부터 멀리 떨어져 있지 않다. 스튜어트 스타인버그는 안나 프로이트의 작업이 역설적 아이디어를 통한 민주 시민성의 심리적 조건에 대한 이해를 어떻게 돕는지 질문한다. 이때 역설적 아이디어라는 것은 자아가 민주주의의 핵심적 행위자인 동시에 민주주의의 지속적인 과제라는 점을 가리킨다. 무엇이 존재하고 무엇이 아직 존재하지 않는지를 이야기하는 이 역설은 또한 모든 교육에 적용되는 것이다. 안나 프로이트의 이론은 보육원에서 우리의 정치적 뿌리와 그것의 한계를 발견하는 방법을 창조한다. 거기서 어린아이들은 교육의 집단 심리에 입문하는 것과 동시에, 공정하고 평등하게 대접받는 것에 온 마음을 쓴다. 만약 사회적 삶에서 우리가 가지는 방어기제의 불안을 묘사할 수 있다면, 그때 비로소 우리는 언제 그리고 어떻게 민주적 가능성을 위한 사유로서 윤리적 행실이 발달하는지에 관한 질문을 시작할 수 있을 것이다.

멜라니 클라인: 대상관계, 보상 그리고 감사함

멜라니 클라인(Melanie Klein)의 심리적 실재 이론은 유아기와 함께 시작하며, 마음과 몸을 구분하지 않는다. 실제로 그녀의 견해(1937)에 따르면, 심리적 삶 혹은 대상관계의 내면적 세계는 (엄마의) 젖가슴과 함께 생겨나는 내사된(introjected) 기관으로부터 발달하는데, 그것은 우리 인간의 가장 초기 감정 상황인 좋음과 나쁨을 위한 **원초적**(Ur) 모델이다. 내사는 호기심을 위한 내면적 단계로서, 다른 사람의 내면이 어떨 것인지를 이해하려는 충동을 설정한다.

젖가슴이 갓난아이 안의 아주 작은 자아(ego)의 사랑의 능력을 불러일으키는 것같이 보인다면, 젖가슴이 사라졌을 때 그것은 미움과 사랑의 파괴 충동을 만들어 낸다. 클라인은 유아가 젖가슴에 대한 무의식적 지식과 그것의 상실에 대한 가해적 공포를 느끼는 타고난 능력을 가지고 있다고 믿었다. 그녀는 또한 유아의 가장 큰 공포는 죽음 충동과 삶 충동 사이의 갈등의 결과로서 그 자체의 소멸이라고 믿었다.

이것은 유아의 느낌이 강력하고 긴급하면서 거대하며 원칙상 마력이 있으며, 대상관계적이라는 것을 의미했다. 그것은 또한 유아가 삶의 초기 단계부터 모든 감정적 복잡성에서 완전히 인간이라는 것을 의미했다.

클라인은 내면의 세계를 신체적 활동의 결과이자 재현으로 다루었다. 여기서 신체적 활동이란 판타지 속에서 불안 감정에 대항하는 방어로서, 선과 악으로 분리하거나 투사적 동일시, 전능 그리고 거부와 같은 내적 행위를 하는 것일 뿐만 아니라, 사랑, 미움, 탐욕, 시기, 죄책감, 보상, 감사함에 관계하는 느낌으로서 경험되는 어떤 것이다. 그녀의 이론들은 유아가 이미 사랑하고 미워하는 강한 능력, 그리고 고통과 좌절을 피하려는 감정을 향한 전언어적인 강한 태도와 더불어 감정적 삶을 소유하고 있다는 주장으로 시작한다(Klein, 1952/1975). 클라인의 견해에 따르면, 정서 혹은 불안은 항상 대상에 대한 것이고, 모든 사고는 어떤 사람 혹은 어떤 것을 향해 지향하는 느낌으로 가득 차 있다(Rusbridger, 2012).

클라인은 상징화를 회피로서, 혹은 새로운 대상으로 사랑이 이동하는 것으로서 이해하였다. "아기의 마음에는 몸의 한 부분이 또 다른 부분을 대표할 수 있고, 한 대상물은 몸의 부분들이나 사람들을 대표할 수도 있다."(1937: 103) 그때 사유는 구체화와 상징적 등식으로부터 추상화와 더 많은 상징을 위한 욕망으로 천천히 권리를 이양하는 일로 구성된다. 그녀의 가장 영향력 있는 기여는 아동의 불안이나 공포가 무의식적 의미를 가진다는 사실, 그리고 아이가 가진 불안에 대한 정신분석자의 해석은 아이의 고충을 줄이고 아이가 의미-모험으로서 자신의 감정적 삶에 대해 사고하도록 초청하는 것이라고 말한 점이다. 사랑에 대한 아이의 바람은 또한 이해되어야 할 바람이라고 그녀는 믿었다.

지그문트 프로이트와 안나 프로이트는 둘 다 쾌락과 현실의 원리를 통해 인간의 마음을 개념화했던 반면, 클라인은 대상관계와 내적 갈등에 대한 염려로 구성되는 감정적 상황으로서 인간의 마음을 개인화하였다. 대상에 대한 관념은 주로 외부 세계의 측면들을 내면화한 것을 가리킨다(Britzman, 2016). 대상은 정의상 관계적이고 판타지적이다. 그것은 유아의 의존성, 좌절, 취약성, 사랑에 대한 욕망에 기인하는 불안의 상황을 의미한다. 대상관계의 작업으로 인하여 클라인은 (인간의) 마음을 불안의 두 가지 입장, 즉 편집증·정신분열증과 우울증으로부터 만들어지는 것으로 보았다. 상실에 대항하여 전자는 적개심, 나쁜 대상의 파괴, 그리고 분리를 통

해 방어한다. 후자는 사랑한 대상의 상실을 애도하는 지그문트 프로이트의 견해를 넘어선 단계로서, 보상을 위한 충동으로 가는 죄책감과 관계된다(Britzman, 2017). 두 번째 종류의 불안인 우울증은 죄책감과 보상 충동에 가슴 아픈 통렬함을 더한다(Todd, 2001). 그것은 인간이 감정적으로 무너지고 다시 모든 것을 도로 회복하는 방식이라는 것에 대해서 클라인이 마치 가장 직관적이었던 것처럼 보일 수 있게 한다(Vulevic, 2018).

아마도 어떤 다른 아동 분석학자보다도 클라인(1957/1975)은 유아 발달에 대한 도덕 이론을 제안했는데, 그것은 자아의 핵심을 구성하는 것으로서 좋은 대상에 대한 바람에 근거를 둔 것이었다. 선한 것으로 내면화된 대상관계는 죄책감의 고통 및 사랑과 미움을 통합하는 고통을 견뎌내는 능력을 자아에게 제공한다. 클라인(1959/1975)은 이러한 매우 초기 감정 상황이 성인 마음의 유아기적 뿌리를 형성한다고 믿었다. 이러한 유아기적 뿌리는 불안 상황에 대한 성인들의 표현과 감정적 삶의 고충에 대한 그들의 방어에서 자주 관찰된다. 클라인의 견해에 따르면, 삶의 시작에서부터 유아는 사랑과 미움으로 분투하는데, 이를 통해 사랑은 엄마의 젖가슴의 현전과 동일시되고 미움은 그것의 부재나 좌절과 동일시된다. 이러한 초기 상징적 등식은 점차 더 추상화되지만, 그 분투는 여전히 필요하다. "갈등과 그것을 극복해야 할 필요는 창의성의 근본적인 요소이다."(Klein, 1957/1975: 186)

클라인은 삶의 끝 무렵 감사함의 감정에 눈을 돌림으로써, 자신의 이론을 선함과 관용에 대한 신뢰로 이끌었다. 감사의 감정은 우리 자신에 대해 느끼는 방식과 세계에 대해 느끼는 방식에 대한 우리 자신의 비평 간의 관계를 아는 수단이 된다. 이 모든 것은 "좋은 대상에 대한 갈망과 그것을 사랑하는 능력에 대한 갈망"(Klein, 1957/1975: 193)에 의존한다. 한편, 사랑의 상실과 사유에 대한 새로운 입장이 있는데, 그것은 바로 자아/타자 관계에 대한 보다 모호한 견해를 받아들이는 능력과 관련된다. 이 능력은 불가피한 실패, 슬픔, 무력감, 의존성, 그리고 취약성을 허용하는 것과 관련되는 능력이다(Britzman, 2016).

이상화(ideality)에 대한 청소년의 증상을 정식화한 크리스테바(Julia Kristeva, 2007)는 클라인의 이러한 생각을 극단적 정치에 대한 리비도적 헌신을 이해하는 윤리적 차원과 연결시켰다. 청소년들은 완벽한 미래에 대한 감각을 안정화시키는 수단으로서 이상적인 것을 통한 (자기) 방어에 특별히 빠지기 쉽다. 그러나 이들은 좋은 사람을 나쁜 사람으로부터, 좋은 지식을 나쁜 지식으로부터 그리고 천국을 지옥으로부터 분리하는, 분리의 자기방어 방법만을 통해서 그렇게 한다. 크리스테바의 주장에 따르면, 청소년의 마음 상태가 있고, 이상적 청소년이 있고, 현실의 청소년이 있다. 청소년은 연구와 호기심을 포기하고 대신에 절대적 지식의 존재를 믿고자 하는 자신의 필요에 헌신한다. 그녀에 따르면, 이 필요는 두 가지 의미에서 아주 놀라운데, 훌륭한 필요이면서도 동시에 상상하기 어려운 필요라는 의미에서 그렇다. 절대적 지식을 믿을 때 우리 모두는 청소년이다. 크리스테바는 이 믿음의 필요를 청소년 연인인 로미오와 줄리엣과 함께 시작된 신념이라고 설명한다. 즉, 자신들의 관계를 위해 가족의 금지를 극복할 수 없었던 청소년 연인들의 신념 말이다. 그들의 해결책은 완벽하고 불가능한 사랑을 창조하는 것이고, 누군가는 불변하는 그 이상화된 대상을 보존하기 위해 죽어야만 한다. 여기서 어려운 문제는 신념의 근본주의가 사랑의 이상화와 더불어, 그 사랑이 또한 요청하는 어떤 변화나 상실에 저항하는 (자기) 방어에 기댄다는 견해와 관련된다. 더 일상적인 수준에서 말하자면, 이상화라는 청소년의 증상은 학교나 대학교에서 자주 발견되는 배타성의 의례에서 발견될 수 있다. 오직 한 가지 종류의 지식만을 고집하는 교육학, 그리고 불확실성이나 불완전성에 대한 증오, 배울 필요가 있는 고통에 저항하여 방어하는 발전지상주의에서 발견될 수 있다.

윌프레드 비온: 사유가를 기다리는 생각들

비온은 교육에 대해 말하지 않았다. 아이들에 대한 그의 저서도 교육에 대해 말하지 않았다. 그러나 가장 큰 그의 주제는 교육적 노력들에 대한 것, 즉 경험으로부터 배우는 것의 문제들로 가득 차 있다. 비온에 대한 놀라움은 경험에 대한 그의 정의에서 발견된다. 그는 경험을 모든 유형의 좌절로 규정했다. 이를 통해 그는 실천에의 왕도로서 경험을 이상화하는 것에 반하는 방향으로 나아갔다. 경험은 우리를 좌절시키는 것으로 느껴진다. 왜냐하면 우리는 무엇이 일어날 것인지 미리 알지 못하고, 알지 못하는 것에 대한 우리의 예견은 늘 (본래 칸트에게서 빌려온 개념으로서) 비온이 '공허한 생각들(empty thoughts)'이라고 불렀던 선입견(pre-conceptions)에 기대

기 때문이다. 비온은 마음을 인간의 신체 기관인 위장과 비슷한 것으로 보았고, '사유/사고'라고 불리는 기관은 생각들(thoughts)을 소화하는 것으로 간주했다. 우리가 먹기 시작할 수 있기 전에 음식을 우리 앞에 놓는 것처럼, 사유가를 기다리며 그 주위를 어슬렁거리는 생각들이 있다. 감각적 경험으로서 생각들은 소화되거나 작업되기를 요청한다. 마음을 위장에 비유한 비온의 은유가 유발하는 딜레마가 있을 수 있지만, (그리고 그 자신이 소화–은유가 지나치게 구체적이고 엄하게 될 수 있다고 그 은유의 주요 문제를 제시하지만) 그의 언어는 현혹되기 쉬울 정도로 단순하고 동시에 개념적으로 복잡하다. 비온을 읽을 때 그가 언어 기능의 의미에 대해 어떤 이와 논의를 하고 있다는 인상을 받으며, 그것을 듣는 모든 이들에게 단어가 새로운 경험을 창조할 수 있으려면, 정의는 그 선입견들로부터, 즉 우리가 그것이 오직 의미할 수 있는 것으로 가정하는 것들로부터 떨어져 나와야만 한다고 경고를 하고 있다는 인상을 받는다. 정신분석학자들에게는 이론과 실천에 의해 다루어져야만 하는 두 가지 피할 수 없는 오해가 있다. 첫 번째 오해는 단어가 '의미적 간극'을 창조하는 데서 나오는데, 바로 그 간극을 둘러싸고 그것의 의미와 한계에 대해 논의할 수 있다. 두 번째 오해는 존재론적인데, '수정되지만 쉽게 알아볼 수 있는 (성인의) 유사 경험을 유아기 경험의 탓으로 돌리는 과학적 속성'에 대한 것이다(Bion, 1994: 33). 예를 들면, 단어 '사랑'을 유아의 모유에 대한 경험 속성으로 돌릴 때, 정신분석학자들은 (엄마의) 젖가슴을 빠는 것은 감정적 경험이라고 가정해야만 한다. 비온의 어휘에 대한 간략한 묘사는 (인간의) 사유 문제에 대한 그의 색다른 기여를 이해하는 데 유용하다.

정신분석 임상 동안 (내담자의) 감정을 추적하기 위하여, 그리고 감정적 경험으로부터 배우는 것에 관한 관심을 허용하거나 금지하는 기능에 이름을 붙이기 위하여, 비온은 그가 사용하는 표기 체계를 만들었다. 그 표기 체계는 좀 이상하지만, 알려지지 않은 가치들을 검토하는 데 사용되었다(Bion, 1994: 3). 이것은 특별히 비온의 '알파 기능'과 '베타 요소'라는 아이디어의 경우로서, 두 가지 상이한 감정 상황의 이름이다. 알파 기능은 이해될 삶의 경험과 주어진 순서, 시간, 장소, 기억을 위한 수단이다. 이것의 사용은 아이디어를 연결하거나 묶기 위한 것이다. 베타 요소는 살아 있지 않은 대상이 마치 우리 마음을 침범했다고 느끼는 혼란한 경험이고 대비, 회피, 혼동 그리고 행동화에 쉽게 종속된다. 이 요소들은 아이디어의 연결을 공격하고 본질적으로 학습을 할 수 없는 상황을 느끼는 것이다(Bion, 1993). 이

베타 요소는 또한 관계적 수수께끼인데, 비온에 따르면, 사유는 항상 감정적 경험에 대한 사유에 관계한다. 비온은 이러한 대상관계를 L(Love, 사랑), H(Hate, 미움), K(Knowledge, 지식), 그리고 −K(no Knowledge, 지식 없음)로 상징화한다.

사유 실패 이유로서 좌절을 느끼는 것에 대한 무관용이라는 아이디어는 비온의 이론에서 핵심적인 것이다. 정신적 기능의 두 가지 원칙에 대한 프로이트의 1911년도 논문을 검토하면서 비온은 다음을 강조한다. "긴장을 만들고 또 완화시킬 때 좌절을 관용하지 않는 것의 역할 …… 정신분석학자에게 중요한 선택은 **좌절을 회피하도록 설계된 절차와 그것을 수정하도록 설계된 절차** 사이에 놓여 있다. 그것은 중요한 **결정이다.**"(1994: 28-9, 강조는 원문을 따름)

좌절이 어떻게 절제되거나 통제되는가는 유아의 좌절에 대한 어머니의 몽상과 수용에 달려 있을 뿐만 아니라, 그녀가 그 좌절(베타 요소)을 유아가 긴장을 풀고 안전감을 느낄 수 있도록 하는 말 · 단어로의 변형 능력에 달려 있다. 핵심을 말하자면, 몽상(알파 기능)의 능력은 경험(좌절)으로부터 배운다는 것이다. 좌절을 수정하는 어머니의 경험과 그것이 자극하는 흥분된 사랑은 유아에게 되돌아가고, 유아는 그때 그 경험을 소화할 수 있으며 몽상으로부터 배울 수도 있다. 그때 배움은 좌절의 감정을 관계의 정서적 경험으로 변형할 수 있는 능력인 만큼이나 감각적인 것이다. 이것으로부터 비온의 핵심적인 질문이 나온다. "우리는 어떻게 생각들(thoughts)에 대하여 사유할 수 있는가?"(1994: 62). 그리고 이때 교육은 교사와 학생이 자신의 생각들을 사고하는 방식에 대해 어떻게 사유할 수 있는가?

비온의 관점에서 볼 때, 생각들은 베타 요소에 상당히 가깝다. 애초에 느껴진 좌절이 있다. 그리고 안나 프로이트가 교육을 모든 유형의 간섭이라고 정의한 것과 마찬가지로, 비온은 학습을 모든 유형의 좌절이라고 간주하는데, 왜냐하면 학습에서 직면하는 것은 (학습자에게) 알려지지 않은 것이기 때문이다. 비온에게 K 혹은 지식은 어떤 것을 소유하게 되는 것이 아니라 경험을 알게 되는 것을 의미한다. 즉, "학습자가 학습의 본질적 좌절을 허용할 수 없다면, 그는 전능의 판타지, 모든 것이 알려져 있는 상태를 믿는 판타지에 탐닉하고 있다."(p. 65). 관계적 수수께끼는 인식론적인 성격의 것이다. 다시 말하면, 교사는 학생으로부터 대답을 숨기는 것으로 이미지화된다. 만약 그렇다면 지식은 죽은 것으로 간주된다. (그러나) "'생각들'이 사고 · 사유에 인식론적으로 앞서는 것으로 간주된다면, 문제는 단순화되고 사고/사유는

생각들을 다루는 방법 혹은 기관으로서 발전될 필요가 있다."(p. 83) 그때 학습은 획득(additive) 이론이나 행동주의 이론에 의해 제시되는 모델보다 훨씬 더 도전적인 것이 된다. 다른 사람의 마음은 발달에 대한 무관용이나 혐오에 기대지 않은 채, 경험을 알게 되는 수단이 된다. 비온은 사고·사유를 '부정적 능력'의 가치, 혹은 재빠른 해결에 도달하지 않은 채 불확실성을 관용하는 능력과 연결시킨다.

D. W. 위니컷: 인간으로서의 아기

위니컷은 생애 마지막 시기에 의사와 정신분석학자를 대상으로 한 자기 자신의 사고 발달에 대한 강연에서 다음과 같은 놀라운 고백을 했다.

> 처음에는 나 스스로 소아과 의사로서 분석하는 것을 배웠는데, 이때 아기나 모든 연령대의 아동에 대해 말하는 사람들의 얘기를 들어 보는 엄청난 경험을 하였고 아이를 한 사람의 인간으로 보는 것에 큰 어려움을 겪었다. 내가 점차 아기를 인간으로 볼 수 있게 되었던 것은 사실상 정신분석을 통해서였다. 이것이야말로 처음 5년간 내가 한 정신분석 작업의 주요 결과였다. 그래서 나는 아기를 인간으로 볼 수 없는 소아과 의사나 누구라도 그들에게 극히 공감했다. 왜냐하면 나 자신이 (초기에) 아무리 애썼음에도 절대적으로 그렇게 할 수 없었기 때문이다(1967/1989: 574).

위니컷의 위 고백은 두 가지 도전과 관계된다. 하나는 자신이 받았던 의료교육에 대한 것인데, 여기서는 아기를 마치 필요와 불소통의 상태에 있는 생물학적 존재로 다루는 경향이 있었다. 다른 하나는 초기 삶에 대한 그의 개인적 기억에 관한 것이었다. 아기를 인간으로 보는 것은 성인이 하기에는 매우 어려운 것인데, 왜냐하면 취약하고 무기력하며 의존성과 같은 배려와 사랑의 세계에 대한 관계성이 의미하는 것들, 자주 상징적으로는 여성성과 나약함을 표시하는 것으로 보이는 것 속에 자기 인생의 초기 단계가 있었다고 생각하기가 (남성으로서) 매우 어렵기 때문이다. 아기를 이러한 범주로부터 배제시키는 것 같이 보이는 '인간성' 혹은 '인간적인 것'은 도대체 무엇인가? 위니컷과 더불어 생각해 보자면, 인간 초기 단계의 아기에 대한 이

러한 인간성의 부정은 여성, 아동, LGBTQ, 난민, 토착민 등을 비인간화하는 것과 뭐가 다른가?

왜 아기는 인간으로 간주되지 않는가라는 질문에 대한 위니컷의 대답은 현혹될 정도로 단순하고, 사회 정의(justice)에 대한 정치적 요구가 어떻게 들리고 또 묵살될 수 있는지에 관한 생각으로 나아간다. 위니컷에 따르면, 아기는 본성상 너무나 많은 요구를 하고, 소통하거나 수행하거나 창조하거나 자신의 세계에서 대상을 발견하기보다는 단순히 한 무더기의 필요만을 요구하는 존재로 이해된다. 배려를 향한 아기의 이러한 요구는 그것을 만족시키는 이를 위한 고려가 전혀 없다는 점에서 무자비하기조차 하다(Winnicott, 1999). 그 요구들은 배려자로부터 엄청나게 많은 것을 요구한다. 그리하여 위니컷(1947/1992)의 견해에 따르면, 우리는 때때로 아기를 미워할 필요가 있다. 아이의 요구는 때때로 박해로 여겨지는 한편, 배려자의 복수에 대한 바람의 연출을 통해 충족될 수도 없다. 처음에 아기는 '나'와 '내가 아닌 것'을 구분할 수 없고, 분리되어 있지만 타자와 함께 있는 자아가 되는 것에 가깝다. 위니컷(1999)은 비온이 그랬던 것처럼, 성인의 언어는 아이의 대상관계나 대상사용 경험과 양립할 수 없다는 것을 인정할 필요가 있었다. 그래서 알지 못하는 상태의 인간적 요소를 건너뛰는 것처럼 보이는 교육자의 가르침과 배움의 기술적 용어 또한 동일하게 말할 수 있다.

이전에 등장했던 정신분석학자들과 마찬가지로 위니컷은 자신의 어휘를 만들어 세 가지 차원에서 인간 발달을 다루었다. ① 주관적 대상의 발달 혹은 어린아이가 마술적으로 창조하는 것, ② 객관적 주관의 발달 혹은 어린아이가 자신과 다른 혹은 '자신이 아닌' 타자를 만나는 것, ③ 배려의 발달로서 아이의 취약성과 [영원한 추락, 파편화, 객관화(몰개인화), 현실감 상실, 어떤 의사소통의 수단이 결여된 고립과 같은] 원시적 고뇌를 포함하는 환경을 유지하는 것이 그것이다(Winnicott, 1963/1989). 위니컷은 타자라는 외적 세계에 대해 가장 강조했는데, 이것은 불균등한 발달을 상상하고 수용할 필요가 있는 세 번째 차원이다. 환경은 좌절의 고통 및 세계 속에서 자신의 위치를 표현하는 데 필요한 공격성을 억누르는 것을 돕기 위하여, 충분히 좋은 배려와 충분히 좋은 환멸(각성)을 제공한다. 모든 필요가 충족될 수는 없고, 모든 이가 복종을 요구하는 이미 만들어진 세계로서 실재·현실에 부딪히는 것으로부터 느껴지는 고통에 종속된다. 위니컷의 고백으로 되돌아가자면, 의미로 충만하지만 알기

어렵고 사랑과 인정을 요구한다는 의미에서 아기는 인간이라고 우리가 생각할 수 있을 정도로, 가정이나 교육에서 충분히 좋은 환경이 제공되었다고 말할 수 없다는 것이다.

위니컷의 글은 후기구조주의 이후에 작업하고 있는 정치이론가들에게 특별히 매력적이다. 감정적 삶의 분석을 통해 '주체를 다시 중심으로 놓'고, 그것의 치료적 행위와 분투하고자 하는 새로운 분위기가 등장하고 있다(Bowker & Buzby, 2017). 정서적 주체로의 이러한 선회는 교육적 관계에 기본적인데, 이는 사람들이 서로를 걸어 다니는 담화로서 경험하지 않기 때문이기도 하고, 판타지 및 만들어지고 단절되는 정서적 연대가 익명의 (사회적) 구조보다 더 설득적으로 보이기 때문이기도 하다. 개인 발달의 상호주관적인 관계의 질, 사회적 박탈의 정신 외상, 좌절과 현실이 가하는 일상적 충격들, 그리고 취약성과 인간 권리를 위한 요구에 동반되는 창의적 삶의 감정적 상황 간의 관계에 초점을 두면서, 위니컷의 주체로의 선회는 자아와 타자 간의 갈등 속에서 전개되는 것으로서 제도적 실패의 자리에 따뜻함과 심지어 다정함의 환경을 지속하기 위한 조건을 제시하기도 한다.

샐리 스와츠(Sally Swartz, 2019)는 위니컷의 이론을 남아프리카의 정신분석학 분야와 케이프타운 대학교의 교육학 분야에 도전하는 탈식민지화를 위한 지속적 요구와 운동으로 확장시킨다. 그녀는 인종격리정책의 설계자 중의 한 사람인 세실 로즈(Cecil Rhodes)의 지위를 포함한 인종주의의 국가적 상징을 그 대학으로부터 제거하기 위한 요구로서, '로즈 추방'이라는 반-인종격리 운동에서 일어났던 정치적 저항 운동의 무자비함과 집단소요의 방식에 초점을 둔다. 스와츠는 위니컷이 제안한 인간 발달의 어려운 역설적 틀을 세심하게 분석한다. 정신분석학적 심리치료자이자 대학의 행정 관료였던 스와츠는, 정신분석학이 그 자체의 상상력과 어휘를 탈식민화하기 위해서 직면해야 하는 도전, 그리고 대학이 그 자체의 상상력에 영향을 미치고 학생의 무자비한 요구를 들어줄 때 직면하는 도전, 그리고 저항운동에서 벗어나 교육을 위한 새로운 틀을 창조하려고 할 때 직면하는 도전을 고려한다. 이 모든 운동을 위하여 유아기 발달, 오이디푸스 갈등, 자아의 자기방어, 대상관계, 감정적 상황에 대한 이론들은 사회 변화의 복잡성에 의해 유지되고 변형될 유동성을 제공할 정도로 충분한지에 관한 질문이 있을 수 있다. 다른 한편, 그 질문은 또한 심리적 변화의 이론들에 확장되어야만 한다. 우리는 교육이라는 과업이 사유에 대한 견해를 변화시키는 동시에, 비온의 의미로 자아와 타자의 지위를 경험하는 좌절을 관용할 수 있는지 물을 수 있다. 이것 이상으로 지속되는 문제는 리쾨르(1979)의 프로이트 연구에 의해 규명되었다. 그것은 사유의 문제를 불확실성, 고충, 바람의 해석의 문제를 중심으로 고찰하였다. 리쾨르는 사유나 정신적 공간의 이론은 복잡성의 위기, 즉 언어, 해석, 그리고 성찰의 복잡함이라는 위기를 겪어야만 한다고 제안한다. 위니캇의 관점에서 보자면, 그 위기는 전지구적 환경 문제 때문에 이미 일어났고 지금은 자아중심적인 마술적 사고의 (자기) 방어라는 환상을 깨는 작업에 속하는 것이다.

마음의 유아기 뿌리를 위한 철학

사유의 본성에 대한 정신분석학적 견해를 따르기 위해 우리는 유아를 인간으로 바라보고 사유를 감정적 상황으로 간주하는 것으로부터 시작할 필요가 있다. 소아과 의사인 위니캇조차 이 생각이 믿기 어려웠던 것임을 인정했고, 종국적으로는 초기 삶을 (인간적) 삶으로 상상할 수 없게 하는 데에 무엇이 일어났는지 자기 스스로 의문을 가질 필요가 있었다. 사유하는 주체의 핵심으로서 상호주관적인 감정적 세계의 의의는 여전히 옹호될 필요가 있고, 특히 경험의 힘의 상징화에 대한 저항 및 사회적 성찰에 대한 감정의 도전을 생각할 때 그러하다. 다만 걱정되는 것은, 내면적 세계에 주목하는 한편, 내면적 삶의 사용과 취약성을 관계적인 것이자 해석에 종속적인 것으로 인정하는 것이, 배상과 감사함의 충동에 반대되는 것으로서 무한 퇴행과 다정함으로만 나아갈지 모른다는 것이다. 이 장에서 논의된 심리분석자들은 알려지지 않은 것에 영향을 받는 인간적 딜레마라는 운명을 주로 탐색했다. 그리고 그들은 모두, 내적·외적 세계가 가하는 외부적 영향력과 무의식적 등록은 그것이 이해될 수 있기 전에도 느껴진다는 사실에 동의한다. 그들은 감정적 세계를 두려워하지 않았고 그 용기를 윤리성의 연약한 근거로 고려했다. 더욱이 그들은 모두 해석을 위한 실천 그 자체로서 심리적 삶의 동요와 진동에 주목했다.

논의된 모든 정신분석학자 중에서 안나 프로이트는 감정적 삶을 교육적 관계의 이 다른 측면에서 개념화하는 데 노력을 기울인 학자로 가장 유명하다. 심리적 삶처럼 교육은 갈등, 실패, 의존성과 자율성의 문제, 그리고 욕망과 상실을 둘러싼 논

변 없이 일어날 수 없다. 그녀는 정신분석학을 교육과 더불어 사고하는 세 가지 유용한 방식을 제공했다. 그 세 가지는 바로 교육적 난관에 대한 비평으로서, 추동력(drives) 이론으로서, 그리고 교육에 연루되는 상처와 분노를 특별히 다루는 치료의 방법으로서이다(A. Freud, 1930/1974: 129). 그러나 다음을 포함하는 윤리적 선회를 위한 다른 관계적 요구들도 있다. 감정적 삶에 대한 두려움을 이해하는 것, 정치적 문제에서 그 두려움이 취할 수 있는 형식들, 사회적 처신의 구속물들을 확인하고 왜 엄격한 사회적 기대가 자유의 범위를 좁히는지를 말하는 것, 선입견을 뒤집고 새로운 질문이 제기될 수 있게 하는 것, 그리고 기각의 절차를 눈치 채고 인간적 복잡성을 분리해 내는 것 등이다. 모든 것은 상호주관성의 파토스를 받아들이는 것과 관계된다. 그러나 표현하기 매우 어려운 생각 중 하나는, 주체성 및 상호주관적 관계들에 관한 연구를 통해서만 해석에 실제로 종속될 수 있는 객관적 실재에 대한 해석을 창조해 낼 수 있다는 점이다.

교육과 함께하는 정신분석학은 어떤 종류의 교육철학을 창조하는가? 교육과 함께하는 정신분석학은 사유 딜레마의 통용과 그것의 유아적 뿌리를 제안한다. 우리는 용서와 다정함, 기다림의 메커니즘, 그리고 우리의 경험 자체인 좌절을 허용하는 능력 없이 사고할 수 없다. 우리는 발달과 억제의 기초로서 학습의 어려움에 대한 관점 없이 사고할 수 없다. 우리는 해석의 위험 없이 사고할 수 없고, 충분히 좋은 환경을 필요로 한다. 프로이트 부녀, 클라인, 비온 그리고 위니컷이 그랬던 것처럼, 성인 마음의 유아기적 뿌리 운동을 상상하지 않는다면, 그리고 유아의 생명력을 수용과 인상 그리고 창조적 표현을 위한 가장 급진적 수단으로 고려하지 않는다면, 윤리적 공간을 개념화하고 탄생성을 통해 배려하는 것은 직관에 반하는 것처럼 보일지 모른다. 이런 방식으로 교육이라는 바로 그 사유는 절대적 지식을 향한 경향성으로부터 자유로워질 수 있고, 학습의 타자성과 심지어 그것의 무자비성조차 상징화될 때 우리에게 열리는 위기에 비로소 손을 내밀 수 있다.

이 장에서 논의된 정신분석학자들은 자신들의 윤리적 차원으로서 상호주관적 틀에 우선성을 부여한다. 정서와 관계적 수수께끼에 주목하고, 취약성과 의존성에 주목하며, 판타지와 욕망, 역사와 정치적 삶의 수용에 주목하며, 전이 교환의 유연성에 주목한다(Kirshner, 2017; Reeder, 2008). 무의식으로 하여금 사고하도록 허락하는 핵심적 방법인 자유연상은 검열의 밀고 당기는 작용의 강장제가 되고, 사고에서 억

제의 힘을 약화시키고, 상상력과 해석에 대한 거부가 교육과 정치 제도적 삶에 왜 이렇게 만연해 있는지를 더 깊이 이해하는 것을 돕는다. 이러한 요소들은 비의료적인 성격의 것이며, 유리겐 리더(Jurgen Reeder)가 "주의력 깊은 경청과 현명한 선택의 부드러운 조직"(2008: 117)으로 적절하게 묘사하는 일종의 수완 혹은 노하우와 관계가 있다. 정신분석학을 교육과 함께 사고하는 것은 감정적 삶에 저항하는 것, 그리고 그 감정적 삶의 복잡한 갈망과 절차가 표현되기를 원하는 데 온 마음을 쏟는 것, 이 두 가지 모두에 의해 영향을 받는 것이다. 부정과 그 부정의 제거로 간주되는 이 이중의 압력은 경청, 해석의 급진성, 자유연상, 그리고 관계성의 지속적 발전이라는 정신분석학적 방법을 우리에게 가르쳐 준다.

참고문헌

1차 문헌

Bion, Wilfred R. (1993). *Second Thoughts*. London: Karnac.

Bion, Wilfred R. (1994). *Learning from Experience*. Northvale, NJ: Jason Aronson.

Bion, Wilfred R. (1995). *Attention and Interpretation*. Northvale, NJ: Jason Aronson.

Freud, Anna. (1930/1974). "Four Lectures on Psychoanalysis for Teachers and Parents," in *The Writings of Anna Freud 1922-35*, Vol. 1: *Introduction to Psychoanalysis and Lectures for Child Analysts and Teacher*, 73-137. New York: International Universities Press.

Freud, Anna. (1936/1995). *The Writings of Anna Freud*, Vol. 2: *The Ego and the Mechanisms of Defense*, rev. edn., Madison, CT: International Universities Press.

Freud, Sigmund. (1953-74/1976). *The Standard Edition of the Complete Psychological Works of Sigmund Freud*, 24 vols., Ed. and trans. James Strachey, in collaboration with Anna Freud. London: Hogarth Press and Institute for Psychoanalysis. [Hereafter *SE*.]

Freud, Sigmund. (1899). "Screen Memories," *SE* 3: 303-22.

Freud, Sigmund. (1900). *Interpretation of Dreams (first part)*. *SE* 4: xxiii-338.

Freud, Sigmund. (1905). "Three Essays on the Theory of Sexuality," *SE* 7: 130-243.

Freud, Sigmund. (1909). "Five Lectures on Psycho-Analysis," *SE* 9: 9-55.

Freud, Sigmund. (1911). "Formulations on Two Principles of Mental Functioning," *SE* 12: 218-26.

Freud, Sigmund. (1914). "Remembering, Repeating, and Working Through (Further Recommendations on the Technique of Psycho-Analysis II)," *SE* 12: 145-56.

Freud, Sigmund. (1917). "A Difficulty in the Path of Psycho-Analysis," *SE* 17: 137-44.

Freud, Sigmund. (1923). "The Ego and the Id," *SE* 19: 12-59.

Freud, Sigmund. (1926). "Inhibitions, Symptoms, and Anxieties," *SE* 20: 87-174.

Freud, Sigmund. (1929-30). *Civilization and Its Discontents*, *SE* 21: 64-157.

Freud, Sigmund. (1932-3). "New Introductory Lectures on Psycho-analysis," *SE* 22: 5-182

Freud, Sigmund. (1938-40). "Splitting of the Ego in the Process of Defense," *SE* 23: 275-8.

Klein, Melanie. (1921/1975). "The Development of a Child," in *Love, Guilt and Reparation and Other Works 1921-1945*, 1-53. London: Hogarth Press.

Klein, Melanie. (1937). "Love, Guilt, and Reparation," in *Love, Hate and Reparation: Two Lectures by Melanie Klein and Joan Riviere*, 57-119. London: Hogarth Press.

Klein, Melanie. (1952/1975). "Some Theoretical Conclusions Regarding the Emotional Life of the Infant," in *Envy and Gratitude & Other Works 1946-1963*, 61-93. London: Hogarth Press.

Klein, Melanie. (1957/1975). "Envy and Gratitude," in *Envy and Gratitude & Other Works 1946-1963*, 176-235. London: Hogarth Press.

Klein, Melanie. (1959/1975). "Our Adult World and Its Roots in Infancy (1959)," in *Envy and Gratitude & Other Works 1946-1963*, 247-63. London: Hogarth Press.

Winnicott, Donald W. (1947/1992). "Hate in the Counter-Transference," in *Through Paediatrics to Psycho-Analysis: Collected Papers*, 194-203. New York: Brunner/Mazel.

Winnicott, Donald W. (1963/1989). "Fear of Breakdown," in *Psychoanalytic Explorations: D.W. Winnicott*, ed. Clare Winnicott, Ray Shepherd, and Madeleine Davis, 87-95. Cambridge, MA: Harvard University Press.

Winnicott, Donald W. (1967/1989). "Postscript: D.W.W. on D.W.W.," in *Psychoanalytic Explorations: D.W. Winnicott*, Ed. Clare Winnicott, Ray Shepherd & Madeleine Davis, 569-82. Cambridge, MA: Harvard University Press.

Winnicott, Donald W. (1999). *Playing and Reality*. London: Routledge.

2차 문헌

Bass, Alan. (2000). *Difference and Disavowal: The Trauma of Eros.* Stanford, CA: Stanford University Press.

Bass, Alan. (2006). *Interpretation and Difference: The Strangeness of Care.* Stanford, CA: Stanford University Press.

Bollas, Christopher. (2018). *Meaning and Melancholia: Life in the Age of Bewilderment.* London: Routledge.

Bowker, Matthew H., & Amy Buzby, Eds. (2017). *D.W. Winnicott and Political Theory: Recentering the Subject.* New York: Palgrave Macmillan.

Brenkman, John. (2004). "Freud the Modernist," in Mark S. Micale (Ed.), *The Mind of Modernism: Medicine, Psychology and the Cultural Arts in Europe and America, 1880-1940*, 172-96. Stanford, CA: Stanford University Press.

Britzman, Deborah P. (2003). *After-Education: Anna Freud, Melanie Klein, and Psychoanalytic Histories of Learning.* Albany: State University of New York Press.

Britzman, Deborah P. (2006). *Novel Education: Psychoanalytic Studies of Learning and Not Learning.* New York: Peter Lang.

Britzman, Deborah P. (2009). *The Very Thought of Education: Psychoanalysis and the Impossible Professions.* Albany: State University of New York Press.

Britzman, Deborah P. (2011). *Freud and Education.* New York: Routledge.

Britzman, Deborah P. (2015). *A Psychoanalyst in the Classroom: On the Human Condition of Education.* Albany: State University of New York Press.

Britzman, Deborah P. (2016). *Melanie Klein: Early Analysis, Play, and the Question of Freedom.* London: Springer.

Britzman, Deborah P. (2017). "Mrs. Klein and Paulo Friere: Coda for the Pain of Symbolization in the Lifeworld of the Mind," *Educational Theory*, *67*(1), 83-95.

Certeau, Michel de. (1988). *The Writing of History*, trans. Tom Conley. New York: Columbia University Press.

Edmundson, Mark. (2007). *The Death of Sigmund Freud: The Legacy of His Last Days.* London: Bloomsbury Press.

Felman, Shoshana. (1987). *Jacques Lacan and the Adventure of Insight: Psychoanalysis in Contemporary Culture.* Cambridge, MA: Harvard University Press.

Forrester, John. (2007). "On Kuhn's Case: Psychoanalysis and the Paradigm," *Critical Inquiry, 33*(4), 782-819.

Forrester, John. (2017). *Thinking in Cases.* Cambridge: Polity Press.

Forrester, John., & Laura Cameron. (2017). *Freud in Cambridge.* Cambridge: Cambridge University Press.

Fuechtner, Veronika. (2011). *Berlin Psychoanalytic: Psychoanalysis and Culture in Weimar Republic Germany and Beyond.* Berkeley: University of California Press.

Hale, Nathan G. (1971). *Freud and the Americans: The Beginnings of Psychoanalysis in the United States, 1876-1917.* New York: Oxford University Press.

James, William. (1890/1950). *The Principles of Psychology*, Vol. 1. New York: Dover Publications.

James, William. (1899/1983). *Talks to Teachers on Psychology and to Students on Some of Life's Ideas.* Cambridge, MA: Harvard University Press.

Kirshner, Lewis. (2017). *Intersubjectivity in Psychoanalysis: A Model for Theory and*

Practice. New York: Routledge.

Kristeva, Julia. (2000). *The Sense and Non-sense of Revolt*, trans. Jeanine Herman. New York: Columbia University Press.

Kristeva, Julia. (2001). *Melanie Klein*, trans. Ross Guberman. New York: Columbia University Press.

Kristeva, Julia. (2007). "Adolescence, a Syndrome of Ideality," trans. Michael Marder & Patricia I. Vieira, *Psychoanalytic Review*, *94*(5), 715-25.

Kristeva, Julia. (2010). *Hatred and Forgiveness*, trans. Jeanine Herman. New York: Columbia University Press.

Kuhn, Thomas. (1970). *The Structure of Scientific Revolutions*, 2nd edn., Chicago: University of Chicago Press.

Laplanche, Jean., & Jean-Bertrand Pontalis. (1973). *The Language of Psychoanalysis*, trans. Donald Nicholson-Smith. New York: W.W. Norton & Co.

Leader, Darian. (2011). *What Is Madness?.* London: Hamish Hamilton.

Major, Rene., & Chantal Talagrand. (2018). *Freud: The Unconscious and World Affairs*, trans. Agnes Jacob. London: Routledge.

Makari, George. (2015). *Soul Machine: The Invention of the Modern Mind.* New York: W.W. Norton.

Meisel, Perry., & Walter Kendrick, Eds. (1985). *Bloomsbury/Freud: The Letters of James and Alix Strachey 1924-1925.* New York: Basic Books.

Micale, Mark S., Ed. (2004). *The Mind of Modernism: Medicine, Psychology, and the Cultural Arts in Europe and America, 1880-1940.* Stanford, CA: Stanford University Press.

Reeder, Jurgen. (2008). "The Enigmatic 'Nature of the Subject': With Philosophy at the Interface of Psychoanalysis and Society," *Scandinavian Psychoanalytic Review*, *31*, 114-21.

Ricoeur, Paul. (1970). *Freud and Philosophy: An Essay on Interpretation*, trans. Denis Savage. New Haven, CT: Yale University Press.

Riviere, Joan. (1958/1991). "A Character Trait of Freud's," in Athol Hughes (Ed.), *The Inner World and Joan Riviere: Collected Papers 1920-1958*, 350-4. London: Karnac Books.

Rusbridger, Richard. (2012). "Affects in Melanie Klein," *International Journal of Psychoanalysis*, *93*(1), 139-50.

Spitz, Ellen Handler. (1994). *Museums of the Mind: Magritte's Labyrinth and Other Essays*

in the Arts. New Haven, CT: Yale University Press.

Stewart-Steinberg, Suzanne. (2011). *Impious Fidelity: Anna Freud, Psychoanalysis, Politics*. Ithaca, NY: Cornell University Press.

Swartz, Sally. (2019). *Ruthless Winnicott: The Role of Ruthlessness in Psychoanalysis and Political Protest*. London: Routledge Press.

Taubman, Peter. (2012). *Disavowed Knowledge: Psychoanalysis, Education, and Teaching*. New York: Routledge Press.

Todd, Sharon. (2001). "Guilt, Suffering and Responsibility," *Journal of Philosophy of Education, 35*(4), 597-14.

Von Unwerth, Matthew. (2005). *Freud's Requiem: Mourning, Memory, and the Invisible History of a Summer Walk*. New York: Riverhead Books.

Vulevic, Gordana. (2018). "Language and Speech in Melanie Klein's Work," *International Journal of Psychoanalysis, 99*(4), 793-809.

Webster, Jamieson. (2018). *Conversion Disorder: Listening to the Body in Psychoanalysis*. New York: Columbia University Press.

Young-Bruehl, Elizabeth. (2012). "Anna Freud: The Teacher, the Clinician, the Person," in Norkat T. Malberg & Joan Raphael-Leff (Eds.), *The Anna Freud Tradition: Lines of Development, Evolution of Theory, and Practices over the Decades*, 10-3. London: Karnac Books.

Zaretsky, Eli. (2005). *Secrets of the Soul: A Social and Cultural History of Psychoanalysis*. New York: Vintage Books.

19세기 미국 교육의 철학적 환경

관념주의에서 실용주의로

제임스 스콧 존스턴 저 · 김회용 역

서론

이 장에서는 구체적으로 1867~1895년 사이에 실용주의 교육사상이 진전된 맥락을 검토한다. 이 교육사상은 궁극적으로 1916년 존 듀이(John Dewey)의 『민주주의와 교육(Democracy and Education)』 출간과 더불어 자의식을 가진 교육철학으로 이어졌다. 1886년에 윌리엄 토레이 해리스(William Torrey Harris)의 후원으로 칼 로젠크란츠(Karl Rosenkranz)의 『교육철학(The Philosophy of Education)』이 출간되기 전까지 엄밀한 의미의 교육철학은 미국 교육사상계에 알려지지 않았지만, 페다고지나 교육과학은 적어도 19세기 중반부터 열띤 논의주제였다. 19세기 중반에 시작된 교육과학으로부터 교육철학이 발전할 환경이 존재했고, 그렇게 튀어나온 것이 관념적 교육철학이었다. 로젠크란츠와 해리스가 옹호한 이 관념주의적 교육철학에 대해 듀이는 1896년 「의지의 훈련과 관련된 흥미(Interest in Relation to Training of the Will)」를 발표하면서 정면으로 맞섰다. 실용주의 교육사상의 진화과정에 있는 이 글은 1896년 출판에 이르기까지 몇 년 동안 지속된 듀이의 교육에 대한 사유의 핵심적인 특징을 담고 있다. 듀이는 1916년 『민주주의와 교육』을 발간하기 전까지 로젠크란츠에 비견할 만한 교육철학을 만들어 내지는 못했지만, 1895년까지 교육계에 만연하게 펴져

있던 관념적 교육철학에 맞설 토대를 마련했다.

이 장에서는 먼저 초기 미국 철학이 교육사상에서 수행한 역할을 19세기 전반부의 낭만주의, 관념주의, 유물론 전통을 강조함으로써 검토할 것이다. 두 번째로, 요한 프리드리히 헤르바르트(Johann Friedrich Herbart)의 영향을 포함하여 19세기 중반 교육에 미친 철학적·과학적 영향을 논의할 것이다. 그런 다음 고전적 실용주의의 선두주자들인 천시 라이트(Chauncey Wright), 찰스 샌더스 퍼스(C. S. Peirce), 그리고 윌리엄 제임스(William James)의 견해와 더불어 그들이 교육과 후기 실용주의 사상에 기여한 바를 돌아볼 것이다. 마지막으로 19세기 말 실용주의 사상 발전의 중심에 있었던 인물들, 특히 존 듀이의 지적 발전에서 초기 미시간 대학교 시기와 이후 시카고 대학교 시기에 중요한 역할을 한 인물들을 살펴볼 것이다. 제인 애덤스(Jane Addams), 제임스 터프츠(James Tufts), 제임스 에인절(J. R. Angell), 에디슨 웹스터 무어(Addison Webster Moore) 그리고 조지 허버트 미드(George Herbert Mead) 등을 다룰 것이다.

초기 철학과 미국 교육사상

19세기 말에 이르기까지 실용주의와 실용주의자들이 교육사상에 구체적으로 기여한 바를 논의하기 전에, 실용주의가 발달하게 된 배경을 알아보고 발판을 구축하는 것이 도움이 될 것이다. 여기에는 종교적·문학적·철학적·과학적 배경이 혼재하여 복잡한 양상을 보인다. 한편으로, 특히 프레데릭 헨리 헤지(F. H. Hedge)와 브론슨 알코트(Bronson Alcott)의 저작과 랄프 월도 에머슨(Ralph Waldo Emerson)의 에세이에서 전형적인 예로 나타나는 초기 미국 사상은 플라톤주의, 그리고 이마누엘 칸트(Immanuel Kant), 요한 볼프강 폰 괴테(Johann Wolfgang von Goethe), 프리드리히 실러(Friedrich Schiller), 프리드리히 빌헬름 요제프 셸링(F. W. J. Schelling)과 새뮤얼 테일러 콜리지(Samuel Taylor Coleridge)에게 공통되는 독일 관념론에 의지했다(Greenham, 2015; Kuklick, 2002; Pochmann, 1957). 다른 한편으로는, 다윈(Darwin)의 『종의 기원(On the Origin of Species)』이 전형적인 예시가 되는 19세기 과학사상의 자연주의와 유물론은 아가시(Agassiz)와 다윈의 논쟁을 면밀히 다루었던 윌리엄 제임스에게 특히 영향을 미치며 더 큰 학계로 뻗어 나갔다(McDermott, 1986; Menand,

2002). 이미 다원주의적이었던 이러한 환경을 더욱 발전시킨 것은 벤저민 프랭클린(Benjamin Franklin)과 조지프 프리스틀리(Joseph Priestley)에서부터 토머스 제퍼슨(Thomas Jefferson), 존 애덤스(John Adams), 그리고 프레데릭 헨리 헤지(F. H. Hedge)에 이르는 스코틀랜드 리얼리즘의 유산이었다(Flower & Murphey, 1977; Kuklick, 2002). 에머슨의 작품은 정신과 물질의 통합, 자유, 결정론을 강조하는 관념주의적 수사학 안에서 형이상학과 자연의 세계를 종합하는 상징적인 시도이다(Greenham, 2015). 에머슨의 『미국의 학자(The American Scholar)』는 철학적 · 문학적 사고와 관련하여 이러한 다원주의를 떠오르게 한다(Emerson, 1904: 1). 이 글은 1837년 메사추세츠 케임브리지에 있는 파이 베타 카파 학회(Phi Beta Kappa Society)[1]에서 발표했던 연설을 이후에 에세이로 변형시킨 것이다. 에머슨은 세계로 뻗어 나가는 미국 학자의 역할을 다음과 같이 조망했다. 미국 학자는 '세계의 심장'이자 '세계의 눈'이며 '그들만이 세계를 조망할 수 있을 것이다'(Emerson, 1904: 1)고 하였다. 미국 학자는 유럽 학자들과는 대조적으로 유럽식의 **민족주의**를 지니지 않은 코스모폴리탄이자 세계적인 학자였다. 즉, 미국의 학자는 다원주의자였으며 이러한 다원주의의 감각은 본성, 역사, 행위 속에서 직관적으로 발견된 것이다. 그럼에도 불구하고 에머슨과 헤지의 '철학'은 헤겔로부터 유래한 모든 것을 아우르는 의미에서 사변적이기보다는 직관주의적이었다(Lysaker, 2008). 에머슨의 직관(divine)은 지적으로 이해된 것보다 감각적으로 느껴진 것에 더 가까웠는데, 이는 관념주의의 용어로 말하자면 **개념적 지식**(wissen)이라기보다는 **경험적 지식**(kennen)에 가깝다. 이러한 에머슨의 직관의 **경험적 인식**(Erkenntnis)은 훗날 성 루이스 학교의 교장과 교육국장을 지낸 윌리엄 토레이 해리스의 헤겔 절대주의에 대한 직관주의적 해석을 통해서 빛을 발한다(Harris, 1896; Harris & Doty, 1874).

이러한 관념주의의 발전과 함께 노예제도와 남북 전쟁의 참상에 대한 대응이 있었다. 저명한 법학자 올리버 웬들 홈스(Oliver Wendell Holmes)[2]는 메사추세츠 제

---

1) 역자 주: 파이 베타 카파 학회는 1776년에 창립된 미국에서 가장 오래된 명예 학회로서 오랜 역사와 학문적 선택도로 인해 명성이 높으며, 교양 및 과학 분야에서 우수성을 홍보 · 옹호하고, 매년 과학 및 수학 분야에서 가장 훌륭한 책을 쓴 저자를 선정하여 시상하고 있다.

2) 역자 주: 올리버 웬들 홈스는 미국의 법학자, 대법관으로 미국에서 가장 위대한 법사상가 중 한 명으로 꼽힌다. 1902~1932년까지 미국 연방 대법원의 대법관을 지냈다. 일반적으로 보수적인 법관 속에 있으면서도

20연대에서 연합군으로 복무했다. 그는 총알이 가슴을 관통하는 상해를 입고 임시 병원에서 죽음의 위기에 처했던 적이 있었는데, 당시 그는 신이 아니라 불확실성 그 자체에 의지했다고 한다(Menand, 2002: 37). 홈스가 부상을 입은 것은 이때뿐만이 아니었으니 불확실성에 의지한 신념에 대한 통찰이 많이 이루어졌을 것이다(p. 41). 홈스는 이후 1870년대 초 천시 라이트(Chauncy Wright)[3]의 형이상학 클럽(Metaphysical Club)[4]에 참석하였고, 거기에서 전쟁 이야기와 폭력에 확실성이 작용하는 역할에 관한 이야기로 퍼스와 제임스를 매우 즐겁게 해 주었다(p. 61). 지식의 문제에 있어서 확실성에 대한 탐구를 거부하고 오류가능주의로 전환하는 것은 고전적 실용주의자인 퍼스와 제임스, 그리고 듀이의 주요한 임무가 되었다. 홈스는 하버드 학부 시절부터 제임스와 절친한 친구로 노예 폐지론자였다(Wilson, 1969: 119). 제임스의 아버지 헨리 시니어(Henry Sr.)도 노예제도에 반대하는 입장을 취했기 때문에 이는 제임스에게 이중으로 큰 영향을 미쳤다(p. 73).

19세기 중반의 미국 고등 교육은 점점 더 종교적 훈련장에서 실용적인 생활과 전문 직업 교육 등 세속적인 것을 강조하는 방향으로 나아가고 있었다(Kuklick, 2002). 미국 대학은 전통적으로 신학 및 성직자 교육을 담당해 왔지만, 점차 다른 전문 직업 교육뿐만 아니라 교양교육과 과학교육에 그 자리를 내어 주면서 역할을 전환하게 되었다. 그러나 19세기 후반에 이르기까지, 과학을 공부하는 학생에게 이러한 전환은 유지되기 어려운 균형이었다. 왜냐하면 그들에겐, 예컨대 도덕, 윤리를 주제로 한 캡스톤 과정을 통해 총장으로부터 직접 종교 교육을 받는 일이 매우 빈번하게 일어났기 때문이다(Flower & Murphey, 1977). 대학의 학부 교육을 마치고도 자신의 학문을 더욱 심화해 가고자 하는 학생들은 종종 영국, 프랑스, 그리고 특히 독일

진보적 소수 의견을 자주 진술하여 미국의 법과 법학 발달에 기여했다. 자유주의자로서 기본적인 인권 옹호를 위해 노력했고, 실용주의의의 입장에서 자연법 사상과 같은 오래된 과거의 신념을 타파함으로써 리얼리즘의 발달을 도왔다.

3) 역자 주: 천시 라이트는 미국의 철학자이자 수학자로 초기 다윈주의의 영향력 있는 옹호자였으며, 퍼스와 제임스 등 미국의 실용주의자들에게 중요한 영향을 미쳤다.

4) 역자 주: 형이상학 클럽은 1872년 1월 매사추세츠주 케임브리지에서 퍼스, 제임스, 홈스가 처음 가졌던 비공식 토론 모임으로 9개월 간 지속되었고, 이들 외에 라이트, 피스케, 애벗, 그린 등이 참여했다. 이 모임의 구성원들은 사람들의 삶 안에서 신념이 어떠한 역할을 하는지에 대해 탐구하였고, 짧은 기간의 모임에도 불구하고 이 모임을 통해 탐구된 사상은 퍼스에 의해 실용주의로 명명되어 오늘날 미국적 정신으로 불리고 있다.

을 포함한 유럽의 대학에 진학했다. 1850년대 즈음 대학은 독일의 명문 고등 교육 기관에서 훈련받은 교수진으로 채워지기 시작했다. 특히 과학자들이 그랬다. 이 학자들은 **교수의 자유와 학습의 자유라는** 쌍둥이 이상을 통해 미국이 연구 대학을 위한 조건을 재구성할 수 있도록 힘을 실어 준 기관들로부터 당시의 최신 학문을 들여 왔다(Ream, 2007; Tanaka, 2005). 하버드 대학교는 1872년 찰스 엘리엇(Charles Eliot)의 지휘 아래 미국 최초로 대학원 과정을 개설하였다. 존스 홉킨스 대학교는 1878년에 조사이어 로이스(Josiah Royce)를 첫 박사 학위자로 배출했다(Kuklick, 1985). 이러한 새로운 학교에 채용된 과학자들은 주로 독일 연구 대학에서 흔히 볼 수 있는 실증주의 방법을 택했다. 실증주의 방법은 ① 세부 사항에 대해 끈질기게 관찰하고 주의를 기울이는 것, ② 종합하는 것보다 분석하는 것에 우선순위를 두는 것, ③ 실험 결과를 형식적인 상징 언어로 축소하고 전달하는 것, ④ 자연 현상에 대한 추측 및/또는 형이상학적 설명을 거부하는 것을 포함한다. 존스 홉킨스 대학교와 이후 클라크 대학교에서 관념주의와 실험심리학 사이의 분열을 다룬 그랜빌 스탠리 홀(G. Stanley Hall)은 형이상학에서 생리학으로의 전환을 상징적으로 보여 준다. 반면, 미국 동부의 주요 헤겔주의자였던 조지 실베스터 모리스(George Sylvester Morris)는 1888년 사망할 때까지 사변철학의 진영에 완강하게 머물렀다.

교육사상에서 헤르바르트의 역할과 철학에서 헤겔의 관념론은 19세기 중반에 유행했다. 헤르바르트는 페스탈로치(Pestalozzi)를 통해서 교사가 학습자를 지도할 수 있도록 안내하는 지각심리학(psychology of perception)을 발전시켰다.[5] 1843년, 메사추세츠주의 교육감이었던 호러스 맨(Horace Mann)은 장기간의 유럽 여행에 나서 프로이센의 학교들을 조사하는 데 시간을 할애했다. 미국 교육에 대한 호러스 맨의 통찰은 그의 7차 연례 보고서에 기록되어 있다(Mann, 1957). 미국의 의무교육제도 수립에 공헌한 호러스 맨은 페스탈로치와 헤르바르트의 교수법에 대해 긍정적으로 평가함으로써 그들과 그들의 교육이론에 관한 관심을 불러일으켰다. 호러스 맨

5) 역자 주: 독일의 철학자이자 심리학자 그리고 교육학자였던 헤르바르트는 칸트의 후임으로 쾨니히스베르크 대학교에 재직하며 후학을 양성했다. 스위스에서 가정교사로 일하던 젊은 시절, 민중교육의 실천으로 명성을 얻고 있던 페스탈로치를 만나 그의 교육관과 교육실천에 감명받은 것은 이후 그가 대학에서 학생을 지도하는 데 큰 영향을 미쳤고, 교사에게 제공하기 위한 이 인지심리학적 기여는 사실상 헤르바르트 자신의 교수활동을 위한 작업의 일환으로 시작되었다고 볼 수 있다.

은 헤르바르트 교수법을 고정된 단계를 통해 교과를 가르쳐 아동의 학습을 이끄는 것으로 특징지었다. 그러나 미국에서 헤르바르트주의는 19세기 후반에 이르러 발전하였다. 헤르바르트 학회는 전미교육협회(National Education Association)의 결과였다. 독일 동부지역에 있는 할레 대학에서 박사 학위를 갓 취득한 찰스 드 가르모(Charles De Garmo)와 찰스 맥머리(Charles McMurry)는 전미교육협회가 1892년 개최한 협의회에서 나온 헤르바르트 클럽(Herbart Club)이라는 아이디어를 받아들여 기관으로 공식화했다(Johanningmeier & Richardson, 2008). 최초의 회의는 1895년 콜로라도주의 덴버에서 개최된 전미교육협회에서 열렸고, 여기에 존 듀이와 윌리엄 토레이 해리스가 참석했다. 헤르바르트 학회가 발행한 새로운 출판물의 제목은 『과학적 교수 연구를 위한 헤르바르트 학회의 첫 번째 연감(The First Yearbook of the Herbart Society for the Scientific Study of Teaching)』이었고, 이는 1895년에 열린 전미교육협회의 덴버 회의에서의 토론을 위해 준비된 것을 맥머리가 편집한 것이다. 듀이의 『의지의 훈련과 관련된 흥미』(1896)는 헤르바르트 학회가 발행한 두 번째 연감의 부록으로 출판되었다. 듀이는 헤르바르트주의를 "교장의 심리학"(EW, 5: 147)이라고 비판하였는데, 이는 헤르바르트에 대한 것이라기보다 헤르바르트주의에 대한 것이며(Bellmann, 2004: 480; English, 2017: 56; Oelkers, 2017), 동시에 샤를 드 가르모(Charles De Garmo[1])[6]를 겨냥한 것으로 보인다. 실제로, 듀이는 헤르바르트가 교수법에 제공한 심리학적 전환을 지지했고, 페다고지적 기획의 중심에 있는 경험주의에 박수를 보냈다(한편, 해리스 자신은 이 경험주의에 한탄했다)(English, 2013).

그러나 관념주의가 실용주의의 여명기에 북미에서 나타난 철학 사상의 유일한 예시라고 결론지을 수는 없을 것이다. 아닌 게 아니라 과학뿐만 아니라 수학, 특히 논리학에서도 활발한 활동이 이루어졌다. 미국의 학자들은 스코틀랜드의 수학자 윌리엄 해밀턴(William Hamilton)과 영국의 수학자 아우구스투스 드 모르간(Augustus De Morgan)의 연구 결과를 받아들였다(Flower & Murphey, 1977). 이 논의는 영국의 수학자인 조지 불(George Boole)과 미국의 학자인 프랜시스 보웬(Francis

6) 역자 주: 가르모는 미국의 교육자, 교육 이론가이다. 독일 할레 대학교에서 박사 학위를 받고 일리노이 주립 대학교의 교수, 스와스모어 대학교의 총장, 코넬 대학교의 교수로 재직했다. 교육의 이론과 실천에 관한 100편 이상의 기사와 책을 저술했다.

Bowen)에게 영향을 미쳤다. 불은 집합(集合, 그룹)을 대표하여 나타내기 위해 상징 기호를 사용하였고, 특히 '일부'를 특성화하기 위해 'v'를 사용했는데, 이는 논리학에서 기호논리학의 성향이 강해지기 시작하는 계기가 되었다(Flower & Murphey, 1977). 술어의 양화에 대한 불과 보웬의 논의, 그리고 프레게(Frege)와 러셀의 기호논리학의 명백한 전조가 되었던 불의 후속 연구는 특히 젊은 퍼스에게 뜻밖의 즐거움을 주었다(Fisch, 1986b; Murphey, 1960). 스코틀랜드 논리학자 윌리엄 해밀턴을 따라 일반 논리학에 대한 공리적 해석을 발전시킨 보웬의 연구도 마찬가지였다. 보웬의 연구는 밀(J. S. Mill)과 그의 추종자들의 연구로 뒷받침되어 영국에서는 대중적 사상이었던 귀납 철학에 대항하는 분명한 공격이었다. 보웬의 연역적 과정 프로그램은 밀의 귀납적 과정 프로그램과 정반대였다. 다윈은 토마스 헨리 헉슬리(T. H. Huxley)에 의해 영어권에서 충분히 대중화되었고, 에른스트 마하(Ernst Mach)의 영향으로 독일 과학계에도 잘 알려져 있었다. 1880년대에 제임스는 훈련을 통한 인간 지식의 생물학적 발생에 관한 마하의 다윈주의적 결론에 매료되었는데, 이 결론은 이른바 "유전적 교수법(genetic method of teaching)"이라 불린다(Siemsen, 2014: 2346). 영국의 사상가 니콜라스 세인트 존 그린(Nicholas St. John Green)과 알렉산더 베인(Alexander Bain)은 실용주의와 공통된 경험주의적 세계관을 가진 학자들로 꼽을 수 있다. 왜냐하면, 이들 모두 지식 주장의 정당화에 대한 실험적 접근을 지지했기 때문인데, 퍼스는 명확하진 않지만, 그의 편지에서 그린과 베인 중 한 명을 실용주의의 "조상"으로 간주했다(CP, 5: 12). 1879년에 홀의 '미국의 철학'이 영국의 학술지 『마인드(Mind)』에 발표되면서, 이 모든 사상가들은 미국 사상을 사변적 형이상학에서 실험적이며, 심지어 생리학적이기도 한 심리학으로 이끈 공로를 인정받았다(Hall, 1879).

해리스의 주도하에 특별히 헤겔의 관념론이 등장하기 전까지, 미국에는 교육철학은 말할 것도 없거니와 견고하고 일관성 있게 정립된 교육과학이 부재했다. 19세기 중반 미국에서는 과학의 문제에 있어서, 특히 지질학과 생물학에서 최근의 발견과 관련하여 유물론적 사고 경향이 증가했고, 여기에 철학적이기보다는 오히려 더욱 시적인 초월주의를 배경으로 한 종교적 사상이 혼재되어 나타나고 있었다. 실제로, 무엇이 미국인을 구성하는가는 미국 철학계에서 커다란 논쟁거리였는데, 에머슨이 직접 언급하고 그의 글에서 계속해서 다룬 다양한 철학이 바로 이에 대한 증거

이기도 하다(Lysaker, 2015). 그리고 이 철학 학파의 다원주의는 대학의 경우에는 해당한다고 하더라도, 1840년대에 호러스 맨과 다른 이들의 개입이 시작되기 전까지 주로 기계적 교육이 이루어졌던 공립학교의 경우에는 해당한다고 할 수 없다. 간단히 말해서, 교육철학은 19세기 중반의 미국에 존재하지 않았다. 헤르바르트, 페스탈로치, 프뢰벨(Friedrich Fröbel)과 같은 독일의 주요 교육학자들은 미국에서 진전을 이루었다. 그러나 그들은 처음에 교실과 교육청 전반에 걸쳐 시행될 수 있는 원칙에 기반을 둔 일련의 실천으로서 페다고지만큼 미국 교육철학을 발전시키는 계기로 작용하지는 못했다. 만약 우리가 교육철학을 형이상학적 · 논리적 · 윤리적 · 사회적인 프로그램을 지원하는 교육에 대한 체계적이고 의식적인 해석으로 정의한다면, 19세기 중반 미국에는 아주 조금이라도 유사한 것은 존재하지 않았다. 가톨릭 주교, 사제 및 평신도 교사뿐만 아니라 호러스 맨과 같은 개신교 사상가들이 열렬히 추구한 도덕 교육 같은 것이 존재하기는 했다(Kaestle, 1983; McClellan, 1999). 그러나 이 도덕 교육은 오히려 성경을 근거로 하고 있고, 또 가톨릭 도덕 교육의 경우 교리적 전통에 대한 호소에 근거하고 있어서 교육철학이 요구하는 의미에서 보자면 체계적이지도 않고 정당화될 수도 없는 것이었다.

19세기 후반 교육과학을 퍼트린 주역은 윌리엄 토레이 해리스였다. 해리스는 성 루이스 학교의 교장을 역임한 후 초대 교육감으로 활동했으며, 학교 리더십과 교육사상에 지대한 영향을 미친 다작의 저술가이기도 했다(Leidecker, 1971). 그의 저서 『교육의 심리학적 기초(Psychologic Foundations of Education)』가 출판된 1898년 즈음, 교육에 관한 전형적인 미국 사상가로서 그의 역할은 잘 확립되어 있었다(Harris, 1898). 해리스는 또한 미국 고등학교([사진 5-1] 참조)의 기초를 개혁하기 위해 1892년 찰스 윌리엄 엘리엇의 10인 위원회(Committee of Ten's Recommendations)[7]의 일원으로 봉사하기도 하였다. 해리스의 철학에 영향을 준 사상가로는 에머슨과 플라톤, 그리고 누구보다 헤겔을 꼽을 수 있다. 그는 미국을 절대주의적이고 신학적인 측면에서 이해했다(Johnston, 2013). 해리스에게 교육은 심

7) 역자 주: 남북 전쟁 당시부터 19세기 후반에 이르기까지 무질서한 성장을 이룬 미국의 고등학교 교과 과정에 질서와 표준화를 갖추기 위해 구성한 중등학교 연구 위원회로, 일반적으로 10인 위원회로 불린다. 1892년 당시 하버드 대학교의 총장이었던 엘리엇이 이 위원회의 의장을 맡았다.

리학, 즉 마음의 한 분야였다. 마음은 결국 기본적으로 직관적이고 영적인 것이다. 반면, 감각적 인식은 선험적 개념에 의해 정렬된 단순한 내용이다(Harris, 1890). 따라서 그는 감각적 인식으로부터 이미지를 구성하려는 헤르바르트의 로크(Locke)적 전념은 거부했던 반면, 헤르바르트의 방법들은 매우 긍정적으로 받아들였다(Harris, 1895). 해리스는 교육을 마음의 점진적인 전개로 이해했는데, 훗날 듀이는 『민주주의와 교육』에서 이 지점을 비판한다(MW, 9: 61; Oelkers, 2017: 284). 흥미롭게도, 해리스와 듀이는 모두 헤르바르트 학파의 일원이었음에도 불구하고 헤르바르트의 심리학적 견해에 비판적 입장을 취했고, 듀이는 흥미와 의지에 관한 해리스의 이론에 비판적이었다(EW, 5). 실제로 이것은 그들의 차이점을 결정짓는 핵심이 된다. 1873년에서 1874년, 긴 논문으로 구성된 칼 로젠크란츠의 「교육철학(The Philisophy of Education)」이 『사변철학 학술지(Journal of Speculative Philosophy)』에 처음 발표되며 등장하였고, 1886년 즈음 미국의 첫 번째 교육철학이 확립되었다. 한편, 듀이는 『민주주의와 교육』을 출간하여 교육철학에 대한 자신의 일반적인 견해를 드러

[사진 5-1] 고등학교 건물을 짓는 모습(Black River Falls, Wisconsin, 1897).

낸 1916년에 이르기까지 이에 상응하는 응답을 하지 않았다.

실용주의의 전제, 1867~1895

실용주의의 기원에 관한 의문은 여전히 계속되고 있다. 1900년, 퍼스는 제임스에게 편지로 그 용어를 누가 발명했냐고 물었다(CP,[2] 8: 253). 제임스는 퍼스 자신이 그렇게 한 것이라고 대답했다. 제임스에 따르면, 그 용어는 1878년 퍼스가 했던 강연에서 처음 나왔다(CP, 8: 253). 퍼스와 제임스는 둘 모두 그린과 베인을 라이트와 더불어 실용주의의 창시자로 여겼다. 이들은 퍼스의 형이상학 클럽과 20년간 보스턴의 클럽에서 이루어졌던 다양한 대화와 토론들이 바로 그 아이디어들의 시초라고 여겼다(Fisch, 1986b). 홀(1879)은 「미국의 철학(Philosophy in the United States)」에서 그 용어를 사용하지는 않았지만, 행동, 감각, 인식 그리고 실험심리학 및 생리심리학에 대한 홀의 강조는 사실 제임스가 향후 강조할 유사점을 미리 보여 주었다. 제임스는 1898년 캘리포니아 대학교에서 열린 일련의 강의에서 실용주의(pragmatism)라는 용어를 처음 사용했다. 실용주의자라는 이름표가 붙는 것이 어떤 결과를 낳는지 매우 잘 알고 있던 듀이는, 자기 자신을 소개하는 데 그 용어를 거의 사용하지 않았고, 1893년에서 1894년 사이에는 실험적 관념론이라는 용어를 선호했으며, 20세기 초반의 20년 동안은 도구주의(instrumentalism)라는 용어를 선호했다(EW, 4; LW, 5). 그럼에도 불구하고, 실용주의라는 용어는 좋든 나쁘든 퍼스, 제임스, 그리고 특히 듀이에게 달라붙어 있는 개념이다. 가장 일반적으로, 실용주의의 특징은 합리주의와 경험주의의 양극단을 거부하고, 지성적인 개입이 세계에 미치는 '실제적 의미'나 세계에 대한 지적 개입의 효과를 고려하는 실재주의(또는 실재론)를 선호하며, 또 그렇기 때문에 정신을 절대적인 것으로 보는 관념주의에 반대한다는 것이다(CP, 5: 410). 실용주의는 신이나 자유와 같은 전통적인 형이상학의 주제들이 실용적인 결실을 맺는 한에서 가치 있는 것으로 여기며, 방법과 과학을 옹호하고, 더 나은 삶을 위한 열쇠로서 개인 및 사회심리학을 강조한다. 그래서 실용주의는 많은 이에게 개척자와 자본가에게 어울리는 전형적인 미국 철학으로 묘사되어 왔다(Russell, 1945/1979; White, 1943). 여기에서 나(James Scott Johnston)는, 특히

1895년경 듀이에 의해 기술된 바와 같이, 초기 실용주의가 교육사상에 어떤 역할을 했는지에 관해 관심이 있다. 여기서 검토할 핵심 인물들은 천시 라이트, 찰스 샌더스 퍼스, 윌리엄 제임스이다.

라이트는 자신만의 철학을 만들어 낸 것보다는 보스턴에 이른바 형이상학 클럽을 설립하여 퍼스와 제임스에게 영향을 준 것으로 더 잘 알려져 있다. 퍼스처럼 수학에 특출났던 라이트는 한때 『항해 연감(Nautical Almanac)』의 계산 분석가였으며 나중에는 서평을 작성하며 살았다. 그는 허버트 스펜서, 찰스 다윈 그리고 (퍼스와 제임스가 관심사를 공유했던) 알렉산더 베인의 추종자였다. 그는 제임스 가족의 친구였으며 1860년대 중반에 퍼스를 만났다(Fisch, 1986c; Menand, 2002). 그 형이상학 클럽은 매달 한 번 화요일 저녁에 모임을 가졌고, 퍼스와 제임스는 물론 올리버 웬들 홈스, 윌리엄 딘 하우얼스(William Dean Howells), 헨리 애덤스(Henry Adams) 등의 저명한 지역 인사들로 구성되었다. 라이트는 퍼스가 의구심을 가지긴 했지만 다윈의 연구 결과를 받아들이고, 또 퍼스와 제임스가 베인의 실험심리학을 채택하는 데 직접적인 영향을 주었다(MS, 823). 클럽은 몇 년 동안 운영되었지만, 새 총장인 찰스 엘리엇이 이끄는 하버드 대학교의 개혁으로 인해 결국 무너졌다.

1867년 무렵, 퍼스는 그의 아버지 벤자민 퍼스(Benjamin Peirce)의 대수학 연구와 라이트의 물리학 연구를 접하면서 하버드 대학교에서 논리학을 강의하는 데 용기를 얻었다(Brent, 1990). 그 후 얼마 지나지 않아, 그는 『미국예술과학아카데미 회보(Proceedings of the American Academy of Arts and Sciences)』에 「새로운 범주 목록에 대하여(On a New List of Categories)」라는 글을 실었다. 이 글은 적어도 9년 동안 칸트의 순수이성비판과 투쟁한 것으로, 그가 철학계에 결정적인 기여를 했다고 느낀 유일한 작업이기도 하다(MS, 823). 그러나 이 글이 그가 제임스와 듀이에게 중요한 인물이 되도록 만든 건 아니었다. 실제로 제임스와 듀이에게 영향을 준 글은 1878년에 쓴 「믿음의 고정(The Fixation of Belief)」과 「관념을 명석하게 하는 방법(How to Make Our Ideas Clear)」을 포함하여 『대중과학 월간지(Popular Science Monthly)』에 연재되었던 원고들이다. 이 두 논문은 이후 실용주의에 공통되는 두 가지 핵심 원칙을 함께 강조했는데, 하나는 신념을 유지하는 다른 접근 방법보다 과학적 방법이 우월하다는 점에 초점을 두는 것이고, 다른 하나는 우리의 아이디어와 개념이 명확하려면 반드시 실제적인 의미를 가져야 한다는 것이다. 퍼스에게 중요한 것은 현실을

설명하는 우리의 능력이었고, 과학적 방법은 그가 보기에 우리가 현실을 잘 설명할 수 있도록 하는 가장 좋은 방법이었다.

> 실제(Reals)가 존재한다는 것을 내가 어떻게 아느냐 하는 질문이 있을 수 있다. 이 가설이 나의 연구 방법을 유일하게 뒷받침한다면 나의 연구 방법은 나의 가설을 뒷받침하는 데 사용되어선 안 될 것이다. 이에 대한 대답은 이렇다. ① 만약 조사연구가 실재하는 것을 증명한다고 간주될 수 없다면, 적어도 반대의 결론에 이르지는 않는다. 그러나 그 기초가 된 방법과 개념은 영원히 얽힌 채로 남는다. 그러므로, 다른 모든 경우와 마찬가지로, 어떤 방법에 대한 의심은 반드시 그 실천에서 비롯된다. ② 믿음을 수정하는 어떤 방법이든지, 그것이 일으키는 감정은 바로 두 가지 불쾌한 명제에 대한 불만이다. 그러나 여기에는 이미 명제가 무엇인가를 나타내야만 한다는 모호한 수긍이 담겨 있다. 그러므로 아무도 실제가 있다는 것을 의심할 수 없다. 만약 그가 의심했다면, 의심은 불만의 원인이 되지 않을 것이기 때문이다. 따라서 그 가설은 모든 사람이 인정하는 것이다. 그로 인해 사회적 충동은 사람들로 하여금 그것을 의심하지 않도록 만든다. ③ 누구나 과학적 방법을 아주 많은 일에 사용하고, 그것을 어떻게 적용할지 모를 때만 사용을 중단한다. ④ 방법에 대한 경험이 우리는 그 방법을 의심하도록 만들지는 않았지만, 그와는 반대로, 과학적 조사는 의견을 합의하는 방법 안에서 가장 놀라운 승리를 거둬 왔다. 이것들은 내가 가정하는 방법이나 가설을 의심하지 않는다는 설명을 제공한다. 그리고 내가 영향을 줄 수 있는 다른 사람이 있다는 것을 의심하거나 믿지 않는다면, 그것에 대해 더 많이 말하는 것은 그저 아기의 옹알이와 같을 뿐이다. 만약 그 문제에 대해 살아 있는 의심을 품고 있는 사람이 있다면, 그가 그것을 고려하도록 하라(CP, 5: 383).

실용주의자들이 지켜 온 또 다른 핵심적인 원칙은 진실이나 현실에 대한 모든 설명에서 실제적인 의미, 사실의 문제, 효과들이 수행해야 하는 역할에 대한 것이었다. 퍼스는 이 문제를 이렇게 설명한다. "그러므로 이해의 명확성 3등급을 달성하기 위한 규칙은 다음과 같다. 우리가 생각하는 개념의 대상이 어떤 영향을 미칠지 생각해 보라. 그것은 아마도 실제적 의미를 가질 수 있을 것이다. 그렇다면 이러한 효과에 대한 우리의 개념은 대상에 대한 우리의 개념의 전체이다."(CP, 5: 410) 물론 제임스는 『실용주의(Pragmatism)』(1907) 제2강[8]에서 특히 진리에 대한 그의 다양한 진술과 관련하여 이 내용을 많이 다루었다. 듀이의 입장에서 퍼스의 사상은 1916년 「퍼스의 실용주의(The Pragmatism of Peirce)」(MW, 10)라는 글이 나오기 전까지 특징지어지지 않았다. 비록 듀이가 1893년 학술지 『모니스트(Monist)』에 실린 「필연성(The Doctrine of Necessity)」(CP, 6)이라는 퍼스의 글에 간접적으로 응답하긴 했지만, 필연성은 과학적 방법이 아직 등장하지 않은 시대로부터의 잔재라는 그의 결론은 퍼스의 결론과 반대였다(EW, 4). 1916년, 듀이는 퍼스의 과학적 방법과 현실에 대한 설명을 '재발견'하게 된다.

퍼스는 때때로 교육을 주제로 글을 썼지만, 체계적인 설명은 말할 것도 없고 형식적인 설명도 작성하지 않았다. 주로 교육이 논의된 맥락은 논리 및/또는 방법이었다. 1882년 9월 존스 홉킨스 대학교에서 한 그의 강의 초록은 교육과 논리 사이의 관계에 대한 몇 가지 생각을 제공한다.

> 요컨대 내 생각이 맞다면, 한 젊은이는 체육 교육과 미학 교육, 세상의 이치에 대한 교육과 도덕 교육을 원하는데, 이러한 모든 논리로는 특별히 할 게 없다. 그가 지적 교육을 원하는 한, 그가 원하는 것은 바로 논리이다. 그리고 그가 어떤 강의실에 앉아 있든 그의 궁극적인 목적은 그의 논리적 능력과 방법에 대한 지식을 향상시키는 것이다. 이 위대한 목적을 위해, 대학에 처음 올 때부터 젊은이의 주의는 하나에 집중되어야 한다. 그는 공부하는 기간 내내 그것을 꾸준히 염두에 두어야 한다. 결국, 그는 논리 교육의 관점에서 그의 전체 작업을 검토하는 일을 잘하게 될 것이다(CP, 7: 68).

제임스의 실용주의는 다윈과 베인 외에도 샤를 르누비에(Charles Renouvier)의 연구와 홀의 감각과 지각에 대한 연구(Fisch, 1986c)에서 크게 영향을 받았다. 퍼스와 달리, 듀이에게 제임스의 영향은 즉각적으로 이루어졌다. 제임스가 다윈과 함께 듀이를 헤겔로부터 멀어지게 한 것은 1890년대 초에 출판된 그의 저서 『심리학의 원리(The Principles of Psychology)』를 듀이가 읽기 시작하면서부터 수없이 반복되었

---

8) 역자 주: 제임스는 1906년 스탠퍼드 대학교에서 강의를 요청받았고, 같은 해 보스턴에서 로웰 강좌를 맡아 강연했는데, 이때 강의 내용이 훗날 『실용주의: 오래된 사고방식의 새로운 이름(Pragmatism: A New Name for Some Old Ways of Thinking)』(1907)이라는 제목으로 출판되었다.

다(Boisvert, 1998; Campbell, 1999; Dalton, 2002; Dykhuizen, 1973; Fesmire, 2015; Popp, 2009; Rogers, 2009; Ryan, 1995; Tiles, 1990; Westbrook, 1991). 비록 이러한 전환은 도전받았지만 말이다(Buxton, 1984; Good, 2006; Morse, 2011; Shook, 2000). 듀이에 대한 제임스의 영향은 주로 의미론적이며 사고방식과 같은 태도에 관한 것으로, 이는 절대적 관념론의 관점에 있는 심리학에서 멀어져 다윈주의적 영감을 받아 실험 및 생리심리학을 보완하고, 듀이가 지적 '전향'(LW, 5: 151)으로 묘사한 용어들의 집합으로 이동하는 것이다. 듀이에 따르면, 제임스는 듀이가 헤겔 학파의 '의복'(LW, 5: 151)을 갈아입게 되는 주요 원인이 되었다. 특히 제임스의 『심리학의 원리』 두 권(1890/1918)과 1894년에 학술지 『심리학 비평(Psychological Review)』에 실린 「감정의 물리적 기초(The Physical Basis of Emotion)」가 큰 영향을 미친 것으로 보인다. 유기체의 감각된 상태와 그에 뒤따르는 반응이 특정 감정, 그리고 내용을 포함하여 생성된 후속 감정의 합목적성에 선행한다는 제임스의 감정이론(James, 1894, 1899)은 듀이의 1893년 에세이 「도덕적 훈련의 혼돈(The Chaos in Moral Training」(EW, 4)과 1894년 논문 「감정이론(The Theory of Emotions)」(EW, 4)에서 볼 수 있듯이 그의 초기 감정 설명에 분명히 영향을 미쳤다. 듀이는 비록 제임스가 신체 활동보다 감정을 우선시한 방식을 받아들이지 않았지만, 그는 감정을 움직임과 같은 신체 활동으로 방출한다는 다윈의 이론과 자신의 감정이론을 '화합'하려고 시도했다(Darwin, 1873; EW, 4: 153). 감정의 구체적인 내용에 초점을 맞춘 듀이는 감정에 대한 관념적인 설명에 상당한 개선을 생각했지만, 분명한 건 제임스가 이 내용을 발전시키기에는 충분하지 않았다는 것이다(EW, 4).

그러나 아마도 제임스의 가장 큰 영향은 목적론을 자연적 목적에 다시 적용하는 것과 관련이 있을 것이다. 헤겔의 절대주의는 목적이 인간의 의식과 별개로 신성한 영역에 존재한다는 것을 암시하는 것으로 보인다. 확실히 해리스는 자주 그런 것처럼 이야기했고, 19세기 후반 미국에서 그는, 유일한 사람은 아니더라도, 헤겔 철학의 주역이었기 때문에 그의 의견은 널리 알려졌다(예: Harris, 1890: 105). 이 견해에 대해 제임스는 목적은 "의식의 산물"이라며 달리 주장했다(James, 1890/1918: 1: 140-1). 의식의 산물은 자신의 실존적 상황을 자각하고 "적극적으로 개선을 위해 계획하는" 인간의 목적이자 목표였다(James, 1890/1918: 1: 482). 인간의 의식 밖과 그 너머에는 아무것도 없었다. 즉, "불모의" 상태인 것이다(James, 1890/1918: 2: 665). 물론 듀이는 그가 허버트 스펜서(Herbert Spencer)와 토머스 힐 그린(T. H. Green)을 상대로 제임스의 심리학을 옹호하기 시작한 1890년대 초기 이러한 시작을 중히 여겼을 것이다(EW, 4). 듀이는 목적론의 문제를 유기체인 인간의 흥미와 구체적으로 연관시켰다. 듀이는 이 연관이 제임스에게 처음 나타났다고 확신한다(EW, 4: 특히 p. 47). 그리고 듀이의『헤르바르트 협회 연감(Herbart Society Yearbook)』발표(1895)에서 다시 등장했고, 이후「의지의 훈련과 관련된 흥미」(1896)에서 또다시 등장했다(EW, 5).

1890년대 초중반에 제임스는 미국을 순회하며, 교사들에게 심리학을 주제로 한 15개의 강연을 했다. 1892년에는 그가 케임브리지에서 강연한 내용이 출판되었다. 듀이와는 달리, 교육을 위한 심리학의 역할에 대한 그의 평가는 미미한 정도였다. "모든 교사에게 필요한 심리학의 양은 그리 크지 않습니다. …… 그것이 진실이라면, 당신들 중 대다수는 일반적인 견해로도 충분합니다. 그리고 그러한 일반적인 견해는 손바닥에도 기록될 수 있다고 말할 수 있습니다."(James, 1899: 26) 심리학은 긍정적인 용도를 가지기보다는 오히려 부정적인 효과를 낸다. 교사-훈련가의 허세를 다른 무엇보다 특정한 과학적 방법론에 국한시킬 뿐만 아니라, 이론에 확실성을 가득 채우게 한다.

> 하지만, 심리학 원리의 사용이 이와 같이 긍정적이기보다 부정적이긴 하더라도, 그것이 쓸모없다는 결론으로 귀결되지는 않는다. 그것은 확실히 실험과 시도의 경로를 좁혀 준다. 만약 우리가 심리학자라면, 어떤 방법은 틀릴 것이라는 점을 미리 알고 있기 때문에, 우리의 심리는 우리를 실수로부터 구할 것이다. 게다가, 그것은 우리가 무엇을 하고 있는지 더 명확하게 해 준다. 우리는 우리가 사용하는 어떤 방법에도 이론과 실제가 있다고 믿는 즉시, 그 방법에 관해 자신감을 얻게 된다(James, 1899: 25).

제임스 자신은 교육에 대해 비교적 할 말이 별로 없었다 해도, 교육철학에서의 그의 역할과 그의 사상이 당대의 문제에서 행한 역할에 대해서는 학문적 가치가 남아 있다(예: Garrison, Podeschi, & Bredo, 2002).

실용주의 교육철학을 향하여

교육사상에서 일어나는 실용주의로의 전환은 다양한 형태의 절대적 관념론으로부터 등을 돌린다는 것을 의미하기도 한다. 듀이는 영국의 관념론은 물론 미국에서 그것과 유사한 것들로부터도 등을 돌렸다. 그러나 그가 헤겔적 관념론에서 등을 돌렸는가에 관한 의문은 여전히 남아 있다. 우선, 이러한 전환의 범위와 정도가 듀이를 연구하는 학자들 사이에서 활발하게 논의되고 있다(Dalton, 2002; Dykhuizen, 1973; Garrison, 2006; Good, 2006; McClintock, 2016; Morse, 2011; Shook, 2000; Shook & Good 2010; Westbrook, 1991). 또한, 관념론으로 간주되는 것이 듀이에게 영향을 미쳤는가에 대한 논쟁도 빈번히 일어난다(Shook, 2000; Shook & Good, 2010). 그럼에도 불구하고 모든 이들의 설명에 따르면, 듀이가 1894년 7월 철학 및 교육학의 교수로 임용되어 시카고에 도착했을 무렵, 그의 관념론은 다양한 제임스 철학의 주제를 읽고 통합함으로써 이미 유연해졌다.

뒤이어 듀이는 개인과 개인의 차이에 대한 심리학을 넘어 더 넓은 공동체와 사회적 관계를 고려하게 되었다. 이러한 고려사항들은 시카고 이민자들의 극심한 빈곤과 전반적 무력감, 그리고 그가 대학과 도시 내에서 어울리기 시작한 사람들의 견해를 포함했다. 이러한 발전은 듀이와 시카고 실용주의자[9]들의 주요 지적 역사와 전기에 잘 기록되어 있다(예: Coughlin, 1975; Dalton, 2002; Deegan, 2017; Dykhuizen, 1973; Feffer, 1992; Fesmire, 2016; Kadlec, 2007; Menand, 2002; Ryan, 1995; Westbrook, 1991, 1992). 미시간으로 가기 전까지 듀이는 교육철학은 말할 것도 없고 페다고지에 대해서도 큰 관심이 없었지만, 미시간 대학교에 재직하는 동안 학생, 학생 윤리,

9) 역자 주: 1894년, 미국의 사회적 · 산업적 혼란의 절정기에 20세기 초 미국의 진보적 정신을 상징하는 시카고 실용주의 철학학교가 설립된다. 이 학교의 공동 설립자는 존 듀이와 조지 허버트 미드, 그리고 제임스 헤이든 터프츠로 이들은 시카고 실용주의자를 대표한다. 듀이가 이끄는 시카고 실용주의자들은 진보적 개혁 의제의 이론적 토대를 제공한 현대 직장, 학교, 이웃에 대한 면밀한 비판을 추구했으며, 미국 격동의 시기에 분출한 이러한 학문적 · 사회적 사상의 발효로 수십 년 동안 광범위한 관심과 존경을 받았다. 이들은 당대 미국 철학의 중심 세력이었고, 형이상학, 인식론 및 가치이론에서 현실주의와 이상주의에 맞서 싸웠다. 또한 이들의 교육철학은 국가의 민주적이고 산업적인 성격에 학교가 더 잘 반응하도록 하는 것을 목표로 하는 진보주의의 주요 구성 요소이기도 하다.

가르침을 다루는 철학 교육 과정에 관심을 가지게 되었다.[3] 미시간에 있는 동안 듀이는 1893년 11월에 교육 전문 학술지 『교육비평(Educational Review)』에 「고등학교에서의 윤리교육(Teaching Ethics in the High School)」이라는 논문을 발표했다(EW, 4). 도덕 교수법에 대한 그의 공헌 중 하나인 「도덕 훈련의 혼돈(The Chaos in Moral Training)」(EW, 4)은 그가 미시간 대학교에서 보낸 마지막 학기에 작성되었으며, 그가 시카고 대학교에 도착했을 때 출판되었다.

따라서, 비록 대학에 관한 것들이 주를 이루기는 했지만, 듀이는 시카고에 도착했을 때 이미 교육에 관한 문제들에 대해 생각하고 있었다. 그러나, 그는 이제 막 학교에 대해 고민하기 시작했고 아동 연구들도 유아의 심리적 발달에 국한되어 있었다. 1894년 초까지 그가 이뤄낸 공식적인 교육 관련 업적은 그가 고등학생을 대학에 통합시키는 일과 관련하여 미시간 교장 클럽의 임원으로 임명된 것이다. 이 모든 것은 듀이가 시카고 대학교에서 정교수로 재직한 첫해에 일어났다. 또한 몇 가지의 요소가 결합되어 이러한 변화를 야기했다. 그 중 첫 번째는 듀이가 직접 목격한 시카고 노동자와 이민자들의 생활 조건이었다. 듀이는 점차 교육을 사회적 향상의 수단으로 간주하였다(Deegan, 2017; Feffer, 1992; Fesmire, 2016; Westbrook, 1991, 1992). 두 번째는 프란시스 파커의 쿡 카운티 사범학교(Francis Parker's Cook County Normal School)에 대해 그가 알게 된 후, 그의 자녀들을 그곳에 등록시킨 것이었다. 파커(Parker)는 많은 시카고 지식인을 끌어들였으며, 듀이는 파커와 그의 학교를 통해 자신의 학교를 세우는 데 소중한 가치와 자원이 되는 중요한 관계들을 일궈낼 수 있었다(Westbrook, 1992). 시카고의 참혹한 사회상황은 여전한 가운데, 기존의 시카고 학교들을 개선하려는 의도나 노력도 없자, 듀이는 실험적인 과학의 원리를 기반으로 운영되는 학교를 열고자 하는 욕망을 가진다.[4]

세 번째, 참혹한 사회 조건 속에 권리를 박탈당한 사람들의 고통을 완화하고 그들의 사회·경제적 운명을 개선하기 위한 정착시설 및 다른 기관들이 있었다. 이러한 점에서 듀이에게 영향을 미친 주요 인물로 제인 애덤스와 엘렌 게이츠 스타(Ellen Gates Starr)가 있다. 애덤스와 스타는 1889년에 시카고의 서쪽 근처에 헐 하우스(Hull House)[10]를 공동으로 창설했다. 초기의 개인적 지원 이후, 헐 하우스는 애덤스와 스타의 친구들 중 많은 부유한 후원자들에게 의존했다. 헐 하우스의 거주자들은 일반적으로 잘 교육받은 남녀로 구성되어 있었고, 이들은 시카고의 노동자계급으

로 권리를 박탈당한 사람들에 접근할 수 있었다. 교육자들은 헐 하우스의 야간학교에 참여하였다. 듀이는 아직 미시간 대학교에 재직하고 있던 1892년에 헐 하우스를 처음 방문하여 애덤스와 스타를 만났다.[5] 듀이는 아내 앨리스(Alice)에게 쓴 글에서, 정착시설은 "도시 생활의 통일 또는 도시의 …… 단합의 실현이다. 그것은 그곳에서의 삶의 방식이거나 혹은 충분히 …… 주어질 법한 일이었다. 예를 들면, 노동운동에서 사회적 …… 의식의 대대적 각성은 현대 시대에서 가장 종교적인 것은 아니어도 그중 하나이다."라고 언급하면서, 정착시설에 대해 이렇게 보는 게 비단 애덤스만은 아니라고 주장했다.[6] 듀이는 헐 하우스와 다른 시설에서 강의하는 동안 노동자 및 이민자들과의 경험을 통해 이러한 전환을 더욱 진전시켰다. 듀이는 헤겔과 다양한 유형의 관념론자들에게 공통된 '변증법적 방법'을 포기하지 않았지만, 그

[사진 5-2] 베틀 작업을 하는 여자아이들. 제인 애덤스가 설립한 시카고의 헐 하우스에서.

10) 역자 주: 미국의 사회운동가인 제인 애덤스가 엘렌 게이츠 스타와 함께 설립한 미국 최초의 정착시설이다. 헐 하우스는 1주일에 최대 2000명을 수용할 수 있었고, 성인을 위한 야간 학교, 유치원, 어린이 클럽, 자선 식당, 미술과, 카페, 체육관, 수영장, 작업장 등을 갖춘 대규모 시설이었다.

는 애덤스와의 만남에서 그것이 수정되었다고 주장했다.

> 나는 내가 항상 헤겔의 변증법을 잘못 해석해 왔음을 알 수 있다. ―반(反)을 그것의 성장 가운데 통합되는 것으로 이해하는 대신에, 통합을 반(反)의 화해로 해석했고, 그래서 육체적 긴장을 도덕적인 것으로 이해해 왔다.― 애덤스의 지성이 보여 준 한 예로, 내가 모든 자연적인 작용과 성장 중에 나타나는 긴장감에 대해 말했을 때, 그녀는 다음과 같이 말했다. "물론입니다. 행위에는 압박이 따릅니다. 그러나 그것은 완전히 다른 어떤 것입니다." 내가 전하면서도 …… 그 실제에 대해 전혀 모르겠다. ―애덤스의 말은 지금 아주 자연스럽고 평범하게 보이지만, 나를 그렇게 사로잡는 것은 없었던 것 같다. 그리고 …… 그 당시 어떤 대단한 것도 나에게 감명을 주지 못했다. 그런데 바로 다음 날 그것이 나에게 떠오르기 시작했다.[7)]

자신의 입장에서 듀이는 여러 통의 편지로 애덤스에게 입은 은혜를 표현했다.[8)] 반면, 애덤스의 입장에서는 사회적 정착과 사회적 실천 문제를 함께할 동료 여행자를 발견했기에 더욱 겸손했다(Addams, 2002; Deegan, 2017). 특히 "교육은 사회 재건의 방법으로서 **탁월하다**."(Dewey, Feffer 인용 1992: 113)는 듀이의 주장과 더불어, 갈수록 더, 사회적 갈등을 해결하기 위한 사회개선론적이고 점진적인 접근을 옹호하였다. 애덤스(그리고 듀이, 적어도 1893~1894년)가 갈등보다 협상과 타협을 강조하는 자유주의 기독교를 사회적으로 지지했다는 사실은 잘 알려져 있다(Addams, 2002; Deegan, 2017). 「기독교와 민주주의」라는 듀이의 1983년 연설과 출판물에서도 확인할 수 있다(EW, 4). 그러나 듀이 역시 1891년까지 『비판적 윤리이론의 개요(Outlines of a Critical Theory of Ethics)』에서 개인의 필요와 욕구뿐만 아니라 사회가 이를 형성하는 데 있어 역할을 고려하는 도덕에 대한 사회적 관점을 발전시켰다. 단순히 "있는 것에서 떨어져 있어야" 하는 것이 아니라 "실제 사회적 관계"를 인정하는 것은 긍정적인 이상에 더하여 부정적인 사회적 결과를 포함한 "해야 할 것"의 법칙을 제공한다(EW, 3: 351). 어쨌든 듀이는 1894년 헐 하우스에서 애덤스와 긴밀하게 일하고 있을 때 이미 사회 윤리에 관해 더 점진적인 입장을 향해 나아가고 있었다. 그러나 듀이가 시카고에 머무는 동안과 그 이후에 정착시설에 관한 철학적 기초에 영향을 미쳤음에도 불구하고, 궁극적으로 미드와 그의 동료 터프츠가 헐 하우스 및 시카고

의 다른 정착 시설과의 장기적인 계약을 통해 장기적인 성장과 유지를 위한 보다 직접적이고 실제적인 의미를 갖게 되었다(Deegan, 2017; Feffer, 1992).

듀이의 대학 동료 중 일부는 학문적으로나 사회적으로 그에게 많은 도움이 되었다. 앞으로 살펴볼 몇 년 안에는 듀이의 대학 동료였던 제임스 (헤이든) 터프츠, 제임스 (로랜드) 에인절(J. R. Angell), 애디슨 웹스터 무어 및 조지 허버트 미드가 포함된다. 터프츠는 코네티컷에서 고등학교 교장으로 일한 경험이 있었고, 신학 연구를 위해 예일 대학교에 가기 전에 애머스트 대학(Amherst College)에서 수학을 가르쳤다. 예일 대학교에서 2년을 보낸 후 터프츠는 미시간 대학교에서 가르쳤다. 독일에서 박사학위를 마친 뒤 시카고로 떠났다(Feffer, 1992). 터프츠는 1908년 『윤리학(Ethics)』을 듀이와 공동 집필했는데, 이 교과서는 수만 부가 팔렸다. 에인절은 미시간 대학교에서 듀이의 석사과정생이었고, 1895년 시카고 대학교의 강사로 합류하였다. 무어는 듀이가 시카고 대학교에 왔을 시기에 철학과 박사과정 학생이었다. 1896년, 에인절과 무어는 함께 학술지 『심리학 비평』에 「반응–시간: 주의력과 습관에 관한 연구(Reaction–Time: A Study in Attention and Habit)」라는 제목의 중요한 논문을 발표한다. 간단히 말해, 그들의 논지는 주의력과 습관 사이에 관계가 존재하며, 즉 자극에 의해 회로가 방해받으면 주의를 유발하는 관계가 존재한다는 것이었다. 이 생각은 제임스의 감정이론(당시 듀이와 마찬가지로)을 어느 정도 입증한 것으로, 감정이 행동과 행동의 부산물(또는 상태)이라는 것이다. 이러한 발전이 듀이가 다음 해인 1896년에 논문 「심리학에서 반사호 개념(The Reflex Arc Concept in Psychology)」(EW, 5)을 통해 '반사 회로'에 관한 자신의 결론을 내리도록 이끌었다. 1890년대 초에 시작된 제임스에게로의 전환은 아동 발달에 대한 전체론적 해석의 형태로 결실을 맺기 시작했는데, 이는 행동 패턴과 감정이 유기체로 구성된 더 큰 전체의 활동적 구성 요소라는 해석이다. 이 생산적인 해석과 일치하는 것은, 듀이가 '흥미'(EW, 5: 113)라고 부르는 어린 시절의 욕구에 대한 그의 괄목할 만한 이야기였다.

미드는 터프츠가 떠난 후 미시간 대학교 철학과에 처음 임용되었다. 미드는 듀이가 미시간 대학교에서 시카고 대학교로 옮길 때 듀이를 따라갔다. 미드는 또한 고등학교에서 가르친 경험이 있었다(Feffer, 1992). 듀이와 터프츠처럼 미드도 1894년부터 시카고 개혁 운동에 참여하며 사회 운동에 몰두하게 되었다(Feffer, 1992). 듀이에 대한 미드의 초기 영향은 찰스 코플린(Coughlin, 1975)과 앤드류 페퍼(Feffer,

1992)에게서 잘 포착된다. 그의 초기 저작은 특히 사회심리학과 마음에 관한 듀이의 후기 저술을 예고했다. 이와 관련하여 특히 도움이 된 것은 미드의 「사회적 의식과 의미에 대한 의식(Social Consciousness and the Consciousness of Meaning)」과 「사회적 자아(The Social Self)」였다(Mead, 1910b, 1913). 교육의 측면에서 미드의 「교육에 내재된 사회적 의식의 심리학(The Psychology of Social Consciousness Implied in Instruction)」은 사회적 관계를 신중하게 고려하기 위한 교육에서의 심리학에 대해 행동주의적이고 개인주의적인 해석에 도전했다. 미드는 아동이 사회적 관계를 통해서만 배운다고 말하기도 했다(Mead, 1910b). 또한 교육에서 놀이의 역할에 대한 미드의 초기 연구는 원래 정착시설 강의로 제시된 것이었고 나중에 시카고 대학교의 간행물이었던 『시카고 대학교 레코드(University of Chicago Record)』(1896)에 발표되었으며, 놀이는 아동의 자아 발달을 위한 중요한 실천임을 보여 주었다(Feffer, 1992).

> 아동은 놀이를 하면서 생겨나는 자극에 대한 자신의 반응을 자아형성에 활용한다. 아동이 그 자극에 대해 경향성을 갖는 반응은 그것들을 조직화한다. 예를 들어, 아동은 자신에게 무언가를 제공하는 것처럼 연기하고, 그것을 산다. 또, 스스로에게 편지를 주고 그것을 가져간다. 아동은 스스로를 교사나 부모라고 말하기도 하며, 경찰관으로서 스스로를 체포하기도 한다. 즉, 아동은 다른 사람들이 불러내는 일종의 반응을 그 스스로 불러일으키는 일련의 자극을 가지고 있다. 아동은 이 반응들의 그룹을 가지고 특정한 전체를 구성한다. 이것이 자기 자신과 다른 사람이 되는 가장 단순한 형태이다(Mead, Deegan, 1999: 4에서 재인용).

듀이는 이러한 놀이 개념을 그의 저서 『학교와 사회』(1899)에 통합해 내었는데(MW, 1: 86-7), 이는 프뢰벨이 어린이의 상상력을 영적으로 표현한 것과 대조적이다. 듀이의 놀이 개념은 『민주주의와 교육』 15장에 다시 등장한다(MW, 9).

무엇보다 듀이와 기능주의 심리학의 관심을 가장 많이 끌었던 것은 미드의 1903년 논문 「심리학의 정의(The Definition of the Psychical)」였다. 여기에서 미드는 빌헬름 분트(Wilhelm Wundt)와 생리심리학의 전통에서 일하는 다른 사람들의 독일 학문에 예시된 정신-신체 병렬성에 대한 그의 근본적인 비판을 시작한다(Mead, 1903).

미드는 듀이의 1896년 논문「심리학에서 반사호 개념」과 특히 그렇게 하는 과정에서 '회로(circuit)' 개념을 끌어낸다. 그의 주장은 또한 분트 및 다른 사람들이 주장한 고전적 경험주의에서 비롯된 현상주의가 지배하고 있다는 비판을 포함한다. 정신적 중재자, 즉 감각이 있다는 생각 자체가 즉각성을 주제로 하는 경험 과학의 원칙에 위배된다(Joas, 1985: 81; Mead, 1903). 이것은 듀이가 얼마 지나지 않아 쓴 여러 에세이에서 찾을 수 있는데, 가장 많이 알려진 것은「즉각적 경험주의의 가정(The Postulate of Immediate Empiricism)」(MW, 3)이다.

1895년 헤르바르트 학회에서 발표된 후 1896년 헤르바르트 연감의 두 번째 부록으로 출판된 듀이의「의지의 훈련과 관련된 홍미」는 현재까지 듀이의 교육사상에 대한 가장 확실한 진술이었는데, 여기에서 그의 기능주의와 자연주의가 아주 잘 드러났다. 주제에 대한 아동의 홍미는 해리스가 생각했던 것처럼 외부 동기의 내적 발달도 아니고 신성한 목적(telos)도 아니다. 홍미는 오히려 내적이고 유기적인 힘, 즉 '자발적 힘'에서 파생되었다(EW, 5: 119). 듀이에게 있어 아동의 '자발적 힘'은 억누를 수 없다. 이 힘은 타고난 충동의 과정을 통해 공급된다. 이 힘을 이용하고 그것을 태생적 홍미로 이끄는 것이 노력을 효과적으로 하는 가장 확실한 수단이 될 것이다(EW, 5: 117).

"숙달해야 할 대상이나 아이디어, 도달해야 할 목적, 수행해야 할 행위"는 마음과 세계의 이원론에 기반을 둔 가정이다(EW, 5: 117). 그러나 듀이에 따르면 이것은 잘못된 이원론이다. 자아는 자신의 목적을 향해 나아가면서 이미 어떤 대상을 가지며 그것을 이상으로 갖기 때문이다. 자연은 자아에 대해 외적인 것이 아님이 밝혀졌다. 자연은 이상을 통해 대상을 파악하는 과정에서 자아로서 자아의 외부성이라는 것을 알게 된다. 여기에 표현된 힘인 자기 활동은 새로운 형태로 다시 나타나기 때문에, 그것은 더 이상 마음의 주요 특성과 기능이 아니게 된다. 그것은 이제 아동의 행동에 대한 기능주의 심리학적 해석에서 기본적인 가정이 되었다. 자아에 대한 유기적 해석에 의하면, 마음과 자연이 자아 전체의 내적, 외적 측면이기 때문에 마음과 자연의 이원론에 대한 형이상학적 정당성을 마련하기 위해 신의 섭리에 호소할 필요가 없다. 자아와 대상의 분리를 극복하기 위해 '노력'이 필요한 것과는 대조적으로, 이러한 '행위를 통해 대상에 자아를 동일시하는 것'을 듀이는 '홍미'라고 부른다(EW, 5: 121-2). 듀이는 헤겔주의의 '의복(garb)'을 벗어버리면서 해리스의 해석에 필적하는 자아와 자아 기능에 대한 경쟁적이며 자연주의적인 해석을 제공한다.

홍미와 노력에 대한 듀이의 해석들 사이에는 칸트주의와 헤르바르트의 교육설에 대한 비판과 더불어 주의력, 충동, 욕망, 아이디어에 대한 논의들이 함께 있다. 듀이가 제공하는 홍미에 대한 해석은 자연주의적이고 기능주의적인 것으로 보인다. 이것은 제임스는 물론이고, 듀이의 동료들이 시카고 대학교에서 수행한 연구에 힘입은 결과이다.

이듬해인 1898년에는 오시안 (허버트) 랭(Ossian Lang)이 편집을 맡은『19세기의 교육 신조(Educational Creeds of the 19th Century)』를 위해 집필된 듀이의「나의 교육학적 신조(My Pedagogic Creed)」가 출판되었다. 이것이 듀이의 첫 번째 교육 과학적 접근이었다. 실제로, 1895년에서 1898년까지 듀이는 교육적 주제와 관련한 논문과 책을 적어도 13편 이상 발표했다. 해리스는 1909년에 세상을 떠났고, 부분적으로 그의 지원이 끊긴 관념주의는 점차 북미에서 진정한 교육철학으로서의 자리를 잃었다. 제1차 세계대전이 시작되기 직전과 전쟁 중에 지적 흐름은 독일과 독일의 사상에 맞섰다. 이 환멸은 엄밀한 철학적 요인과 경쟁자의 존재만큼이나 관념주의의 몰락과 관련이 있다(Campbell, 2004).

결론

1895년경 실용주의 교육사상에 나타나는 공통된 특징은 과학적 방법의 확립을 타인(혹은 대상)에 대한 특정한 신념을 유지하는 가장 좋은 수단으로서, 그리고 과학적 방법의 확립이 그러한 신념을 견지하는 실제적인 의미와 효과를 입증하기 위한 중심적 위치를 차지한다는 사실을 함께 포함했다. 그것은 또한 놀이와 일, 주의력과 자극, 홍미와 의지의 자연적이고 사회적인 의미와 함께, 대상에 대한 현실주의적 해석과 이러한 목표와 자아의 목적이 그것들로부터 생겨나는 원리로서 자연적 목적론을 포함했다. 초월적 형이상학 및 의지와 상상력과 마음에 대한 영적 해석에 대해 상응하는 거부도 일어났다. 이러한 요소들에 듀이는 나중에 과학적으로 확보된 신념, 탐구 이론, 그리고 경험 이론 등이 갖는 인류학적 · 사회적 중요성을 추가했다. 이 모든 것과 더 많은 것들이 1916년『민주주의와 교육』에 제시될 텐데, 이것은 미

국 교육철학의 다음에 해당하는 완전한 근사치라 할 수 있다.

이상에서 살펴본 것과 같이, 존 듀이의 「의지의 훈련과 관련된 흥미」 및 관련 저작들에서 예시된 실용주의 교육사상에 대한 다양한 영향들이 명백하다. 우선, 19세기 후반에 미국 교육사상이 대두된 환경은 낭만주의, 유물론, 관념주의, 플라톤주의로 구성되어 있었고, 이는 종교적 · 초월주의적 사고방식으로 대표된다. 실험심리학이 학문으로서 부상한 것은 그 후 홈스, 라이트, 퍼스, 제임스의 초기 실용주의 사상의 발전과 마찬가지로 중요한 역할을 했다. 듀이의 지적 발전에 더 직접적으로 영향을 미친 것은, 헤겔 및 헤겔주의와 함께 헤겔 철학자와 헤르바르트 교육철학자들이 배경에 있던 당대의 선도적인 교육사상을 향한 그의 친숙함이었다. 이것은 윌리엄 토레이 해리스의 저술에 가장 잘 나타나 있다. 듀이가 제인 애덤스와 그의 동료 제임스 에인절, 애디슨 웹스터 무어, 제임스 터프츠, 조지 허버트 미드와 가진 만남들은 그의 철학과 교육사상에 대한 중요성에서 모범적이었다.

물론 교육사상에서 관념주의와 실용주의 사이의 논쟁은 이미 오래전에 끝났고 실용주의가 승리를 거뒀다. 교육 역사가들은 새로운 세기에 진보적 교육이 취한 방향을 검토하면서 종종 과학 분야가 더 나았으며, 좋든 나쁘든 우리는 효율성과 책임성을 지닌 행정 관료제의 문화에서 운영된다는 결론을 내렸다. 그러므로 진부한 말에 기대어 교육사상에서 실용주의가 건재하다고 말하는 것은 유혹적이다. 비록 이러한 정서가 교육 실천의 사례에서는 유지될 수 없지만 말이다. 교육이론의 경우 다양한 모습으로 사회에 관심을 기울이는 것은 여전히 중요하지만 다른 다양한 비실용주의 이론이 실용주의의 권위에 도전해 왔다. 내 생각에 교육이론으로는 계속 지지받을 것으로 보이지만, 한때(제2차 세계대전 이전) 장악했던 교육 실천의 헤게모니를 되찾지는 못할 것이다. 그렇다면 문제는 교육이론에서 실용주의의 역할은 무엇이어야 하느냐는 것이다. 그리고 여기에서 나는 그것이 지금처럼 계속될 수 없고 계속되어서도 안 된다는 생각을 조심스럽게 말해 본다. 아동의 자연적인 충동, 욕망, 행동 회로, 습관 및 생물심리사회적 성장에 관한 관심은 여전히 중요하지만, 그러한 해석이 적용되는 정치적, 특히 민주적 목적은 이미 변화하였으며 이러한 해석은 현재의 민주적 · 정치적 목표와 목적에 맞게 재구성되어야 한다. 실용주의의 초기 정치적 목적에는 산업과 노동을 위한 사회 민주주의가 포함되었지만 이러한 입장 중 많은 부분은 사라졌거나 개발 도상국으로 전수되었다. 그리고 한때 학교는 표면상

평생 동안 교육을 제공했지만, 이제 학교는 고용과 지식 경제를 공급하기 위해 점점 더 많은 교육을 제공해야 한다. 어쨌든 민주주의의 방법은 점점 더 관료적이며 더 많이 불투명해졌다. 우리 해석의 재구성은 이러한 도전에서 출발하여 그에 대한 대응책을 만들어야 한다.

미주

1) EW는 『존 듀이 전집(The Collected Works of John Dewey)』에 실린 그의 초기 저술을 가리킨다. MW은 중기 저술, LW은 후기 저술을 가리킨다.
2) CP는 피어스(Charles Saunders Peirce)의 전집을 가리킨다. 1~6권은 폴 바이스(Paul Weiss)와 찰스 하트숀(Charles Hartshorne)이 편찬한 1930년판을 가리킨다. 7~8권은 아서 버크(Arthur Birks)가 편찬한 1958년판을 가리킨다.
3) 듀이의 '미국 대학의 철학: 미시간 대학교'(EW, 3: 90-3), '미시간 대학교의 윤리학'(EW, 3: 48-51), 그리고 '강의 대 암송: 심포지엄'(EW, 3: 147-8)을 참조하라.
4) 존 듀이가 엘리스 칩먼 듀이에게, 1894. 11. 1. 00218. 『제인 에덤스 선집(Jane Addams Collection)』 『스와스모어 대학 평화선집(Swarthmore College Peace Collection)』 시리즈 1: Box 1, 1870~1895 서신
5) 존 듀이가 제인 애덤스에게, 1892. 01. 27.
6) 존 듀이가 엘리스 칩먼 듀이에게, 1894. 10. 09. 00205.
7) 존 듀이가 엘리스 칩먼 듀이에게, 1894. 10. 10. 00206.
8) 예컨대, 존 듀이가 제인 애덤스에게, 1898. 08. 12.

참고문헌

1차 문헌

Addams, Jane. (2002). *Democracy and Social Ethics.* Urbana: University of Illinois Press.

Addams, Jane. (2019). *The Selected Papers of Jane Addams*, Vol. 3: *Creating Hull-House and an International Presence, 1889-1900*, Ed. Mary Lynn, Mc Cree Bryan, Maree De Angury, & Ellen Skerrett. Urbana: University of Illinois Press.

Angell, James Rowland., & Addison W. Moore. (1896). "Studies from the Psychological Laboratory of the University of Chicago: 1. Reaction-Time: A Study in Attention and Habit," *Psychological Review, 3,* 245-58.

Darwin, Charles. (1873). *The Expression of the Emotions in Man and Animals.* New York: Appleton and Co.

Dewey, John. (1967-91). *The Collected Works of John Dewey: the Early Works 1882-1898; the Middle Works 1899-1924; the Later Works 1925-1952*, Ed. Jo Ann Boydston.

Carbondale: Southern Illinois University Press.

Dewey, John. (2001-3). *The Correspondence* of John Dewey, Vol. 1: 1866-1918, Ed. L. Hickman. Carbondale: Southern Illinois University Press.

Dewey, John. (2010). "The 1987 Lecture on Hegel," in John Shook and James Good (Ed), *John Dewey's Philosophy of Spirit, with the 1897 Lecture on Hegel*. New York: Fordham University Press.

Eliot, Charles, Ed. (1894). *Report of the Committee of Ten on Secondary Studies, with the reports of the conferences arranged by the Committee*. New York: National Education Association.

Emerson, Ralph Waldo. (1904). *The Complete Works*, Vol. 1: *Nature, Addresses and Lectures*. Boston: Houghton, Mifflin, and Co.

Hall, G. Stanley. (1879). "Philosophy in the United States," *Mind, 4,* 101-5.

Harris, W. T. (1890). *Hegel's Logic: A Book on the Genesis of the Categories of the Mind. A Critical Exposition*. New York: Kraus Reprints.

Harris, W. T. (1895). "Reply to De Garmo's 'Is Herbart's Theory of Interest Dangerous?'," *Public School Journal, 14*(June), 575-6.

Harris, W. T. (1896). "Professor John Dewey's Doctrine of Interest as Related to Will," *Educational Review, 11*(May), 486-93.

Harris, W. T. (1898). *Psychological Foundations of Education*. New York: Appleton.

Harris, William Torrey., & Duane Doty. (1874). *A Statement of the Theory of Education in the United States of America, As Approved by Many Leading Educators*. Washington, DC: United States Office of Education.

James, William. (1890/1918). *The Principles of Psychology, 2* vols., New York: Dover.

James, William. (1894). "The Physical Basis of Emotion," *Psychological Review, 1,* 516-29.

James, William. (1899). *Talks to Teachers on Psychology, and to Students on Some of Life's Ideals*. New York: Henry, Holt & Co.

James, William. (1907). *Pragmatism: A New Word for Some Old Ways of Thinking*. Mineola, MN: Dover.

Mead, George Herbert. (1903). "The Definition of the Psychical," *Decennial Publications of the University of Chicago, First Series*, Vol. 3, 77-112. Chicago: University of Chicago Press.

Mead, George Herbert. (1910a). "The Psychology of Social Consciousness Implied in Instruction," *Science, 31,* 688-93.

Mead, George Herbert. (1910b). "Social Consciousness and the Consciousness of Meaning," *Psychological Bulletin, 7,* 397-405.

Mead, George Herbert. (1913). "The Social Self," *Journal of Philosophy, Psychology and Scientific Methods, 10*, 374-80.

Mead, George Herbert. (1999). *Play, School, and Society, ed. Mary-Jo Deegan*. New York: Peter Lang.

Peirce, Charles Saunders. (1931-4). *The Collected Papers of Charles Saunders Peirce,* Vols. 1-5, Ed. Charles Hartshorne and Paul Weiss. Cambridge, MA: Harvard University Press.

Peirce, Charles Saunders. (1958). *The Collected Papers of Charles Saunders Peirce*, Vols. 7-8, Ed. Arthur Burks. Cambridge, MA: Harvard University Press.

Peirce, Charles Saunders. (1977-). *Charles Sanders Peirce: Complete Published Works, Including Secondary Materials.* Cambridge, MA: Harvard University Press.

Rosenkranz, J. K. F. (1925). *The Philosophy of Education,* 2nd edn., New York: Appleton.

White, Morton. (1943). *The Origins of John Dewey's Instrumentalism*. New York: Columbia University Press.

2차 문헌

Bellmann, Johannes. (2004). "Re-interpretation in Historiography: John Dewey and the Neo-Humanist Tradition," *Studies in Philosophy of Education, 23,* 467-88.

Boisvert, Raymond. (1998). *John Dewey: Rethinking Our Time.* Albany: State University of New York Press.

Brent, Joseph P. (1990). *Peirce: A Life*. Bloomington: Indiana University Press.

Buxton, Michael. (1984). "The Influence of William James on John Dewey's Early Work," *Transactions of the Charles S. Peirce Society, 45*(3), 451-63.

Campbell, James. (1999). *Understanding John Dewey: Nature and Cooperative Intelligence.* Peru, IL: Open Court.

Campbell, James. (2004). "John Dewey and German Philosophy in Wartime," *Transactions of the Charles S. Peirce Society, 40*(1), 1-20.

Coughlin, Neil. (1975). *Young John Dewey: An Essay in American Intellectual History.* Chicago: University of Chicago Press.

Dalton, Thomas. (2002). *Becoming John Dewey: Dilemmas of a Philosopher and Naturalist.* Bloomington: Indiana University Press.

Deegan, Mary-Jo. (1999). *Play, School, and Society*. New York: Peter Lang.

Deegan, Mary-Jo. (2017). *Jane Addams and the Men of the Chicago School, 1892-1918*. New York: Routledge.

Dykhuizen, George. (1973). *The Life and Mind of John Dewey*. Carbondale: Southern Illinois University Press.

English, Andrea. (2013). *Discontinuity in Learning: Dewey, Herbart, and Education As Transformation*. Cambridge: Cambridge University Press.

English, Andrea. (2017). "What Is the Role of the Past in Education?," in Leonard Waks and Andrea English (Eds.), *John Dewey's Democracy and Education: A Centennial Handbook*, 54-63. Cambridge: Cambridge University Press.

Feffer, Andrew. (1992). *The Chicago Pragmatists and American Progressivism*. Ithaca, NY: Cornell University Press.

Fesmire, Stephen. (2015). *Dewey*. New York: Routledge.

Fesmire, Stephen. (2016). "Democracy and the Industrial Imagination in American Education," *Education and Culture*, *32*(1), 53-62.

Fisch, Max. (1986a). "Alexander Bain and the Genealogy of Pragmatism," in K. L. Ketner & C. J. W. Kloesel (Eds.), *Peirce, Semiotics, and Pragmatism*, 79-109. Bloomington: Indiana University Press.

Fisch, Max. (1986b). "Peirce at the Johns Hopkins University," in K. L. Ketner & C. J. W. Kloesel (Eds.), *Peirce, Semiotics, and Pragmatism*, 39-78. Bloomington: Indiana University Press.

Fisch, Max. (1986c). "Philosophical Clubs in Cambridge and Boston," in K. L. Ketner & C. J. W. Kloesel (Eds.), *Peirce, Semiotics, and Pragmatism*, 137-70. Bloomington: Indiana University Press.

Flower, Elizabeth., & Murray G. Murphey. (1977). *A History of Philosophy in America*, Vol. 1, New York: G.P. Putnam's.

Garrison, James. (2006). "The "Permanent Deposit" of Hegelian Thought in Dewey's Theory of Inquiry," *Educational Theory*, *56*(1), 1-36.

Garrison, James, Ronald Podeschi., & Eric Bredo, Eds. (2002). *William James and Education*. New York: Teachers College Press.

Good, James. (2006). *A Search for Unity in Diversity: The "Permanent Deposit" of Hegel in John Dewey's Philosophy*. Lanham, MD: Rowman & Littlefield.

Greenham, David. (2015). "'Altars to the Beautiful Necessity': The Significance of F.

W. J. Schelling's 'Philosophical Inquiries in the Nature of Human Freedom' in the Development of Ralph Waldo Emerson's Concept of Fate," *Journal of the History of Ideas, 76*(1), 115-37.

Joas, Hans. (1985). *G. H. Mead: A Contemporary Re-examination of His Thought,* trans. Raymond Meyer. Cambridge, MA: MIT Press.

Johanningmeyer, Erwin., & Theresa Richardson. (2008). *Educational Research, the National Agenda, and Educational Reform.* Charlotte, NC: Information Age Publishing.

Johnston, James Scott. (2013). "Rival Readings of Hegel at the Fin de Siecle: The Case of William Torrey Harris and John Dewey," *History of Education, 42*(4), 423-43.

Kadlec, Alison. (2007). *Dewey's Critical Pragmatism.* Lanham, MD: Rowman & Littlefield.

Kaestle, Karl. (1983). *Pillars of the Republic: Common Schools and American Society, 1780-1860.* New York: Hill and Wang.

Kliebard, Herbert. (2005). *The Struggle for the American Curriculum 1893-1958,* 3rd edn., New York: Routledge.

Kuklick, Bruce. (1985). *Josiah Royce: An Intellectual Biography.* Indianapolis, IN: Hackett.

Kuklick, Bruce. (2002). *A History of Philosophy in America.* New York: Oxford University Press.

Leidecker, Kurt. (1971). *Yankee Teacher: The Life of William Torrey Harris.* New York: The Philosophical Library.

Lysaker, John. (2008). *Emerson and Self-Culture.* Bloomington: Indiana University Press.

Lysaker, John. (2015). *After Emerson.* Bloomington: Indiana University Press.

Mann, Horace. (1957). *The Republic and the School: On the Education of Men,* Ed. L. Cremin. New York: Teachers College Press.

McDermott, John. (1986). "Spires of Influence: The Importance of Emerson for Classical American Philosophy," in *Streams of Experience: Reflections on the History and Philosophy of American Culture,* 29-43. Amherst: University of Massachusetts Press.

McClellan, B. Edward. (1999). *Moral Education in America: Schools and the Shaping of Character from Colonial Times to the Present.* New York: Teachers College Press.

McClintock, Robbie. (2016). "Dewey in His Skivvies: The Problem with Reconstruction," *Educational Theory, 67*(5), 545-75.

Menand, Louis. (2002). *The Metaphysical Club: A Story of Ideas in America.* New York: Farrar, Straus, and Giroux.

Morse, Donald. (2011). *Faith in Life: John Dewey's Early Philosophy.* New York: Fordham

University Press.

Murphey, Murray G. (1960). *The Development of Peirce's Philosophy.* Cambridge, MA: Harvard University Press.

Oelkers, J. (2017). "John Dewey's Refutation of Classical Educational Thinking," in Leonard Waks and Andrea English (Eds.), *John Dewey's Democracy and Education: A Centennial Handbook,* 279-89. Cambridge: Cambridge University Press.

Pochmann, Henry. (1957). *German Culture in America: Philosophical and Literary Influences.* Madison: University of Wisconsin Press.

Popp, Jerome. (2009). *Evolution's First Philosopher.* Albany: State University of New York Press.

Ream, Todd. (2007). "Pragmatism and the Unlikely Influence of German Idealism on the Academy in the United States," *Educational Philosophy and Theory, 39*(2), 150-67.

Rogers, Melvin. (2009). *The Undiscovered Dewey: Religion, Morality, and the Ethos of Democracy.* New York: Columbia University Press.

Russell, Bertrand. (1945/1979). *A History of Western Philosophy.* London: Allen & Unwin.

Ryan, Alan. (1995). *John Dewey and the High Tide of American Liberalism.* New York: W. W. Norton.

Shook, John. (2000). *Dewey's Empirical Theory of Knowledge and Reality.* Nashville, TN: Vanderbilt University Press.

Shook, John., & James Good. (2010). *John Dewey's Philosophy of Spirit with the 1897 Lecture on Hegel.* New York: Fordham Press.

Siemsen, Hayo. (2014). "Ernst Mach: A Genetic Introduction to His Educational Theory and Pedagogy," in Michael R. Matthews (Ed.), *International Handbook of Research in History, Philosophy, and Science Teaching,* 2329-57. Dordrecht: Springer.

Tanaka, Masahiro. (2005). *The Cross-Cultural Transfer of Educational Concepts and Practices: A Comparative Study.* Oxford: Symposium Books.

Tiles, J. E. (1990). *Dewey.* New York: Routledge.

Westbrook, Robert. (1991). *John Dewey and American Democracy.* Ithaca, NY: Cornell University Press.

Westbrook, Robert. (1992). "Schools for Industrial Democrats: The Social Origins of John Dewey's Philosophy of Education," *American Journal of Education, 100,* 401-17.

Wilson, R. Jackson. (1969). *In Quest of Community: Social Philosophy in the United States,* 1860-1920. New York: John Wiley and Sons.

제6장 교육철학과 유아기

마리아 몬테소리와 레지오 에밀리아의 유아기로의 초대와 자극

스테파니 버딕-셰퍼드 저 · 임배 역

현대에 와서 실천으로서의 아동 연구는 추진력을 얻었고, 다양한 학문과 기관의 성장에 자금이 지원되고 있다. 유아교육의 두 철학인 '몬테소리 방법'과 '레지오 에밀리아'는 교육 실천과 철학을 통해 아동 연구를 수행하였다. 아동을 연구하고 교육하는 이러한 접근방식은 오늘날 아동과 유아기에 대한 대중적 믿음과 학문적 신념을 지속적으로 형성하고 있으며, 그리고 아동의 주체성, 아동의 권리 및 어린 아동에 관한 최근의 문제를 재구성하고 있다.

근대의 유아기

근대가 아동을 연구의 불안정한 대상이자 개념으로 여겼다면, 20세기는 유아교육을 추상적인 탐구가 아닌 유아들과의 현장 실천에 근거한 교육적 비전으로서 우리에게 제시하였다(Hansen, 2007). 유아기에 대한 실천이 이렇게 견고하게 성장했음에도 불구하고, 학문 분야에서 유아기 교육철학은 여전히 여러 가지 이유로 제한적이다. 가장 큰 이유는 유아의 보육과 교육이 '여성의 일'과 '가정의 일'의 영역으로 격하되어 학문적 매력이 없게 보인다는 점이다(Martin, 1995). 또 다른 주된 이유는

유아기의 분야가 철학적 관심을 밝혀 주기보다는 방법론에 초점을 맞추고 있다는 점이다(Colgan, 2016; Martin, 1995).[1] 이 장에서 나(Stephanie Burdick-Shepherd)는 두 가지 이유 중 후자에 초점을 맞추면서, 유아기에 대한 설명들에 풍부한 철학적 탐구가 들어 있다고 주장할 것이다.[2]

이 장은 유아교육의 두 가지 다른 접근방식으로 몬테소리 방법[3]과 레지오 에밀리아[4]를 검토한다. 두 접근방식은 각각 다른 역사적 상황에서 태동되었지만 서로 함께 고려해 봄으로써 그들의 접근방식이 어떤 교육철학을 제공해 주는지를 이해하는 데 도움이 될 것이다(Dodd-Nufrio, 2011). 이 방식을 함께 살펴본다면 20세기의 수십 년 동안 다뤄진 유아기와 창의성을 아울러 설명할 수 있기 때문이다. 두 가지 교육 이론은 아동의 도덕적 · 영적 진보에 대한 문화적 관심에 참여와 대화를 일으키는 철학적 탐구이다. 이 장은 해당 접근방식의 주요 원리를 언급하기 전에 간단하게 역사적 맥락을 제공하고, 비판적으로 고려할 것들을 제시할 것이다. 결론 부분에서 현대 교육철학 독자를 위한 연관성과 통찰이 드러날 것이다.

몬테소리 방법[마리아 몬테소리(Maria Montessori)]과 레지오 에밀리아[로리스 말라구치와 브루노 키아리(Loris Malaguzzi and Bruno Ciari)]의 창시자들이 이탈리아인인 것은 맞지만, 이것이 그들을 함께 살펴보도록 흥미를 일으키는 점은 아니다. 몬테소리 방법은 19세기 후반의 철학과 실천에 기원을 두고 있다. 그러나 몬테소리 방법은 널리 퍼져 있었던 생각, 즉 아동기를 연약함과 합리성 결여로 인식하던 것에 도전했다. 레지오 에밀리아의 영향은 20세기 중반의 심리학적 · 철학적 운동과 민주적 시민성에 대한 관심에 기반을 두고 있다(Edwards, 2002).[5] 부분적으로 파시스트 정권의 통제와 두 번의 세계대전으로 인해, 몬테소리 학교들은 이탈리아 국가 교육 시스템에서 인정받지 못하였다. 이탈리아 정부와 로마가톨릭 교회는 취학아동과 보육아동을 엄격하게 통제하려고 했다(Malaguzzi, 1996: 14). 제2차 세계대전 이후 이러한 시스템이 붕괴되고 나서, 레지오 에밀리아의 학교는 국내적, 국제적인 주목을 받기 시작하였고 유아교육은 이탈리아 교육 시스템에서 인정받는 지위를 얻게 되었다. 두 모형은 미국, 영연방, 호주에서 영향력 있는 추종자들을 얻게 되었다(Feez, 2013). 레지오 에밀리아는 국내외적으로 유아교육에 대한 연구와 실천에 있어서 결정적인 영향을 미치고 있다(Babini, 2000; Edwards, 2002; Lillard, 2013; New, 2003). 몬테소리 교육은 수십 년에 걸쳐 몇 차례 인기의 부침을 겪었고, 혁신적인 기술 산업으로부터 몇 번의 인정을 받은 후에 그리고 저소득층과 고위험 집단에게 미친 몬테소리의 효과에 대한 매우 영향력 있는 몇 차례 연구가 나온 후에 학계의 관심이 높아지고 있다(Meckler, 2018).

몬테소리 방법

> 한 아이가 천천히 낮은 싱크대에 걸어가 작은 주전자에 물을 채운다. 그 아이는 탁자로 조심스레 걸어간다. 탁자에는 꽃받침이 있다. 아이는 보랏빛 꽃과 작은 노랑 야생화를 고르더니 가위로 줄기 대를 잘라 낸다. 조용히 아이는 유리병에 꽃을 꽂는다. 아이는 작은 주전자로 유리병에 물을 붓고는 교실을 둘러본다. 아이는 천천히 작은 탁자에 꽃병을 두러 걸어간다. 아이는 부드러운 미소와 함께 그곳을 떠난다.

몬테소리 유아철학은 어린 아동과 그 세계로의 초대 및 연결의 움직임을 중심으로 전개된다. 20세기 초에 이탈리아 젊은 내과 의사였던 마리아 몬테소리(1870~1952)는 처음에 부모가 일하러 나가서 공동주택에 남겨진 노동계급 자녀를 교육하였다. 몬테소리는 빈곤 속에 살고 있는 이런 잊힌 아동들의 마음과 영혼이 적절하게 초대될 때 연결하고 창조할 수 있는 무한한 잠재력이 있는 큰 세계를 인식하였다.[6] 이 절에서 나는 몬테소리 교육학에 대한 이해를 넘어, 교육철학에 깊은 함의를 줄 수 있는 몬테소리 접근법의 본질적 측면인 초대와 연결의 역동성을 검토한다. 우리가 살펴보게 될 것인데, 아동이 교육적 관계와 환경에 들어가도록 요청받으면 선택할 수 있기 때문에 초대라는 개념은 아동의 행위주체성과 존엄성에 대한 근본적인 인식을 나타내는 핵심이다.

몬테소리는 이탈리아에서 의학사를 취득하고 졸업한 최초의 여성이었지만, 의료행위로 돈을 번 적이 없었고, 대신에 여대에서의 위생학 및 교육학 분야의 직책에 의존하면서 로마 대학교 정신과 클리닉의 보조 의사로서 자원봉사자 역할도 맡았다(Thayer-Bacon, 2012). 이 자원봉사 활동은 보건이 교육과 사회의 광범위한 관심사와 어떻게 밀접하게 관련되는지를 관찰할 수 있는 폭넓은 배경을 그녀에게 제공했다. 그녀가 언급한 것처럼, "나는 정신적 결함이 의학적 문제라기보다 교육적

인 문제임을 본능적으로 느꼈다는 점에서 동료들과 달랐다."(Montessori, 1967: 21). 발달지체 아동의 교육에 중점을 둔 이타드(Jean-Marc-Gaspard Itard)와 세귄(Edward Seguin)의 연구물을 읽으면서 몬테소리는 전통적인 교육 방법에 의문을 제기하고 비정상으로 간주되는 학생과 일반인 모두에게 그것이 미치는 영향을 계속 고찰하였다(Colgan, 2016: 126).

1907년에 몬테소리는 산 로렌조 구(區)의 저소득층 주택 지역에 거주하는 가정의 자녀들과 함께할 기회가 있었다(Edwards, 2002). 이 아동들 그리고 이들과 함께 했던 일은 '어린이집(Casa Dei Bambini)'이라는 첫 번째 기관의 일부가 되었다. 몬테소리가 그녀의 교육 방법을 개발한 것은 여기서였다. 이 첫 번째 어린이집의 성공은 세계적으로 유명해졌고, 몬테소리 자신은 아이들의 집중력, 학습에 대한 관심 및 발달에 놀랐다(Montessori, 1967: 38).

1907년부터 1915년까지 여러 차례에 걸쳐 그녀는 미국에 초청되어 1915 미국 세계박람회에서 발표, 강의, 실습수업 시연을 요청받았다(Sobe, 2004). 존 듀이(John Dewey)는 1913년 카네기 홀에서 열린 그녀의 강연에서 환영사를 했는데, 거기서 "약 1,000명의 사람들이 자리가 없어 되돌아가야 했다."(Thayer-Bacon, 2012: 9). 그러나 몇 년 안에 그러한 초청은 중단되었다. 유아 몬테소리 학교는 20세기 초반에 미국 전역으로 계속 확산되었지만, 몬테소리는 이 시기에 미국 철학자들과 이탈리아 교육자들의 교육적 대화에는 초청받지 못하였다(Babini, 2000; Martin, 2016; Thayer-Bacon, 2012). 구안법(project method) 창시자인 킬패트릭(William Kilpatrick)은 교실에서의 선택과 자유에 대한 몬테소리의 접근방식을 무시했고, 이는 몬테소리가 학술 토론에 초청받는 데에 부정적 영향을 미쳤다(Martin, 2016; Simons, 1988; Thayer-Bacon, 2012).[7] 그러나 이 장의 목적을 위해 더 중요한 것은 존 듀이의 비판인데, 그의 글은 오늘날에도 비평가들이 여전히 가지고 있는 우려들과 일치한다. 몬테소리 방법론을 더 자세히 살펴본 후에 듀이의 비판을 검토할 것이다.

몬테소리는 자신을 철학자 또는 심리학자로 생각하지 않는다고 밝혔다. 그녀는 과학자가 하듯이 아이가 환경 내에서 어떻게 활동하는지 관찰하려고 노력하면서 과학적 방법에 확고하게 근거를 두고 있다(Montessori, 1964: 70). 자신의 근본적인 기원 이야기를 언급하면서, 학교가 아동에게 맞지 않아 아동의 자아를 볼 수 없게 만들기 때문에 전통적인 학교에서는 아동이 누구인지를 실제로 볼 수 없다고 그녀는 언급한다. 몬테소리가 볼 때, '아동'이라는 실질적인 자아가, 성장하는 인간의 한 부분이 바로 '아동'이다(Montessori, 1967: 46). 따라서 근대 사회의 구조에 의해 해를 입거나 숨겨지거나 혹은 조심스럽게 양육될 수 있는 아동의 현실적인 무엇이 있다. 그녀는 어린 아동의 몸을 측정하는 것에서부터 시작한다. 아동이 성인과 어떻게 다르게 움직이고 다른 존재임을 확인하기를, 다시 말해서 이 아동들의 신체적 자아, 즉 성인과 다르게 보고 행동하고 느끼는 그들의 몸을 관찰함으로써 그들이 누구인지를 알고 싶기 때문이다. 그러고 나서 그녀는 아동들이 자신들의 신체 조건에 맞는 환경에서 어떻게 공부하고 놀 수 있는지 관찰함으로써 아이들의 몸에 맞는 가구를 만들었다.

> 내가 만든 테이블은 다양한 모양이었다. 튼튼하면서도 아주 가벼워서 네 살짜리 두 아이가 쉽게 움직일 수 있었다. …… 이 [의자들은] 성인용 의자의 축소판이 아니라 아이들의 몸에 맞춰졌다(Montessori, 1967: 46).

이 구절에서 몬테소리가 강조하는 것은 단지 그 의자들의 특정한 모양, 무게 그리고 제작인 것처럼 보이지만, 그것은 물질적 대상과 경험 세계에 대한 그녀의 더 일반적인 강조의 한 사례로서 몬테소리 방법의 핵심을 강조하는 것이다. 아동의 환경은 세심한 관찰과 측정 후에 만들어진다.

관찰에서 행동으로의 이런 움직임은 아마도 몬테소리를 유아 철학의 측면에서 연구하고자 하는 사람들에게 가장 중요한 통찰일 것이다. 유아기 문헌에서 압도적으로 강조하는 것은 몬테소리 교실의 실제다. 그것은 분홍색 탑들, 깔린 러그, 부드러운 실내 신발 또는 아동 활동의 독립성 등이다. 그 자체로서 흥미로운 이러한 실제에 관한 연구만으로는 몬테소리의 핵심이 되는 주목이나 인식론적 신념과 같은 핵심적인 철학적 개념에 대한 검토를 빠뜨릴 수 있다. 나는 몬테소리 방법이 물리적 환경이나 심지어 교사가 물리적 환경에 대한 교사의 통제로 환원될 수 없다고 주장할 것이다. 오히려 이 방법은 아동을 살피는 관찰 작업이며, 아동이 교사 또는 더 흔히는 특정 대상들에 몰두하도록 적극적으로 초대하는 일이다. 몬테소리 방법이 이끄는 것은 아동 연구다. 그리고 연구 대상은 아동이기 때문에, 몬테소리 방법은 창조적인 행동, 오늘날 우리가 '현장 연구'라고 부르는 과학적인 교육학을 요청한다.

과학자는 관찰하는 순간에도 그 연구에 긍정적인 영향을 주기 위해 실험을 재시도하고 재창조한다.[8] 몬테소리는 교육 인류학 강의에서 이런 식의 연구를 묘사하고 있다.

> 우리는 창조 그 자체를 위해 연구해야 한다. 왜냐하면 받았던 것들을 전부 다시 주어야 할 수도 있기 때문이다. 그러나 이런 주고받기에서 우리는 고압 흡입 펌프와 같이 단순한 도구가 되어서는 안 된다. 이런 종류의 일에서 우리는 창조자가 되어야 한다(1913: xx).

아동이 교실에서 움직일 때, 교사는 아동이 어떻게 하는지를 지켜본다. 교사가 아동을 향하는 것은 세심한 관찰, 활동과 흥미의 주시를 통해서다. 몬테소리는 교사의 관찰 행동을, 유리 아래에서 나비를 연구하는 과학자와 개방된 벌판에서 나비를 잡는 과학자의 차이에 비교한다. 교사는 아동이 움직이는 동안 특정 방식으로 살펴보는 법을 배워야 하며, 그다음에 교사는 아동과 그들의 세계 사이의 관계를 파악해야 한다. 몬테소리는 다음과 같이 언급하였다.

> 교사가 되기를 원하는 사람은 동물학자나 생물학자가 자연과 융합되는 것에 비해 더 밀접하게 관찰자와 관찰대상을 연결하는 인간성에 관심을 가져야 하며, 이 연합은 더 친밀하기 때문에 필연적으로 더 즐겁다. 인간은 자신의 어떤 것을 포기하지 않고는 곤충이나 화학 반응을 사랑할 수 없고, 그러한 포기가 그것을 냉정하게 지켜보는 사람에게는 일종의 고통, 자기 삶의 왜곡, 순교로 보인다(1967: 8).

비록 몬테소리의 용어가 부정적으로 보일지 모르지만, 내가 믿기로, 몬테소리의 관심사는 가르침의 경험이 그 관계 밖의 누군가에게는 쉽게 이해될 수 없다는 것, 가르침은 사랑을 수반하며 인간이 느끼고 경험하는 깊은 인간관계의 복잡한 영역이라는 것을 보여 주는 데에 있다. 이러한 복잡성 중 일부는 어린 소녀와 몬테소리가 상호작용하고 있는 [사진 6-1]에서 포착할 수 있다.

[사진 6-1] 이탈리아 교육 개혁가 마리아 몬테소리. 이 사진은 영국 런던 스미스필드에 있는 게이트하우스 학교(Gatehouse School, Smithfield, London, 1951)를 방문할 때.

초대

'초대'라는 용어는 몬테소리 작품 전체에 나타나고 있다. 그것은 아동의 참여를 강요할 수 없다는 생각을 분명히 하고 있다. 그러나 몬테소리 교육의 많은 부분에

서 이 용어는 단순히 교사가 아동에게 수업을 제시하는 활동을 의미하게 되었다. 따라서 몬테소리 교실에서 우리는 그 용어가 다음과 같은 방식으로 사용되는 것을 알 수 있다. "나는 여러분에게 숟가락으로 푸는 초대를 보여 주고 싶습니다." 또는 "나는 푸는 일을 하도록 여러분을 초대합니다." 이러한 용법은 몬테소리의 초대 개념의 완전한 의미를 포착하지 못한다. **초대한다**는 것은 단순히 아동이 선택하도록 요청하는 것이 아니라, 아동이 하기를 원하고 잘 할 수 있도록 활동을 제시하는 것이다. 따라서 교사는 성장과 반응의 역동적인 순환 속에서 관찰과 초대 사이를 계속해서 움직인다. "활동에 흥미를 쏟게 하고 자신의 경험을 수행하도록 아동을 초대하는 동기가 넘치는 환경이 되어야 한다."(Montessori, 1995: 84)

대상, 교사 그리고 초대 사이의 움직임은 엄밀한 방법으로 해석될 수 있다. 왜냐하면 교사의 움직임은 정확하게 반복되어야 하기 때문이다. 그러나 몬테소리는 이것을 엄밀한 방법이 아니라 자유로운 역동성으로 보고 있다. 몬테소리의 말에 따르면, "방법은 보이지 않았고, 보이는 것은 아동이었다. 간섭으로부터 자유로워진 아동의 영혼은 그 본성에 따라 행동하는 것이 목격되었다."(1964: 136). 교사가 아이를 향해 돌아서서, 아동을 보고, 이윽고 아동을 향해 또다시 초대할 때, 이 움직임은 실지로 아동을 선택권, 행위주체성, 그리고 자신의 세계를 깊이 발견할 수 있는 능력을 지닌 개인적이고 자유롭고 도덕적인 인간으로 인식한다. 따라서 우리는 몬테소리가 관찰에서 보이는 과학적 엄밀함의 열정이 마찬가지로 중요한 아동의 총체성에 대한 윤리적 인식과 어떻게 융합되는지를 보게 된다([사진 6-1] 참조).

위에서 논의한 움직임은 자유가 몬테소리 교수법의 진수라는 몬테소리의 핵심 신념에 달려 있으며(Frierson, 2016), 그것은 신중한 독자인 듀이가 몬테소리 학교에서 본 개념이었다. 듀이가 볼 때 문제는 몬테소리가 핵심적 자유를 교육적 맥락 안에서 자유가 얼마나 중심인가를 오해한 것이 아니라, 자유가 **소극적** 자유만이 아니라 **적극적** 자유, 즉 더 충실한 자유를 어떻게 요청하는가를 오해한 점이다. 듀이는 몬테소리의 상당히 구체적인 자료들에서도 이를 발견할 수 없었다. 듀이는 전통적인 교육 방법을 비판한 몬테소리에게 박수를 보내면서 자신의 비판을 시작했다. "몬테소리는 학교에서 아동들을 신체적으로 억압하고, 심적 수동성과 순응의 습관을 가르치는 것은 학교의 기능을 착각한 것이고 아동들에게 진정한 해를 끼치고 있다고 믿는다."(Dewey, 1915/2008: 300) 듀이는 가르침의 한 핵심이 아동의 자유라는

몬테소리의 주장에 동의하면서, 몬테소리가 훈육을 생각하는 방식에 주목하고, 몬테소리 교실의 아동은 '제재받지' 않고 독자적인 존재로 행동하는 것을 배운다고 언급했다(Dewey, 1915/2008: 301). 그러나 듀이에게 몬테소리 교육 자료들은 상당히 제한적이고 자체 교정적이어서 절대적인 자유를 배울 수 있는 진정한 기회를 부정한다. 듀이는 이렇게 언급하고 있다.

> 아동이 창의적일 수 있도록 허용된 자유는 없다. 아동이 사용할 장치를 자유롭게 선택할 수 있지만, 결코 자기 자신의 목적을 자유롭게 선택할 수 없고, 자신의 계획에 따라 자료를 자유롭게 바꿀 수 없다. 왜냐하면 그 자료는 특정 방법으로 다루어져야 하는 고정된 수효의 것들로 한정되기 때문이다(1915/2008: 309).

듀이는 몬테소리가 한 일의 일부를 존중하는 것이 분명하지만, 듀이는 더 피상적인 신체적 자유(교실을 돌아다닐 수 있는 자유)로 보이는 것과 어떤 방식으로든 자신이 선택한 자료를 가지고 활동하는 아동에게 나타나는 더 깊은 자유 사이의 근본적인 차이를 해결할 수는 없었다.[9] 듀이는 상세하고 엄격한 방식으로 오직 아동들이 사용할 수 있도록 구조화된 자료가 아동에게 필요하다는 몬테소리의 주장을 해결할 수 없었다. 아동 연구에서 듀이는 몬테소리의 입장과 상당히 일치하는 것처럼 보이지만, 듀이가 믿기에 몬테소리가 아동의 자아와 자유를 행사할 수 있는 역량에 대한 몬테소리의 이해가 발달적으로 너무 경직되었다. 더욱이 몬테소리 방법에 대한 현대적 해석에 따르면 1896년 시카고에서 듀이가 설립한 실험학교와, 특히 6세에서 12세 사이의 몬테소리 학교 등 사이에는 거의 차이가 없다. 듀이와 몬테소리 사이의 주요 불일치가 유아에 대한 그들의 이해 차이가 아닌지 궁금하다. 듀이가 언급하는 사례는 흔히 무엇인가를, 즉 신체적으로나 인지적으로 초등학생(6~12세)의 아이들에게 맞는 듯한 것을 '하는' 아동이고, 몬테소리의 사례는 종종 2~4세 사이의 유아들이다.

근본적으로 듀이와 몬테소리 사이의 진정한 논쟁은 자유 그 자체에 관한 것이 아니라(듀이와 몬테소리는 모두 자유를 교육의 핵심 목적으로 논의한다) 콜건(Colgan, 2016)이 명확히 지적했듯이, 언제 아동이 완전한 자유를 행사할 준비가 되어 있고 타인들의 사회적 구속 때문에 해를 입지 않을 수 있는가에 관한 것이다. 듀이에게 아동은

언제나 그리고 이미 문화적 행위자이며, 태어나는 순간부터 그런 경험 안에서 학습을 지도받는다.[10] 몬테소리에게 아동은 어른의 관점에서 볼 때 발달하는 존재이며 신중하게 조성된 환경에서 가장 잘 배운다. 확실히 듀이는 교사의 촉진과 교사의 지도를 믿지만 아동들이 자신의 학습 환경과 도구를 창안할 수 없다는 것을 덜 확신하는 것 같다. 몬테소리가 자신의 강의에서 언급하기를, "아동은 활동을 해본 후에야 비로소 배우고 흥미를 갖기 시작한다."(1913: 33). 몬테소리가 볼 때 아동은 인간의 순수한 잠재성이며 성인기까지 신중한 지도와 동시에 문화 및 문화적 주체성의 후속적 전수가 요청된다. 몬테소리 교실에서 소위 '질서 있는 연령대'(대략 6세에서 12세 사이)에 관한 연구는 몬테소리를 반(反)진보적으로 이해하는 것을 더욱 혼란스럽게 만든다. 왜냐하면 몬테소리는 이 시기의 아동에게서 엄청난 관심 역량 이해의 범위, 그리고 환경과 교육 과정에 대한 보다 완전한 행위 주체성 등을 보았기 때문이다(Cossentino & Whitcomb, 2007; Grazzini, 2013; Murray, 2011). 몬테소리는 "아동의 마음은 일반적으로 생각하는 것보다 훨씬 이른 나이에 문화를 습득할 수 있지만, 지식을 받아들이는 방식은 움직임이 포함된 모종의 활동에 의한 것이다."(1995: 172)라고 언급하고 있다.

몬테소리와 오늘날의 교육철학

몬테소리 유아교육은 아동의 권리와 아동의 행위주체성을 재고해 보는 접근 방식의 교육철학을 제시한다. 유아가 자신의 세계를 발견하도록 초대받을 수 있고 개인적 존재로서 환경을 두루 돌아다니는 법을 배울 수 있는 인간으로 봄으로써 몬테소리는 풍부한 철학적 인간학을 제시한다. 교사가 공감해 주면서 바라보는 유아는 문화 세계에 참여하고 흡수하는 발달 중에 있는 인간(human-in-development)이란 새로운 표현을 하게 만든다(Montessori, 1995: 16).

몬테소리는 말년에 여성과 아동의 권리를 옹호했으며, 단지 보호의 관점에서만 그런 것이 아니다. 오히려 그녀는 자신의 교육철학을 사용하여 발달 중인 아동이 삶을 잘 영위할 권리와 교육적 공간을 가질 자격이 있다고 주장하였다. 재클린 코센티노와 제니퍼 휘트콤(Jacqueline Cossentino & Jennifer Whitcomb, 2007)이 주장한 것처

럼, 몬테소리의 아동에 관한 발달적 개념은 아동기의 제한적인 이미지가 아니다. 오히려 아동이 성숙함에 따라 공동체도 성숙해야 한다. 문화를 배우고 흡수한 아동은 자신의 문화와 공동체를 근본적으로 바꾸지 않을 수 없다. 달리 말해, 아동이 학습에 참여하는 순간, 세상은 영향을 받게 된다. 우리 성인들의 지향도 바로 아동의 학습 지원을 통해서 변화한다. 몬테소리의 『흡수하는 정신(Absorbent Mind)』에서 그녀는 이렇게 언급하며 책을 마무리한다.

> 그것이 아동의 힘이다. 우리의 정치적 또는 종교적 고통이 무엇이든지 간에 우리는 모두 아동 가까이 있으며 우리 모두는 아동을 사랑한다. 이 사랑으로부터 연대를 위한 아동의 힘은 유래한다. …… 우리가 세상에서 조화를 이루기를 원한다면, 우리는 이것에 대해 더 많이 생각해야 하는 것이 분명하다(1995: 288).

아동과 여성에게 권리를 부여하는 것은 이들이 세상을 더 좋게 만드는 데 충분히 참여할 수 있도록 보장한다. 유아 교육자의 일은 여성의 참정권과 시민 생활에 충분히 참여할 수 있는 능력을 포함하여 그에 상응하는 자유로운 삶을 가르치고 이끌어 갈 자유가 필요하다(Montessori, 1967: 365). 몬테소리 교육은 오늘날 철학자들의 연구에 많은 통찰을 제공한다. 그들의 연구는 교육의 실제적인 측면과 가족과 가정의 보살핌이 얼마나 무시되고 광범한 학문이 위험하게 되고 있는지를 검토하게 한다(예: Mackler, 2017; Mintz, 2019; Suissa & Raemakers, 2011).

레지오 에밀리아의 교육

> 한 유아가 레지오 에밀리아 공동체에 살고 있다. 그녀의 할머니는 학교 공동체의 자문위원으로 학교를 매우 정기적으로 방문한다. 그 아이는 학교에 거주하는 예술가(atelierista)와 이야기를 하며 하루 일과를 시작하고,[11] '할머니'를 그리는 법을 어떻게 배울 수 있는지 묻는다. 그 아이는 교실로 돌아가 다양한 크기와 형태로 만들어진 거울을 보니 여러 모양으로 변신해 있다. 그녀는 자신의 얼굴 생김새와 동료들의 얼굴 생김새를 살핀다. 그녀는 사람들이 늙어가는 모습을 그리는 법을 배우는 것에 대해 선생님과

이야기한다. 선생님은 아이들과 함께 오후에 도심을 걷는다. 학생들은 중앙 광장에서 걸어다니는 사람들의 얼굴을 관찰할 계획이다.

흔히 '레지오'라고 불리는 레지오 에밀리아는 철학적으로 풍부한 교육 모형으로서, 특히 문화 창조자로서의 아동뿐만 아니라 인간의 도덕적 권리를 부여받은 아동에 대해서도 관심을 갖는다(Edwards, 2002). 이 철학은 자극과 창조 사이의 높은 긴장감을 밝힌다. 이 긴장감이란 궁금해하고, 보고, 그래서 다르게 행동하도록 아동과 교사가 서로에게서 또 세계로부터 에너지를 받는 역동적인 교육의 과정을 가리킨다. 이러한 유아교육 모형에서 유아는 다양한 관계 경험으로 가득 찬 학교에 오게 된다. 유아는 움직이는 방법, 창조하는 방법, 배우는 방법에 대한 지식으로 가득 찬 생명력으로 간주된다. 오늘날, 원래의 레지오 학교는 여전히 운영되고 있으며, 그 교육학적 실천은 세계의 많은 다른 지역으로 확산되었다(New, 1993, 2007).

1946년에 전쟁의 후유증으로 지친 이탈리아 중학교 교사인 로리스 말라구치(1920~1994)는 레지오 에밀리아라는 작은 도시에 사는 어느 부모집단의 이야기를 들었다. 그들은 이탈리아 국가의 패망에 좌절한 부모와 지역사회 지도자들이 겪는 상처 속에서 유아학교를 시작하길 원했다. 말라구치는 이렇게 말했다. "그런 생각은 믿어지지가 않는다! 나는 자전거를 타고 그곳으로 달려가서 그것이 모두 사실이라는 것을 알게 된다!"(Malaguzzi, 1996: 42) 그는 파시스트 정권이 이탈리아의 모든 새로운 교육철학을 마비시켰지만, 그 정권의 붕괴와 함께 미국 실용주의자들의 철학과 심리학, 레프 비고츠키(Lev Vygotsky)의 연구, 에릭 에릭슨(Eric Erickson)과 같은 아동발달 전문가들의 업적이 이탈리아에서 열매를 맺기 시작했다고 설명하였다(Edwards, Gandini, & Forman, 1996).

말라구치는 전통적인 학교 교육이 유아에게 위협이 된다고 생각했다. 왜냐하면, 학교 체제는 단지 성인의 이성과 논리를 규정화된 담론을 통해서 만들어진 것이기 때문이다. 전통적인 학교는 아이들이 행위 주체이자 창조자가 될 수 있는 잠재력을 간과하고 있다. 또한, 전통적인 모형의 교육자들은 하나의 언어, 즉 성인의 이성적 언어만 우선시한다. 따라서 많은 학생들은 전통적 학교 모형에서 배울 수 없고 성공할 수 없다. 말라구치는 "그러한 학교와 문화는 몸과 머리를 분리시키고 있다."고 말했다(Edwards, 2002: 37; 이 인용의 출처인 시에 관한 다음 절 '자극' 부분 참조). 재구상된 학교는 이러한 폭력에서 아이들을 보호해야 할 필요가 있다. 그러나 또한 그들의 바로 아이다움을 통해 항상 세상에 가져다주는 그 새로움을 그런 학교에서 허용하고 보살필 필요가 있다.

따라서 학교는 보호자이자 아동을 자극하는 곳이어야 한다(New, 1990). 레지오 모형에서 학교는 아동, 부모, 공동체 및 교사 간의 열린 의사소통을 지원하는 유연한 공간이 됨으로써 그런 곳이 된다. 학교는 아이를 양육하는 사회적 관계의 일부이다. 그러므로 학교는 별도의 단체가 아니라 오히려 공동체의 일부이다. 학교가 도시와 장벽을 쌓아서는 안 된다. 그 대신, 학교는 도시 자체의 조직과 역사의 일부가 되어야 한다.

레지오 유아교육의 철학과 실천을 레지오 에밀리아 시 자체에서 분리할 수 없다. 레베카 뉴(Rebecca New)는 언급하기를 이 접근법은 "사회적 불의에 대한 저항의 오랜 역사와 이탈리아의 사회주의 및 공산당과의 동맹에 깊이 뿌리를 두고 있다." (1993: 6). 그녀는 레지오 철학이 사회문화적 조건 속에서 이루어지는 학습을 실행하고 옹호한다고 주장한다. 그녀는 레지오가 다른 상황에서는 어떻게 보일지를 묻고, 다른 상황에 놓인 교육자들이 단순히 레지오 모형을 '수입'하는 것이 무슨 의미가 있을지를 문제로 삼는 것은 아주 옳은 지적이다.

레베카 뉴가 오용을 문제 삼은 것은 맞다. 그러나 레지오가 지역 문화에 국한해서만 이루어진다고 주장하는 것은 너무 편협한 이미지이다. 왜냐하면 그곳의 철학적 실천은 문화와 공동체가 자극을 주고 또 자극받을 수 있다는 이해를 바탕으로 이루어지기 때문이다. 레지오는 문화를 유동적이고 역동적인 것으로 이해한다. 이는 경계가 없는 것은 아니지만 경계를 초월한 교육에 대한 방향을 제시한다. 레베카 뉴의 해석은 레지오의 중요한 철학적 영향에 대한 이해, 특히 존 듀이의 민주주의 교육의 이상에 대한 이해를 제한할 수도 있다. 최근의 학계에 따르면 듀이의 업적은 1950년대 이탈리아에서 상당히 인기를 얻었으며 부분적으로 브루노 키아리(1923~1970)의 연구를 통해 잘 알려졌다.[12] 레지오 에밀리아는 듀이적 실험으로, 사회문화적 뿌리와 풍부한 철학적 '자원의 기반'에 의해 후원받은 구성주의적이고 민주적인 실험교육의 실천적 모형이라는 주장이 있을 수 있다(Lindsay, 2015). 이것은 레지오 모형에서 문화가 중요하지만 철학적 뿌리도 중요하다는 것을 의미하기 때문에 중요한 해석이다. 레지오 에밀리아는 교육 실천의 철학들이 어떻게 국경을 초월하고 원래

의 구조와 체제를 넘어서는지를 고려하도록 교육철학에 한 가지 방향을 제시한다 (Cagliari et al., 2016 참조).

자극

문화적 · 철학적 뿌리에 대한 이 논쟁의 핵심은 레지오 이론이 교육의 방향에 관한 것보다 방법에 관한 것이 적다는 점이다. 이 방향은 아동의 생활세계에 대한 깊은 공감과 이 생활세계에 새로운 재원 지원의 필요성에 기초한다. 아동이 세계와 교류하는 것을 지지하는 것은 아동이 세계 그 자체에 의해 자극받고, 궁금해하고, 나아가 창조하도록 시간과 공간을 허용하는 것이다. 따라서 가르치고 배우는 것은 자극에 관한 것이다. 자극을 주고받는 것은 공동체가 자극받을 수 있는 기회를 창출한다. 자극은 끝없이 질문하는 것뿐만 아니라 표현과 개조로 나아가는 초대이다. 책에서부터 산책길에서 발견되는 나뭇잎의 흩어짐에 이르기까지 모든 것이 세상 그 자체만큼이나 다양할 수 있다. 모든 것이 세상을 다르게 볼 수 있는 이런 초대의 순

[사진 6-2] 소녀의 시선을 사로잡는 나비.

간을 제공할 수 있다([사진 6-2] 참조).

이 자극의 시작은 아이의 모습이다. 말라구치는 교육자가 교육할 때, 아동과 함께도 아니고(왜냐면 성인은 아동이 아니기 때문에), 아동으로서도 아니며(왜냐면 아동은 항상 그 밖의 다른 것이기 때문에), 아동을 위한 것도 아니고(왜냐면 아동은 이미 성인 이상으로 미래를 향해 잘 나아가고 있기 때문에) 아동을 생각하도록 교육자에게 도전한다. 교육자는 아동을 상상하는 임무를 맡고 있다. 이것은 환상적 상상이 아니라 이미지 그 자체이다. 이는 무언가를 포착하고, 반영하고, 투영하고, 궁극적으로 자극할 수 있는 것이다. 아동의 이런 이미지는 말라구치의 가장 유명한 저작인 〈아동의 100가지 언어(The 100 Hundred Languages of Children)〉란 제목의 시에서 볼 수 있다. 다음은 발췌 내용이다.

> 아동들이 가진 것은 ……
> 100개의 언어
> 100개의 손
> 100개의 생각
> 100개의 사고방식, 말하기 놀이.
> 100개의 듣기 방식 ……
>
> (Edwards, Gandini, & Forman, 1998: 3)

이 시의 내용은 레지오 교육의 기본 신념을 분명히 보여 준다. 한편 말라구치가 시를 통해서 아동이 누구인지에 관한 메시지를 전달한다고 생각해 보라. 철학적 신념은 아동 자체에 대한 풍부한 이미지와 시각화를 통해 제시된다. 레지오 철학을 뒷받침하는 것은 아동의 이런 이미지이다(Moss, 2016). 레지오 에밀리아의 아동은 다중성을 갖지만 성인이나 주변 사회의 단순한 복제가 아니다. 아동에 대한 성인의 해석은 100가지도 넘게 다를 수 있지만, 그 중 어느 것도 아동 자신의 창조적이고 생동적인 생명력을 대체할 수 없다. 이와 같이 아동은 자극을 받을 수 있지만, 또한 자극자이다. 아동은 새로운 것이 존재하게 만든다.

아동은 항상 재창조하고, 다시 생각하고, 새롭게 할 수 있기 때문에 알아 가고 관련짓는 100가지 이상의 방법을 가지고 있다. 유아기의 언어가 심오하다는 것을 나

타내기 위해서, 말라구치는 숫자 100을 활용하고 있으나, 독자는 목록이 끝이 없을 수도 있음을 알고 있다. 이는 마치 말라구치가 어른들에게 아동의 의사소통의 가능성이 얼마나 무한한 것인지를 묻는 것 같다. 이 목록에는 '단어, 움직임, 묘사하기, 그림그리기, 건물, 조각, 그림자놀이, 콜라주, 드라마 놀이, 음악' 등이 포함되어 있다(Edwards, 2002: 37).

아동은 항상 창조적이기 때문에 교육의 '출발점'은 없다. 하지만 교사와 아동이 상호작용하는 순간에는 자극이 있다. 레지오 모형에서 교사와 아동은 서로를 자극한다. "초기 국면은 모든 프로젝트의 필수적인 부분이다. 주제에 관한 아동의 지식과 관심을 개방하고 평가하는 것이 목적이다."(Rankin, 1996: 193) 따라서 자극의 초기 국면은 단순한 선동이나 짜증이 아니라 오히려 소크라테스와 같이 귀찮게 하는 것과 반대로 공동체와의 연결을 위한 초대이다. 말라구치가 말했듯이, "우리는 아동과 함께 우리 자신을 재창조하고 교육한다. 우리의 지식은 그들의 지식을 조직할 뿐만 아니라 아동의 존재 방식과 현실 대처방식도 마찬가지로 우리가 알고, 느끼고, 행동하는 것에 영향을 미친다."(Rinaldi, 1996: 111).

이것은 아동을 내재적으로 가치 있고 윤리적인 존재로 간주하는 복합적인 아동철학이다. 아동은 이미 세계에서 자신의 위치, 그리고 항상 타인들과 함께 행동해야 한다는 것의 의미에 관심이 있는 것으로 간주된다. 레지오 교육자들은 '나는 우리다(Io chi siano)'라는 문구를 사용하여 각 아동이 "자신의 최선의 생각을 제시하고, 풍부하고 다양한 집단 교류를 유도하고, 새롭고 예기치 않은 뭔가를 자극하는 등 결코 혼자서 창조할 수 없는"(Rankin, 1996: 193) 공유된 공간 내에 있다는 아이디어를 표현한다. 아동이 관심과 생각과 궁금증을 가진 개인이지만 결코 혼자가 아니라는 이런 생각은 공동체에 속해 있다는 지속적인 이해를 함양한다.

요약하면, 레지오 모형에서 아동은 타인과의 관계 맺음이나 문화적 통합이 없는 것은 결코 아니다. 아동은 타인들에 의해서 그리고 타인들을 통해서 정보를 제공받는다. 이런 식으로 문화는 대상이라기보다는 사람들이 서로 관련되어 있는 방식이다. 아동은 이미 문화와 깊은 개인적 관계를 맺는 것으로 볼 수 있기 때문에 교육 과정에서 강조점은 아동이 문화에 참여하는 데에 필요한 새로운 학습이 무엇인가에 있는 것이 아니다. 오히려 강조점은 아동이 이미 공동체 · 문화 내에 존재하는 연관성을 통해서 새로움과 복잡성에 어떻게 해야 가장 잘 참여할 수 있는지를 어떻게 놀라워하는지에 놓여 있다. 교육 목적은 깊이 놀라는 것을 장려하는 것이다. 그것은 새로운 놀라움을 장려하거나 이미 가지고 있는 깊은 놀라움을 확장시켜 주는 것을 의미할 것이다. 말라구치는 다음과 같이 언급한다.

> 이것을 시스템 측면에서 보는 것이 도움이 될 수도 있다. 우리 학교의 관계 시스템은 현실적인 동시에 상징적이다. 이 시스템에서 각 사람은 다른 사람들과 형식적인 역할 관계를 맺고 있다. 성인과 아동의 역할은 상호보완적이다. 그들은 서로 질문하고, 듣고, 대답한다(Malaguzzi, 1996: 63).

이것은 아동기 모형인데, 교육에 대한 보수적인 견해처럼 문화가 일방적으로 상속되거나 하달되는 것이 아니라 성인과 아동 사이에서 사회적 세계가 전달되거나 함께 구성된다는 모형이다. 성인과 아동은 아직 알려지지 않은 것을 발견하기 위해 자극받는다. 성인은 아동이 발견하는 영역에 대해 어느 정도 알고 있을 수 있지만, 아동은 탐구를 통해 창조적이기 때문에, 그 발견은 둘 다에게 새로운 것이다. 성인은 결코 아동이 무엇을 할지를 완전히 알 수 없다. 레지오 모형은 학습과 참여에 대한 진정한 동기부여를 장려한다. "일단 아동은 자신을 저자 또는 발명가로 지각하도록 도움을 받고, 탐구의 즐거움을 찾도록 도움을 받으면, 그들의 동기와 관심이 폭발한다."(Malaguzzi, 1996: 60; American Journal of Play, 2011)

이 관계에서의 위험은 아동의 취약한 육체적인 현실이다. 아동은 자신의 직접 준비된 상태를 훨씬 초과하는 도전과 위험성을 지닌 발견에 착수할 것이다. 레지오 교육 과정의 비평가들은 내용을 설정하는 어린 아동의 가치에 의문을 자주 제기한다. 그렇지만 이 모형은 아동이 안내자 없이 도시 전역을 달리도록 모든 것을 허용하는 것이 아니다. 그것은 아동이 어떤 틀도 없이 마음대로 달리는 유명한 섬머힐 모형(Summerhill model)은 아니다. 핵심은 교사, 학생 그리고 공동체 사이의 관계이다.

호주의 극심한 산불에 대해 걱정하는 한 아동 집단을 생각해 보자. 레지오 모형에서 교사들은 산불의 사진을 가져와서 화재가 자연계에 미치는 영향을 아동들이 주목하도록 초대할 것이다. 아동 중 한 명은 불에 탄 지역에서 이미 자라고 있는 어린 나무의 새싹이 있다는 것에 주목할 것이다. 예기치 않은 어떤 것이 "불에서 살아남을 수 있는 것은 무엇인가?" "불이 난 후에 어떻게 생명이 있을 수 있는가?" "불이 난

후에 나무를 돌보는 사람은 누구인가?"와 같은 질문을 불러일으킬 것이다. 교사들은 이 질문에 대답할 산림 경비원을 학교로 초대할 수 있다. 어쩌면 산림 경비원은 어떻게 씨앗이 불에서 살아남을 수 있는지를 보여 줄 것이다. 아동은 불에서 살아남은 씨앗을 심을 것이다. 고학년 아동들은 그 주제를 더 연구하고 지역사회 지도자들에게 편지를 쓸 것이고, 어린 아동들은 상상의 놀이센터에서 '새로운 숲'을 조성하고 돌볼 것이다. 많은 아동들이 숯을 이용하여 그림을 그리거나 혹은 화재가 남긴 재의 물질적 성질을 면밀히 관찰하고, 재의 용도로서 어린 나무를 위한 비료를 그리고 예술적 매체를 검토할 것인데, 이는 창조와 탐구를 요하는 일이다. 이러한 경우 레지오 모형에서 분명한 것은 이들이 성인의 지도가 없는 아동이 아니라는 점이다. 이들은 관심을 통해 자신의 탐구를 이끌어 갈 때, 적절한 수준의 보살핌으로 지원을 받는 아동들이다.

창조

레지오 교육 과정에서의 연결된 흐름은 아동들이 정서적 · 인지적으로 학습자와 앎의 주체로서 공동체에 참여하도록 촉진하기 위한 것이다. 그림, 춤, 작곡, 조각과 같은 창조적인 행위를 통해 아동들은 자신의 문화를 재구성하거나 복제하지 않고, 독특한 자아로서 자신의 호기심과 학습을 표현하도록 지도받는다. 이것은 레지오 모형이 예술을 강조하는 것에서 쉽게 알 수 있다. 이는 단순한 결과물로서가 아니라 인간의 표현으로서 가치 있는 창조적인 행위들이다. 강조점은 예술적 결과물 자체의 가치가 아니라 민주적 실천으로서의 예술에 둔다(Cutcher, 2013). 아동의 100가지 언어는 창의성을 통해서 매개된다. 레지오에서 이러한 창조적인 행위는 학교 건물의 기본 요소인 아틀리에(atelier, 학교 미술실)의 독특한 환경을 통해 대부분 가능하게 된다. 아동들의 놀라움과 탐구의 표현을 지원해 주는 것은 아틀리에리스타(atelierista, 지역 예술가)의 일이다. 그리고 그 목적은 그 창조적 표현을 칭찬하는 것이다. 최초의 아틀리에리스타들 중의 하나인 베치(Vechhi)가 말했듯이, "내가 첫 번째로 말할 수 있는 바, 창조성이 어떻게 모든 개인을 구성하는 일부가 되는지, 그리고 현실을 '이해하는 것'이 어떻게 주관적 · 상호협력적 산물이 되는지를 나는 발견했으며, 이것이 창조적 행위이다."(1996: 123).

서구의 많은 유치원에서 교실 미술은 모두가 어두운 배경에 붙어 있는 똑같은 눈사람이 되도록 미리 잘라낸 원이 칠면조를 만드는 손놀림과 같이 그저 모방적인 행위로 통용되어 왔다.[13] 레지오 학생들은 성인 모형을 모방하지 않는다. 대신에 그들은 자극 자체로부터 창조하도록 초대된다. 한 가지 사례만 생각해 보면, 우리는 미국 북부에서 4월 초의 눈보라로 예기치 않게 내린 눈 위에서 놀고 있는 학생들을 상상할 수 있다. 그들은 선생님에게 눈 위에 드러누워 있는 사진을 찍어 달라고 부탁할지도 모른다. 아동들은 예술가와 함께 작업하고 나중에 이 이미지를 인쇄해서, 다음 활동을 위해 천장에 테이프로 붙일 것이다. 즉, 학교 건물 안에서 자신의 몸의 형태와 느낌을 재현하는 활동인데, 춤과 사진을 이용하여 눈과 눈덩이를 탐구할 수 있다. 이 아동들은 눈 건물의 도면을 계획한 다음 야외에서 눈으로 건물을 만들 수 있다. 아마도 2차원 도면을 3차원 구조로 만드는 일이 얼마나 어려운지 알 것이다. 모방보다 창조에 중점을 두는 것은 레지오 교육의 근본적인 목적을 뒷받침한다. 즉, 아동은 새로운 것의 창조자이며 이것이 학습의 기초이다.

배움이라는 갤러리에서의 예술은 "문화의 중심이 된다."(Vecchi, 1996: 122). 또는 다른 용어로 표현하면 언어, 의미, 신념, 가치의 체계이다. 말라구치는 "아이들이 배우는 것은 가르침의 자동적 결과로 생기는 것이 아니다. 오히려, 배움은 대부분 아동의 활동과 우리의 자원의 결과로서 아동이 스스로 하는 것에서 나온다."(Malaguzzi, 1996: 59)라고 말한다. 말라구치는 아동들과 함께했던 존 듀이의 활동을 열심히 파악했으며, 이런 설명과 다른 데에서 우리는 레지오에 반영된 듀이의 철학에 대한 그의 깊은 인식과 이해를 볼 수 있다. 레지오 모형은 학교의 본질과 목적에 대한 많은 전통적인 이해를 바꿔 놓는다. 학교는 아이들이 끊임없이 대화하고 관계를 맺고 있다는 이해를 바탕으로 만들어진 표현과 보살핌의 센터가 된다. 학교가 단순한 건물이 아닌 하나의 문화라면, 그것은 행위주체이자 창조자로서의 아동의 지위를 강화하는 규범적 · 규제적 이상을 갖는다. 예술과 규칙적인 신체적 움직임을 통해서, 학교는 아동이 자신의 문화를 변형시키고 창조할 수 있는 능력을 확장하고 강화할 수 있다.

말라구치가 상기시켜 주듯이, 학습은 놀라움뿐만 아니라 보살핌과 관계의 시스템을 통해서도 지원된다. 이를 엄밀히 말하면, 아동들의 목소리를 위한 공간을 만들

어서 아동들의 모든 '언어' 속에서 전인적 아동을 길러내기 위해서 노력해야 하는 어른들이 상당히 많은 실질적 통제력을 가지고 있기 때문이다. 말라구치는 〈아동의 100가지 언어〉('자극'이란 절에서도 인용했었음)라는 시에서 계속 언급하고 있다.

> …… 학교와 문화는
> 머리와 몸을 분리시킨다.
> 그들은 아동에 대해 말하기를
> 손이 없이 생각하고
> 머리가 없이 행동한다…….
> 그들은 아동에 대해 말하기를, 이미 거기 있는 100개의 세계를 발견하고,
> 그들은 99개를 훔친다…….
> 아동은 말하기를,
> 아닙니다. 100개가 거기에 있습니다.
>
> (Edwards, Gandini, & Forman, 1998: 3)

케네디(Kennedy)는 레지오 모형이 "우리가 아동의 개념을 수정하도록 유도함에 따라, 유아들과 함께하는 실천 방식에서 무엇이 발달적으로 적절한 것인지에 대한 우리의 생각을 수정하도록 유도할 것"(1996: 24)이라고 주장했다. 레지오 모형에서 성인과 아동은 역동적인 관계 속에서 끊임없이 재구성되고 재고찰되는 형태이기 때문에, 그 과정은 성인이 자신의 세계-내-자아를 성찰하도록 개방한다. 이와 동시에 레지오 모형은 성인기의 개념과 생산적인 긴장 속에서 아동기가 그 자체로 어떻게 구성될 수 있고 이해될 수 있는지에 대한 실제적인 사례를 제시한다(Kennedy, 1996). 아동기는 '성인 이전'에 지나지 않는 것이라기보다는 그 나름의 창조적 온전함을 가지고 있기 때문에, 교사가 모든 학습을 지도하는 전통적인 학교 교육 방식은 더 이상 지지받기 힘들다.

레지오와 오늘날의 교육철학

레지오 모형에서 구현된 아동기와 교육 실천에 관한 철학적 접근은 아동이 권리와 정치적 목소리를 모두 갖고 있다는 입장을 지지한다. 그러나 이 운동에 대한 잠재적 비판은 아동이, 즉 아동으로서는 시민 공동체 및 문화 공동체에 적절하게 참여할 수 없다는 점이다. 더구나 아동이 (합리적 혹은 의도적인 행위 주체로서) 참여할 수 있다고 해도 상대적인 경험 부족으로 인해 자신에게 해를 끼치지 않고 참여할 수 있겠느냐고 반문할 수도 있다. 말라구치는 아동의 목소리와 보호에 대한 권리를 지지하였으며 현재의 레지오 실천은 이 맥락에서 계속된다. 레지오가 아동의 문화 창조를 지향한다고 이해하면서, 아동이 이 문화 속에서만 행동해야 한다고 결론 내려서는 안 된다. 어찌됐건 말라구치는, 듀이와 상당히 유사하게, 아동이 성인의 지도 없이 생활할 것을 요구하는 아동기에 대한 관점, 즉 진보주의가 종종 오해받았던 관점을 비판한다(Dewey, 1934/2008: 169-74 참조). 오히려 레지오는 아동과 성인이 공동체와 창조적인 삶의 행위에서 상호작용적 주체가 되어야 한다는 인식을 갖고 있다.

말라구치는 당시에 나타난 아동기의 개념에 대해 상당히 우려했다. 그는 아동이 전적으로 중간적이고 궁극적으로 복합적인 존재라는 현실 속에서 아동은 빈 석판 또는 이미 전능한 성인 행위자로만 간주된다는 생각을 분명히 했다. 말라구치는 "그렇게 설정된 아동이 역설적으로 그의 창조자들의 손에서 폭발한다."(Malaguzzi, 1996: 73)라고 쓰고 있다. 아동은 그런 이중성 속에서 돌이킬 수 없을 정도의 해를 입을 수 있다. 따라서 교육자들의 일은 양육과 보호를 함께하는 것이며, 이 공간 안에서 아동의 목소리와 관심의 역동적인 중재자로서 그리고 공동 창조자로서 항상 일하고 있다.

이러한 점에서 레지오 에밀리아는 유아교육을 사회정의 교육의 일종으로, 즉 모든 유아의 포용을 확대하는 것, 그리고 유아가 세상에 가져다주는 다양한 관점에 초점을 두는 일로 고려할 것을 지지한다. 레지오는 교육에 대한 문화적 지향으로서 유아교육을 특권이 아닌 아동의 권리로 생각한다(Rinaldi, 2005). 따라서 이 권리는 그 권리를 부여하기를 거부하는 사람들과 이미 미래의 존재인 아동의 특별한 이미지를 인식하지 못하는 사람들로부터 보호되어야 한다. 이런 관점에서 레지오 에밀리

아는 오늘날 학교(K-12) 교육에서 유아교육으로 점점 내려오는 표준화 운동에 반대한다.

말라구치에게 향수를 불러일으키는 것은 아동이 항상 미래의 구성 요소이며, 아동은 사실상 우리가 앞으로 나아가는 유일한 방법이고, 우리에게 아동기의 많은 언어를 보호할 의무가 있다는 기억이다. 말라구치가 우리에게 말하듯이, "아동은 말한다. 안 돼요. 100가지나 있어요."(Edwards, Gandini, & Forman, 1996). 이 비전을 진지하게 받아들이는 것은 교육자들에게 복잡한 일이다. 그것은 아동이 주체성을 가지고 미래를 만들어 갈 수 있도록 현재의 시간에 아동을 위한 공간을 만든다는 뜻이다. 이것이 순전히 보호적인 입장이 될 수는 없다. 창의성, 혁신 및 자극을 위한 공간을 만들어야 하기 때문에 약간의 위험이 수반되어야 한다.

결론: 초대, 자극 그리고 방향 전환

몬테소리와 레지오가 아동기에 대해서 공통된 생각을 가지고 있기 때문에 그들을 쉽게 연결시킬 수 있고 종종 유아기 철학과 실천에 관한 책에서 그들을 동반자로 보게 된다. 아동은 각자에게 그리고 자신의 창조자들에게 항상 현존이며, 이러한 이해 없이 교육하는 것은 교육이 아닌 다른 일을 하는 셈일 것이다. 웩슬러(Wexlar)가 레지오 에밀리아에 대해 언급했듯이, "모든 지혜는 묻고, 듣고, 걸어야 얻어진다." (2004: 13). 몬테소리도 마찬가지로 언급했듯이, 교사는 항상 자신 앞에 있는 아동을 본다. 그러나 우리를 자극하고 앞으로 나아가게 초대하는 것은 그들의 차이점이기도 하다. 마무리하면서, 특히 이 두 가지 접근법을 함께 이해하는 것이 우리에게 교육을 해방으로 이해하고, 아동을 문화와 공동체의 일원으로 이해하며, 교사의 위치를 이해하도록 해 준다라고도 나는 생각해 본다.

두 철학 모두에서 아동은 자유로운 자아로서, 의지, 합리성, 잠재력을 가진 존재이다. 레지오는 아동이 항상 그리고 이미 자유롭지만, 자아가 되는 것은 오직 자기 공동체 사람들처럼만 자유로울 수 있다고 이해한다. 어떤 의미에서 이런 이해는 문화 자체가 항상 아동의 실제적인 적극적 자유와 소극적 자유를 결정하는 제한된 방식을 인식하는 것이다. 따라서 문화 속에서 행위자로 인식되는 아동은 이미 이러한 자유의 협상 속에 들어 있다. 이런 결정에 학교의 책임은 이 협상을 아이들이 100개의 언어 속에서, 아동의 방식으로, 아이들이 참여하도록 길러내는 일이다. 몬테소리의 경우, 이 자유는 통제되면서도 환대하는 환경에서 먼저 다른 사람들과 함께 실행된다. 자신의 음식을 정하고, 학습 공간을 만들고, 가구를 옮기고, 함께 공부하는 방법에 대해 또래와 협상하는 등의 실천적인 연습된 자유는 발달 중인 아동들이 진정으로 자유를 실천하는 온갖 방식이다. 몬테소리 교실의 자유는 레지오 에밀리아 교실의 더 학생-통제적 자유처럼 보이지는 않지만, 선택과 이동면에서 아동의 행위 주체성을 인정하며 매우 존중하는 방식이다.

아동에 관한 레지오 에밀리아의 생각은 아동이 주변 세계에 의해 자극받을 수밖에 없는 존재라는 것이다. 아동이 되는 것은 발견하도록 그리고 참여하도록 자극받는 것이다. 교사는 놀라움을 지닌 아동의 자연스러운 방향이 나타날 수 있는 공간을 허용하고 만든다. 몬테소리는 아동의 역량이 실현될 수 있도록 참여 그 자체의 구조에 중점을 둔다. 각 접근법에서 아동은 발견할 수 있는 잠재력이 있는 창조적인 행위자이다. 강조점에 차이가 있는데, 교사가 그 구조를 구성하는 데 중점을 두는지(몬테소리) 또는 방해가 되지 않는 구조인지를 확인하는 데 중점을 두는지(레지오)의 여부이다.

따라서 각 교사의 지향점은 매우 다르다. 레지오에서 교사는 단순히 내용과 방법에 대한 안내자가 아니라 공동 창조자이다. 교사는 자신의 평범한 방식으로 공동체와 세계에 영향을 미치면서 아동과 함께 배운다. 몬테소리에서 교사는 마치 없는 것 같다. 그들은 보이지 않게 지도하는 손이며, 아동이 독립심과 자신감을 향해 나아갈 수 있도록 도와준다. 하지만 각 모형에서 아동과 교사는 사랑으로 연결되어 있으며 배려하는 관계에 있다. 이 관계는 위로부터의 권위에 기반한 것이 아니라 서로 존중하는 것에 기반한 것이다.

마지막으로, 이 둘이 동일한 교육철학은 아니지만, 함께 살펴본다면 아동의 대화와 더 폭넓은 문화에 대한 참여가 도덕적 · 영적 진보에 절대적으로 중요하다는 생각이 들게 한다. 이러한 진보관은 문화와 지식에 대해서 전면적으로 상대주의적 접근을 하는 포스트모던 특성과 상충되지만, 유아기는 우리가 진보할 수 없다는 것을 상대주의도 암시한다는 주장의 재검토를 요구한다. 레지오나 몬테소리의 철학에는 평화, 권리, 지속적인 참여, 그리고 인류에 대한 강력한 낙관론이 있다.

몬테소리 교육이나 레지오가 대중문화 또는 유아기 연구와 학계에서 사라질 것이라는 징후는 거의 없다. 이 장에서 지적한 바와 같이 몬테소리는 인기 상승 중이며(Cossentino & Whitcomb, 2007; Lillard, 2019), 레지오는 유아기 연구에 계속 영향을 미치고 있다. 오늘날 우려되는 것은 그 둘이 유아교육에 대한 타당한 접근법으로서 정당성을 상실할 것이라는 점이 아니라, 단지 유아와 함께 활동하는 대안적 접근법으로서, 그리고 동일하게 문제가 되는 방식인데, 엄밀한 철학적 논의가 제공되지 못하는 유아기 실천으로만 계속 보일 것이라는 점이다.

이러한 접근법이 한때 '대안적'이었다는 것은 논쟁의 여지가 없다. 말라구치와 몬테소리가 글을 쓸 당시, 그들의 접근법은 1900년대 초의 전통적인 학교 교육 형태에 대한 비판적인 반응이었다. 그러나 오늘날에는 왜 그들이 여전히 '대안적'이라는 꼬리표를 달아야 하는지 알 수 없다. 유아기 연구에서 놀이중심의 접근법이 실천과 제도에서 지배적으로 강조되고 있지만, 유아교육의 어떤 '하나의' 방법을 '표준'이라고 명확히 가리키는 것은 없다. 그것들을 '대안적'으로 보는 것은 자유, 행위 주체, 연결, 문화에 대해서 철학이 말하고 있는 많은 것을 놓치게 된다. 이런 것은 유아기의 교육과 학습에 대한 우리의 이해에 근본적으로 영향을 미칠 뿐만 아니라 우리를 새로운 가능성으로 데려갈 수 있는 아이디어이다.

몬테소리와 레지오 에밀리아는 우리에게 유아교육 실천의 구성, 개념 및 교수법 측면을 명확히 해 주는 철학적으로 통찰력 있는 방안을 제공한다. 또한 그들을 함께 살펴보는 것은 20세기의 한 가지 특징이 아동을 문화와 관련된 인간으로, 독자적인 창조적 행위자로, 그리고 인간을 자신과 다르게 보도록 초대하는 존재로 보는 것이었음을 알려 준다. 이러한 관점에서 볼 때, 이들은 초창기 시대에 있었던 급진적인 교육철학처럼 보이지 않고, 오히려 우리가 아동과 함께 세상에서 어떻게 살고 싶은지를 알려주는 선견지명이 있는 교육철학처럼 보인다.

아렌트(Arendt)는 『어두운 시대의 사람들(Men in Dark Times)』의 서문에서 다음과 같이 쓰고 있다.

> 인간이 세상을 만들었다고 해서 그 세계가 인간적인 것도 아니고, 인간의 소리가 들리는 세계라고 해서 인간적인 것도 아니다. 담론의 대상이 되었을 때만 그 세계는 인간적으로 될 수 있다. 우리가 세계의 사물에 영향을 아무리 많이 받더라도, 그것들이 아무리 우리

> 를 깊게 감동시키고 자극할지라도, 우리가 동료들과 그것들에 대해서 논의할 수 있을 때 만 그것들이 우리에게 인간적인 것이 된다(1968: 25).

아렌트가 지적했듯이, 타인에 대한 관여는 종종 우리의 생각이 우리 자신을 향하게 한다. 그 결과, 우리는 우리 자신에게도 새로운 시각으로 나타난다. 그리고 새로운 모습 속에서 우리는 우리와 타인, 대상, 미래 사이에 존재하는 간극을 깨닫게 된다. 타인들과의 토론, 참여 및 대화는 단순히 우리가 이 격차를 지각할 수 있게 할 뿐만 아니라 복잡성과 취약성 속에서 그 격차를 경험할 수 있게 한다.

우리가 어린 아동이 우리의 철학적 논의 대상일 경우, 그것이 아동을 주의 깊게 관찰하고 그들과 시간을 보내는 몬테소리 접근법이든 혹은 아동과의 대화와 창조를 통해 세상의 현재 모습을 변화시키는 레지오 접근법이든, 거기서 나타나는 우리의 생각에 면밀한 주의를 기울일 때, 우리는 풍부한 인간의 실천, 즉 인류학적 지식의 탐구, 그리고 또한 우리의 생각과 세계에 나타나는 것처럼 아동이 우리와 함께하는 인간이 될 수 있도록 하는 인간적인 실천의 한가운데에 있는 우리 자신을 발견한다.

이러한 유아교육 실천의 철학들을 함께 살펴보는 것은 철학적 탐구가 그 자체로 인간적일 수 있는지에 대해서 생각해 볼 것을 우리에게 요구한다. 철학자의 전통적인 이미지는 세상을 무감각, 고뇌, 불안, 절망 또는 저항으로 밀어넣는 비판가나 골치 아픈 존재이다. 그러나 우리는 또한 철학이 창조적이고 생산적이며 공동체적일 수 있다는 것을 알고 있다. 만약 우리가 이러한 탐구 방식으로 철학의 방향을 바꾼다면 어떻겠는가? 철학자가 초대, 변화, 연결, 자극을 실천하는 사람이라면 어떻겠는가? 아마도 오늘날 어두운 시대에 어린 아동들이 우리에게 요구하는 것은 이것일 것이다.

미주

1) 프뢰벨(Friedrich Fröbel), 코메니우스(John Amos Comenius), 페스탈로치(Johann Heinrich Pestalozzi), 몬테소리, 그리고 말라구치 등 많은 유아기 연구의 중요한 역사적 인물들이 영향력 있는 학자로 인정받고 있지만, 이들은 교육철학 분야의 연구에서 과소 평가되고 있으며 더 많은 관심을 받을 만하다.
2) 한센(Hansen)이 제안한 것처럼, 성숙한 교육철학은 ① 가치 진술, ② 도덕적 내용, ③ 아이디어의 지속적인 동력을 이룬다(2007: 7). 20세기의 유아기 모형이 철학적으로 검토될 때, 유아기 자체가 어떻게 철학을 형성하는가에 대한 우리의 이해를 심화시키는 새로운 관심들이 생겨난다.
3) 몬테소리 방법은 흔히 '몬테소리'라고 언급된다. 여기서 나는 마리아 몬테소리(창시자)와 그 철학을 구별하기 위해 몬테소리 방법을 사용하기로 했다.
4) 레지오 에밀리아는 종종 도시, 학교, 방법을 가리키는 용어로 학계에서 사용된다. 흔히 문헌에서는 그 철학을 '레지오'라고 부른다. 마리아 몬테소리와 달리, 레지오 에밀리아 학교와 그 방법론의 창시자이자 철학자인 로리스 말라구치에 대해서는 대중적으로 알려진 바가 거의 없다.
5) 로리스 말라구치가 마리아 몬테소리를 알고 있었는지는 불분명하다. 확실히 그는 이탈리아의 몬테소리 학교에 대해 알고 있었을 것이다. 레지오는 1950년대와 1960년대 이탈리아에서 듀이의 아이디어가 인기를 얻을 때 더 많은 영향을 받은 것이 연구를 통해 드러났다.
6) 제인 롤랜드 마틴(Jane Roland Martin, 2016)은 이 아이들과 그 가족의 실제 빈곤에 대해 진술하였고, 그녀의 연구가 오늘날 빈곤 속에 살고 있는 아이들을 교육하는 방식에 어떻게 영향을 미칠 수 있는지에 대한 분석하였는데 이는, 몬테소리의 아동교육이 철학적으로 급진적일 뿐만 아니라 사회적으로 정치적으로도 급진적임을 상기시켜 준다.
7) 킬패트릭은 1914년에 『몬테소리 체제의 검토(The Montessori System Examined)』라는 책을 출간하였다.
8) 현장 연구는 교육자와 관리자가 특정 상황이나 맥락 속의 실제적 문제를 반복적으로 조사하고 해결하고자 자주 사용하는 조사의 한 형태이다. 『교육에서의 현장 연구(Action Research in Education)』(Efron & Ravid, 2019)를 참조하라.
9) 듀이는 또한 몬테소리의 심리학이 구식이라고 간주하며 비판한다. 이 심리학에는 펼쳐야 할 어린 두뇌의 내부 능력이 있다는 견해가 포함되어 있다. 그는 이 견해를 아이의 뇌가 발달하기 위해서는 새로운 경험이 필요하다는 당시 주장과 대조시킨다. 현대의 신경과학은 이제 어린아이의 뇌에 대한 꽤 복잡한 이해를 뒷받침하고 있다. 이는 몬테소리나 듀이의 극단적인 견해를 지지하지 않을 것이다. 뇌는 선천적인 구조를 기반으로 전적으로 자기 생

성적인 것도 아니고, 출생 후의 경험을 바탕으로 완전히 창조되는 것도 아니다. 두 경우 모두 듀이는 몬테소리의 실험 방법을 오해하고 있다. 이런 오해는 아동의 활동으로까지 이어진다. 아동은, 듀이 말처럼 자기-교정적이건 혹은 '고정적'이건 간에, 몬테소리 방법 자체도 실행하면서, 자료가 올바르게 작동하도록 하기 위하여 관찰하고 실험한다.

10) 듀이의 경험 개념에는 아이의 사회적 본성의 일부로서 타인으로부터 배우고 타인들과 배우는 것이 포함된다는 점에 주목할 필요가 있다(Dewey, 1916/2008: 특히 pp. 48-50). 또한 레너드 제이 왁스(Leonard J. Waks)가 듀이의 초기 사상을 다룬 이 책의 제1장의 내용을 참조하라.

11) 'atelierista'는 학교에 거주하는 예술가를 말한다.

12) 말라구치의 동료는 듀이의 사회구성주의적 철학을 레지오 에밀리아와 이탈리아의 다른 지역에서 학교 실천과 연결하는 데에 영향을 미친 이탈리아 교육자로 인정되고 있다(Lindsay, 2015).

13) 국가 기관 및 유아 연구가 교육자들에게 공예품보다 과정중심의 예술을 고려하도록 지원함에도 불구하고 이런 추세는 계속되고 있다. 유아교육 국가 협회(NAEYC, 2020)를 참조하라.

참고문헌

1차 문헌

Arendt, Hannah. (1968). *Men in Dark Times*. San Diego: Harcourt Brace.

Dewey, John. (1915/2008). "Schools of To-morrow," in J. A. Boydston (Ed.), *The Middle Works, 1899-1924*, Vol. 8: *Essays and Miscellany, German Philosophy and Politics and Schools of To-morrow, 1915*, 205-404. Carbondale: Southern Illinois University Press.

Dewey, John. (1916/2008). *Democracy and Education*, in J. A. Boydston (Ed.), *The Middle Works, 1899-1924*, Vol. 9: *Democracy and Education, 1916*. Carbondale: Southern Illinois University Press.

Dewey, John. (1934/2008). "The Activity Movement," in J. A. Boydston (Ed.), *The Later Works, 1925-1953*, Vol. 9: *Essays, Reviews, Miscellany, and A Common Faith*, 169-74. Carbondale: Southern Illinois University Press.

Malaguzzi, Loris. (1993). "For an Education Based on Relationships," *Young Children*, 49(1), 9-12.

Malaguzzi, Loris. (1996). "History, Ideas, Basic Philosophy," in Carolyn Pope Edwards, Lella Gandini, & George E. Forman (Eds.), *The Hundred Languages of Children: The Reggio Emilia Experience in Transformation*, 41-90. New York: Ablex Publishing.

Montessori, Maria. (1913). *Pedagogical Anthropology*, trans. Frederic Tabor Cooper. New York: Frederick A. Stokes Co.

Montessori, Maria. (1964). *The Montessori Method.* New York: Schocken.

Montessori, Maria. (1966). *The Secret of Childhood.* New York: Ballantine Books.

Montessori, Maria. (1967). *The Discovery of the Child.* New York: Ballantine Books.

Montessori, Maria. (1995). *The Absorbent Mind.* New York: Henry Holt.

2차 문헌

Abbott, Lesley., & Cathy Nutbrown, Eds. (2001). *Experiencing Reggio Emilia: Implications for Pre-School Provision.* Philadelphia: Open University Press.

American Journal of Play. (2011). "Play and the Hundred Languages of Children: An Interview with Lella Gandini," *American Journal of Play*, *4*(1), 1-18.

Babini, Valeria. (2000). "Science, Feminism and Education: The Early Work of Maria Montessori," *History Workshop Journal*, *49*(1), 44-67.

Cagliari, Paola, Marina Castagnetti, Claudia Giudici, Carlina Rinaldi, Vea Vecchi., & Peter Moss, Eds. (2016). *Loris Malaguzzi and the Schools of Reggio Emilia.* New York: Routledge.

Colgan, Andrew D. (2016). "The Epistemology behind the Educational Philosophy of Montessori: Senses, Concepts, and Choice," *Philosophical Inquiry in Education*, *23*(2), 125-40.

Cossentino, Jacqueline., & Jennifer Whitcomb. (2007). "Peace as a Premise for Learning: Maria Montessori: Italy, 1870-1952," in D. Hanson (Ed.), *Ethical Visions of Education: Philosophies in Practice*, 111-25. New York: Teachers College Press.

Cutcher, Alexandra. (2013). "Art Spoken Here: Reggio Emilia for the Big Kids," *International Journal of Art & Design Education*, *32*(3), 318-30.

Dodd-Nufrio, Arleen. (2011). "Reggio Emilia, Maria Montessori, and John Dewey: Dispelling Teachers' Misconception and Understanding Theoretical Foundations," *Early Childhood Education Journal*, *39*, 235-7.

Edwards, Carolyn Pope. (2002). "Three Approaches from Europe: Waldorf, Montessori, and Reggio Emilia," *Early Childhood Research & Practice*, *4*(1), 1-24.

Edwards, Carolyn, Lella Gandini., & George Forman, Eds. (1998). *The Hundred Languages of Children: The Reggio Emilia Experience in Transformation*. New York: Ablex Publishing.

Efron, Sara Efrat., & Ruth Ravid. (2019). *Action Research in Education: A Practical Guide*, 2nd edn., New York: Guilford Press.

Feez, Susan. (2013). *Montessori: The Australian Story*. Sydney: New South Publishing.

Frierson, Patrick R. (2016). "Making Room for Children's Autonomy: Maria Montessori's Case for Seeing Children's Incapacity for Autonomy as an External Failing," *Journal of Philosophy of Education*, *50*(3), 332-50.

Grazzini, Camillo. (2013). "Maria Montessori's Cosmic Vision, Cosmic Plan, and Cosmic Education," *NAMTA Journal*, *38*(1), 107-16.

Hansen, David T. (2007). *Ethical Vision of Education: Philosophies in Practice*. New York: Teachers College Press.

Kennedy, David K. (1996). After Reggio Emilia: May the Conversation Begin! *Young Children, 51*(5), 24-27.

Lillard, Angeline S. (2013). "Playful Learning and Montessori Education," *American Journal of Play*, *5*(2), 157-86.

Lillard, Angeline S. (2019). "Shunned and Admired: Montessori, Self-Determination, and a Case for Radical School Reform," *Educational Psychology Review*, *31*, 939-65.

Lindsay, Gai. (2015). "Reflections in the Mirror of Reggio Emilia's Soul: John Dewey's Foundational Influence on Pedagogy in the Italian Educational Project," *Early Childhood Education Journal*, *43*(6), 447-57.

Mackler, Stephanie. (2017). "Raising a Human: An Arendtian Inquiry into Childrearing in a Technological Era," *Philosophy of Education 2017*, 65-77.

Martin, Jane Roland. (1995). *The Schoolhome*. Cambridge, MA: Harvard University Press.

Martin, Jane Roland. (2016). "Maria Montessori," in Joy Palmer Cooper (Ed.), *Routledge Encyclopedia of Educational Thinkers*, 233-6. New York: Routledge.

Meckler, Laura. (2018). "Montessori, Long a Favorite for Wealthy Families, Struggles to Expand Its Reach," *The Washington Post*, November 5. Available online: https://www.washingtonpost.com/local/education/montessori-long-a-favorite-of-wealthyfamilies-struggles-to-expand-its-reach/2018/11/05/51a5ae02-ccc9-11e8-920fdd52e1ae4570_story.html.

Mintz, Avi. (2019). "Socrates, Cadmus, and the Case for Unphilosophical Parenting," *Philosophy of Education 2019*, 374-87.

Moss, Peter. (2016). "Loris Malaguzzi and the Schools of Reggio Emilia: Provocation and Hope for a Renewed Public Education," *Improving Schools*, *19*(2), 167-76.

Murray, A. (2011). "Montessori Elementary Philosophy," *Montessori Life*, *23*(1), 22-33.

NAEYC (National Association for the Education of Young Children). (2020). *Teaching Young Children*, February-March 2020.

New, Rebecca S. (1990). "Projects and Provocations: Preschool Curriculum Ideas from Reggio Emilia, Italy," ERIC. Available online: https://eric.ed.gov/contentdelivery/servlet/ERICServlet?accno=ED318565.

New, Rebecca S. (1993). "Reggio Emilia: Some Lessons for U.S. Educators," ERIC Digest. Available online: https://eric.ed.gov/contentdelivery/servlet/ERICServlet?accno=ED354988.

New, Rebecca S. (2003). "Reggio Emilia: New Ways To Think About Schooling," *Educational Leadership*, *60*(7), 34-8.

New, Rebecca S. (2007). "Reggio Emilia as Cultural Activity Theory in Practice," *Theory into Practice*, *46*(1), 5-13.

Rankin. B. (1996). "Curriculum Development in Reggio Emilia: A Long-Term Curriculum Project About Dinosaurs" in Edwards, Carolyn, Lella Gandini & George Forman (Eds), *The Hundred Languages of Children: The Reggio Emilia Experience in Transformation*, 41-90. New York: Ablex Publishing.

Rinaldi, Carlina. (1996). "The Emergent Curriculum and Social Constructivism," in Carolyn Pope Edwards, Lella Gandini & George E. Forman (Eds.), *The Hundred Languages of Children: The Reggio Emilia Experience in Transformation*, 91-100. New York: Ablex Publishing.

Rinaldi, Carlina. (2005). *In Dialogue with Reggio Emilia: Listening, Researching and Learning*. London: Routledge.

Simons, Martin. (1988). "Montessori, Superman, and Catwoman," *Educational Theory*, *38*, 341-9.

Sobe, Noah W. (2004). "Challenging the Gaze: The Subject of Attention and a 1915 Montessori Demonstration Classroom," *Educational Theory*, *54*(3), 281-97.

Suissa, Judith., & Stefan Raemakers. (2011). *The Claims of Parenting*. Dordrecht: Springer.

Thayer-Bacon, Barbara. (2012). "Maria Montessori, John Dewey, and William H.

Kilpatrick," *Education and Culture*, *28*(1), 3-20.

Vecchi, Vea. (1996). "The Role of the Atelierista," in Carolyn Pope Edwards, Lella Gandini & George E. Forman (Eds.), *The Hundred Languages of Children: The Reggio Emilia Experience in Transformation*, 119 -27. New York: Ablex Publishing.

제 7 장 인종, 정의, 교육의 철학

몸이 겪은 지식의 전통

칼 알스턴 저 · 이지헌 역

> 그것은 특이한 감각, 이중적 의식, 늘 타인의 눈을 통해 자신을 바라보는, 비웃는 듯한 멸시와 연민으로 주시하는 세상의 잣대로 내 영혼을 재는 그런 느낌이다. 한 인간이 느끼는 자신의 이중성, 미국인이면서 니그로, 두 개의 영혼, 두 개의 생각, 타협 불가능한 두 개의 열망, 검은 몸뚱이 안에서 싸우는 두 개의 이상, 그가 쓰러짐을 막아 주는 것은 그의 끈질긴 강인함뿐이다(Dubois, 1986: 8-9).

"니그로들(Negroes)을 어찌할 것인가? 이런저런 단호한 무력적 명령은 그 물음의 답이 될 수가 없다. 해방 선언은 어려움만 가중, 심화시킨 것 같았다."(DuBois, 1986: 16) 이 난감한 문제는 W. E. B. 듀보이스(William Edward Burghardt DuBois, 1868~1963)의 더 유명한 발언, 즉 "20세기 문제는 인종차별이다."(p. 175)가 나오는 구절의 끝부분에 들어 있다. 듀보이스와 그의 동시대인은 흑인이건 백인이건[1) 1] 다음과 같이 이해하였다. 미국에서 노예해방은 일단 도덕적 · 정치적 긴장은 해소시켰으나 더 많은 여러 가지 긴장을 낳고 말았다. 노예제 폐지론자, 노예제 반대 세력, 혹은 다른 이들의 낙관론이나 도덕적 결단에도 불구하고 미국 남부 지역의 대다수 흑인 민중에게 자

---

1) 역자 주: 이 글에서는 미국 흑인, 아프리카계 미국인, 니그로, 유색인 등이 섞여 쓰이고 있다.

유는 주어지지 않았다. 노예해방이 선언된 1863년부터 듀보이스의 『흑인의 영혼(The Souls of Black Folks)』이 출판된 1903년 사이에 몇몇 세대의 흑인들은 약속도 안 지켜지고, 희망도 타오르는 듯하다가 꺼지는 일을 여기저기서 목격하였다.

'자유의 획득과 유지를 위해 교육이 중요하다.'라는 점은 미국 남북 전쟁이 끝나기 훨씬 전부터 이미 깨닫고 있었다. 보통학교 운동(Common Schools Movement)을 향한 초기의 움직임은 매사추세츠와 그 인근에서 빨라졌는데, 여기서 호러스 맨(Horace Mann, 1796~1859)은 모든 배경의 아동을 위한 초등학교 교육을 구상했다(Cremin, 1957). 그 이후 19세기 중엽에도 자유로운 흑인 학부모가 자기 자녀를 학생으로 받아 줄 학교를 찾는 일이 거의 투쟁이나 다름없는 경우가 많았다. 이미 19세기 전반에 남부 연방을 구성한 남부의 여러 주에서 노예 자녀에게 읽기 · 쓰기를 가르치는 것을 불법으로 규정하는 법령이 제정되었다(Dubois, 1990: 638). 그것이 법적으로 금지되었다는 사실은 '흑인은 선천적으로 열등하다'라는 당시의 사회적 통념과는 정반대로 '노예는 가르칠 수 있다.'는 믿음뿐 아니라 '그런 가르침은 노예제도의 상황을 강제 노동으로 유지할 수 없게끔 만든다.'는 두려움까지 암시해 준다. 1897년에 알렉산더 크룸멜(Alexander Crummell, 1819~1898)은 다음과 같이 말했다.

> [노예의 교육을 불법으로 규정하는 것은] 니그로에게 두뇌력이 있다는 인식이 있으니까 행해진 일이었다. 이런 일은 니그로에게 지력이 있음을 부정하지 않는다. 이런 부정은 나중에 꾸며 낸 것이다. 그뿐 아니라 입법자들은 돼지, 개, 말의 교육을 금지하는 법을 전혀 만들지 않는다. 그들은 인간의 지력에 반대하느라 그런 법을 만든다(Crummell, Foner, & Branham, 1998: 849에서 재인용).

듀보이스는 『미국 흑인의 재건 1860~1880(Black Reconstruction in America 1860~1880)』에서 재건에 대해 크게 설명한다. 그에 따르면 과거 노예였던 흑인과 가난한 노동계급에 속하는 백인을 위한 공립초등학교에서 필요했던 공적 재정의 확대는 새로 해방된 흑인이 자신들을 위해서 스스로 요구했기 때문에 비로소 가능해진 일이었다(DuBois, 1990: 638).

남북 전쟁(1861~1865)이 끝난 후 공립학교 재정은 더욱 확대되었다. 이는 '니그로들'을 교육시키면 그들의 노동이 '황폐'해지고 자기의 처지에 안 어울리는 생각을 할 것으로 걱정했던 백인 엘리트의 지속적 반대에도 불구하고 행해졌다. 1865년에 (연방) 전쟁부 안에 난민, 해방민, 불모지에 대한 대책을 담당하는 부서로서 흔히 말하는 해방민국(The Freedmen's Bureau)이 신설되었다. 이는 남북 전쟁이 끝나고 해방이 된 다음에 모든 실향민에게 재화, 서비스, 토지를 분배하기 위해서 만든 것이었다. 이 연방 프로젝트는 어떤 교육적 방향을 분명히 갖고서 시작한 것이 아니었다. 그러나 과거 남부 연방 지역에 배치되었던 북군이 철수하는 1877년까지 7년 동안, 해방민국은 북부의 (종교적) 자선사업 활동과 협력하여 84개 사범학교[2] 및 고등학교, 그리고 16개 대학이 설립되게 하였다(DuBois, 1990: 665). 듀보이스의 주장에 따르면, 이런 학교의 설립 및 흑인 교사의 양성은, 연방 지원이 끊어지고 경제적 · 정치적 진전이 중단되었음에도, 재건의 여러 가지 성취 중 하나였다.

이 장은 흑인의 눈을 통해서 근대 미국 교육에 대한 분석이 형성 · 발전되는 과정을 살펴볼 것이다. 먼저 19세기의 아프리카계 미국인에 속하는 철학자 · 고전학자를 살펴봄으로써 시작한다. 그들은 인정(recognition)이라는 문제의 답을 찾고 기록하고 살았다. 전통적으로 W. E. B. 듀보이스와 부커 T. 워싱턴(Booker T. Washington, 1856~1915)은 두 가지 입장의 주요 대표자로 거론된다. 두 입장은 고전적 자유교육, 그리고 농업 · 기술 · 산업적 교육을 가리킨다. 이런 논란은 재건(Reconstruction, 남북 전쟁 후 남부 각 주를 합중국으로 재통합)의 주요 논변을 20세기 (백인) 공론장으로 끌어들인 것으로 볼 수 있지만, 두 입장 이외에도 교육의 가능성에 대한 철학적 논쟁이 있었다. 남북 전쟁 이전에도 공적 지식인에 속하는 흑인들이 있었지만, 그 후에는 백인 교육기관의 고전학 프로그램 과정을 졸업하고 교육을 통한 **인간됨**(personhood)을 주장한 또 다른 세대의 흑인들을 통해서 진보에 관한 주요 대화가 나타났었다. 이 글은 첫째, 재건 이후 시기에 아프리카계 미국인을 위한 사회적 재화(선)에 대해 다양한 관점과 배경을 가진 인물이 많았는데, 이들이 주장했던 철학적 · 응용적 틀을 갖고 논의를 시작할 것이다. 둘째, 이들 공적 지식인의 후속 세대가, 예컨대 뉴욕시의 할렘과 같은 미술 · 문화 도시센터에 자리를 잡았던 인물들이 자신의 교육적 요구를 어떻게 수정했는지를 살펴볼 것이다. 셋째, 이 새로운 사회적 정체성과 교육적 목적이 20세기 중반에 공민권 운동 시기의 학교 교육에 거대한 변화를 일으키고, 20세기 후반과 21세기 초반에 사회적 평등의 요구에서 혁신을 일으킨 점을 언급할 것이다.

자유의 신세계에서의 교육

19세기 후반과 20세기 초의 이런 논쟁을 통해서[3] 은밀하면서도 실제적인 문제가 거론되었고, 흑인 민중의 필요 그리고 백인의 수용 가능성이 균형 잡기를 반복했다. 그 결과로 나타난 것이 '유색인' 아이들을 위한 학교의 구조, 역사적으로 흑인 대학(Historically Black Colleges and Universities: HBCUs)에서 철학 · 고전학 연구의 출범, 농업 · 기술 대학 운동, 그리고 확대된 문화적 · 공적 토론 등이었다. 연방정부의 재건 지원이 중단되고 20세기가 되기 전까지 약 25년 동안 공적 지식인과 학자들, 예컨대 윌리엄 크로그먼(William Crogman, 1896), 헨리 모턴 라이트풋(Henry Morton Lightfoot),[4] 윌리엄 샌더스 스카보로프(William Sanders Scarborough)는 듀보이스를 따라서 다음과 같이 주장했다. 노예는 고등 수준의 사고에서 뛰어나기가 불가능하다는 (그리고 노예들의 학습은 현상 유지를 위험하게 만든다는) 남북 전쟁 전의 억측이 없어져야 비로소 미국 흑인은 시민으로서 또 스스로 결정하는 개인으로서 자신의 고유한 역할을 이행할 수 있다. 그들은 또 다음과 같은 내용을 주장했다. 노예 상태에 있었던 (그리고 자유롭게 태어난) 흑인들이 '자신의 도덕적 가치는 항상 저급하다.'는 (자신이 과거에 노예 상태에 있었음을 말해 주는) 생각에서 벗어나려면 노예제도의 폐지만으로는 불충분하다. 이런 생각이 관습과 법률에 스며 있는 것인데, 이런 생각이 자기 자녀의, 또 이들의 다음 자녀의 미래까지 굳어지는 일이 없도록 투쟁할 것을 앞서 말한 학자들은 결의했다. 듀보이스에 따르면 다음과 같다.

> 그는 백인 미국주의의 홍수 속에서 자신의 니그로 영혼을 희게 만들려고 하지 않을 것이다. 왜냐하면 그는 니그로의 피에 세계를 향한 메시지가 들어 있음을 알기 때문이다. 그가 바라는 것은 오직 니그로이면서 미국인이 되는 것, 자신의 동료에게서 저주를 받거나 폭언을 듣지 않는 것, 자신의 눈앞에서 기회의 문이 차단되지 않는 것이다.
>
> 이것이야말로 그가 **'문화의 왕국에서 공동 작업자가 되려고'**, 죽음과 고립으로부터 탈출하려고, 그의 최선의 역량과 잠재된 천재성을 길러 내어 사용하려고 몸부림치는 목표이다(DuBois, 1986: 8-9, 강조는 추가됨).

16개의 대학이 설립되었던 것은 '흑인을 위한 교육은 흑인의 교육자를 흑인으로 양성하는 일에 크게 달려 있다.'는 이해를 입증해 준다. 노예해방 이후 제1세대에 속하는 학자나 공적 지식인은 '흑인에게도 지적 능력이 있으며, 당시의 맥락에서 중요한 점인데, 흑인과 미국 전체의 진보로부터 이득을 얻고 또 이에 공헌할 정도의 도덕성이 흑인에게도 충분히 있다.'는 점을 '입증하는 데에' 꼭 필요한 존재였다. 이런 흑인 중 많은 남녀가 미국과 국제사회의 공적 영역에서 주목받을 수 있었고, 그들의 대다수가 하워드 대학교, 애틀랜타 대학교, 윌버포스 대학교, 그리고 피스크 대학교, 베뢰아 대학교, 오벌린 대학교, 터스키기 대학교 등을 통해 서로 친숙해졌다. 많은 사람을 연결하는 통로였던 아프리카 감리교 감독교회(African Methodist Episcopal Church)가 고등교육기관을 후원했고 다수의 흑인 지도자를 양성했다.

늘 그렇듯 미국 흑인의 미래를 위해 가장 중요한 자유와 생존은 공통된 명분이었으며, 여러 갈래의 논변이나 다양한 인종 철학(philosophies of race)으로부터 수많은 전략적 입장이 나타났다. 이런 차이가 드러나는 첫 번째 축은 '흑인 교육자들이 공적 공간과 지위를 백인과 공유하는 일에 얼마나 관심을 쏟는가'에 있었다. 차이가 나타나고 또 갈등이 생기는 두 번째 축은 '흑인에게 가장 적합한 교육 그리고 자유로운 삶의 가능성에 관한 것'이었다.

부커 T. 워싱턴은 1895년에 애틀랜타 박람회에서 연설했는데, 이 유명한 연설에서 그가 근본적으로 약속한 바는 다음과 같다. 니그로를 위한 성공은 미국 흑인이 사회적 평등을 추구하지 않고, 미국의 경제적 재건에 참여하는 것만 추구하겠다는 인종 초월적 인식에 기반을 둘 것이다. 워싱턴의 '네가 있는 거기서 살길을 찾으라.'는 호소는 첫 번째 축, 즉 '공적 공간과 지위를 백인과 공유하는 문제'에 관한 제반 입장에 대한 공적 비난이 되고 말았다. 워싱턴이 우선 지목했던 사람은 마틴 로빈슨 델라니(Martin Robinson Delaney),[5] 존 E. 브루스(John E. Bruce),[6] 혹은 에드워드 윌못 블라이든(Edward Wilmot Blyden)[7] 등과 같이 흑인을 더 환영할 것으로 예상되는 다른 나라의 해안으로 흑인이 이주하는 방향에 찬성했던 사람들이다. 또 워싱턴은 "나의 인종 중 가장 현명한 자는 사회적 평등의 문제로 선동하는 일을 극단주의적 어리석음이라고 이해한다."라고 밝혔다. 또한 그는 다음과 같이 약속했다. 만일 그가 언급하는 백인들이 그가 옹호하는 흑인의 노동과 근면을 활용하게 되면 백인들은 다음과 같이 될 것이다.

> 지금까지 세상에서 가장 참을성 있고, 충직하고, 법을 지키고, 분개하지 않는 사람들로 둘러싸일 것이다. 과거에 우리가 당신에게 우리의 충성을 입증했던 것처럼 …… 앞으로도 그처럼, 우리의 겸손한 방법으로, 우리는 당신 곁에서, 그 어떤 외국인도 근접할 수 없는 헌신으로 당신 곁을 지키고, 필요하면 당신의 것을 지키기 위해 기꺼이 쓰러질 준비가 되어 있을 것이고, 그럼으로써 백인과 흑인의 이익을 하나로 만들 수 있는 방향으로 우리의 산업적 · 상업적 · 시민적 · 종교적 삶을 당신의 것과 엮어갈 것이다. **"참으로 사회적인 모든 일에서 우리는 손가락처럼 서로 분리될 수 있으며, 그렇지만 상호 진보를 위해 핵심적인 모든 사항에서 한 손처럼 될 수 있다."**(Washington, 1895, Foner & Branham, 1998: 804에서 재인용. 강조는 추가됨)

시민적 · 정치적 평등의 실현에 있어서 위와 같은 '경의와 인내'를 약속하는 워싱턴에게 그 박람회에 모인 백인 군중은 열광적 지지를 보냈으며, 이와 동시에 흑인이 연단에 서서 말하는 것 자체를 아주 황당하게 느낀 백인도 많았다. 워싱턴의 관점을 지지했던 흑인은 거기서 다음과 같은 전략적 이점을 간파했다. 흑인은 남부의 경제 세계에서 발판을 마련할 수 있고, 또 제13, 14, 15차 「헌법」 수정안의 이행, 그리고 (1883년 연방대법원에서 「헌법」 불합치 판정을 받은)[8] 1875년도에 통과된 「민권법」을 위한 새로운 공세적 압박을 연기할 수 있다. 워싱턴의 이런 입장은 수많은 훌륭한 흑인 사상가들 사이에 파문을 일으켰다. 이들 중에 프랜시스 그림케 목사(Reverend Francis J. Grimké, 1850~1937)가 있었다. 그림케는 그와 같은 '인내와 경의'로 흑인을 이끌어 가는 방향은 정치적 괴멸이라고 주장했다. 그는 다음과 같이 말했다.

> 남부 백인들의 고착된 목표와 결의는 그런 훌륭한 「헌법」 수정안에 반대하고, 니그로를 정치적 요인으로서 완전히 제거하는 데 있다. …… 이것이 백인의 통치이다. 그리고 그 의미는, 백인이 할 일은 통치이고, 니그로는 통치에 끼어들 일이 전혀 없다는 뜻이다. 만일 니그로가 다른 생각을 품거나, 투표하기를 꿈꾸거나, 또는 노예 이상의 무엇이 되려고 한다면, 주제넘은 위험한 니그로로 간주한다. 그리고 과거에 노예를 소유하거나 탈법적 정신을 가졌던 사람들의 최근 선언에 따르면, 그런 니그로는 모두 남부에서 쫓아내거나, 인간으로서 그리고 미국 시민으로서 그들의 권리를 포기하도록 힘으로 강제해야 한다고 말한다(Grimké, 1898, Foner & Branham, 1998: 872에서 재인용).

그림케는 더 나아갔다. 그는 남부 백인의 믿음과 행동을 비판할 뿐 아니라 아주 강한 어조로 다음과 같이 비난했다. "우리 흑인종에 속하는 사람들 중에서 무식한 사람도 아닌 교육까지 받은 사람이 그런 불법을 용인하는 것으로 드러나고 있다. …… **이런 입장을 갖는 니그로는 흑인종에 대한 반역자이며**, 인간성이나 진정한 자존심이 결핍되어 있음을 보여 준다."(Foner & Branham, 1998: 873, 강조는 추가됨) 그리고 애틀랜타 침례교 남자 신학교(Atlanta Baptist Seminary for Men, 나중에 Morehouse College로 바뀜)와 애틀랜타 대학교의 총장이었던 존 호프(John Hope)는 워싱턴의 수사학에 스며든 순응주의적 경향을 확실한 어조로 비판했다.

> 만일 우리가 평등을 위해 싸우지 않는다면, 도대체 무엇을 위해 사는 것인가? 만일 유색인 중에서 어떤 사람이 우리는 평등을 위해 싸우는 것이 아니라고 백인에게 말한다면 이는 비겁하고 부정직한 말이라고 나는 간주한다. 만일 돈, 교육, 정직성이라는 것이 모든 미국 시민에게 주어지는 정도의 특권이나 평등을 나에게 가져오지 못한다면, 그것은 나에게 저주이고 축복이 아니다. 우리의 자유를 만들어 갈 도구를 우리가 갖추어야 한다고 말하면서도 그 자유를 만드는 일에 아주 게으르거나 무기력하다면 신은 이를 허용하지 않는다(Hope, 1896, Foner & Branham, 1998: 833에서 재인용).

그림케는 분명히 말했다. 정치적 · 경제적 · 사회적 평등은 손가락처럼 떨어진 것이 아니라 모든 시민이 '요구'해야 할 권한과 책임이 있는 권리들이라서 한데 묶여 있는 것이다. 그림케를 지지했던 지식인들은 이류(second-class) 시민이 된들 아무 이득도 없으며, 그 결과는 짐 크로(Jim Crow)의 **포스트-플레시**(post-Plessy)[9] 세계일 것이라고 보았다. 이와 비슷한 수많은 글에서 흑인 사상가들은 분리를 강요하는 법이나 현실에 묵종하는 일의 파괴적 성격을 밝혀 냈는데, 이에 비해 **통합**(integrate)시키려는 특수한 욕구는 드러내지 않았다.

『뉴욕 시대(New York Age)』의 편집장이었던 토마스 포춘(T. Thomas Fortune)은 1890년 전미 아프리카계 미국인 연맹(National Afro-American League) 창립총회에서 다음과 같이 말했다. 학교는 이류 시민임을 수용함으로써 생기는 해로운 효과를 확인해 볼 수 있는 독특한 장소이다.

> 우리의 공립학교를 보라. 전국의 학교와 대학을 보라. 이런 곳에서 피부색으로 줄을 그어 놓은 사람이 누구인가? 남부의 흑인 학교에서 피부색 때문에 입학을 거부당한 백인 지원자가 있는가? 전혀 없다. 피부색 때문에 흑인 지원자의 입학을 거부하지 않는 백인 학교가 남부에 있는가? 전혀 없다! 문제는 분명하다. 자신과 관련된 모든 것에 피부색으로 줄을 그어 놓은 사람은 백인이다. 편견과 불관용이라는 검은 먼지가 그들을 온통 덮고 있다(Fortune, 1890, Foner & Branham, 1998: 726에서 재인용).

흑인에게 가장 적합한 교육이 무엇인가와 관련된 축이 또 있었다. 여기서도 워싱턴은 '밑바닥에서' 출발하자, 그리고 '예측 가능한 미래를 위한 농업 · 기술교육의 제도화'를 과거 노예였던 대다수 사람이 도달할 종점으로 받아들이자는 주장의 아바타였다. 워싱턴은 햄프턴 보통 농업 연구소(Hampton Normal and Agricultural Institute)를 일찍이 졸업하고, 흑인을 위한 학교가 늘어날 전망에 대비하는 교사 양성 사범학교로 터스키기(Tuskegee) 학교를 발전시키는 일에 몰두했다. 햄프턴과 그의 멘토인 사무엘 암스트롱(Samuel Armstrong)을 통해서 워싱턴은 고등교육기관을 유지하려면 북부와 교단의 재정 지원이 중요함을 이해하게 되었다. 워싱턴과 듀보이스의 공적 프로필과 자아 증진 능력의 차이 때문에도 두 사람 간의 갈등이 부각되었지만, 물질적 · 도덕적 향상(uplift)의 중요성은 19세기의 흑인 교육에 관한 거의 모든 저술에 등장했던 주제였다. 분명히 당시의 흑인에게 일이라든가 경제계에 접근할 기회를 제공해 줄 교육이 필요했었고, 또한 교육의 도덕적 중요성에 대해서도—종교를 통해서 그리고 자유라는 대의의 가치를 주장하는 수단으로서—거의 모든 사람이 동의했었다. 워싱턴과 듀보이스 간 갈등의 심화는 '흑인에게는 산업교육만'이라는 생각, '흑인의 야망은 여기까지니 그 이상 넘어가지 말자'는 생각 때문이었다.

제1세대 학자 그리고 제도 구축자

워싱턴이 전국적 인물이 되는 사이에 아프리카계 남성 · 여성의 한 세대가 수많은 고등교육기관을 졸업했다. 교사가 되려고 교육받은 사람이 많았는데 그중에는 흑인과 백인의 영향권 속에서 교육적 · 종교적 · 전문적 지도자가 된 사람도 많았다. 이들은 중등 · 고등 교육기관, 신문, 법률 · 경영 사업, 그리고 인종 · 젠더 개혁 추진 조직을 설립하거나 이끌었다.

윌리엄 헨리 크로그먼(William Henry Crogman, 1841~1931)은 특이한 과정을 거쳐서 19세기 말과 20세기 초에 탁월한 공적 지식인이 되었다. 그는 세인트 마틴섬의 웨스트 인디에서 태어났는데 어릴 때부터 고아로 자랐다. 그는 어촌 가정에 입양되었고, 그 집의 성인 남자들과 배를 타고 세계를 함께 떠돌아다녔다. 25세에, 그를 원래 도와주던 사람이 전통적 교육을 제대로 받아 보라고 권했다. 크로그먼은 27세에 매사추세츠 말보로에 있는 피어스 아카데미(Pierce Academy)에서 공식적인 학교 교육을 받기 시작하여 영어, 프랑스어, 부기(bookkeeping)를 공부했다. '인종 편견' 때문에 거주할 곳을 찾느라 애를 먹기도 했지만 크로그먼은 교실에서 두각을 나타내기 시작했고, 2년 후에는 사우스캐롤라이나 오린지버그에 있는 클래플린 대학교(Claflin University)에서 영어를 가르치게 되었다. 3년 후 그는 애틀랜타 대학교로 가서 고전학을 전공했다.

크로그먼은 학위를 끝내고 클라크 대학교의 고전학 교수가 되었고 학과장도 맡았다. 또한 그는 감리교 감독교회에서 지도자로서 인정을 받았다. 그는 아프리카계 미국인 최초로 클라크 대학교의 총장, 그리고 감리교 감독교회의 총회장이 되었다. 그의 주장에 따르면, 남부의 니그로는 당시까지 국가지원이 미약했던 교육을 보강하기 위해서 민간의 지원을 받는 강력한 학교 체제를 발달시키는 데 필요한 노동과 재정을 제공하여 공헌했다.

> 흑인에게 최대 장애물은 학교가 없거나 지능이 없다는 것이 아니라, 학교에서 배우는 것과 사회에서 가르치는 것이 상충한다는 점이다. 학교에서는 흑인 학생에게 자신의 선한 인성과 학습에 힘쓰라고 가르친다. 사회에 나가서 그에게 분명해지는 것은 제아무리 높은 수준에 이르거나 혹은 높은 소득을 얻을지라도 그의 지위는 늘 밑바닥일 것이라는 점이다(Crogman, 1896: 64-6).

리처드 시어도어 그리너(Richard Theodore Greener, 1844~1922)라는 또 다른 고전학자가 있다. 그는 크로그먼의 『시대를 위한 이야기(Talks for the Times)』(1896)에서 언급되는 사람이다. 그리너는 오벌린 대학의 예비학교, 앤도버에 있는 필립스 아카

데미, 그리고 오벌린 대학을 다녔다. 그리너는 1870년 하버드 대학에서 최초로 학사(AB) 학위를 받았다. 그는 필라델피아에 있는 유색인 청년 연구소(나중에 체니 대학교)의 소장이 되었고, 1873년에 사우스캐롤라이나 대학교에서 최초의 아프리카계 미국인 교수가 되었는데, 거기서 정신 · 도덕 철학의 교수로서 도서관 사서도 맡았다. 그리너는 1876년에 사우스캐롤라이나 대학교 법학대학원을 졸업하고, 이듬해 워싱턴 디시에 있는 하워드 대학교 법학부의 첫 번째 교수 그리고 학장이 되었다. 그리너는 공화당원으로서의 공적 활동에도 불구하고(그는 외교관 및 미 재무부에 근무했음), 그의 세상살이가 인종차별로 제약받았고, 스스로를 모든 흑인이 겪는 장애의 상징이라고 암시했다.

듀보이스와 워싱턴이 서로 만난 장소 중 하나는 알렉산더 크룸멜(Alexander Crummell, 1819~1898)의 아메리칸 니그로 아카데미(American Negro Academy)였다. 크룸멜은 그 두 사람보다 앞선 세대에 속했고, 남북 전쟁 이전의 노예해방운동에 몰두했던 사람이다. 또한 그는 범아프리카주의자로서 라이베리아에서 20년을 살기도 했다. 그는 미국에 되돌아와서 많은 사람이 원했던 교육 · 정치 강사가 되었다. 그는 대다수 흑인 학생을 위해서 직업 교육을 옹호했고, 고등교육을 받은 흑인 지도자의 양성을 위해서 헌신했다. 그는 말년에 하워드 대학교에서 가르쳤고, 마지막 해에 아메리칸 니그로 아카데미를 창설했다. 여기서 듀보이스와 윌리엄 샌더스 스카보로프(William Sanders Scarborough)는 부총장, 그림케는 재무국장을 맡았다. 아메리칸 니그로 아카데미에서 장려했던 흑인 학술 활동은 아프리카 출신들의 비인간성에 관한 소위 '과학적인' 인종차별적 주장에 대해 반박하는 일이었다. 크룸멜은 다음과 같이 주장했다. 니그로의 지력과 도덕성에 관한 합리적 논변이 학교에서, 그리고 설교단에서 생산되고 전파되어야 대중의 생각이 바뀔 수 있다.

크룸멜은 1897년 아메리칸 니그로 아카데미에서 행한 '흑인의 지력에 대한 미국인의 심적 태도'라는 제목의 강연에서 다음과 같이 지적했다. 문명은 모든 민중의 목표이며, 미국의 니그로에게는 최근에야 비로소 가능해진 목표이다(Foner & Branham, 1998: 846 참조). 크룸멜은 노예해방 이후 세대가 이루어 낸 성과는 문명 생활의 충실한 약속을 내다보거나 누리기가 불가능했던 사람들의 지적 발달을 위해 여건을 마련했던 점에 있다고 칭송했다. 그는 그 강연을 통해서 노동만을 생산하는 교육에 대해 비판하기 시작했다. 그는, 그런 교육을 전파하는 사람이 백인 박애주의자 · 산업주의자 · 정치가이건 관계없이 그런 프로젝트 자체를 비판했고, 흑인 사상가들의 그와 같은 논변도 결코 수긍할 수 없다고 주장했다. 그가 말하기를, 흑인이 이미 할 줄 아는 것이 있다면 그것은 노동이며, 노동은 모든 사람에게 필요한 인간적 활동이긴 하지만 이제 흑인도 노동 이외의 다른 발달에 필요한 활동을 자유롭게 연마하려면 노동에만 전념할 것이 아니라 지력에 더 집중할 자유가 주어져야 한다. 인간으로서 천성적으로 부여받은 모든 것에 참여하는, 즉 "존재의 모든 영역을 넘나드는"(Foner & Branham, 1998: 854) 능력이 흑인의 성공을 좌우한다. 그는 흑인에게 고등교육의 성공과 혜택을 부정하려고 하는 '세속적 물질주의자들'을 경계해야 한다고 강조했다. 더 나아가 그는 청중에게, 그 자리에 참석해 있는 수많은 흑인 지식인을, 그리고 폴 던바(Paul Dunbar, 1872~1906)[10]나 헨리 오사와 타너(Henry Ossawa Tanner, 1859~1937)[11]와 같은 예술가를 가리키면서 이미 성취된, 그리고 미래 전진의 아바타로 인정해 줄 것을 호소했다. 크룸멜은, 던바와 타너와 같은 예술가의 명성이 대변해 주는(Foner & Branham, 1998: 853-6), 니그로 문명의 발전된 증거가 대학의 모든 학과에서 그리고 예술/문화의 인정받는 성취에서 드러나기를 소망했다.

W. E. B. 듀보이스는 실용적 기능의 훈련도 중요하다는 점, 그리고 자기 생각과 비슷한 진보적 원칙을 워싱턴이 때때로 지지했음을 인정했다. 듀보이스가 보기에 워싱턴이 앞세우는 '일과 돈'이라는 목적은 그 자체가 문제는 아니었고, "삶에 있어 더 고상한 목적들이" 감추어지고 마는 것이 문제였다(DuBois, 1986: 42, 46-7, 64-5, 71). 듀보이스는 다음과 같은 점을 우려하였다. 워싱턴의 명제가 요구하는 굴종적 자세는, 인종적 편견이 너무 고착된 시기에 중대한 가치를 포기하는, 다시 말해서 ① 선거권 박탈에 저항하는 정치적 권력, ② 열등성이라는 거짓된 생각에 기반을 둔 법률 구조를 무너뜨릴 시민적 권리, ③ 고등교육기관에 대한 공적 지지의 철회라는 위험스러운 전망이 닥치지 않게 해 줄 흑인 청년의 고등교육 등등의 가치를 포기하는 것이다.

듀보이스가 관심을 쏟았던 것은 다음 세 가지이다. 즉, '굴종적 자세의 해로운 효과는 ① 기업 목적, ② 인성을 드높이는 자기-존중, ③ 모든 수준의 교육에서 흑인 아동을 가르칠 교사 양성 등과 공존할 수가 없다.'는 점이었다. 듀보이스가 보기에, 린치(폭력적인 사적 제재)에 반대하는 워싱턴의 항변은 옳았지만, 워싱턴은 흑인의 처지를 '남부 백인의 성향과 역사를 잘못 읽은 탓'으로 돌리고 말았다. 듀보이스와

워싱턴은 실용주의에 토대를 두면서 미래를 전망하였는데, 듀보이스의 실용주의는 윌리엄 제임스(William James, 1842~1910)에 기반을 둔 것이다. 듀보이스가 지적 빚을 졌다고 인정한 사람은 하버드 대학교에서 그를 가르친 제임스, 그리고 크룸멜이다. 이 두 사람에게서 삶·발달의 이론은 역사·문화와 연결된다. 제임스는 과학적 방법과 연구를 존중했지만 이런 것들이 개인의 현실에 결정적인 것은 못 된다고 생각했다(Campbell, 1992: 573). 듀보이스의 연구는 역사·문화에 대한 복합-학문적 접근에서 크게 뻗어나갔다. 또한 듀보이스는 개인적·사회적으로 창조되는 '사회적 자아'에 대한 제임스의 인식에서 큰 영향을 받았을 것이다. 이 사회적 자아는 미국 흑인의 '이중적(doubled)' 조건이라는 듀보이스의 복잡한 개념에 반영되어 있다(p. 573).

듀보이스는 흑인의 학교와 대학에서 시기·구성 측면에서 일부 결함도 있었음을 인정했다. 그렇지만 고전 교육이 모든 흑인 아동에게 적합한 것은 아닐지라도 그런 학문적 기회를 지원하는 일은 흑인들이 노예제, 노예 신분, 종속성에서 벗어나서 생존하는 데에 중요했다. 듀보이스는 (재능 있는 흑인 학생을, 특히 남북 전쟁 이후에 받아들인) 엘리트 대학의 졸업자들, 그리고 (이런 집단에 속한 사람들이 흑인의 지도자로서 인정을 받아 이끌어 주었던) 흑인 대학의 졸업생들, 이 두 집단의 교육적 성공을 인정하고, 또 열거했다.

듀보이스가 보기에 그런 대학의 특별한 목표는 무엇이었는가? 그런 대학은 "대중적 교육의 수준을 유지하고, 흑인의 사회적 회생을 추진하고" 그리고 "인종 간 접촉 및 협력 문제가 해결되도록 도와주어야" 한다(DuBois, 1986: 81). 이런 고등한 목표를 향해서 흑인 대학을 육성해야 비로소 "문화의 왕국에서 공동 작업자가 되려 하는" 갈망이 성취될 것이다(p. 9).

조셉 프라이스(Joseph Charles Price, 1854~1893)의 1890년 연설에서도, 고등교육의 본질적 성격에 대한 이런 관점을 엿볼 수 있다. 프라이스는 링컨 대학교 졸업생으로, 아프리카 감리교 감독교회에서 계속 성장했고, 그리고 시온 웨슬리 대학(나중에 리빙스턴 대학)을 창설했다. 프라이스가 너무 일찍 죽어서 그의 명연설은 그보다 더 오래 산 친구나 동료의 그늘에 가려졌지만, 그의 연설을 대학 시절에 들었던 듀보이스는 프라이스에 대한 프레데릭 더글러스(Frederick Douglass)의 칭송에 공감했다. 프라이스는 다음과 같이 말했다.

> 인종 문제의 해결이란 남부에서 또 전국에서 인종 간 관계를 휴머니티와 정의의 원칙에 따라서 만족스럽게, 조화롭게 바로잡는다는 뜻이다. 다시 말해, 인간이면서 또 모든 이의 아버지인 신의 한 가족으로서 흑인들에게 주어진 모든 양도할 수 없는 권리를 그들에게 양보하는 것이며, 그리고 미국「헌법」의 권위와 권력이 다른 모든 시민에게 보장해 주는 시민적 면제와 정치적 특권을 흑인들에게도 제공해 주는 것이다(Price, Foner, & Branham, 1998: 737에서 재인용).

> 나는 교육의 충실한 의미에서 볼 때, 교육이야말로 이런 목표를 위한 가장 효율적 · 종합적 수단이라고 믿는다. 왜냐하면 흔히 말하는 인종 문제의 발생에 개입했고, 또 흑인에게 해를 끼친 갖가지의 주요 반대론에 대한 해답이 마침내 교육의 성과에서 나타나기 때문이다(Price, Foner, & Branham, 1998: 739에서 재인용).

여기서 프라이스가 말하는 '주요 반대론'이란 무지, 빈곤, 도덕적 상태를 가리키며, 이는 오직 니그로에게 더 많은 교육이 주어짐으로써 비로소 해소될 수 있는 것이다. 또한 프라이스는 '니그로에게만 더 많은 교육'은 니그로를 더 고통스럽게 니그로의 처지에 붙잡아둘 것이며, 이 문제의 해결은 '남부의 백인에게도 더 많은 교육'을 요구하는 일임을 분명히 밝혔다.

윌리엄 샌더스 스카보로프(William Sanders Scarborough, 1852~1926)는 남북 전쟁이 끝난 이후 시기의 교육개척자이다. 그는 조지아 메콘에서 중등교육을 받았고, 애틀랜타 대학교의 첫 번째 졸업생이었다. 그는 오벌린 대학에서 학사 · 석사 학위를 취득했고, 아프리카계 미국인을 위한 고전 교육을 옹호했다. 윌버포스 대학교로 옮긴 후에도 라틴어와 희랍어 교수로서 고전 교육을 옹호했다. 그의 첫 번째 교재, 『희랍어 첫걸음(First Lessons in Greek)』은 해당 분야의 고전이 되었다. 스카보로프와 그의 아내는 1880년 근대언어학회에 가입했고, 아프리카계 미국인으로 최초 회원이었으며, 미국 문헌학회(지금은 고전연구학회)의 회원이 되기도 했다.[12]

스카보로프는 윌버포스 대학교의 총장(1908~1920)을 지냈고, 아프리카계 미국인의 성공을 위한 자유교육을 옹호했다(Ronnick, 2005). 자신은 이런 방향을 추구했어도 스카보로프는 "인성을 함양하는, 그리고 선량하고 존중받는 생산적 시민을 만드는" 햄프턴 대학교의 방식을 지지하는 글을 쓰기도 했다. 스카보로프는 "노동 자체

에 들어 있는 존엄성"(Scarborough & Ronnick, 2006: 194에서 재인용)을 전수하는 햄프턴 대학교의 교육방식을 칭송했다. 스카보로프는 2년 후의 논문에서도 산업교육을 옹호하였으나, "고등교육은, 환경이 만든 흑인의 여건이 실제로 어떻든 간에, 결코 흑인에게 낭비가 아니다."(Scarborough & Ronnick, 2006: 205에서 재인용)라고 밝혔다. 여기서 라틴어 · 희랍어를 통한 교육은 그 자체가 인간성의 드높임이다. 스카보로프가 어릴 때 고전이라는 틀은 배움의 수단이었다. 스카보로프는 고전을 교육과정에 집어넣었고, 그리고 웅변적 · 도덕적 기능을 길러 주고 또 보편적 지력을 밝혀 주는 교수법에도 포함시켰다. 스카보로프는 대학 총장이 된 후 그 당시 유행했던 '선택 과목'이라는 제도의 해로운 효과를 비판하는 관점에서 자주 글을 쓰거나 발언을 했다. 1900년 스카보로프는 당대의 중대한 인종 문제를 도외시하는 부커 T. 워싱턴을 향해서 점잖은 비판을 내놓기 시작했다. 스카보로프의 인식에 따르면, 워싱턴의 그런 행동은 터스키기 대학이 불가피하게 존립하고 있던 플랫폼, 즉 남부 백인들의 수용을 위험에 빠뜨릴 것이다. 스카보로프의 결론에 의하면, 워싱턴이 자신의 비전에 따라 그 기관을 이끌 수 있겠으나 흑인에게는 또 다른 지도자 이론, 그리고 거시적 목적에 대한 설명이 필요하다(Ronnick, 2006: 207-12). 20세기가 흐르면서 스카보로프는 니그로 교육에 관해서 더 많은 글을 쓰면서 관점 조정의 필요성을 더 크게 주장했다. 다음 단계의 자유는 더 많은 지식인이 지도력을 발휘하고, 흑인에게 봉사할 것을 요구한다.

교육과 사회의 변혁을 향한 여성의 목소리

스카보로프가 가리키는 지도력 봉사의 일부는 교직이었다. 그는 남성 교육자로서는 드물게, 흑인의 가사 업무에서 벗어나는 여성 교사를, 그리고 흑인 교육이 백인 자선사업가의 자비로운 충동에 의존하는 수준에서 벗어나게 하는 흑인 교사의 양성을 역설했다(Ronnick, 2006: 190-2). 안나 줄리아 쿠퍼(Anna Julia Cooper, 1858~1964)는 그런 교육자였으며, 그리고 당시에 남성들이 주도하는 교육적 · 지적 노력에서 흑인 여성의 위치를 열렬히 옹호하였다.

쿠퍼는 일찍이 오벌린 대학을 졸업한 아프리카계 미국 여성이다. 윌버포스 대학교에서 가르치다가 워싱턴 디시로 가서 교육적 · 지적 흑인 지도자의 집단에 참여했다. 쿠퍼는 워싱턴 디시에서 아프리카계 미국인의 유일한 공립 고등학교인 엠 스트리트 (나중에 던바) 고등학교의 교사 · 교장이 되었고, 학생의 학문적 기대 수준에 대해 아주 강력한 입장을 고집했다. 쿠퍼는 엠 스트리트 학교가 북부의 대학들(예컨대 하버드)로부터 자격인증을 받도록 노력하여 성공했다. 이는 학생 선발을 위한 입학시험보다 해당 학교의 교육 과정의 권위를 인정해 주는 것이었다. 쿠퍼는 해당 교육청이 지정한 교과서 중에서 인종 혐오를 일으킨다고 생각되는 것은 채택하기를 거부했고, 산업적 교육 과정과 병행하는 고전적 대학준비 교육 과정을 옹호했다. 쿠퍼는 말하기를, "계몽된 산업주의가 가리키는 것은, 목화를 따는 사람은 그저 목화나 배우고, 노새를 잘 부리는 사람은 그저 노새만 다루어야 한다는 점이 아니다." (Cooper, Lemert, & Bhan 1998: 19장, 21절에서 재인용)라고 하였다.[13]

쿠퍼에게 엠 스트리트 고등학교의 지도자에서 물러날 것을 주장한 사람 중에는 부커 T. 워싱턴이 있었다. 결국 쿠퍼는 밀려나고 말았으나 쿠퍼의 교육 과정 혁신은 백인 학교 위원회의 적대적 태도에도 불구하고 그대로 유지되었다. 쿠퍼는 마침내 엠 스트리트 고등학교로 복귀해서 20년을 더 보냈다. 쿠퍼는 오래 재직하다가 은퇴 직전인 1925년에 소르본느를 통해 컬럼비아로부터 박사학위를 받았다.

쿠퍼는 나중에 그녀의 가정에서 프렐링후이슨 프로그램(Frelinghuysen programs)을 운영했다. 이는 고등교육을 원하는 성인들에게 봉사하기 위한 것이었다. 그녀의 학교는 워싱턴 디시의 하워드 대학교를 제외하면 아프리카계 미국인에게는 유일한 고등교육 기회였다. 그녀의 학생들은 야간에 혹은 비정기적으로 학교에 올 수밖에 없는 노동계급 흑인이 대다수였다. 비록 쿠퍼는, 교육받은 다른 동료들처럼 여러 가지 면에서 사회적으로 보수였지만, 이와 동시에 '교육은 민중의 의식을 끌어올리는 데에 기여하고, 사회적 위계를 무너뜨리는 데에 도움을 주어야 한다.'는 진보적 견해를 주장하기도 했다.

> 이는 교육적인 것을 직업적인 것보다, 즉 문화적인 것을 특수한 것보다, 발달적인 것을 산업적인 것보다 앞세운다. 이는 인간발달의 과학적 원리에 기반을 둔 모든 교육 프로그램의 자연적 순서이다(Cooper, Lemert, & Bhan, 1998: 19장, 18절에서 재인용).

> 모든 교육은 전인에 관심을 쏟아야 한다. 즉, 특수한 계급이나 인종이 아니라 창조의 모

> 범인 인간에게, 아동기와 청년기의 신체적 · 도덕적 · 지적 발달에서 거의 무한한 가능성을 지닌 인간에게 관심을 쏟아야 한다. 만일 아동이 유산도 없고, 환경도 가난하고, 타고난 것도 부족하게 보인다면, 조직적인 사회에서는 그런 아이에게 그만큼 더 많이 사회적 구제라는 희소식을 학교를 통해 제공해 주어야 한다(Cooper, Lemert, & Bhan, 1998: 19장, 24절에서 재인용).

여기서 쿠퍼가 따랐던 관점은 '인간적 진보에 있어 인종마다 특수한 목적을 갖는다.'는 크룸멜의 아이디어였다. 이는 18세기 저술가, 요한 고트프리트 폰 헤르더(Johann Gottfried von Herder)의 생각이기도 했다. 헤르더는 흑인이나 다른 사람을 비인간화하는 칸트의 인간관을 비판했고, 이에 대항하여 자신의 명제, 즉 "지구상의 인간은 모두 하나의 종이다."(Herder, 1828, Bernasconi & Lott, 2000: 25에서 재인용)를 표명했다. 이런 측면에서 쿠퍼가 공헌한 점은 일차적으로 『남부 여성의 목소리(A Voice from the South by a Woman of the South)』에 들어 있는데(Lemert & Bhan, 1998) 안타깝게도 듀보이스의 후속 에세이, 「인류의 보존(The Conservation of the Races)」(1897)에 의해 가려지고 말았다. 아무튼 교육과 민중의 발달은 쿠퍼의 교육 이론에서 최상을 차지했었다.

쿠퍼는, 그림케와 크룸멜과 같은 사람들과 더불어, 워싱턴 디시의 지적 삶에 참여하였다. 쿠퍼는 아메리칸 니그로 아카데미의 모임(May, 2012: 21)에서 발언하도록 초청받은 유일한 여성이었지만 남성들의 조직에 가입하도록 초청받은 적은 없었다. 또 쿠퍼는 부커 T. 워싱턴의 순응주의적 사회철학에 대해 정면으로 대항하는 '나이아가라 운동'의 창설을 위한 대화에도 참여한 여성이었다. '나이아가라 운동'의 제1차 회의는 뉴욕 버팔로에서 시설 사용이 불허된 후, 캐나다 온타리오에서 1905년 7월 11~14일에 열렸다. 제1차 회의에 참석한 27명의 흑인 남성을 이끌었던 사람은 듀보이스와 그의 동료인 윌리엄 트로터(William Trotter)였다. 윌리엄 트로터는 하버드를 같이 졸업한 급진적인 학생이었고, 『더 가디언(The Guardian)』이라는 신문을 소유했다. 2년 후, 흑인 여성들이 듀보이스의 지지를 얻어서 '나이아가라 운동'의 조직에 참여했을 때 트로터는 떠났다. 듀보이스가 그 조직([사진 7-1] 참조)에서, 그리고 그 이후 전미유색인종진흥협회(National Association for the Advancement of Colored People: NAACP)에서[14] 여성들의 참여를 지지하긴 했지만, 듀보이스와 그의

[사진 7-1] 전미유색인종진흥협회 20주년 기념사진, 1929년 6월 26일. 클리블랜드 오하이오.

많은 남성 동료는 여성들(특히 쿠퍼와 웰스-바넷)의 지적 공헌을 공적으로 인정하기를 꺼렸던 적이 많았다.

쿠퍼는 교육받은 계급들 사이에 유행했던 '향상(uplift)'이라는 단어를 사용했지만, 그녀의 저술의 많은 부분에서 드러나는 '인종, 성, 계급의 교차'에 대한 개념은 그녀와 동시대를 살았던 루시 크래프트 래니(Lucy Craft Laney, 1854~1933)의 그것과 달랐다. 래니는 조지아에서 헤인즈 사범학교(Haines Normal School)를 세웠고 이 학교 교장이 되었다. 래니는 흑인 청중들에게 초등학교뿐만 아니라 대학에 이르기까지 흑인 여성 교사가 필요하다고 역설했다. 래니의 이유는 "오직 인성과 문화를 갖춘 사람이어야 성공적인 향상을 이루게 할 수 있다면 이는 인성을 함양시킬 사람이 먼저 그것을 갖추어야 한다."(Laney, 1899; Foner & Branham, 1998: 889에서 재인용)는 것이었다. 노예제에 속박되고, 강요받는 가정의 현실에서 도덕적으로 멸시받고 살았던 흑인들에게 필요한 것은 도덕적 향상인데, 이는 교육받은 니그로 여성에 의해서 비로소 가능한 일이다. 또 다른 여성 교육자로 조세핀 세인트 피에르 러핀(Josephine St. Pierre Ruffin, 1842~1924)이 있었다. 러핀은 참정권 운동에 니그로 여성의 필요를 통합시키는 일, 그리고 남북 전쟁 이전부터 노예제를 폐지하는 일에 깊이 개입했다. 러핀은 니그로 여성의 배제에 대해 환멸을 느꼈고, 그리고 전미 여성 조직에 흑인 여성을 받아들일 것을 강력하게 주장한 대변자였다. 마침내 러핀은 1896년 전미유색인여성협회(National Association of Colored Women: NACW)로 발전하는 조직을 이끌 지도자 역할을 맡았다. 이 조직은 유색인 여성의 이익을 "좋은 열망을 가진 모든 여성"의 이익과 연결하기 위해, 인종차별과 관계없이, 노력했다(Ruffin, 1895, Foner & Branham, 1998: 799에서 재인용).

쿠퍼는 (워싱턴을 추종하는 사람들이 옹호하는) 백인 세계와의 타협적 접근을 단호

하게 거부했고, 전통적인 '여성의 의존성'에서 탈출하는 길은 교육이라고 강력하게 주장했다. 이 두 가지는 쿠퍼가 그녀의 오벌린 대학 동창생인 메리 처치 테렐(Mary Church Terrell, 1863~1954)과의 강력한 정치적 동맹을 가로막은 요인이었는지 모른다. 테렐은 워싱턴의 후원과 관련되어 있었고, 또 사회계급적 차이도 있었을 것이다. 쿠퍼와 테렐의 사회계급은 오벌린 대학에서 학생이었을 때 그리고 엠 스트리트 학교에서 동료였을 때 각각 달랐다(May, 2012: 17). 그렇지만 테렐과 쿠퍼는 때때로 전미유색인여성협회(NACW)와 같은 조직에 동참하면서, 그리고 때로는 서로 다른 스타일과 청중 속에서 흑인들의 진보를 위해서 함께 헌신했다. 그리고 쿠퍼와 아이다 B. 웰스-바넷(Ida B. Wells-Barnett, 1862~1931)은 인종 평등을 남성 투쟁으로만 보는 것에 대해서, 그리고 성평등을 백인 여성의 투쟁으로만 보는 것에 대해서 함께 비판했다.[15] 웰스-바넷은 러핀과 마찬가지로, '흑인 여성은 투표권 운동에서 확실한 자리를 차지할 자격이 있음에도 일부 백인 조직운동가로부터 소외당하고 있다.'고 강력하게 성토했다. 웰스-바넷은 탐사 저널리스트였으며, 쿠퍼처럼 노예로 태어나서 대학교육까지 마친 사람이다. 웰스-바넷은 교직에 잠시 머물렀으나, 린치라는 유행병에 스며들어 있는 인종주의와 성적 위선을 폭로하는 저널리스트 활동으로 명성을 떨쳤다. 웰스-바넷은 경제적 · 사회적 「짐 크로 법(Jim Crow Law)」과 현실을 지지하는 백인 우월성의 목표를 폭로하는 자료를 발굴해 냈다. 웰스-바넷은 초등학교 교사일 때 '멤피스 지역 교육 재정의 인종적 불평등과 관련하여 백인과 흑인 엘리트의 음모가 개입되었다.'는 취지의 글 때문에 해고당했다(Black, 2001). 웰스-바넷과 마찬가지로 쿠퍼도 자신이 말하는 사회적 · 교육적 목표를 달성하기에 흑인 정치가 미흡하다는 점을 거침없이 비판했다. 쿠퍼는 니그로 지식인 계급과 깊이 연관되어 있었지만 부르주아의 보호막으로 퇴보하는 일은 없었다. 쿠퍼가 노동계급 흑인을 위해 보여 주었던 교육적 · 경제적 행동주의는 20세기에도 지속되었다. 특히 쿠퍼의 말년에, 프렐링후이슨 대학교의 망토(mantle)를 걸친 것에서도 그랬다(Johnson, 2009).[16] 프렐링후이슨 대학교는 1906년에 유색인 노동 민중을 위해 설립되었는데, 이는 대학교육을 원하는 청년들의 학업을 지원하려는 것이었다. 이들 청년은 경제적 사정 때문에 전일제로 일했고, 질적으로 수준 높은 사회적 · 종교적 · 지적 · 예술적 가르침을 제공하는 실천적 교육을 원했다.

새로운 니그로

알랭 로크(Alain Locke, 1885~1954)는 흔히 '할렘 르네상스의 아버지'라고 부른다. 이 표현이 맞는지 모르겠으나 로크가 니그로의 사회적 · 문화적 삶에 대한 새로운 분석을 시도한 사람 중 하나였음은 확실하다. 로크는 세대 간의 연결고리였다. 다시 말하면, 재건의 도전을 대표했던 듀보이스와 크로그먼과 같은 세대, 그리고 북부로의 대이동을 이끌었고 할렘에서 세계적 소용돌이를 일으켰던 제1차 세계대전 이후 세대를 서로 연결한 사람이었다. 물론 대이동은 시카고, 디트로이트, 로스엔젤레스 및 다른 지역을 향하기도 했다. 또 할렘으로 향하는 순례길은 미국 전 지역에서 출발했으며, 흑인 이주와는 별개이기도 했다. 할렘 르네상스의 이야기는 예술가의 작품에 초점을 두는 것이지만, 가장 유명한 작품조차도 교육철학과 통한다. 생각이 깊은 사람들은 다음과 같이 질문을 던졌다. '새로운 니그로'는 어디서, 언제, 왜, 어떻게 배워야 하며, 또 '새로운' 자아가 될 것인가?

로크는 듀보이스처럼 하버드에서 교육받았으나 철학적으로는 조사이어 로이스(Josiah Royce), 조지 허버트 팔머(George Herbert Palmer), 조지 산타야나(George Santayana) 등의 가르침을 받았다. 로크는 인종차별주의에 대해서 제임스의 실용주의적 견해를 가졌다. 즉, 인종차별주의는 고정된 실재의 기능이 아니고, 힘 있는 주체성을 지님으로써 극복될 수 있는 효과이다. 로크와 듀보이스는 하버드의 학부생이었다. 그러나 로크는 그 후의 철학적 · 문화적 공헌을 통해서 (듀보이스와는 대조적으로; Orizu, 2001) 인종을 일종의 '수행(performance)'으로, 즉 멋쟁이 복장을 차려입는 것, 그리고 정치 현실로부터 초연한 미적 기품으로 보았다(Stewart, 2018: 48-72). 듀보이스는 주류에 편입된 흑인 대표들을 품격이 떨어진 것으로 보았고, 예술을 무기로, 또는 '흑인에 대한 백인의 또는 흑인 자신의 관념'을 흑인 예술가의 손으로 바꾸는 기회로 파악했지만, 로크는 문제에 대한 접근이 달랐다. 로크는 옥스퍼드 대학교 최초의 로즈 장학생으로 학업을 끝낸 미국 흑인이었고, 하워드 대학교에서 철학을 가르친 후, 워싱턴 디시의 NAACP 드라마 위원회와 연결되었다. 안나 줄리아 쿠퍼는 그 위원회의 위원이었고, 인종차별에 반대하는 정치를 명시적으로 보여 주는 연극을 장려했는데, 이는 로크의 미적 감수성과 정면으로 대치되었다. 〈라

헬(Rachel)〉(Grimké, 1920)이라는 연극은 아프리카계 미국 여성인 라헬 러빙(Rachel Loving)에 관한 이야기이다. 러빙은 흑인의 여성스러움에 대해 길들여진 모성적 비전을 갖고 있었는데, 그녀의 가족이 린치를 당하여 죽었음을 알고서 그 비전이 무너진다는 이야기이다. 그림케(Grimké)가 그 작품을 썼던 1915년은 데이비드 와크 그리피스(D. W. Griffith, 1875~1948)의 〈국가의 탄생(Birth of a Nation)〉이 상연된 다음 해였는데, 이 작품에도 인종차별적 폭력에 반대하라고 백인 여성에게 호소하는 내용이 들어 있다. 로크는 〈라헬〉이 상연되던 1916년에는 그 위원회와의 관계를 유지하다가 이윽고 하버드로 떠나가서, 그의 학부 지도교수의 죽음과 은퇴에도 불구하고, 마침내 자신의 철학 박사학위를 끝마쳤다. 로크의 미학 이론은 그가 이전에 접했던 미국 철학자, 조지 산타야나를 따랐을 뿐 아니라 '흑인의 예술은 직접적인 정치적 메시지가 아니라 흑인의 삶의 모든 차원에 숨어 있는 은밀한 점들을 탐색해야 한다.'는 자신의 신념에 따른 것이었다. 로크의 대학원 연구는 예술과 철학에 대한 모더니스트적 접근을 추구한 것이었는데, "19세기 관념론의 먼지더미로부터 '고대의 영원한' 가치를 구해 내기 위하여, 그리고 그런 가치를 20세기 심리학이라는 더 과학적인 토대 위에 재정립하기 위하여 구상되었다."(Stewart, 2018: 285). 로크는 흑인의 삶에 관한 백인 예술가들의 설명에 대해서 개방적이었고, 또 백인의 스타일을 모방함으로써, 흑인 부르주아의 중간계급적 태도 · 목표를 거부하는 신세대 예술가들과 연결되었다. 로크는 듀보이스의 미학과 단절함으로써 멘토 · 촉매자 · 연결고리가 되었으며, 미적인 것은 그의 눈에 선전(propaganda)으로 보이는 것보다 우위에 두었다.

할렘의 학교는 법 · 관습에 따른 인종 분리가 없었고, 흑인 인구의 증가로 흑인 학생이 대부분이었던 교실도 마찬가지였다. 공립학교는 경제적 자원의 현격한 차이 때문에 물리적 공간이나 교육적 기회 측면에서 막대한 영향을 받았다. '과거에 학교 교육을 받을 수 없었던 지역사회 구성원들에게 중요한 것은 성인 교육이다.'라는 흑인 교육자들의 이해는—제1차 세계대전에서 귀향한 참전 군인들의 평등 요구와 마찬가지로—문화적 생산에 대한 열정이 사회적 필요와 폭넓게 연결할 수 있도록 만들었다. 흑인 작가 · 예술가, 그리고 후원자 · 출판사[예: 폴 켈로그(Paul Underwood Kellogg), 칼 반 벡튼(Carl Van Vechten), 찰스 반 도렌(Charles Van Doren)] 간의 접촉이 확대됨으로써 고전중심에서 탈피하게 되었고, 근대성의 세계로 이행하고 싶은 유혹도 부분적으로 생기게 되었다.

폴 켈로그는 제1차 세계대전이 발발하기 직전에 피츠버그(의 백인 노동자들의 노동과 삶)에 관한 연구물을 시리즈로 출간했으며, 1921년에 진보적 언론에 속하는 『서베이 그래픽(Survey Graphic)』이라는 잡지를 창간했다. 그것은 다음과 같다.

> 인생이라는 드라마는 전쟁 이야기처럼 긴장될 수 있고, 백만의 새로운 시민의 운명, 공공 보건을 위한 투쟁, 그리고 노동하는 남녀의 열망은 행운의 섬을 향해가는 여행처럼 다채롭다는 믿음에서 만들어졌다. …… 거기에 실릴 것은 창의적 경험, 관찰, 창안의 소재일 것이다.[17]

『서베이 그래픽』은 알랭 로크를 책임편집자로 초빙하여 1925년도 특별판으로 『할렘: 새로운 니그로의 메카(Harlem: Mecca of the New Negro)』를 출간했다. 그 집필자인 34명의 흑인 작가 대다수는 이미 유명인사였거나 이윽고 유명해졌다. 거기에는 조라 닐 허스턴(Zora Neale Hurston), 랭스턴 휴즈(Langston Hughes), 스털링 브라운(Sterling Brown), 그리고 카운티 컬렌(Countee Cullen)이 포함되었다. 로크가 그의 기조 논문에서 다음과 같이 말했다.

> 젊은 세대는 새로운 심리학으로 활기차다. 새로운 정신은 대중 속에 깨어 있고, 전문적인 관찰자의 눈에서 항구적인 문제는 현대적 니그로 삶의 진보적 단계로 바뀌는 중이다. 옛 니그로는 한편으로는 순진한 감상주의 속에서, 다른 한편으로는 고의적 반동주의 속에서 역사적 허구로 존속했던 고정 인물이었다(Locke & Moleworth, 2012: 442에서 재인용).

> 니그로 문제의 오랜 껍데기를 벗어 버림으로써 우리는 영적 자기-이해와 같은 것을 이루어 내고 있는데, 우리가 타인에게 문제였듯이 아직도 우리는 우리 스스로에게 문제로 남아 있다.
> 이처럼 새로워진 자기-존중 혹은 자기-의존을 지닌 니그로 공동체의 삶은, 공통의 문제였던 것으로부터 [벗어나] 공통의 삶이라는 새로운 역동적 단계로 진입하게 되었다(Locke & Moleworth, 2012: 443에서 재인용).

새로운 세계의 시민권

20세기를 통해서 (흑인은 어떤 종류의 존재인가? 흑인이라는 점을 통해서 그리고 그것에 관해서 알 수 있는 것은 무엇인가?) 이런 주제는 교육에서 인종차별 및 그 철폐를 위한, 그리고 차별시정조치 및 인종-중립적 정책을 위한 이유로 제기되었다. 교육철학에서는 자유주의와 권리-기반 이론을 배경으로 삼아 '20세기 중엽의 전회'가 일어나기 시작했다. 그런데 '브라운 대 교육위원회 판결(Brown v. Board)'[18]은 교육에 대한 접근 문제가 공공 정치의 도구가 될 수 있다는 믿음에 터하여 민권 운동의 한 가지 전략으로 간주되었다. 여기서 자유주의적 전통에 대한 의존성을 비판하기 위해서 비판적 인종 이론(critical race theory)이 개입하게 된다. 왜냐하면 자유주의의 전통은 그런 도구가 해방적 제도의 실현에 도움이 될 것인가에 대해 깊은 의구심을 갖기 때문이다.[19] 비판적 인종 이론의 기원은-'브라운 대 교육위원회 판결'의 약속이 제도적으로 이행되지 못하고 이차적 인종차별로 퇴행하게 만드는 인종-중립적 소송에 대한 법학자들의 비판에서 찾을 수 있다.[20] 앞서 (괄호 안에서) 언급했던 주제는 공공 철학을 통해서 학교 건물을 넘어 인종과 관련된 사회적 공간으로, 즉 법원 · 공공 광장 · 문예적 상상 속으로 퍼져 갔다.

비판적 인종 이론과 별도로, 교육철학과 공감하는 두 가지 다른 전통이 있는데, 그 하나는 재현(representation)의 미학 · 정치학이고, 다른 하나는 여러 세대의 뜻이 담긴 급진적 선언문이다. 첫째, 예술가 · 문화비평가[21] 그리고 행동가들[22]이 미국의 (그리고 더 넓은) 맥락에서 교육의 정치적 · 사회적 중요성을 고취하면서 택했던 철학적 방향은 일치하기도 하고, 갈라지기도 했다. 마치 로크가 할렘 르네상스의 시인들(Adoff, 1970)이 사회변화의 문화적 담지자의 중심에 있다고 선언했던 것처럼, '20세기 중엽에 교육철학의 전회'가 일어나고, 미국 내 인종 관계의 싸움터로 교육이 공적 센터가 된 것은 모두가 작가들에게 아주 크게 의존했다. (1965년에 34세의 나이로 너무 일찍 죽은) 로렌 핸즈베리(Lorraine Hansberry, 1930~1965; Ellis & Smith, 2010), 아미리 바라카[Amiri Baraka, 과거 필명은 리로이 존스(LeRoi Jones, 1934~2014)], 그웬돌린 브룩스(Gwendolyn Brooks, 1917~2000), 니키 지오바니(Nikki Giovanni, 1941~), 그리고 마야 안젤루(Maya Angelou, 1928~2014)와 같은 작가는 모두 유명했었고(Randall,

1971), 흑인 예술가의 그룹에서 혹은 이보다 더 주류에 속했던 문화에서 때때로 논란을 일으키기도 했다. 그들의 작품은 모두가 아동기, 흑인의 가정생활, 미국 문화를 언급했고, 제각기 당대의 정치와 특수한 관계에 있었다. 아마도 흑인 작가 중에서 흑인의 예술, 미국 정치, 인종 평등 운동, 미국의 인종차별의 교육적 결과 등의 연관 관계를 가장 돋보이게 파헤친 사람은 제임스 볼드윈(James Baldwin, 1924~1987)일 것이다. 볼드윈은 할렘의 요청 사항 그리고 이런 요청과 미국 간의 독특한 관계에 따라서, 그 안에서 혹은 그에 맞서서 살면서, 당대의 정치에 대한 증인으로 활약했다. 그렇지만 그는 예술가로서 또 공적 지식인으로 모두 인정받았다.

볼드윈은, 1963년에 쓴 「교사에게 전하는 이야기(A Talk to Teachers)」라는 글에서, 교육을 통해 미국의 꿈을 이루려는 흑인들의 오래된 믿음의 약점을 지적한다 (Baldwin, 1985: 325-32).

> 이제, 결정적 역설은 …… 사회적 틀 안에서 생기는 것이며, 또 사회의 목적을 영속화하려고 설계되는 것이다. …… 교육의 목표는 결국 인간에게, 이 세계를 스스로 바라보는, 자기 자신의 결정을 내리는, 이것은 검고 저것은 희다고 자신에게 말하는, 그리고 하늘에 신이 있는지 없는지를 스스로 결정하는 능력이 생기게 하는 것이다. 우주의 의문점을 묻고, 또 그런 의문을 품고 살아가기를 배우는 일은 자신의 [정체성을 성취하는] 길이다(p. 326).

여기서 볼드윈이 강조하는 것은 '모두가 공유하는 미국 교육의 평범한 목표에 두 가지 문제가 깔려 있다.'는 점이다. 첫째 문제는 사회적 재생산에 대한 도전을 가리킨다. 사회적 재생산에 대해서 마르크스주의자나 페미니스트뿐만 아니라 많은 교육이론가가 비판했다. 볼드윈(1985)의 주장에 따르면 모든 사회는 자체의 존속을, 그리고 그 정당성을 따르는 시민의 양성을 합리적으로 추구한다. 모든 사회의 생존은 현존상태에 도전하는 사람들에 대한 반응에 달려 있으므로 질문자, 변화-촉진자, 반항자의 역할을 행하는 사람을 묵과하는 경우는 드물다.

둘째 문제가 볼드윈의 글의 핵심 논점이다. 이는 교육의 목적을 위해 틀을 제공해주는, 즉 니그로들이 미국에서 차지하는 사회적 위치가 갖는 패러독스를 가리킨다. 한편으로 흑인 아동은 정치적 · 경제적 · 역사적으로 평등과 자유라는 신화에 젖어 있다. 그러나 그들이 이욱고 경험할 세계는 그런 신화적 이야기가 구현되는 것을 불

[사진 7-2] 1933년. 두 명의 흑인 아동. 할렘 뉴욕. 계단에 앉아서 미국 역사에 관한 교과서를 보고 있음.

허한다. 이런 분석은 크로그먼이 1896년에 『시대를 위한 이야기』에서 말했던 점으로 돌아간다.

볼드윈(1985)의 주장에 따르면, 백인 학생과 흑인 학생은 자신의 교육의 패러독스에 대해, 그리고 그들의 참여를 거부하는 역사에 대해 맞설 수 있는 능력을 박탈당한다. 그러나 볼드윈이 여기서 말을 건네는 사람은 흑인 아동([사진 7-2] 참조)의 교사이다.

> 이제 만일 내가 이런 학교 혹은 흑인 학교의 교사라면, 그래서 날마다 몇 시간만 나의 지도를 받다가 제각기 가정으로 또 거리로 되돌아갈, 그리고 자신의 미래가 시시각각 더 흐려지고 어두워짐을 지각하는 흑인 아이들을 대하게 된다면, 나는 그 아이들을 에워싸고 있는 그 길, 그 시간, 그 위험성, 그 걱정이 범죄임을 그들에게 가르치고, 알리려고 애쓸 것이다. 나는 이런 것들이 그들을 파괴하려는 공모의 결과라는 점을 그들 스스로가 깨닫게 하려고 노력할 것이다. 나는 그런 아이가 [인격체]가 되려고 뜻을 세운다면, 바로 그 음모보다 더 강해져야 한다고, 그리고 그 안에서 결코 평화를 찾으려 하지 말고 즉각

> 결단을 내려야 한다고 가르칠 것이다. …… 나는 미국의 역사가 더 오래되고, 더 크고, 더 다양하고, 더 아름다운 것처럼 이 세계도 더 크고, 더 과감하고, 더 아름답고, 더 끔찍하고, 그러나 정말 더 크다는 점을 그리고 그런 세계는 [그들에게] 속한다는 점을 알리려고 노력할 것이다(pp. 331-2).

볼드윈이 지적하고 있으나 명확하게 인정하지 못한 점이 있다. 이는 흑인 아이들의 교육이 실질적으로 완성되기를 원하지 않는 문화 속에서 그들을 가르치는 일의 혁명적 성격이다. 그는 교육 목적과 교육 상황 간의 패러독스를 인정하였지만, 그 음모의 일부이고 또 (실현되지 못하고 있는) 희망의 장소이기도 하는 학교를 바로잡는 일에 필요한 도구 · 장비 · 무기가 무엇인지를 교사들에게 말해 주지 않는다. 볼드윈은 그 프로젝트를 교사에게 던져 주기만 하고, 이 혁명적 의제를 구현할 때 자신의 몫을 어떻게 감당할 것인가는 말해 주지 않는다. 그는, 교사의 동기는 교사 양성 과정에서 늘 듣는 것처럼 아이들을 도와주는 일이라고만 말한다. 여기서 교사는 '도와주는'을 볼드윈이 생각하는 바와 똑같은 의미로 이해할 것이라고 가정하고 넘어간다.

볼드윈은 미국 사회에 잠재된 그런 도전을 이겨내려면 교육에 관심을 쏟는 사람에게 온갖 용기가 필요할 것이라고 하면서 경고한다.

> 그러므로 자신을 책임 있는 존재로 생각하는 이 나라의 모든 시민은, 그리고 여러분 중에서 젊은이의 마음과 가슴을 다루는 모든 사람은 '온갖 것을 바칠' 준비가 되어 있어야 한다. 혹은 달리 표현하면, 여러분이 여러 세대를 거쳐 반복되어 온 못된 신앙과 잔혹성이 교실이나 사회에서 작동하고 있을 때 그것을 바로잡으려고 시도한다면 여러분은 정말 터무니없는, 너무 잔혹한, 아주 결연한 저항에 당면할 것이라고 대비해야 한다. 마치 이런 일이 일어나지 않을 것처럼 꾸며댄다면 이는 정말 무의미한 일이다(1985: 678).

요구: 인간 형성을 향한 교육

볼드윈은 '브라운 대 교육위원회 판결' 이후 흑인의 교육 세계가 정치적 위축, 사

회적 저항, 그리고 (몇몇 산발적 진전 속에서도) 광범한 교육 형평성 제공의 실패 등의 역사 속으로 묻혀버린 상황을 정확하고 확실하게 파악했다. 볼드윈의 경고에 비추어 볼 때, 다음과 같이 이해하는 것은 결코 놀랄 일이 아니다. 한 세기도 넘은 시기에 떨쳐 일어났던 급진적 요구의 순간순간 속에서 '미국의 꿈'이라는 약속이 결국 실현되지 못하고 만 것은 거의 비슷비슷하다. 다음과 같은 유명한 진술을 살펴보자.

- **「나이아가라 운동 연설」(1905)**

  우리는 우리 아이가 교육받기를 원한다. 남부 지역 교육구의 학교 시스템은 수치스러운 상태이며, 일부 읍이나 시의 흑인 학교만 정상적인 상태에 있다. 우리는 연방정부가 개입하여 남부의 문맹을 제거해 주기를 원한다. 미국이 무지를 쫓아내지 못한다면 무지가 미국을 파괴할 것이다.

  그리고 우리가 요구하는 교육은 참된 교육이다. 우리는 노동을 믿는다. 우리 자신이 노동자이지만, 노동이 그대로 교육으로 바뀌는 것은 아니다. 교육은 힘과 꿈의 개발이다. **'우리는 우리 아이가 지적인 인간 존재에게 필요한 훈련을 받기를 원하며, 그리고 흑인 소년 소녀를 단순히 노예나 하인으로, 혹은 그저 타인의 도구로 교육시키려는 모든 방안에 대항하여 싸울 것이다.'** 우리 아이는 알고, 생각하고, 열망할 권리를 갖는다(강조는 추가됨).[23]

- **흑표범당의 자기-방어를 위한 10개 강령(1966)**

  '우리는 이 썩어빠진 미국 사회의 참된 본질을 밝혀 주는 고상한 교육이 우리 민중에게 제공되기를 원한다. 우리는 우리의 진정한 역사를, 그리고 현존하는 사회에서 우리의 역할을 가르쳐 줄 교육을 원한다.'

  우리는 우리 민중에게 자아-인식을 제공해 주는 교육 시스템을 신뢰한다. **'만일 당신이 당신 자신을, 그리고 사회와 세계 속에서 당신의 위치를 모른다면, 그밖에 다른 것을 알 기회도 힘들어질 것이다.'**(강조는 추가됨)[24]

- **블랙 파워, 자유, 정의를 위한 정책 요구(2016)**

  흑인 공동체에 자행된 문화적 교육적 착취, 흔적 지우기, 그리고 억압에 대해 주어져야 할 배상의 형태는 **'식민주의와 노예제의 정치적 · 경제적 · 사회적 영향을 비판적으로**

검토하는 공립학교 교육 과정의 의무화'이며, 그리고 흑인의 집단적 투쟁과 승리를 인정하고 그 명예를 보전하는 문화적 자산과 신성한 공간을 지원, 건설, 보존, 복구하는 데에 필요한 재정 지원이다(강조는 추가됨).[25)]

이상의 세 가지 진술은 미국 흑인 아동에게 주어져야 할 '참된' 교육에 대한 급진적 요구 중 일부일 뿐이다. 이런 요구에서 인정하고 있는 점은, 흑인 민중을 오도했던 교육의 밑바탕에 교육 시스템, 규칙, 그리고 배타적 관행이 층층이 쌓였다는 것이다. 각각의 요구가 실제로 요청하는 사항은 한편으로 흑인의 인간성을 인정하라는 것이요, 다른 한편으로 모든 연령의 흑인들을 가치 없는 교육과 미래로 이끌었던 그릇된 인식을 제거하자는 것이다. 이런 요구에서 학생은 적절한 학교 교육을 통해서 미래의 시민 · 노동자로 만들어질, 무형의 진흙 덩어리로만 간주되지는 못한다. 이런 요구는, 학생 개인의 지력과 학문적 기능이 어떠하건 간에, 무시하거나 침묵시킬 수 없을 뿐만 아니라 사회적 시정이 요구되는 이 역사 속에서 실현되어야 할 인간 형성이라는 맥락에 자리를 잡고 있다. 인간 형성은 개인적 · 사회적 · 구조적 목표로 설정된 것이며, 모든 흑인 학생의 성취가 어떤가와 관계없이 공동체적 결사 및 역사적 · 경제적 · 정치적 · 문화적 (일치된 혹은 긴장된) 구조 속에서 설정된 것이다. 일단 어떤 아이가 미국의 맥락에서 흑인으로 등록된다면 그의 계급적 지위 · 가정 배경과 관계없이, 그는 미국 역사의 무게에 억눌리게 될 것이다. 20세기에 들어와서 공적 지식인과 학자가 주장했던 것처럼, 흑인 아동을 위한 교육 목적은 그 아이들이 교실, 학교 건물, 그리고 국가 안에서 동등한 존재로 자리 잡게 될 미래를 내다보아야 한다.

흑표범당의 요구는, 처음에는 캘리포니아 오클랜드에서 그리고 미국 전역에서 똑같은 조건에서 똑같은 요구가 발생하면서, 흑인 공동체 내에서 사태가 전개되었던 방식에 대해 비판이 쏟아졌는데, 이에 관해서는 개방적이었다. 흑표범당의 정강 정책은 '브라운 대 교육위원회 판결'이 남부에서 희망했던 것처럼 북부 · 서부의 흑인 공동체에서 똑같은 효과를 보지 못했다는 이해 속에서 만들어졌다. 거주지역 분리는 흑인만으로 형성된 공동체를 낳았고, 흑표범당이 전망했던 자치적 공동체의 형성에 필요한 흑인 아이의 교육은 정상적인 백인 공립학교에서 제공된 것과 똑같은 것이 아니었다. 민중에 대한 사랑은 '권력을 민중에게로(Power to the People)'와

연결되었다. 민중에 대한 사랑은 인종차별과 억압의 트라우마에 의해 은폐되지 않은 자아-인식을 그 조건으로 삼았으며, 그리고 '권력을 민중에게로'는 미국 역사가 이미 미국의 이상을 왜곡해 버렸던 수많은 방식을 인정하면서 그런 이상을 이해할 것을 그 조건으로 삼았다.

두 가지의 급진적 운동, 즉 '나이아가라 운동'과 흑표범당이 똑같이 주장한 점이 있었다. 이는 곧 흑인은 현실에 대한 비전을 가로막은 깜깜한 동굴에 갇혀서도 안 되고, 그리고 뜨거운 햇빛 아래 강제 노동을 당해서도 안 될 지식의 존재(knowing beings)로서 이해받을 자격이 충분히 있다는 점이다. 민중으로서 흑인 민중의 정당성은 지식인이 되는 것에, 그리고 전수되어야 할 지식의 가치에 달려 있었다. 여기서 전수되어야 할 지식이란 과거 역사의 쓰라린 교훈을 인식하고, 과거 역사가 현재의 교육적 성공에 미친 효과를 이해함으로써 그 역사로부터 자유로워져야 할 지식을 의미한다.

2014년에 창설된 '흑인생명운동(Movement for Black Lives)'은 교육 과정과 문화적 부흥을 통해서 역사적 왜곡과 흔적 지우기를 다루어야 할 교육에 필요한 물질적 조건에 대한 요구에 집중되었다. 이들 현대적 교육활동가는 미국 역사의 공통된 요소에 대해서, 그리고 흑인 민중에게 지속적 해악을 끼쳤던 제도의 개혁을 위한 다각적 시도-실패하고서도 또다시 일어나는 시도-에 대해서 민감하다. 흑인생명운동의 역사적 전망은 정당한 세상에 대한 체계적 · 변혁적 비전을 촉진하는 데 있다. 법적 · 경제적 · 교육적 정의에 관한 모든 개념은 다수의 이익을 위해, 그리고 사회의 교정을 위해 작동하는 것이다.

1903년에 W. E. B. 듀보이스는 20세기 문제가 인종차별임을 주장했다. 이 주장은 선언 자체가 문제해결의 첫 단추가 되리라는 희망에서 나온 것이다. 수많은 학부모, 학자, 공적 지식인, 언론인, 예술가, 교육자, 문화비평가 등의 투쟁은 강력했고, 무익하지 않았다. 그러나, '자유로운 아동'에 대한 '나이아가라 운동'의 희망과 기대는 의지가 결핍된 민중의 기를 꺾어버릴 정도의 역풍에 부딪히고 시달리기를 반복했다. 인종 분리의 법적 종말을 위한 상징이었던 아이들, 즉 루비 브리지스(Ruby Bridges; Michels, 2015를 참조), 제임스 메러디스(James Meredith; Brevard를 참조), 리틀 록 9인(Little Rock Nine),[26] 그리고 점심 식당 카운터에 앉아서 싸웠던 수많은 무명의 학생은[27] 자신의 뒤를 따라올 또 다른 세대의 아이들을 위해 투쟁했다.

학교 교실에서 함께 공부할 자리를 달라고 주장했던 급진적 행동은, 불완전하거나 중단되기도 했던 미국의 전진을 가능하게 만들었다. 그리고 20세기 중반의 또 다른 요구에서는 그 요구의 전파자들이 추구했던 '권력'이 명시적으로 언급되었으나, 여전히 학교는 중요한 싸움터로 남아 있었다. 방과 후 프로그램과 흑표범당의 토요 학교에서, 혹은 컬럼비아 · 코넬과 같은 백인 위주 기관(Predominately White Institutions: PWIs)에서—흑인 (및 범아프리카) 경험을 학문적으로 다루는 흑인 교수진과 교육 과정을 갖추어 주라는—학생들의 요구에서 핵심 사항은 교육적 형평성이다.

'인종과 교육'에 대한 현대적 분석을 살펴보면, 학교에서 교도소로 통하는 루트를 차단하라는 명령에서부터, 공립 차터 스쿨 및 훈육 · 교육 성과의 격차에 대한 비판, 그리고 미국학교의 목표로서 통합의 가치에 대한 문제 제기 등에 이르기까지 다양한 논쟁이 펼쳐지고 있다. 이런 요구와 논쟁이 어디서 나오건 간에, '교육은 인간의 자아이해 및 자기결정의 토대이다.'라는 이해는 흑인 시민을 위한 미국 교육을 둘러싼 온갖 논변에서, 그리고 인간의 존엄성과 권리를 둘러싼 온갖 주장에서 핵심을 차지한다. 이런 모든 논의는 세계적으로 그리고 특수하게는 노예제 · 식민주의 · 흑인 차별이 교육 여건의 철학적 토대를 만들어 냈던 시기와 장소에서, 교육적 정의에 대한 요구를 반영했고 또 이에 영향을 미쳤다.[2]

2) 역자 주: 이 장을 번역하는 데 다음의 책을 참고하였음. 本田創造. (1991). アメリカ黒人の歴史. 김효진 역 (2021). 미국 흑인의 역사: 진정한 해방을 위한 발자취. 서울: 에이케이커뮤니케이션즈.

미주

1) 이 글의 문맥에서 '흑인(Black)'은 특수한 인종적 · 문화적 집단과 공유된 경험을 가리키며, '백인(white)'은 위와 같은 의미가 없다.
2) 미국에서 사범학교(Normal Schools)는 1839년에 최초로, 초등학교에 대한 공적 재정 확대와 더불어 필요해진 교사 양성을 위해 세워졌다. 20세기를 통해서 교직이 국가 규제를 더 받으면서 교사 교육은 대학교(university)에서 행해졌다(Wright, 1930: 363-71).
3) 이와 같은 세대적, 흔히 계급-기반적 논쟁을 대표하는 사람들은 윌리엄 크로그먼, 윌리엄 샌더스 스카보로프, 다니엘 바클리 윌리엄스(Daniel Barclay Williams), 루벤 러빙긋(Reuben Lovinggood), 안나 줄리아 쿠퍼 및 페니 베리어 윌리엄스(Fannie Barrier Williams) 등이다.
4) 이 2013년도 문서는 국가 사적지 등록처(National Registry for Historic Places)에 제출한 라이트풋 가옥의 등록신청서이다. 10~11쪽은 라이트풋에 관한 구체적인 전기적 정보를 제공해 주며, 블랙 하워드 대학교를 위한 사회적 · 지적 활동, 그리고 그 밖의 워싱턴 디시 문화적 활동을 위해서 그 가옥의 중요성도 제시해 준다. 온라인에서 접속 가능하다. https://www.nps.gov/nr/feature/places/pdfs/13001070.pdf.
5) 델라니가 이런 견해를 옹호하는 것은 「탈-노예들에 대한 조언」(1865)에서이다. 포너와 브래넘(Foner & Branham, 1998: 445)에서 언급된다.
6) 브루스가 이런 견해를 옹호하는 것은 「유색 미국인들이 아프리카로 가야 하는 이유들」(1877)에서이다. 포너와 브래넘(1998: 586)에서 언급되고 있다.
7) 블라이든의 성인 시절 학업은 그가 1851년에 라이베리아로 이주한 후에 시작되었고, 거기서 그의 교육을 마쳤다. 그는 장로교회의 성직자로 임명되었으며, 고등학교 교장과 신문편집자가 되었다. 중요한 것은 블라이든이 1880년부터 1884년까지 라이베리아 대학의 총장에 임명되었다는 점이다. 그는 범아프리카주의의 아버지로 인정받았고, 그리고 그가 쓴 여러 책 중 네 권에서 흑인이나 아프리카인의 평등을 옹호했다. 『피투성이 아프리카의 목소리(A Voice from Bleeding Africa)』(1856), 『아프리카 인종을 옹호함; 아프리카인의 열등성을 지지하는 논변에 대한 간략한 검토(A Vindication of the African Race; Being a Brief Examination of the Arguments in favor of African Inferiority)』(1862), 『아프리카인을 위한 아프리카(Africa for the Africans)』(1872), 『기독교, 이슬람교, 그리고 흑인종(Christianity, Islam and the Nigro Race)』(1887). 블라이든은 서인도 제도와 미국에 있는 기능을 가진 흑인들이 라이베리아로 이주할 것을 요청했으며, 또 1885년에 라이베리아 대통령 선거에 출마했다가 패배했다. 선거 패배 이후에 그는 시에라리온으로 망명했다.
8) 미국 '재건 수정 「헌법」(Civil War Amendments, Reconstruction Amendments)'은 연방 법률에서 미국 흑인의 지위 변화를 낳았다. 수정 제13조(1865)는 미국의 (비자발적) 노예제

를 불법화하였다. 수정 제14조(1868)는 미국에서 태어난, 미국으로 귀화한 모든 사람에게 시민권을 부여하였고, 평등한 법적 보호를 보장하였으며, 그리고 연방정부가 이런 권리와 보호를 강제하도록 허용했다. 수정 제15조(1875「민권법」)는 과거의 남부 연방인의 토지와 권리가 회복되는 효과를 막기 위해서 도입되었다. 수정 제15조가 통과됨으로써 그 법이 제공한 바는 다음과 같다. "미국이 다스리는 곳의 모든 사람은 숙소의 숙박, 편의, 시설, 특권, 육지나 해상의 공공 수송, 극장, 그리고 공중 오락 시설을 충분하고 평등하게 누릴 권리가 주어질 것이며, 그리고 과거의 예종 상태와 관계없이, 인종이나 인종 색과 무관하게 모든 시민에게 똑같이 적용될 것이다." 미연방대법원은 1883년에 이 법률에 대해서「헌법」 불합치 판정을 내렸다. 주(states)가 아닌 개인 행위자에 대한 연방의 감시라는 이유 때문이었다.

9) '플레시 대 퍼거슨 판결(Plessy v. Ferguson, 163 U. S. 537, 1896)'을 참조하라. 이는 '공공숙소'를 위한 '분리하지만 평등한' 독트린을 확정한, 분리된 철도 차량을 둘러싼 사건이다. 이것은 '브라운 대 교육위원회 판결'(347 U. S. 483, 1954)이 나올 때까지 지속되었다.

10) 폴 던바는 아프리카계 미국인 시인 중에서 최초로 문학적 찬사를 받았다. 그에 대한 미국 내외의 인정은 흑인 예술과 흑인 예술에 대한 (백인의) 공적 지지에 중요했다. 그의 자서전은 온라인에 있다. https://poets.org/poet/paul-laurence-dunbar.

11) 헨리 오사와 타너는 탁월한 아프리카계 미국인 화가였다. 그는 프랑스와 유럽 각 도시에서 중요한 상을 받았다. 특히 그의 종교적 주제를 지닌 작품, 예컨대『라자루스의 부활(The Resurrection of Lazarus)』(1887)이 그랬다. 스미소니안 미국 예술 뮤지엄의 웹사이트에서 타너를 검색하라. https://americanart.si.edu/artist/henry-ossawa-tanner-4742.

12) 2001년에 근대언어학회는 '전년도에 출판된 미국 흑인의 문학 · 문화에 대한 탁월한 학문적 업적'을 인정하는 스카보로프 저서 상(book prize for Scarborough)을 만들었다.

13) 이 인용은「교육론(On Education)」(Lemert & Bhan, 1998)이라는 논문에서 가져온 것이다. 그 책의 편집자들은 이 글이 1930년에 쿠퍼가 행한 연설에 들어 있는 것이라고 믿을 뿐, 그 이상의 정보는 밝히지 않는다.

14) 전미유색인종진흥협회(NAACP)는 1908년 일리노이 스프링필드에서 발생한 반-흑인 폭동 이후 창설되었다. 나이아가라 운동은 기금 마련에서 도전을 받았으며, NAACP의 설립을 위한 첫 소집은 많은 백인 진보주의자들과 일곱 명의 흑인들(듀보이스, 아이다 B. 웰스-바넷, 그리고 메리 처치 테렐 등)이 참가했는데, 공통된 명분의 원칙을 제시하였다. NAACP 법적 옹호 자금은 마침내 공립학교의 인종 분리 철폐를 이끈 민권 사건들을 이끌었다. 듀보이스의 삶에 대해서는 홀트(Holt, 2008)를 참조하라.

15) 웰스-바넷(Wells-Barnett, 1892)에 들어 있는 팸플릿,『남부의 공포: 린치 법의 모든 측면(Southern Horrors: Lynch Law in All its Phases)』을 참조하라.

16) 또한 「프렐링후이슨 대학 팸플릿」(1906), 『프렐링후이슨 중요 기사 3(Frelinghuysen Memorabilia, 3)』을 참조하라. http://dh.howard.edu.ajc_freling/3

17) 『서베이 그래픽(Survey Graphic)』은 "인간의 삶의 드라마는 전투 이야기처럼 스릴도 있을 것이고, 백만 명의 새로운 시민의 운명, 공중 보건을 향한 투쟁, 평범한 남녀의 열망 등은 축복받은 섬으로의 여행처럼 다채로운 것이라는 믿음에서 세워진 것이었다. …… 거기에 실을 것은 창조적 경험, 관찰, 그리고 창안의 소재일 것이다."(Haygood, 2018).

18) '브라운 대 토피카 교육위원회 판결'(Brown v. Board of Education of Topeka, 347 US 483, 1954)은 캔자스, 사우스캐롤라이나, 버지니아, 델라웨어, 워싱턴 D.C. 등에서 발생한 사건들을 통합 · 정리해 준 결정이었다. 이는 '플레시 대 퍼거슨 판결'(Plessy v. Ferguson, 1896)에 따라서 (인종에 따라) 분리된 교육 시스템이 과연 평등한 교육을 제공할 수 있는가에 도전한 것이다, 법원은 원고 측 학부모들 편을 지지하는 결정을 내렸으며, 공립학교를 비롯해 모든 형태의 공공 숙소에서 '분리하되 평등한'에 도전하는 길을 열어 주었다.

19) 마틴 루서 킹(Martin Luther King Jr., 1967), 밥 모시스와 찰스 E. 코브(Bob Moses & Charles E. Cobb, 2001), 존 호프 프랭클린(John Hope Franklin, 1947), 데릭 벨(Derrick Bell, 1992), 패트리시아 윌리엄스(Patricia Williams, 1991) 등은 자유주의적 분석의 희망과 실패에 대한 입장을 표명한 사람이다.

20) 비판적 인종 이론의 중심 원리는 다음과 같다. ① 인종차별주의는 '정상 과학'에 속한다. ② 엘리트 백인 편의 자기-이익은 실질적인 인종적 진보를 이끌기도 한다. ③ 인종과 인종들은 사회적 산물이다. ④ 인종들은 서로 다른 기원과 역사에 속해 있으며, 다른 양상의 차이와 늘 교차한다. ⑤ 정체성은 '목소리'를 알려 준다. 데릭 벨(Derrick Bell, 1992), 체릴 해리스(Cheryl Harris, 2001-02), 패트리시아 윌리엄스(Patricia Williams, 1991), 킴버렐 크렌쇼, 닐 고탄다, 게리 펠러와 캔달 토마스(Kimberlé Crenahaw, Neil Gotanda, Gary Peller, & Kendall Thomas, 1995) 등을 참조하라. 교육에서는 테일러, 길본과 래드손-빌링스(Taylor, Gillborn, & Ladson-Billings, 2016)를 참조하라.

21) 이 운동의 아바타는 알랭 로크, 로렌 핸즈베리, 제임스 볼드윈, 그리고 아드리안 파이퍼(Adrian Piper)이다.

22) 이 절에서 나이아가라 운동, 흑표범당, 흑인생명운동 간의 거리에 대해 특수하게 언급할 것이다.

23) 듀보이스, 「나이아가라 운동 연설」(1905). 미국사 교육 웹사이트에 들어 있다. https://teachingamericanhistory.org/library/document/niagara-movement-speech/.

24) 「흑표범당 10개 프로그램」은 온라인에서 참조하라. https://www.blacklivesmattersyllabus.com/wp_content/uploads/2016/07/BPP_Ten_Point_Program.pdf. 자기방어를 위한 흑표범당은 흑인 권력과 흑인 공동체 자기결정을 증진하기 위해서, 보비 실(Bobby Seale)과 휴이

뉴턴(Huey P. Newton)에 의해서 1966년에 만들어졌다. 그들은 수많은 지역 사회 프로그램을 개발했고, 흑인 공동체에서 법으로 강제된 현실에 도전하는 급진적 원칙을 채택했다. 미국의 다른 도시에 지부가 결성되자 FBI의 집중적 감시와 적대적 정보활동 프로그램이 착수되었다. 정부의 승인을 받은 암살과 형사재판이 파벌을 유도했고, 마침내 통일성과 영향력을 약화시켰다. 「흑표범당: 정책적 도전과 사회변화 촉구」라는 글은 아프리카계 미국인 역사와 문화 국립 박물관의 웹사이트에서 참조. https://nmaahc.si.edu/blog-post/black-panter-party-challenging-policy-platforms/reparations.

25) 「배상(reparations)」 M4BL. 이는 온라인에 있음. https://m4bl.org/policy-platforms/reparations.

26) 「리틀 록 9인」, History.com, 2010.1.29. https://www.history.com/topics/black-history/central-high-school-integration.

27) '연좌 항의 운동', ushistory.org. https://www.ushistory.org/us/54d.asp

참고문헌

1차 문헌

Baldwin, James. (1985). *The Price of the Ticket: Collected Nonfiction 1948-1985.* New York: St. Martin's/Marek.

Crogman, William Henry. (1896). *Talks for the Time.* Atlanta, GA: Press of Franklin Printing.

Dubois, W. E. B. (1986). *The Souls of Black Folk.* New York: Library of America.

Dubois, W. E. B. (1990). *Black Reconstruction in America 1860-1880.* New York: Free Press.

Foner, Philip., & Robert J. Branham. (1998). *Lift Every Voice:African American Oratory 1787-1900.* Tuscaloosa: University of Alabama Press.

Grimké, Angelica Weld. (1920). *Rachel, A Play in Three Acts.* Boston: The Cornhill Company.

Lemert, Charles., & Esme Bhan, Eds. (1998). *The Voice of Anna Julia Cooper: Including A Voice from the South and Other Important Essays, Papers, and Letters*, Kindle version. Lanham, MD: Rowman & Littlefield

May, Vivian M. (2012). *Anna Julia Cooper, Visionary Black Feminist: A Critical Instruction.*

New York: Routledge

Moleworth, Charles. (2012). *The Works of Alain Locke.* New York: Oxford University Press.

Ronnick, Michele V., Ed. (2006). *The Works of William Sanders Scarborough.* New York: Oxford University Press.

Stewart Jeffrey C. (2018). *The New Nigro: The Life of Alain Locke.* New York: Oxford University Press.

Wells, Ida B. (1892). *Southern Horrors: Lynch Law in All its Phases.* New York: The New York Age Print.

2차 문헌

Adoff, Arnold, Ed. (1970). *I Am the Dark Brother: An Anthology of Modern Poems by Black Americans.* New York: Collier Books.

Bell, Derrick. (1992). *Faces at the Bottom of the Well: The Permanence of Racism.* New York: Basic Books.

Bernasconi, Robert., & Tommy Lee Lott, Eds. (2000). *The Idea of Race, Indianapolis.* IN: Kackett Publishing.

Black Patti Carr. (2001). "Ida B. Wells: A Courageous Voice for Civil Rights," *Mississippi History Now*, February, Available online:https//www.mshistorynow.mdah.ms.gov/articles/49/ida-b-wells-a-courageous-voice-for-civil-rights.

Brevard, Elizabeth. (n.d.). "September 30, 1962: James Meredith & the University of Mississippi," *Facetoface: A Blog from the National Portrait Gallery*. Available online: https://npg.si,edu/blog/septamber-30-1962-james-meredith-university-mississippi.

Campbell, James. (1992). "Dubois and James," *Transactions of the Charles S. Peirce Society*, *28*(3), 569-81.

Cremin, Lawrence, Ed. (1957). *The Republic and the School: Horace Mann on the Education of Free Men.* New York: Teachers College Press.

Crenshaw, Kimberle, Neil Gotanda, Gary Peller., & Kendall Thomas. (1995). *Critical Race Theory: The Key Writings that formed the Movement*. New York: New York Press.

Delgado, Richard., & Jean Stefancic, Eds. (2017). *Critical Race Theory: An Introduction.* New York: New York University Press.

DuBois, W. E. B. (1897). *The Conversation of Races*, The American Negro Academy Occasional Papers, No. 2. Washington, DC: American Negro Academy.

Ellis, Catherine., & Stephen D. Smith. (2005). *Say It Plain: A Century of Great African American Speeches.* New York: The New Press.

Ellis, Catherine., & Stephen D. Smith. (2010). *Say It Loud: Great Speeches on Civil Rights and African American Identity.* New York: The New Press.

Franklin, John Hope. (1947). *From Slavery to Freedom: A History of American Negroes*, Ist edn., New York: A.A. Knopf

Harris, Cheryl. (2001-02). "Critical Race Studies: An Introduction," *UCLA Law Review, 49*, 1215-39.

Haygood, Wil, Ed. (2018). *I, Too Sing America: The Harlem Renaissance at 100.* Columbus, OH: Columbus Museim of Art.

Holt, Thomas C. (2008). "DuBois, W. E. B.," in Henry Louis Gates Jr. & Evelyn Brooks Higginbotham (Eds.), *African American National Biography.* New York: Oxford University Press. Available online: https://hutchinscenter.fas.harvard.edu/aanb

Johnson, Karen. (2009). "'In Service for the Common Good': Anna Julia Cooper and Adult Education," *African American Review*, *43*(1), 45-56.

King, Martin Luther Jr. (1967). *Where Do We Go from Here: Chaos of Community?.* Boston: Beacon Press.

Michels, Debra. (2015). "Ruby Bridges," National Women's History Museum. Available online: https://www.womenshistory.org/education-resources/biographies/ruby-bridges.

Moses Robert P., & Charles E. Cobb. (2001). *Radical Equations: Civil Rights from Mississippi to the Algebra Project.* Boston: Beacon Press.

Oriezu, Michaela C. (2001). "The German Influence on the Life and Thought of W. E. B. DuBois," MA thesis, University of Massachusetts Amherst.

Randall, Dudley. (1971). *The Black Poets.* New York: Bantam Books.

Ronnick, Michele V. (2005). *The Autobiography of William Sanders Scarborough: An American Journey from Slavery to Scholarship.* Detroit: Wayne State University Press.

Taylor, Edward, David Gillborn., & Gloria Ladson-Billings, Eds. (2016). *Foundations of Critical Race Theory in Education.* New York: Routledge.

Williams, Patricia J. (1991). *The Alchemy of Race and Rights.* Cambridge MA: Harvard University.

Wright, Frank W. (1930). "The Evolution of the Normal Schools," *Elementary School Journal*, *30*(5), 363-71.

제8장 비판이론과 교육

크리스티안 톰슨 저 · 이지헌 역

> 그러나 현존 상황을 뒤엎을 수 있는 참된 실천이 가능한가 하는 것은 망각 속에 생각이 굳어지게 하는 사회에 굴종하기를 거부하는 이론이 있는가 하는 점에 따라 달라진다 (Horkheimer & Adorno, 1944/2002: 33).

서론

이 장에서는 비판이론의 특별한 개념에는 어떤 것이 있으며, 그리고 그것이 교육 및 교육이론과 어떤 관련이 있는가를 살펴볼 것이다. 여기서 비판은 '이데올로기 비판'을 가리킨다. 이데올로기 비판의 범위는 다른 형태의 혹은 전통적 비판(예: '선험적 비판'이나 '권력 비판')과 비교되고 구분될 것이다. 또 이런 비판은 칼 마르크스(Karl Marx)와 소위 프랑크푸르트 학파의 비판이론 간의 관련성에 집중될 것이다. 그렇지만 이 관련성을 일관된, 통일된 철학적 프로그램으로 이해하면 안 된다(Bünger, 2019). 접근방식이나 사상가가 무척 다양하기 때문이다. 하지만 거기에 공통점이 있다. 즉, 비판할 가치가 있는 것이 무엇인가, 그리고 비판적 사고는 어떤 개념들에 대해서 또 어떤 표준에 따라서 이루어질 것인가를 놓고 토론이 활발하게 이루어지

는 점이다.

비판이론은 복잡한 이론이다. 이런 점은 이 장의 첫 인용문에서 분명히 드러난다. 『계몽의 변증법(Dialectic of Enlightenment)』(Horkheimer & Adorno, 1944/2001)에서 가져온 이 짧은 인용문에는 세 가지 차원의 비판이 들어 있다고 볼 수 있다. 첫째, 비판이론과 깊은 관계가 있는 것은 '참된 실천'으로 변혁시키는 일이다. 이 참된 실천은 고대의 '충족된 삶(eudaimonia)'이라는 아이디어와 아주 잘 연결된다. 그러나 고대의 개념과 다른 점이 있다. 비판이론의 특징은 다음과 같은 가정에 있다. 즉, 인간적 삶의 적극적 실현 혹은 충족을 가로막는 것은 사회적 조건이다. '비판이론'에서 '비판'은 무엇보다도 인간의 충족된 삶, 좋은 삶, 혹은 잘-삶을 가로막는 그 역경 및 저항(의 형태)을 다루는 것을 의미한다. '비판이론'은 한편으로 근대사회에 나타난 만인의 자유와 평등이라는 의미의 자기-이해, 그리고 다른 한편으로 권력과 지배가 난무하는 사회현실, 이 양자 간의 불일치를 다룬다.

둘째, 비판이론은 방금 지적한 불일치 혹은 모순을 어떻게 설명할 수 있는가를 밝혀낸다. 이는 『계몽의 변증법』에서 가져온 첫 인용문이 암시해 준다. 권력과 지배의 관계를 인식하고, 분석적으로 파악하는 일이 어디까지 가능할 것인가에 대해서도 영향을 미치는 것이 사회적 조건이다. 막스 호르크하이머(Max Horkheimer, 1895~1973)와 테오도르 아도르노(Theodor W. Adorno, 1903~1969)에 따르면, 사회는 사람들의 생각이 굳어지게 만들고, 그럼으로써 사람들이 행동으로 인간의 참된 실천이라는 목적을 추구할 수 없게 만든다. 이런 문제를 철학적으로 파악하려는 것이 비판이론이다. 비판이론의 전통에서 핵심 개념은 '이데올로기' '소외(alienation)' '물화(reification)' 등이다. 그러므로 비판이론은 '이데올로기' '소외' '물화'와 같은 개념으로 파악되는 사상과 철학의 한계를 다루는 것이다.

셋째, 비판이론은 어떤 관점에서 문제를 분석하는가를 밝혀 준다. 여기서 다음과 같은 질문을 던질 수 있다. 사회현실은 어디에서부터 접근할 수 있는가? 비판하는 사람의 관점은 그가 비판하는 것으로부터 얼마나 자유로울 수 있는가? 이 장의 첫 인용문에서 강조하는 것처럼 비판이론은 타협을 거부한다. 이런 이유에서 철학적 성찰은 자기를 성찰하려고, 그리고 설득력 없는 개념을 거부하려고 노력해야 한다. 널리 알려져 있는 것처럼 비판은 '자기비판을 위해서 폭넓게 준비되어 있음'을 가리킨다. 어떤 개념이나 방법론적 절차를 좋아할지라도 만일 이것이 권력과 지배의 장

식물이라는 점이 드러난다고 하자. 그렇다면 이런 통찰의 결과를 받아들여서 어떤 대상이나 실천을 성찰할 필요가 있다.

이렇게 본다면 비판이론이 교육을 위해 어떻게 중요한가가 분명해진다. 여기서 중요한 것은 불평등과 권력관계가 나타나는 사회적 조건을 염두에 두면서 교육의 과정을 비판적으로 분석하는 일이다. 이런 분석으로 밝혀지는 점이 있다. 불평등은 어떻게, 특히 교육기관을 통해서 고착되고 재생산되는가 하는 점이다. 이뿐 아니라, 비판이론에서는 합리화의 과정에서 공모하고 있는 개념들을 성찰할 수 있게 된다. 이 장에서 우리는 마르크스와 프랑크푸르트 학파가 교육학계에서 어떻게 수용되었는가를 살펴보고, 여러 철학자마다 다른 결론을 내리고 있다는 점을 밝혀볼 것이다. 이 장의 목적은 비판이론의 여러 분파에 따라 다양하게 나타나는 교육철학을 드러내는 것이다. 이 장에서 핵심이 되는 개념은 소외와 물화이다. 두 개념이 밝혀 주는 것은 부르주아 사회의 모순들, 그리고 참된 (사회적으로 정의로운) 실천과 동떨어짐이다.

이 장은 세 절로 나누어질 것이다. 첫째 절은 칼 마르크스의 철학적 · 정치경제학적 저술에 집중한다. 마르크스가 관념론적 철학에 대해 비판했던 점, 그리고 그가 소외 개념을 기반으로 사회현실을 분석했던 점을 살펴본다. 그다음에는 소외의 극복을 교수법 프로젝트로 다루었던 교육적 접근 혹은 교육학을 살펴본다. 프레이리(Paulo Freire)의 '피억압자의 교육학'을 비롯해서 비판적 교수법(critical pedagogy)의 대표적 사례가 몇 가지 소개될 것이다.

둘째 절은 프랑크푸르트 학파의 비판이론으로 들어감으로써 그 토대와 발전을 살펴볼 것이다. 여기서, 소외와 물화가 근대 자본주의의 사회구조 속에 깊이 새겨져 있다는 점을 이해하게 될 것이다. 미리 간단히 말하면, 소외와 물화가 가리키는 바는 다음과 같다. 인간의 경험은 주체 안에서나 혹은 사회적 상호작용 속에서 사물 또는 대상으로 축소되어 버린다. (사)물화된 마음이라는 아이디어의 구체적 사례에는 (프랑크푸르트 학파의 사회연구에서 중요한 연구 대상인) '권위주의적 성격'이 있으며, 이는 권위주의적인 '교육'의 결과라고 밝힌다.

셋째 절은 『계몽의 변증법』에서 제시된 '허위의식의 총체성'[1]이라는 명제를 먼저 다루고, '철학이 과연 비판이라는 과제를 아직도, 어떻게 수행할 수 있는가'라는 문제를 논할 것이다. 아도르노의 철학에서, '부정적 역사철학'이라는 반론도 있었으나

이에 맞서는 (제3절에서 다루어질) '부정적 변증법'이라는 것으로 철학의 역할과 의의가 바뀌는 점을 살펴볼 것이다. 이런 이야기의 핵심은 무엇인가? 핵심은 경험의 대상을 포섭하거나 환원시키지 않는 그런 형태의 철학적 · 교육적 경험이다. 그것은 동일화(동일시)의 한계를 다루는 그런 형태의 경험이다.

이 장은 마르크스에서 아도르노에 이르는 최근의 교육적 논설을 개관하면서, 비판이야말로 '기본적 교육 개념'이라는 주장으로 결론을 내릴 것이다.

마르크스의 실천 철학과 소외 문제

실천 철학의 발달

칼 마르크스의 실천철학은 관념론(이상주의)에 대한 비판으로 발전한 것이다. 마르크스는 그 유명한 '제11 포이에르바하 명제'(1845)에서 다음과 같이 말한다. "철학자들은 세계를 여러 가지로 해설하기만 했다. 정작 중요한 것은 세계를 바꾸는 일이다."(MEW, 3: 5-7)[2] 이 인용문은 고대 희랍에서 헤겔로 이어지는 서양철학에 깊이 들어 있는 이론과 실천 간의 단층선을 가리킨다. 서양철학의 중심은 세계를 이해 · 설명하는 형이상학적 프로젝트이다. 마르크스에 따르면 이런 방향의 관념론에서는 인간의 견해가 은폐되어 버리는데, 이는 인간존재가 사회 속에서 자기 삶의 보전과 향상을 조직하는 방식이 그런 관념론 때문에 무시되기 때문이다. 마르크스의 '실천철학'이 요구하는 것은 우리가 사회 속의 생산 · 재생산 활동에 초점을 두어야 한다는 것이다. 근대사회에서 인간은 삶의 조건을 보전하고 향상시키는 일을 어떻게 조직하는가? 이런 질문을 다루는 가운데 마르크스는 근대사회의 모순을 밝혀냈다. 근대사회는 자유와 평등을 약속하지만 거기서는 불안한 여건에서 생활하고 노동하는 인구가 대부분이다.

마르크스는 자신의 정치경제학 연구에서 빈곤의 문제를—'**사회적 문제**'[3]라는 핵심 용어로 그것을 거론하면서—정치적인 것으로 바꾼다. 마르크스에 따르면, 노동자는 살길이 막히면 어쩔 수 없이 자신의 노동을 팔아야 한다. 이와 동시에 생산 수단(공장 등)의 소유자는 노동자의 노동에서 생기는 '**잉여가치**(surplus value)'를 챙길 수 있다(MEW, 23: 331-40). 이런 경제적 생산조건 그리고 이에 따른 사회적 불평등 속에서 계급투쟁은 어쩔 수 없고 결과적으로—칼 마르크스와 (그의 동료이자 친구인) 프리드리히 엥겔스(Friedrich Engels)의 가정에 의하면—혁명이 터지고 만다. 그러나 이런 혁명은 노동자가 자신들이 속해 있는 권력관계를 이해하는 경우에만 터지는 것이다. 그런데 비참하고 저열한 조건 속에서 생활·노동하는 이들이 자기 환경의 부정의와 추문을 깨닫지 못하도록 **가로막는** 것은 무엇인가? 마르크스는 그의 초기 파리 원고(1844)에서 인류학적 의미에서 소외를 생각했지만,[4] 나중에 『자본론(The Capital)』[5]에서는 소외를 자본가 생산의 논리에 속하는 것으로 이해하는 해석을 제시했다.

『자본론』의 유명한 장(章)인 '재화의 물신적(fetish) 특성과 그 비밀'에서 마르크스는 다음과 같이 설명한다. 노동자는 생산되는 대상이나 사물과의 관계에 대해서 환상을 갖게 된다(Marx, 2000: 104-5; MEW, 23: 86). 거기에 환상적 외양이나 거짓이 생겨난다(Böhme, 2001 참조). 생산된 사물 속에 들어 있는 환상적 외양 혹은 노동의 투사 때문에 사회적 차원과 주관적 차원은 대상의 특성을 가진 어떤 것으로 보이게 된다. 마르크스에 따르면 이런 물화(reification)의 이유는 **상품의 형식**(form of commodity)에 있다(그리고 생산된 재화의 물리적 성질에 있지 않다). 이 말의 뜻은, 상품으로 생산된 대상에 포함되는 사회적 차원은 **지워진다**는 말이다. 생산물은 그 자체로서 존재하는 것으로 보이며, 그 존재는 자연적이고 자명한 것이 된다.

물화하는 성질이 가장 먼저 구체화되는 일은, 노동자가 그 생산물을 자기 노동의 결과라고 지각하지 못하게 되는 방식으로 나타난다. 생산의 과정에서 분업이란 노동자가 노동하고 있는 것에서 자신이 분리되어 버리는 것을 의미한다. 전체적인 생산과정은 총생산의 효율성을 지향하기 때문에 (그리고 이제는 노동자와의 관계 속에서 생각되지 않기 때문에) 행위의 영역은 단조로운 활동으로 축소되어 버리고, 거기서 타인과의 의사소통은 불필요한 것이 되고 만다. 어떤 의미에서 노동자는, **〈모던 타임스〉**(Chaplin, 1936)에서 그려 내는 것처럼, 생산 기계의 부속물 혹은 부속 장치가 되고 만다.

그러나 상품 물신화(commodity fetish)는 직접적인 생산과정에만 한정되는 것이 아니다. 그것에 따르는 효과는, 노동자가 자신의 노동을 일반적으로 '시장 가치'라는 맥락 속에서 이해하기 시작한다는 것이다. 이런 경우는 노동자가 자신의 노동을

임금과 같은 것으로 볼 때만이 아니라, 다른 노동자와 경쟁하면서 자기 일자리를 잃게 되지 않을까 하고 걱정할 때도 나타난다. 이런 시스템의 맥락 속에서 노동 자체는 마침내 상품이 되어 버린다. 왜냐하면 노동은 수량화될 수 있고, 비교될 수 있는 어떤 것으로서 다시 말하면 재화의 교환에 참여하는 어떤 것으로서 거래되기 때문이다. 자본주의적 생산양식의 양적 · 질적 팽창이라는 의미에서 상품의 세계가 점점 더 확립되면서, 그런 관점이 자명한 것처럼 보이는 겉모습은 굳어진다. 마침내, "노동자들은 계속해서, 또 갈수록 더욱 자신의 노동 속에서 혹은 자신의 노동을 통해서 지배적 · 착취적 조건을 만들어 낸다."(MEW, 23: 596).

마르크스가 이데올로기라고 부르는 것이 바로 이 환상적 겉모습이다. 노동자는 미처 인식하지 못한 채 이런 환상적 겉모습에 참여한다. 노동자가 이런 권력관계에 스스로 참여하고 있음을 인식하지 못한다는 것이 '허위의식'이다. 사회적 생산조건의 광범한 역할은 이해되지 못한다. 노동의 제도적 · 하부구조적 측면은 평가절하되고, 개인들의 태도 · 의도는 노동과정과 관련하여 과대하게 평가된다.

여기서 우리는 교육철학적 성찰과 연관시킬 수 있다. 교육과 근대 학교는 어느 정도로 자본주의와 이데올로기의 협력자인가?[6] 학교와 교육은 물화와 소외의 영향을 받을 수 있는가? 소외를 극복하는 해방적 실천으로 교육을 생각해 볼 수 있는가? 마르크스는 자신을 정치사상가라고 이해했지만, 그의 실천철학을 교육의 맥락에 끌어들이려는 시도가 상당히 많았다.

마르크스를 따르는 교육적 접근

마르크스의 영향을 받은 교육사상가가 많은데, 그중에서 파울로 프레이리(1921~1997)의 교육적 업적이 영향력도 크고 가장 중요한 것이었다. 프레이리는 브라질의 중산계급 출신으로, 법률가로서 훈련도 받고 그런 일에 종사한 후에 가르치기도 했다. 시간이 흐르면서 그는 확신하게 되었다. 학생들이 물화된(reified) 교육관의 제약을 받고 있다는 점이다. 이것을 가리켜서 프레이리는 '은행-저금식 교육'이라고 했다. 이런 교육에서 수동적이고 복종적인 학습자에게 아이디어가 축적되기만 한다. 프레이리는 다음과 같이 믿었다. 만일 교육이 비판적 인식(conscientização; Freire, 1973)을 낳지 못한다면, 자신이 억압에 참여하고 있다는 점이나 혹은 은행-저금식 교육에 문제가 있다는 점을 밝혀내는 일, 즉 해방은 꿈도 꿀 수 없게 된다. 따라서 프레이리의 교육사상과 교육실천은 다음과 같은 것이었다. 그저 읽고 쓰는 법을 배우는 일만이 아니라 학생과 교사가 언제나 자기 자신의 민주적 목소리, 즉 억압에 저항할 수 있는 목소리를 갖고 있는가에 대한 의식을 발달시키는 일에 관한 것이었다.[7]

프레이리의 사상은 해방 신학(liberation theology)과 밀접하게 연관되어 있다. 그는 변화된 대화가 생겨날 수 있는 의미 있는 언어의 함양을 매우 강조했다. 그가 보기에, 참된 대화에서는 **반성**과 **행위**가 단어 속에 담겨 있다(무의미한, 즉 소외된 이야기는 그 반대이다; Freire, 1994, 3장). 이럼으로써 대화나 이야기는 인간 존재들 간의 만남, 그리고 그들의 공통된 정치적 실천을 가능하게 만들어 준다. 해방이란 희망과 단결이 요청되는 공동 행위이다. (교육적) 대화에 대한 프레이리의 이런 설명은, 경제 구조가 일차적이라고 (그리고 문화는 부수현상이라고) 보는 마르크스의 생각과 거리가 멀다. 그렇지만 다음과 같은 점에서 프레이리는 마르크스를 따른다. 억압을 받고 사는 사람들이 운명에 대한 자신의 체념에서 벗어나려면 먼저 자기 자신이 그 지배에 능동적으로 참여하고 있다는 점을 이해해야 한다.

프레이리의 이론적 · 실천적 활동은 엄청난 영향을 미쳤다(Duarte, 2018). 특히 식민지 권력의 구조에 대한 비판에서, 그리고 여러 나라의 민권 운동의 방향에서 그랬다. 또 그것은 '비판적 교수법'으로 포괄되는 다양한 접근과 분파를 낳은 중요한 토대였다.

이 절의 주장으로 볼 때, '비판적 교수법이 구조적 권력 관계 및 지배의 존재를 가정하고 있다.'는 점은 전혀 놀랍지 않다. 이런 인식은, 비판적 교수법의 핵심 인물이라고 말하는 피터 맥라렌(Peter McLaren)의 경우, 혁명적 해방 혹은 "혁명적인 비판적 교수법"(McLaren, 2000; McLaren, Macrine, & Hill, 2010)을 강력히 요청한다. 비판적 교수법의 과제는 일상생활과 연관된 지배를 눈에 보이게 만들어 주고, 어떻게 해서 상품화와 경제화에 교육이 종속되는가를 비판적으로 보여 주는 것이다. 헨리 지루(Henry Giroux)는 문화와 교육의 공적 중요성에 관해 연구했다. 지루의 연구에 있어서 비판은 지극히 다양한 형태의 정치적 · 기업적 교화에 대항하고, 특히 신자유주의와 '민주주의 붕괴'에 집중된다(Giroux, 2004, 2006을 참조). 여기서 언급할 만한 제3의 인물로 더글러스 켈너(Douglas Kellner)가 있다. 그는 비판적 교수법의 다양한

분파와 전통을 집중적으로 검토했다. 여기서 그는 영국식 문화연구의 역할, 그리고 문화적 실천에 대한 분석을 강조했으며(Kellner, 1997), 이와 동시에 프랑크푸르트 학파의 문화적 분석('문화산업'; Kellner, 2006; Kellner & Share, 2019)과의 연관성도 탐색하였다. 문화연구가 주도하는 가운데 문화영역은 상징적 교환의 과정 및 정체성 형성의 영역이 되었고, 그럼으로써 권력과 지배의 영역이 되었다. 문화영역을 이해함으로써 사회와 문화를 바꾸거나 비판할 수 있다. 더 나아가 더글러스 켈너의 연구는 미디어와 (전지구적) 미디어화의 역할을 매우 강조했다. 전체적으로 볼 때 비판적 교수법은 풍부한 의미를 지닌다. 사회와 문화에 대한 차별화된 분석뿐만 아니라, 다양한 이론적 접근방식들을 생산적으로 연결하는 능력도 거기에 들어 있다. 게다가, 이런 영향력을 가진 학자 집단은 폭넓게 또 효과적으로 교육적 실천영역 및 폭넓은 대중과 연결되었으며, 그럼으로써 토론의 공간은 대학 밖으로 확대되었다.

물화의 운명: 프랑크푸르트 학파와의 만남

비판적 사회이론의 프로젝트: 발생과 발달

1960년대에 '프랑크푸르트 학파'라는 용어가 처음 나타났다. 이는 프랑크푸르트 '사회연구소'의 연구 전통을 가리킨다. 이 '사회연구소'([사진 8-1] 참조)의 설립은 1920년대의 몇몇 마르크스주의적 지식인들로 거슬러 올라간다. 이들 중에 칼 코르쉬(Karl Korsch, 1881~1961)와 게오르크 루카치(Georg Lukács, 1885~1971)가 포함되어 있었고, 그리고 '1919년에 독일의 혁명적 열망이 억압된 후에도 마르크스주의 혁명은 과연 성공할 수 있는가'라는 문제가 거론되었다. 이 문제는 마르크스주의로의 지적 회귀가 당면하는 과제와 연관되는 것이었다. 그런 지적 회귀를 당시 사회에 널리 퍼져 있는 소외와 연결하는 해석이 게오르크 루카치의 유명한 저서, 『역사와 계급의식(History and Class Consciousness)』(1923)에 들어 있다.

루카치에 따르면 당시 사회에서 소외와 물화의 상태는 일반적 · 총체적 상태에 이르렀다. "자본주의 체제가 경제적으로 한층 높은 수준에서 생산하고, 그 자체가 재생산되었는데, 이렇게 자본주의가 발달하는 과정에서 물화의 구조는 더욱더

[사진 8-1] 사회연구소. 1933년 3월 국가 사회주의자들에 의해 폐쇄, 접수된 후[프랑크푸르트 대학교 도서관 고문서 센터(Unit Na 1, No. 1292)의 친절한 허락을 받아 게재하였음].

깊어지고, 민중의 의식 속으로 더 운명적인 것, 더 지배적인 것이 되어가고 있다." (Lukács, 1968: 185) 루카치의 주장에 따르면, 자본주의 체제의 확장은 (테일러식의 생산양식에서 볼 수 있는) 점진적 합리화라는 것만으로는 이해가 되지 않는다(Lukács, 1968: 177). 소외와 물화의 총체성은 사회생활의 전체가 상품의 성격을 갖는 방향 속에서 고착된다. 따라서 "계산가능성이라는 추상적-양적 형태"(p. 177)가 사회적 관계와 사회적 정체성을 결정해 버린다. 이제 소외된 관계는 자본주의적 생산양식의

주변에서만 형성되는 것이 아니고, 소외된 관계의 효과와 결과는 사회생활의 다른 영역으로도 뻗어나간다. 결국 물화는 인간의 "제2의 천성"(p. 260)이 되고 만다. 이와 같은 발전을 적절하게 개념화시킬 필요가 있을 때, 마르크스주의를 따르는 사회분석의 연구과제가 나타나기 시작했다. 이것이 프랑크푸르트 사회연구소의 중요한 출발점이 된다.

이 사회연구소는 당시에 프랑크푸르트 암 마인(Frankfurt am Main)에 새로 설립된 대학교(1914)에서 헤르만 바일(Herman Weil)의 관대한 기부금에 힘입어 세워졌다. 헤르만 바일은 그곳의 기업가로서 인도주의와 자선의 대의를 위해서 여러 차례 지원을 아끼지 않았던 사람이다. 이 사회연구소의 초대 책임자는 칼 그륀베르크(Carl Grünberg)였으며, 그에게 갑자기 발생한 장애로 인하여 1931년에 막스 호르크하이머가 그를 계승하게 되었다. 그러나 이 사회연구소의 활동은 단명했다. 국가 사회주의자들이 '권력을 장악'한 후 1933년 3월에 폐쇄되고 말았다. 호르크하이머는 이 사회연구소 재단의 자산을 국가 사회주의자들이 압수하기 직전에 해외로 이전하였고, 이 사회연구소는 뉴욕 컬럼비아 대학교로 옮겨가는 데 성공했다(이 사회연구소와 그 구성원의 역사는 Jay, 1973; Jeffries, 2016; Wiggershaus, 1994를 참조).

이 사회연구소와 그 구성원의 주변에서 일어났던 정치적 사건을 보면, 그들이 다룬 주제와 문제의 윤곽을 얼핏 알 수 있다. 근대 자본주의 사회의 발달에 대한 마르크스의 관점은 '(계급-확장적 대중 현상으로서) 국가주의 운동의 태동과 성공을 어떻게 이해할 것인가'라는 문제와 연결되었다. 1931년에 이 사회연구소 책임자로 취임할 때의 연설에서 호르크하이머는 다음과 같은 연구과제를 언급했다. 이는 "사회의 경제생활, 개인의 심리발달, 그리고 더 좁은 의미에서 문화영역의 변화" (Horkheimer, 1988: 32) 간의 관계이다. 이 연구과제는, 마르크스주의의 틀을 뛰어넘어, 경제적 · 사회적 · 문화적 조건과 상호작용하고 있는 개인들의 심리발달을 탐구하는 것이었다. 이 사회연구소에서 수행되는 연구작업은 생산적인 이론과 연결되었는데, 이는 에리히 프롬(Erich Fromm, 1900~1980)이 도입한 정신분석학이었다. 이 사회연구소는 '권위주의'를 이해하고자 했는데, 이런 연구가 시작될 때부터 그 핵심은 프롬의 프로이트-마르크스 관점이었다. 다음 절에서 이 관점을 더 자세하게 밝힐 것이다. 왜냐면 이 사회연구소 연구자들의 교육관을 이해하는 데 아주 중요한 것이기 때문이다.

권위주의에 관한 연구

이 사회연구소의 연구자들은, 1936년 프랑스 파리에서 출판된 「권위와 가족(Authority and Family)」이라는 학제적 연구에서, 당시 사회에서 나타나는 종속적 적응과 권위주의적 예속을 분석했다. 연구자들에 따르면, 이와 같은 현상은 마치 전체 인구 중 극소수, 즉 (근대사회에서 아직도) '문명화되지 못한 여분'과 관련된 것으로만 오해하고 있다. 그러나 호르크하이머가 책임 집필한 핵심 부분이 밝히고 있듯이, 그런 현상은 합리적이고 공리주의적인 근대인의 마음가짐과도 관련된 것이다. 권위주의적 구조가 확립된 일차적 공간은 가족이다. 가족의 우두머리는 신체적 · 도덕적 · 경제적 우월성이라는 점에서 완벽하고 강력한 아버지이다. 호르크하이머에 따르면, 자녀들이 (그리고 아내가) 무조건적이고 운명적인 복종에 헌신하는 권위주의적 가족 집단 속에서 양육된다는 것이야말로 흔히 말하는 권위주의적 성격의 출발점이 된다.

> 권위주의적 성격이 발달하는 데에 있어서 특히 결정적인 것은, 아버지의 압력에 눌려 지내는 그런 아이들이 온갖 실패의 원인을 사회적인 데에서 찾지 않고 오직 개인적인 데에서만 찾음으로써 그런 실패가 종교적인 죄, 혹은 자연적인 재능 부족 때문이라고 가정하는 것을 배우게 된다는 점이다. …… 아버지를 중심으로 양육된 결과는 처음부터 잘못을 자신에게서 찾는 사람들이 되는 것이다(Horkheimer, 1987: 59).

가족의 권력 구조가 존재하기 때문에 사람들은 경제적 합리성을 계산하는 사회 현실을 당연하게 여기고 또 그것을 그냥 수용하고 만다. 이에 대해 호르크하이머는 **약한 자아**의 출현이라는 해석을 제시했다. 약한 자아는 생겨날 때부터 권위주의적 실체와 동일시함으로써 자신의 만족과 쾌락을 추구한다. 사람들은 자기를 학대하듯이 자신을 부정하고, 자신의 필요와 욕구를 심지어는 자신의 개성까지도 억누르기 시작한다. 이런 점을 밝혀낸 것은 에리히 프롬의 「권위와 가족」이라는 연구의 사회심리학적 부분이다(Fromm, 1987). 이런 메커니즘이 국가사회주의 이데올로기에서 중대한 조작 계기가 된다는 점에 대해서 사회연구소의 구성원들은 동의했다. 권위주의적 혹은 조작적 성격에 대해서 아도르노는 1966년에 '아우슈비츠 이후의 교육(Education after Auschwitz)'이라는 강연에서 다음과 같이 말했다.

특징은 조직적인 광기이며, 직접 경험을 전혀 가질 수 없는 무능력함이며, 어떤 의미에서 무정함이며, 지독한 현실주의이다. 그 조작적 성격은 무슨 수를 써서라도 어떤 환상적 현실정치를 추구하고 싶어 한다. 그런 사람은, 행하는 바가 무엇인지에 대해서는 관심이 없고 그저 아무 '일이건 하려는' 의지에 사로잡혀 있어서, 눈앞에 전개되는 이 세상이 아닌 다른 세상을 일순간이라도 생각해 보거나 원하거나 하지 못한다(1971a: 97).

여기서 언급하는 교육적 관계의 결과는 소외 혹은 물화로 이해해야 할 것이다. 이것은, 아도르노에 따르면, "직접적이고 인간적인 경험"(1971a: 97)을 할 수 없게 만들어 버린다. 이 표현은, 아도르노의 글에서 많이 만나게 되는데, 루돌프 회스(Rudolf Höss, 아우슈비츠 소장), 아돌프 아이히만(Adolf Eichmann, 유대인을 포로수용소로 이동시킨 책임 관료)과 같은 나치 앞잡이의 행동 · 행위를 가리킨다. 이들은 자기 자신을 국가 집단과 전적으로 동일시함으로써 각자가 경험할 수 있는 지적 · 지각적 능력을 상실하고 말았다. 물화는 **자아의 소멸**이라고 이해할 수 있다. 이것은 국가에 대한 (희생적) 봉사로서 영웅시된다(Thompson, 2019). 국가적 이상에 굴종하는 일이 전적으로 긍정된다. 왜냐면 그것이 사회적 인정을 보증해 주고, 또 주어진 상황에서 타인을 자기 마음대로 다룰 수 있게 보장해 주기 때문이다.[8]

교수법과 권위주의

권위주의의 교수법적 함의에 관해 우리가 생각할 때 아도르노의 특수한 역사적 상황을 고려하는 것이 중요하다. 이는, 국가사회주의에서 벗어난 독일의 중요한 공적 지식인으로서 아도르노가 [사진 8-2]처럼 라디오에서 여러 차례 연설했던(Adorno, 1971b) 그때의 상황을 가리킨다. 그때 독일 국민은 6백만 명의 유대인이 학살당한 것에 대해서 책임지기를 거부하고 있었다. 이런 거부 속에서 아도르노가 정확하게 간파했던 것이 있었다. 그것은 지적 경험을 가로막는 자아의 물화(reification of the self)라는 것이었다. 여기서 우리가 주목해야 할 점이 있다. 나치 정권이 몰락한 후에도 다수의 국가 사회주의자들이 자신의 지위를 오랫동안 유지할 수 있었다는 점이다. 법률, 행정, 정치 등의 영역에서 여전히 살아남은 그들은 연방 공화국인 서독에서 국가 사회주의자들의 범죄가 수사 · 기소되는 것을 방해하는 등 심각한

[사진 8-2] 아도르노의 모습. 1965년 베를린에서 행한 공개 강의[칼-하인즈 슈베르트가 찍은 이 사진은 베를린 지역 고문서 센터(F Rep. 290, No. 108608)의 친절한 허락을 받아 게재하였음].

역할을 맡고 있었다.[9] 이것을 가리켜서 아도르노는 다음과 같이 말했다. 아우슈비츠를 가능하게 했던 조건이 아직 극복되지 않았다. 오히려 그런 조건은 새로 출범한 공화국으로 계속해서 스며들었다.

아도르노의 간절한 요청이 있었다. 아우슈비츠가 다시 생겨나는 것을 예방하는 방향으로 교육이 이루어지는 것이다. 이 생각은 아도르노의 유명한 글, 「아우슈비츠 이후의 교육」(Adorno, 1971a)에 담겨 있다. 그 요청에는 심오한 도덕적 충동이 들어 있다. 이는, 야만에 빠졌던 것은 결코 오래된 일이 아니고, 그런 반인륜적 범죄는 전혀 차단되지 못했었다는 점을 인정하자는 것이다. 따라서 교육은 사회적 책임의 터전이 된다. 이런 교육은 교육자, 학습자, 그리고 대중의 내면에서 '아우슈비츠 이후'의 교육이 무엇을 의미하는가에 대한 지속적 성찰이 생기게 만든다. 이런 성찰이 있어야 비로소 대중의 '비협력적' 태도가 생길 수 있다. 다시 말해서 특정 집단을 향한 적개심에 협력하거나, 이와 연관된 차이에 대한 '불안감' 조성에 동조하지 않으려는 확신으로까지 나아갈 수 있다. 이런 태도를 아도르노는 칸트처럼 자율성의 한 가지 특징으로 보았다(Adorno, 1971a: 93). 그런데 국가사회주의가 무너진 후 독일

의 사회현실은 그런 면에서 매우 뒤떨어져 있었다. 전쟁이 끝난 사회에서도 망각과 억압은 여전히 살아 있었다. 이것이 의미하는 점이 따로 있었다. 민주적 질서는 대다수 국민에게 그저 외형적인 것, 그리고 다른 것으로 쉽게 교체될 수 있는 것으로 간주되고 있었다는 점이다(Adorno, 1971c: 15와 비교). 요약하면 '아우슈비츠 이후의 교육'이란 야만적 행위를 막는 데 실패하고 말았던 그런 인간주의 이론으로 되돌아가자는 것이 아니라, 아우슈비츠를 가능하게 만들었던 그 조건들을 비판적으로 직시하자는 뜻이다.

비판이론의 한계: 물화의 경험, 그 한계에 대하여

'허위의식의 총체성'에 대하여

호르크하이머와 아도르노는 미국에서 망명 생활을 하면서 『계몽의 변증법』이라는 책을 출간했다. 이는 근대 문명의 발전을 그 모순된, 심지어 전도된 역동성을 추적하여 분석한 책인데, 큰 영향력을 미쳤다(Horkheimer & Adorno, 1987). 이 책에서 계몽 · 진보 · 세계 개선은 결국 지배 관계의 확장일 뿐이라는 점이 밝혀진다.

> 인간이 자연에서 배우려고 하는 것은 자연을 이용하여 자연과 인간을 완전히 지배하는 것이다. 그 밖의 다른 것들은 중요하지 않다. 계몽운동은 그 자체의 것으로 인식될 수 있는 모든 것을 없앰으로써 스스로 무자비한 것으로 변하고 말았다. 스스로에 대해서 폭력만을 행하는 생각은 너무 견고한 나머지 신화를 무너뜨리고 만다(Horkheimer & Adorno, 1944/2002: 2; Ger.: Horkheimer & Adorno, 1987: 26).

『계몽의 변증법』에서 호르크하이머와 아도르노가 따르는 철학적 비판이 있다. 이는 서구 문명의 발달을 합리화 그리고 탈-주술이라는 암호에 집어넣는 비판이다. 후설(Husserl, 1976)은 '생활세계의 망각'을 이야기하지만, 호르크하이머와 아도르노는 '사실에 대한 집중'이 자연과 생명의 모든 측면을 압도하고 말았음을 지적한다. 베이컨(Bacon)과 데카르트(Descartes)가 선도했던 근대 과학의 발달을 살펴보면, 방법론적 통제가 지식 생산에서 가장 중요한 것임을 알 수 있다. 대상을 측정하는 척도는 그 대상 혹은 지식 생산과 독립된 것으로 가정되고 있음을 알 수 있다. 지식의 생산으로부터 두 가지 종류의 지배가 나타난다. 지식의 대상인 자연은 기술–도구적으로 통제받게 되고, 지식의 주체는 (세계와 자신에 대해서) 객관화–가능성과 비교–가능성이라는 관점을 갖게 된다. "마음과 세계의 평형 상태는 사라지게 되는데, 이는 양쪽이 결국 소멸하고 만다는 뜻이다."(Horkheimer & Adorno, 1944/2002: 20; Ger.: Horkheimer & Adorno, 1987: 49) 다시 말하면, 지식 생산의 기능성 여부는 지식 주체의 통제와 자기–정체성에 달린 것이다. 결과적으로 자연적이고 순수한 것은 모두 쫓겨나고 만다. 이런 인식론적 · 방법론적 제약을 따르지 않는 모든 것은 관계가 없는, 혹은 존재가 없는 것으로 공식화된다.

호르크하이머와 아도르노는 정체성의 강제가 요구하는 '말로 표현할 수 없는 노력'을 알기 쉽게 설명하려고 호머의 율리시스의 주인공을 끌어들인다. 간단히 떠올려 보자. 율리시스는 배의 닻에 자기 몸을 붙잡아 묶는 꾀를 내는데, 이는 자기–억제를 통해 자기주장을 사는 것이다. 사이렌의 유혹하는 노래를 듣기 위해서 율리시스가 해야 할 일은 행위의 자유를 포기하고, 그리고 자신의 욕구와 성향에 폭력을 가하는 것이다. 희생의 역전, 즉 그것의 내면화라고 하는 것이 정체성을 부여한다. 자기보존이라는 목표를 위해 행해지는 자아의 노력은 자신을 "붙잡아 매는 데에" 필요한 것이다(Horkheimer & Adorno, 1944/2002: 26; Ger.: Horkheimer & Adorno, 1987: 56). 여기가 서구적 이성이 작동하는 곳이다. 서구적 이성은 수단과 목적의 합리성을 지향하는 방향으로 스스로 동일화하는 주체를 낳는다. 다시 말해서, 보존과 향상이라는 목표에 도움을 주지 않는, 즉 이 논리를 따르지 않는 것은 없어지고 만다. 신체적 · 정서적 충동이 그런 것에 들어간다. 율리시스의 사례는 또 다른 지배관계를 보여 준다. 그것은 다음과 같은 사실에서 나타난다. 율리시스와 다르게 그 배의 선원들은 자신의 귀를 완전히 막은 채, 노를 저어 그 섬을 지나갈 의무가 있다. 이들은 사이렌 노래를 즐기지 못한다. 호르크하이머와 아도르노에 따르면, 노동의 사회적 분리라는 말은 근대사회의 강제와 속박에 참여함을 의미한다.

『계몽의 변증법』은 에세이 형식으로 쓴 책이다. 이 책은 서구적 이성의 실패가 얼마나 광범위하게 퍼지는 것인지를 잘 보여 준다. 20세기 문명이 붕괴했다. 즉, 산업적 조직화에 의해 수백만 명이 대량으로 학살되었다. 이런 점에 비추어 보면 철학

논문이라는 것은, 호르크하이머와 아도르노가 보기에는, 적절한 것도 적합한 것도 아니었다. 야만으로의 퇴행이 일어날 수 있었다는 그 사실은 '계몽된 이성'이라는 아이디어와 상충하는 것이다. 합리적 존재라는 자기-확신은 근대적 삶이 비인간적 실천과 얼마나 얽혀 있는 것인지를 감추어버리고 만다(Horkheimer & Adorno, 1987). 호르크하이머와 아도르노에 따르면, 인간은 온통 허위-의식 속에서 생존하고 있을 뿐이다.

『계몽의 변증법』을 비판하기도 하는데, 이런 사람들은 그것을 '부정적 역사철학'이라고 비난한다. 계몽된 모더니즘[헤르더(Herder), 실러(Schiller)]은 진보적 · 낙관적 입장을 갖는 것이지만, 이와 정반대로 호르크하이머와 아도르노의 역사철학적 이해는 다음과 같은 사실에 근거한다. 즉, 이들은 총체적 허위의식에서 빠져나갈 탈출구를 볼 수 없고, 그렇다면 철학적 성찰의 토대를 모두 뒤집어엎는 일이 효과적이다. 이 장의 첫머리에서 언급했듯이, 이런 '허위 상태의 존재론'은 문제 많은 결과를 낳음으로써 '비판'이나 '비평'을 요구한다. 만일 인간 경험의 모든 영역에 소외라는 것이 퍼져 있다면, 비판이나 비평의 토대가 될 만한 것이 남아 있겠는가? 호르크하이머와 아도르노는 총체적 환상이라는 아이디어를 너무 확대해석하지 않는가?

그러나 호르크하이머와 아도르노는 소외 문제를 근본적으로 다룬다. 이런 면에서 본다면 그들의 입장을 다르게 이해할 수 있다. 만일 주체 자체의 기본 구조에까지 소외가 퍼진 것이라면(Adorno, 1966: 10과 비교), 철학의 역할은 달라진다. 철학은 처음부터 죄책감을 느끼면서, 그리고 '동일화 속에서 그리고 동일화를 통해서 상실하고 만 것이 무엇인지'를 탐구하고 비판함으로써 세계와 주체를 제대로 다루어야 할 책임을 갖게 되며, 이런 책임을 이행하는 것이 철학의 의무가 된다. 이것이 아도르노의 철학적 과업, 즉 그의 '부정적 변증법'이 이루어내려고 하는 점이다. "이는 동일화가 아니라 탈-동일화의 변증법이 되어야 한다. 이런 틀을 가진 철학에서는 존재와 사고의 동일성이라는 개념을 전제하지도 않고, 또 그것으로 끝나버리지 않는다. 오히려 정반대로, 즉 개념과 사물의 분리화, 주체와 객체의 분리화, 그리고 그들 간의 화해-불가능성을 밝혀내려 한다."(Adorno, 2003b: 15-16)

아도르노가 말하는 부정적 변증법은 '동일성의 철학'에 대한 비판과 밀접하다. 동일성의 철학이란 서구의 형이상학적 프로젝트의 기초가 되는 철학이다. 어떤 것이 무엇인가[what something is (ti estin)]를 확정하려고 애쓰는 철학이다. 아도르노의 비

판에 따르면, 모순 속에서 그리고 모순을 통해서 지식에 도달하려는 헤겔(Hegel)의 변증법조차도 대상의 동일화-가능성에 대한 신뢰를 기반으로 삼고 있다. 아도르노는 개념과 사물 간의 이런 인식론적 관계에 대해서 반대한다. 동일화되지 못하는 것에서 중요한 점이 있는데 이는, '개념'과 '사물'이 주체와 객체에 대응하지 않는다는 인식과 경험이다.

아도르노의 인식에 따르면, 사고의 과정은 '사물을 동일화하려는 판단의 과정'이라고 볼 수 있는데 여기에는 아무런 인식론적 대안이 없다. 따라서 부정적 변증법은 여전히 동일성 철학의 최고 범주들에 매여 있다(Adorno, 2003b: 150). 다시 말해서, 부정적 변증법은 '동일화로서의 사고'를 벗어나지 못한다. 그러나 그런 작업을 통해서 철학은 타협의 가능성을 유지하는데, 이는 겉으로만 그럴 수 있다.[10] 만일 소외의 개념이 이런 맥락에서 사용된다면, 소외는 일차적으로 언어에 대해서 이중의 비판적 관계에 놓이게 된다. 말하자면 소외(현상)의 비판은 소외(개념)의 비판과 결합한다. 바꾸어 말하면 소외의 개념 자체가 비판적 고민의 문제가 된다. 그러므로 비판적 실천은 실천의 문제들 그리고 자체에 대해서 작동한다. 이는 견고한 기반도 없는 채로 급진화된 실천이다(Jay, 2019).

이중적인 비판적 관계를 통해서 핵심적으로 밝혀지는 점이 있다. 이는 동일화의 실천에서 개념들이 실패한다는 점이다. 아도르노는, 헤겔을 따라서, 그것을 가리켜 '확실한 부정(definite negation)'이라고 말한다(Hegel, 1970: 49). 헤겔은 이 특수한 부정을 의식의 대상을 (긍정적으로) 설정하기 위한 출발점으로 해석하였다. 이와 달리 아도르노는 부정된 것을 그대로 부정해버린다. "만일 전체가 저주라면, 만일 그 전체가 부정적인 것이면 (그 전체 속에 집약된) 특수한 것들의 부정성은 부정적인 것으로 남는다. 그것의 유일한 긍정적인 측면은 비판, 즉 확실한 부정일 것이다. 그것은 우회적으로 긍정의 행복한 파악으로 끝나는 결과가 아닐 것이다."(2000: 158-9; Ger.: Adorno, 1966: 161) 아도르노는, 특수한 것들의 부정성을 긍정적 지식으로 나아가는 중간 단계, 즉 '긍정의 행복한 파악'으로 보지 않고, 그것을 '지식의 생성에서 문제가 있음을 증언해 주는 것'으로 본다. 이를 우리는 교육적 경험을 위한 출발점으로 삼을 수 있다. 여기서 대상에 대한 새로운 관점이, 확정과 부정 간의 긴장을 통해서, 생겨난다(Schäfer, 2002: 215).[11]

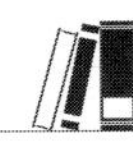

경험으로서의 도야: 부정-약속-아포리아

아도르노의 책에서 우리가 자주 목격하게 되는데, 철학은 '교육적 경험(bildende Erfahrung)'을 가리키며, 또 물화된 의식과 구별되는 것이다. 과정의 특성이라는 측면에서 보면, 교육적 경험, 즉 도야(Bildung)[12]는 대상을 경험하는 한 가지 방식이다. 도야에서 개인의 경험은 세계를 동일시하고 분류하는 충동에 의해서 압도되지 않는다. 이 과정에서 개인은 자기의 관점과 지식에 한계가 있음을 경험한다. 이를 가리켜 경험의 부정성이라고 말한다.

그런데 도야의 부정성 또는 교육적 경험의 부정성은 우리가 교육이론을 어떻게 이해하는가에 대해서도 영향을 미친다. 이런 점을 아도르노(2003a)는 「반쪽짜리-도야 이론(Theorie der Halbbildung)」[13]이라는 세미나 토론 원고에서 밝혀 준다. 여기서 아도르노가 밝히고 있듯이, 도야는 자유와 평등이라는 근대적 약속을 담아 내는 중요한 것인데 그것이 부르주아 계급의 특권이 되었고 또 지위의 도구가 되었다(pp. 97-8). 아도르노의 주장에 따르면 도야는 다양한 방식으로 도구화되었다고 한다. 도야는 살아 있는 주체와 세계 간의 중요한 대면을 일으키지 못하고, 그보다는 대상과의 피상적, 문화-산업적 만남을 일으킨다. 여기서 주체의 주요 관심은 사회적 경쟁 세계에서 자기-보존에 쏟아진다. "굳어진 '지위 사회'는 도야에 남아 있는 것을 모두 빨아들여 이를 지위의 표상으로 바꾸고 만다."(p. 108) 도야는 '반쪽짜리-도야'로 쪼그라든다. 이는 자기-이익을 추구하는 '동일화로서의 사고' 양식이다. 아도르노의 주장에 따르면, 도야가 썩은 후에도 우리에게 도야의 아이디어가 아직 남아있다. 그러나 이 도야는 과거의 그것이 아니다. 그것은 비판(critique)으로 이미 바뀐 것이다.

> 그러나 만약 마음이 사회적으로 옳은 일을 행하기만 한다면, 사회와의 무분별한 동일화로 녹아들지 않는 한, 사회가 그 기반을 빼앗아버린 '도야'에 머물러 있는 것은 시대에 뒤떨어진 일이다. 다시금 '도야'가 살아남을 수 있는 유일한 길은, 어쩔 수 없이 '반쪽짜리-도야'로 변형된 것이지만 이에 대해 비판적으로 성찰하는 것뿐이다(p. 121).

이것은 「반쪽짜리-도야 이론」의 결론에서 가져온 인용문인데, 이는 교육이론을 위해서 의미 있는 부분이다. 부정적 변증법의 관점에서 볼 때, 교육이론은 ① 사회의 구조 및 발전에 대한 비판적 성찰과 뗄 수 없으며, ② 개념적 · 이상주의적인 자체-모순에 솔직해야 한다. 이런 부정성을, 그리고 교육이론의 아포레틱(aporetic) 비판적 프로젝트를 교육적 사고의 출발점으로 삼은 철학자가 몇몇 있었다. 이 절을 마무리하면서 그중 핵심적인 것을 몇 가지만 살펴보자.

안드레아스 그루슈카(Andreas Gruschka, 2004)는 교육적 전제(Postulatepädagogik)라는 것에 대한 비판을 핵심 역할로 강조한다. 그루슈카에 의하면, 교육이론 분야의 작업은 단순하게 처방을 내리는 교육 프로그램으로 되돌아갈 수 없다. 차라리 교육이론의 출발점이 되어야 할 것은 문제 많은 사회발전과의 대결, 예컨대 교육기관에서는 '사회적 냉담(gesellschaftliche Kälte)'과의 대결이다. 일란 구르제프(Ilan Gur-Ze'ev, 2005)의 교육철학은 비판과 부정성을 다른 방식으로 접근한다. 그가 보기에 교육이론은 비인간화로부터의 **탈피**에 관한 것이다. 구르제프는 '반(反)-교육(counter-education)'에 관해 설명하면서 아도르노, **벤야민**(Benjamin), 그리고 호르크하이머의 저술을 받아들인다. "부정적 유토피아의 틀 안에서 반-교육은, 그 자체로서 진실한 것이라면, 망명 속에서도 안주함, 가정을 잃었어도 의미 있음, 신이 없는 세상에서도 가치 있는 종교처럼 이렇게 없는 것의 있음 이상의 것을 필요로 하지 않는다." (2002: 393) 구르제프는 (순진한) 낙관론과 (파괴적) 비관론을 똑같이 비판한다. 반-교육의 기반이 되는 희망은 고통과 의미-없음이라는 현재의 경험을 극복할 길이 남아 있다는 희망이다. 그러므로 그것은 교육적 · 도덕적 · 정치적 문제가 된다.

구르제프는 비인간화로부터의 탈피를 강조했지만, 이와 달리 이타이 스니어(Itay Snir, 2017)는 '거대 이론'을 거부하고 '**최소 교수법**(minima pedagogica)'을 따르면서 교육이론에 대한 이해 변화를 추구한다. 이와 관련해서 셰퍼(Schäfer, 2002/2004)와 톰슨(Thompson, 2009)은 교육이론을 부정성과 결합된 프로젝트로 구상한다. '교육 혹은 **도야**'와 '경험'과 같은 개념이 요구하는 것은 사회현실을 밝혀내고 비판하는 능력에 대한 지속적인 이론적 탐색이다. 따라서 교육과 교육이론은 아포레틱 성격을 갖는다. 언제나 비판적 참여를 요구하는 특성이 거기에 있다.

결론: '기본적 교육 개념'으로서 비판

이제까지 마르크스와 프랑크푸르트 학파를 따르는 비판이론에 기반을 두는 여러 가지 교육관과 교육론을 제시했다. 공통된 것은 '소외'라는 개념이다. 이것은 인식론적으로 다양하게 구성되고 또 교육적으로 해석되는 개념이다. '소외'는, 마르크스의 정치경제 비판에 따르면, 소외된 노동 그리고 부르주아 사회의 모순을 가리킨다. 이를 따르는 비판적 교육관에서 교육은 해방의 과정으로 개념화되며, 해방은 억압적인 정치적·교육적 조건에 맞서는 일이 된다. 소외라는 개념은 프랑크푸르트 학파의 구성원들에 의해서 급진적인 방향으로 바뀌었다. 그것은 근대 자본주의 사회가 진전되면서 발생한 사회병리 현상을 찾아내는 쪽으로 사용되었다. 사회병리 중에서 가장 문제 있는 것은 권위주의적 인성의 출현이다. 권위주의적 인성이 생기는 것은, 억압적인 심지어 폭력적인 '교육'으로부터 혹은 마음을 물화시키고 경험을 불가능하게 만드는 양육으로부터이다. 아도르노는 「아우슈비츠 이후의 교육」에서 이런 사회병리뿐만 아니라 국가사회주의가 무너진 후에도 남아 있는 사회병리까지를 비판적으로 성찰한다. 이 장의 마무리 부분에서 우리는 호르크하이머와 아도르노의 '계몽의 변증법'을 서구의 합리성 및 주체성이라는 내적 문제에 비추어 검토해 보았다. 만일 소외 문제가 서구의 합리적 주체라는 아이디어에 깊은 뿌리가 뻗어 있는 것이라면 교육적 경험과 도야는 인간의 경험을 환원시키고 그 틀을 밝혀 내는 일이 될 것이다. 그렇지만 이런 틀을 완전히 극복할 수는 없다.

이처럼 다양하고 비판적인 교육관과 교육방식은 독특한 전통을 만들어 냈고, 지금까지도 중요한 것으로 남아 있다. 그런데 위르겐 하버마스(Jürgen Habermas)와 악셀 호네트(Axel Honneth)와 같은 저명한 학자는 비판이론이라는 철학 학파를 더욱더 진보시켰다. 이들은 이 책에서 직접 논하지는 못하였으나 교육철학에 엄청난 영향을 미쳤다고 말해야 할 만큼 중요하다(Bünger & Mayer, 2018). 특히 하버마스의 '의사소통적 합리성'은 교육학에서 비판이론을 폭넓게 받아들이게 만드는 데 공헌했다. 하버마스를 따르는 교육관은 아포리아와 부정성을 바탕으로 이해되었던 도야보다 더 큰 영향을 미쳤다(Kelle, 1992; Peukert, 1983). 의사소통은 비판적 해방적 실천의 한 영역으로 이해되었다. 독일에서 나타난 비판적 교수법(예:

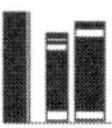

Mollenhauer, 1973)이라는 패러다임은 그 중심적인 인식(론적) 관심을 '해방'에서 찾았다(Habermas, 1968).

'비판이론'이라는 철학 학파는 계속해서 발전했다. 그런데 여러 가지 영역의 교육론이 이 장에서 논의한 개념적 방향에 따라서 분화되었다. 그중 몇 가지만 여기서 언급하겠다. 인문학에서 마르크스를 따르는 새로운 관심과 부활이 나타났다(Quante, 2018 참조). 이는 흔히 말하는 '역사의 종언'(Fukuyama, 1992)과 관계없는 것이다. 교육철학 연구에서 중요한 한 가지 차원은 살아가기가 불가능한 삶의 조건에 관한 것이다. 자본주의의 종말보다는 오히려 세계의 종말을 상상하기가 더 쉬운 시대에서는(Fisher, 2019), 지구적 위기와 우리의 생활방식을 서로 연결하는 과제가 더욱 절박한 것이 되었다. 부자와 빈자 간의 사회적 분할로 인하여 지구 남반부의 대다수 인구가 노동자로서 착취를 당하는 일조차 불가능하게 되어 버린 상황에 이르렀다(Mbembe, 2017). 위험한 불안은 어디에서건 상존한다(Lorey, 2015). 이와 같은 변화도 교육적 관련성을 갖는다. 과연 교육자들은, OECD가 지지하는 견해, 즉 경제 발전에 맞추어 모든 사람이 각자의 삶을 최적화할 수 있어야 한다는 견해를 추종해야 하는가? 비판이론의 관점에서 볼 때, 학습과 교육이 "자기 최적화" 그리고 "인간 자본"으로 끊임없이 환원되고 있는데 이에 대한 탐구가 정말 중요한 과제이다(Czejkowska, 2010). 마르크스의 관점은 다음과 같은 문제를 제기할 수 있게 한다. 지구시장 자본주의의 얼굴을 마주 대할 때 과연 우리가 '살아갈 수 있는 삶'이란 어떤 것일까?

앞서 언급했듯이 권위주의에 관한 연구는 지금도 사회심리학에서 인정받는 중요한 분야이다. 반(反)유대주의의 재등장과 (우파) 포퓰리즘의 발흥으로 볼 때 그런 연구는 아직도 연관성이 많고, 프랑크푸르트 학파의 원래 연구에 대해 새로운 관심을 촉발하기도 했다. 밀브라트(Milbradt, 2018)는 '탈-사실 시대에서' 권위주의적 인성을 거론한다. 권위주의와 반유대주의는 현대의 포스트-디지털 통신 공간에 퍼져 있는 특수한 언어 형식, 혹은 언어 실천으로 개념화되고 있다고 한다. 또한 고든(Gordon)은 그의 트럼프주의(trumpism)에 관한 설명에서 권위주의에 관한 비판이론의 연구를 받아들인다. 여기서도 똑같이 의사소통의 실천이 변했다. 즉, 정치문화가 "논평가들의 구경거리"로 변질됐다(Gordon, 2018: 70). 지금 우리는 진리를 지향하지 않는 담론을 대하며 살아가고 있다. 이런 담론은 궁극적으로 정치적 도구로 돌

변할 수 있는 감정(affects)의 흐름에 봉사한다. 아마도 아도르노라면 그런 담론의 영향을 개념화할 때 소외와 물화라는 용어를 끌어들였을 것이다. 우파 급진주의에 대한 아도르노의 1967년도 강의가 2019년에 처음 출간되었다(Adorno, 2019). 오늘날에도 끌어들일 수 있는 유사성은 프로이트의 말처럼 엄청난 것이다. 그러므로 중요한 할 일이 남아 있다. 이는 탈-문명화 그리고 국가주의 부활의 경향성을 지닌 (포스트-)디지털 지구시장 사회에 대응하여 권위주의의 문제를 업그레이드시키는 일이다. 여기서 중요한 교육 문제가 생긴다. '정치적 주체'의 형성에 특별히 중점을 두면서, 그리고 자유민주주의의 현 위기에 비추어서 '시민 교육'의 의미를 다시 고찰하는 일이다.

'허위의식의 총체성'에 대한 급진적 견해에서 주목해야 할 점이 있다. 이는 비판의 상황 및 신뢰성에 관한 현대적 문헌과 연관시키는 것이다. 이미 수용되고 있는 진단인데, 사회에 대한 분석과 비판은 혁신이라는 자본주의적 논리에 의해서 전유되고 말았다는 점이다(Boltanski & Chiapello, 2007). 예를 들어, 자기-최적화에 대한 끊임없는 요구를 보면 그렇다(Bröckling, 2016). 여기서 비판 · 비평의 규범적 토대에 관한 새로운 논의가 나타났다(Jaeggi & Wesche, 2009). 이와 함께 '소외'라는 범주에 대해 새로운 관심이 생겼음을 흥미롭게 볼 수 있다(Honneth, 2005; Jaeggi, 2016). 이런 변화와 문헌은 '우리가 실천하는 비판이 우리가 사용하는 개념과 우리 사이의 관계에 의존한다.'는 통찰이라고 이해할 수 있다. 이 때문에 아도르노는 교육적 경험을 다음과 같이 파악했다. 교육적 경험이란 '동일화하는 사고'의 단점을 우리가 회피하지 않고, 그 안에서 우리가 잃어버린 것을 찾으려는 그런 경험이다.

이 장의 결론은 다음과 같다. 비판은 기본적 교육 개념이라고 이해하자. 비판은 교육적 경험 혹은 도야의 징표이다. 비판은 세계를 드러내는 우리의 실천에 어떤 단점들이 있는지를 밝혀 준다. 비판은 교육철학에서도 중요하다. 왜냐하면 비판은 우리의 개념적 작업을 '역사적 · 사회적 구조 및 발전'과 연관시켜 주기 때문이다. 이는 다음과 같은 점도 암시해 준다. 비판이론의 생산성은 실질적인 분석에 달려 있고, 다른 사람들이 (다르게) 생각하도록 만드는 능력에 달려 있다. 비판이 기본적 교육 개념이라고 보는 이유는 인간적-존재론적 상태가 자유와 평등에 기반을 두고 있지 않다고 믿기 때문이다. 아직 실현되지 못한 자유와 평등은 여전히 교육을 위한 비판이론과 비판적 실천의 출발점, 그리고 추동력이다.

미주

1) 여기서 'Totalität des Verblendungszusammenhangs'는 영어로 '허위의식의 총체성(totality of false consciousness)'이다. 마르크스가 말하는 '허위의식'과의 차이점에 주목하는 것이 여기서 중요하다. 호르크하이머와 아도르노는 사회현실을 환상적인 외양의 총체적 맥락적 구조라고 생각한다. 인식론적 관점에서 볼 때, 그 말은 이런 외양으로부터 자유로운 관점은 없다는 뜻이다.
2) MEW는 Marx-Engels-Werke를 가리킨다. 칼 마르크스와 프리드리히 엥겔스의 전체 저작의 학술적 편찬을 인용하는 표준 방식이다. 여기서도 그렇게 따른다.
3) 이 장에서 농업사회에서 도시화한 산업사회로의 전환을 자세히 논할 수는 없다.
4) 경제철학 강요에서 소외는 인간이 자신의 진정한 본성을 상실함, 혹은 그것으로부터 떨어져 나감이라고 이해한다. 루이 알튀세르(Louis Althusser, 1968)의 비판에 따르면, 이런 인간 상태는 '자연적 인간존재'의 드러난 전제조건에 기반을 둔 것이다. 그러나 이런 인간-비판적 입장 이외에, 마르크스의 자연에 대한 관계를 밝히는 다른 학자도 있다(최근의 예: Butler, 2019).
5) 제1권 『자본: 정치경제학 비판』은 자본의 생산과정에 대한 마르크스의 이전 연구를 모아 놓은 것이다. 마르크스가 1883년에 사망한 이후에 엥겔스는 마르크스가 남겨 놓은 원고에서 두 권을 편집했다. 마르크스가 살아 있을 때 이미 수많은 수정이 마르크스와 엥겔스에 의해 행해졌다. 이것과 그리고 다른 편집 수정은 최근에 베를린-브란덴부르크 과학 및 인문학 아카데미 프로젝트 『마르크스-엥겔스-전집』(MEGA; 2025년 완성 계획)으로 간행되고 있다. 여기에는 과거에 출판되지 못했던 원고도 포함된다. 자본에 있는 글은 제2절에 수록되어 이미 출판되었다. 2013년에 『자본』의 제1권과 『공산당 선언』은 유네스코 문서 유산에 등록되었다.
6) 프랑스 철학자 루이 알튀세르는 학교를 가리켜 부르주아 사회 그리고 성취와 보편주의로 나아가기 위한 '이데올로기적 국가 장치'라고 분석했다(Althusser, 2010: 64-70).
7) 프레이리는 그의 활동 때문에 정치적 박해를 받았다. 이는 놀랄 일이 아닐 것이다. 그는 브라질에 군사 쿠테타가 발생한 후 체포되었다가, 나중에 칠레로 망명했다.
8) 아도르노의 진단은 '권위주의적 인성'(Adorno et al., 1982)에 대한 연구에 의거한 것이다. 그는 이 연구를 엘케 프렌켈-브룬스비크(Elke Frenkel-Brunswik), 다니엘 제이 레빈슨(Daniel J. Levinson) 그리고 알 네비트 산포드(R. Nevitt Sanford)와 함께 출판했다. 이 연구의 목적은 편견의 확산, 그리고 세계에 관한 이데올로기적 해석의 개인적 수용을 탐구하는 것이었다(Adorno et al., 1982: 3). 그러나 아도르노는 이 연구의 경험적 실증주의에 대해 의문을 가졌다(Thompson, 2019; Ziege, 2019).

9) 여기서 언급해야 할 사실이 있다. 헤시안 검찰총장인 프리츠 바우어(Pritz Bauer)는, 프랑크푸르트 아우슈비츠 재판(1963~1965)을 담당했는데, 아돌프 아이히만의 소재를 알고도 그것을 독일 당국에게 감추어야 했다. 왜냐하면 당시의 독일 당국이 (바우어가 불행하게도 나중에 알게 되었는데) 범죄자들을 비호하고 있었기 때문이다. 바우어는 별도로 이스라엘 당국과 접촉했다.

10) 역사철학에 대한 발터 벤야민의 테제와 이론적 유사성이 있다. 벤야민(Benjamin, 1940)은 '진보와 개선을 위해 설계된 역사'를 '사회적 혹은 심지어 유토피아적 변환이 생겨나는 단속적 시간 경험'과 대비시킨다. 경험의 이론을 탐구하려면 제이(Jay, 2004)를 참조하라.

11) 여기서 우리는 후기구조주의의 반-실체주의적 사고와 유사한 것을 찾아 볼 수 있다. 사르(Saar, 2019)와 비교하라.

12) 도야라는 개념은 1800년 이후에 독일의 정치적 · 사회적 언어에서 핵심적인 역할을 하였다. 교육철학의 관점에서 볼 때, 그것은 개별 실존의 집합체로서 근대 사회를 실현하는 자아-형성이라는 아이디어[훔볼트(Humboldt)]와 연결된 것이다. 여기서 '자유 교육'이라는 개념이 표면화된다. 영어권에서 도야의 개념에 대해서는 로블리(Løvlie, 2002)를 참조하라.

13) '반쪽짜리 도야(Halbbildung)'라는 독일어는 아도르노가 도야의 반대 개념으로 사용한 것이다. '반쪽짜리 도야'는 도야의 치명적인 적이다. 이는 영어로 옮기기 힘든 개념이다. '반쪽짜리'라는 수식어는 '어설픈 마음'이라는 뜻에서 '반쪽'을 의미한다. 따라서 반쪽짜리 도야는 심각하게 훼손된 도야를 가리킨다.

참고문헌

1차 문헌

Adorno, Theodor W. (1966). *Negative Dialektik*. Frankfurt: Suhrkamp.

Adorno, Theodor W. (1971a). "Erziehung nach Auschwitz," in Gerd Kadelbach (Ed.), *Erziehung zur Muendigkeit*, 88-104. Frankfurt: Suhrkamp.

Adorno, Theodor W. (1971b). *Erziehung zur Mündigkeit*. Frankfurt: Suhrkamp.

Adorno, Theodor W. (1971c). "Was bedeutet: Aufarbeitung der Vergangenheit," in Gerd Kadelbach (Ed.), *Erziehung zur Mündigkeit*, 10-28. Frankfurt: Suhrkamp.

Adorno, Theodor W. (1973). *Studien zum autoritären Charakter*. Frankfurt: Suhrkamp.

Adorno, Theodor W. (2000). *Negative Dialektik*. New York: Continuum.

Adorno, Theodor W. (2003a). "Theorie der Halbbildung(1959)," in Rolf Tiedemann (Eds.),

Gesammelte Schriften, Vol. 8, 93-121. Frankfurt: Suhrkamp.

Adorno, Theodor W. (2003b). *Vorlesung ueber Negative Dialektik*. Frankfurt: Suhrkamp.

Adorno, Theodor W. (2019). *Aspekte des neuen Rechtsradikalismus*. Berlin: Suhrkamp.

Adorno, Theodor W., Elke Frenkel-Brunswick, Daniel J. Levinson., & R. Nevitt Sanford. (1982). *The Authoritarian Personality: Studies in Prejudice*. New York: W. W. Norton & Company.

Benjamin, Walter. (1940/2003). "On the Concept of History," in Howard Eiland & Michael W. Jennings (Eds.), *Selected Writings*, Vol. 4: 1938-40, 389-400. Cambridge, MA: Harvard University Press.

Habermas, Jürgen. (1968). *Technik und Wissenschaft als Ideologie*. Frankfurt: Suhrkamp.

Habermas, Jürgen. (1981). *Theorie des kommunikativen Handelns*. Frankfurt: Suhrkamp.

Honneth, Axel. (2005). *Verdinglichung*. Frankfurt: Suhrkamp.

Horkheimer, Max. (1987). "Allgemeiner Teil," in Max Horkheimer, Erich Fromm, Herbert Markuse et al. (Eds.), *Studien ueber Autoritaet und Familie*, 3-76. Lueneburg: Zu Klampen.

Horkheimer, Max. (1988). Die gengenwaertige Lage der Sozialphilosophie und die Aufgabe eines Instituts für Sozialforschung," in Max Horkheimer, *Gesammelte Schriften*, Vol. 3, 20-35. Frankfurt: Fischer.

Horkheimer, Max., & Theodor W. Adorno. (1944/2002). *Dialectic of Enlightenment: Philosophical Fragments*, trans. E. Jephcott. Stanford, CA: Stanford University Press.

Lukács, Georg. (1968). *Geschichte und Klassenbewusstsein: Studien ueber marxistische Dialektik*. Darmstadt: Luchterhand.

Marx, Karl. (1966). *The Economic and Philosophic Manuscripts of 1844*, Ed. Dirk J. Struik, trans. M. Milligan. New York: International Publishers.

Marx, Karl. (1990a). *Das Kapital, Marx-Engels-Werke*, Vol. 23. Berlin: Dietz.

Marx, Karl. (1990b). "Ökonomisch-philosophische Manuskripte," in *Marx-Engels-Werke*, Vol. 40. Berlin: Dietz.

Marx, Karl. (2000). *Capital*, Vol. 1. London: Electric Book Publishers.

2차 문헌

Althusser, Louis. (1968). *Für Marx*. Frankfurt: Suhrkamp.

Althusser, Louis. (2010). *Ideologie und Ideologische Staatsapparate*, Ed., Frieder Otto

Wolf. Hamburg: VSA.

Böme, Hartmut. (2001). "Das Fetischsmus-Konzept von Marx und sein Kontext," in Volker Gerhardt (Ed.), *Marxismus: Versuch einer Bilanz*, 289-319. Magdeburg: Scriptum.

Boltanski, Luc., & Eve Chiapello. (2007). *The New Spirit of Capitalism*. London: Verso.

Bröckling, Ulrich. (2016). *The Entrepreneur Self Fabricating a New Type of Subject*, trans. Steven Black. Los Angeles: Sage.

Buenger, Carsten. (2019). "Kritik," in Gabriele Weiß & Jörg Zirfas (Eds.), *Handbuch Bildungsphilosophie*. 161-73. Wiesbaden: Verlag für Sozialwissenschaften.

Buenger, Carsten., & Ralf Mayer. (2018). "Critical Theory and Its After -math," in Paul Smeyers (Ed.), *International Handbook of Philosophy of Education*, 569-90. Cham: Springer.

Butler, Judith. (2019). *Rücksichtlose Kritik*. Konstanz: Konstanz University Press.

Czejkowska, Agnieszka. (2010). "Wenn ich groß werde, werde ich Human-kapital," *Vierteljahrsschrift für wissenschaftische Pädagogik*, *86,* 451-5.

Duarte, Eduardo. (2018). "Paulo Freire and Liberation Philosophy of Education," in Paul Smeyers (Ed.), *International Handbook of Philosophy of Education*, 175-85. Dortrecht: Springer.

Fisher, Mark. (2019). *Capitalist Realism: Is there No Alternative?*. Winchester: O Bools.

Freire, Paolo. (1973). *Education for Critical Consciousness*. New York: Seabury.

Freire, Paulo. (1994). *Pedagogy of the Oppressed*. New York: Continuum.

Fromm, Erich. (1987). "Sozialpsychologischer Teil," in Max Horkheimer, Erich Fromm, & Herbert Markuse (Eds.), *Studien über Autorität und Familie,* 77-135. Lüneburg: Zu Klampen.

Fukuyama, Francis. (1992). *The End of History and the Last Man*. New York: Macmillan.

Giroux, Henry. (2004). *The Terror of Neoliberalism: Authoritarianism and the Eclipse of Democracy*. London: Paradigm Publishers.

Giroux, Henry. (2006). *America on the Edge: Henry Giroux on Politics, Cultere, and Education*. New York: Palgrave.

Gordon, Peter. (2018). "The Authoritarian Personality Revisited: Reading Adorno in the Age of Trump," in Wendy Brown, Peter E, Gordon, & Max Pensky (Eds.), *Authoritarianism*, 45-84. Chicago: Chicago University Press.

Gruschka, Andreas. (2004). "Kritische Pädagogik nach Adorno," in Andreas Gruschka and Ulrich Oevermann (Eds.), *Die Lebendigkeit der kritischen Gesellschaftstheorie*, 135-

60. Wetzlar: Buechse der Pandora.

Gur-Ze'ev, Ilan. (2002). "'Bildung' and Critical Theory in the Face of Postmodern Education," *Journal of Philosophy of Education*, *36*(3), 391-408.

Gur-Ze'ev, Ilan. (2005). "Adorno and Horkheimer: Diasporic Philosophy, Negative Theology, and Counter-Education," *Educational Theory*, *55*(3), 343-65.

Hegel, Georg Wilhelm Friedrich. (1970). *Wissenschaft der Logik. Werke*, Vol. 5. Frankfurt: Suhrkamp.

Husserl, Edmund. (1976). *Die Krises der europäischen Wissenschaften und die transzendentale Phänomenologie: Eine Einleitung in die phänomenologische Philosophie*. The Hague: Nijhoff.

Jaeggi, Rahel. (2016). *Alienation*, Ed. Frederick Neuhauser. New York: Columbia University Press.

Jaeggi, Rahel., & Thilo Wesche, Eds. (2009). *Was ist Kritik?*. Frankfurt: Suhrkamp.

Jay, Martin. (1973). *The Dialectical Imagination: A History of the Frankfurt School and the Institute of Social Research*, 1923-1950. Boston: Little, Brown.

Jay, Martin. (2004). "Is Experience still in Crisis? Reflections on a Frankfurt School Lament," in Tom Huhn (Ed.), *The Cambridge Companion to Adorno*, 129-47. Cambridge: Cambridge University Press.

Jay, Martin. (2019). "Ungrounded: Horkheimer and the Founding of the Frankfurt School," in Peter Gordon, Espen Hammet & Axel Honneth (Eds.), *The Routledge Companion to the Frankfurt School*, 223-44. Abingdon: Routledge.

Jeffries, Stuart. (2016). *Grand Hotel Abyss: The Lives of the Frankfurt School*. London: Verso.

Kelle, Helga. (1992). *Erziehungswissenschaft und Kritische Theorie: Zur Entwicklungs- und Rezeptionsgeschichte*. Pfaffenweiler: Centaurus-Verlagsgesellschaft.

Kellner, Douglas. (1997). "Critical Theory and British Cultural Stidies: The Missed Articulation," in Jim McGuigan (Ed.), *Cultural Methodologies*, 12-41. London: SAGE.

Kellner, Douglas. (2006). "Toward a Critical Theory of Education," in Ilan Gur-Ze'ev (Ed.), *Critical Theory and Criotical Pedagogy Today: Toward a New Critical Language in Education*, 49-69. Haifa: University of Haifa Press.

Kellner, Douglas., & Jeff Share, Eds. (2019). *The Critical Media Literacy Guide*. Leiden: Brill/Sense.

Lorey, Isabell. (2015). *Die Regierung der Prekären*. Vienna: Turia + Kant.

Løvlie, Lars. (2002). "The Promise of *Bildung*," *Journal of Philosophy of Education*, *36*(3), 467-86.

Mbembe, Achille. (2017). *Critique of Black Reason*. Durham, NC: Duke University Press.

McLaren, Peter. (2000). *Che Guevara, Paulo Friere, and the Pedagogy of Revolution*. Lanham, MD: Rowmen & Littlefield.

McLaren, Peter, Sheila Macrine., & Dave Hill, Eds. (2010). *Revolutionizing Pedagogy: Educating for Social Justice Within and Beyond Global Neo-liberalism*. London: Palgrave Macmillan.

Milbradt, Björn. (2018). *Über autoritäre Haltungen in "postfaktischen" Zeiten*. Opladen: Budrich.

Modern Times. (1936). [Film] Dir. Charlie Chaplin, United Artists.

Mollenhauer, Klaus. (1973). *Erziehung und Emanzipation*. Munich: Juventa-Verlag.

Peukert, Helmut. (1983). "Kritische Theorie und Pädagogik," *Zeitschrift für Pädagogik*, *30*(2), 195-217.

Quante, Michael. (2018). *Der unversöhnte Marx: Die Welt in Aufruhr*. Münster: mentis.

Saar, Martin. (2019). "Critical Theory and Poststructuralism," in Peter Gordon, Espen Hammer, & Axel Honneth (Eds.), *The Routledge Companion to the Frankfurt School*, 491-509. Abingdon: Routledge.

Schäfer, Alfred. (2002). Solidarität mit der Metaphysik im Augenblick ihres Sturzes: Anmerkungen zur kritischen Rhetorik Adornos," in Andreas Dörpinghaus & Karl Helmer (Eds.), *Rhetorik-Argumentation-Geltung*, 205-20. Wuerzburg: Koenigshausen & Neu-mann.

Schäfer, Alfred. (2004). "Bildende Erfahrung und sozialisierte Selbstbehauptung: Zu Adornos 'Theorie der Halbbildung,'" in *Vierteljahrsschrift für wissenschaftliche Pädagogik*, *80*, 312-25.

Snir, Itay. (2017). "Minima Paedagogica: Education, Thinking, and Experience in Adorno," *Journal of Philosophy of Education*, *51*(2), 415-29.

Thompson, Christiane. (2009). *Bildung und die Grenzen der Erfaerung*. Paderborn: Schöningh.

Thompson, Christiane. (2019). "'Über die Angst, verschieden zu sein': Eine Lektüre zum 'autoritären Charakter' in Zeiten digitaler Überwachung," in Sabine Andresen, Dieter Nittel, & Christiane Thompson (Eds.), *Erziehung nach Auschwitz bis heute. Aufklärunganspruch und Gesellschatsanalyse*, 221-38. Frankfurt: Fachbereich

Erziehungswissenschaften des Goethe-Universität.

Wiggershaus, Rolf. (1994). *The Frankfurt School: Its History, Theories and Political Significance.* Cambridge, MA: MIT Press.

Ziege, Eva-Maria. (2019). "Nachwort der Herausgeberin," in Eva-Maria Ziege (Ed.), *Theodor W. Adorno: Bemerkungen zu "The Authoritarian Personality" und weitere Texte*, 133-60. Berlin: Suhrkamp.

제9장 교육과 언어적 전회

폴 스탠디쉬 저 · 이소영 역

철학에서 언어적 전회(linguistic turn)는 우리의 생각이 압도적으로 우리가 가진 언어적 능력을 통한 결과라는 점, 그리고 언어가 기호의 공적인 순환에 의존한다는 점을 보여 주었다. 이어질 논의가 보여 주려 시도하듯이, 이것은 내부와 외부, 주체와 대상이라는 개념과 관련이 있다. 우리는 언어가 인간에게 있어서 내부도 외부도 아니며, 단지 그 안에서 인간이 가능해지고 세계가 밝혀지는 바로 그 매체라고 할 수도 있을 것이다. 내부 · 외부의 구분이 의미를 갖는 것 또한 언어 안에 있는 우리의 삶 속이며 이러한 구분과 함께 주관성과 객관성의 대조도 근거를 가진다. 만약 이를 보지 못한다면 우리는 세계 밖, 그리고 현실 밖으로 나갈 수 있다는 환상에 빠질 위험에 처한다. 그러나 이러한 환상은 근대 사회의 여러 사고방식 안에 심어져 있으며 교육에서도 특히 그러하다. 나(Paul Standish)는 논의를 통해 이러한 문제를 설명하고 여기에 대해 무엇을 할 수 있을지 몇 가지 제안을 하고자 한다.

BBC 라디오 4에서 방송되는 훌륭한 팟캐스트 시리즈로 멜빈 브랙(Melvyn Bragg)이 진행하는 〈우리 시대에(In Our Time)〉[1]에는 레이 몽크(Ray Monk), 스티븐 멀홀(Stephen Mulhall), 그리고 줄리아 테니(Julia Tanney)가 출연하여 일상언어철학에 대해 토론하는 편이 있다. 일상언어철학−존 랭쇼 오스틴(J. L. Austin, 1911~1960)과 길버트 라일(Gilbert Ryle, 1900~1976)과 특히 연관되고, 덜 명시적인 방법으로는 루

트비히 비트겐슈타인(Ludwig Wittgenstein, 1889~1951)의 후기 저서들과 연관되는—은 철학의 한 방식으로서 20세기 중반에 전면 등장했다. 그렇다면 앞의 프로그램의 토론 속 주요 논의가 이보다 몇십 년 더 일찍 글을 썼던 고틀로프 프레게(Gottlob Frege, 1848~1925)의 저서와 그의 영향에 머물렀다는 점은 놀랄 만하다. 프레게는 논리학 연구에 변혁을 일으켰고 수학 철학에서 상당히 중요한 인물이었으며, 특히 그의 저서 『뜻과 지시체(Sense and Reference)』(1892)에서는 이후 언어 철학에 막대한 영향을 주게 될 논증을 확립하였다. 비트겐슈타인은 1911년 독일 예나에서 프레게를 방문하였고, 그가 이어서 버트런드 러셀(Bertrand Russell, 1872~1970)에게 연락을 취한 것도 프레게의 제안에 따른 것이었다. 이러한 순간들이 철학의 '언어적 전회'라는 이야기의 바탕에 중요하게 자리하고 있다. 이 이야기는 근대 분석 철학의 확립에서부터 특히 후기 비트겐슈타인과 오스틴의 영향으로 그 핵심 교리를 벗어나는 지점에 이르기까지 우리를 이끌어 갈 것이다.

앞으로 발전될 논의는 이러한 역사와 많은 부분을 공유하지만, 우리는 이보다 더 이전의 시점으로 되돌아감으로써 시작하려 한다. 그리고 그렇게 함으로써 독일어로 저술한 철학자들의 중대한 역할에도 불구하고 지금까지 그 우세함이나 성격적 특징에 있어서 영어권의 사유로 생각되어 온 것을 넘어설 것이다. 이는 이 시기에 다른 유럽적 사유의 전통 안에서도 언어에 관한 관심이 커지고 있었음을 인정하고자 함이다. 그러한 관심의 전환이 덜 눈에 띈 것은, 철학이 (물리) 과학보다 인문학과 연관되는 곳에서 이는 보다 자연스러운 일이기 때문이다. 사실 셰익스피어(Shakespeare)의 한 구절이 여기서 중심이 되는 관심사에 대한 지표가 될 수 있다. "좋은 것이나 나쁜 것은 없다."라며 햄릿은 다음과 같이 말한다. "그러나 생각하는 일이 그렇게 만든다."(『햄릿』, 1막 2장). 이는 첫눈에는 가치의 본질에 대한 언급인 것처럼 보이는데, 가치는 인간이 세계에 수여하는 무엇이라는 것이다. 그러나 이를 가치를 담은 단어인 '좋은'과 '나쁜'이 아니라 '없다'에 강조점을 두어, 보다 존재론적인 방식으로 읽을 수도 있다. 사물들의 **존재**(일상적인 의미에서 사물이 무엇인지)와 사유 사이에 관계가 있다는 것이다. 언어가 압도적으로 인간 사유의 요소라는 점을 고려한다면 햄릿의 말은 "좋은 것도 나쁜 것도 없으며 단지 언어가 그렇게 만든다."라고 다시 말해질 수도 있을 것이다. 그러나, 이러한 주장은 분명히 탐구와 입증이 필요하고, 지금 시점에서는 주로 논의의 방향을 지시하는 역할을 한다.

여기에서 언급된 철학자들이 교육철학 발전을 이끈 대표 주자들이라고 말할 수는 없을 것이다. 그럼에도 불구하고, 그들의 아이디어는 교육에 대해서 전례 없던 방식으로 생각할 수 있는 길을 열었는데, 지금부터 나는 이 분야에서 지난 30년간의 유익한 연구들의 예를 참조하여 이를 보이고자 한다. 그러나 주로 비트겐슈타인을 통해, 그리고 후기 마르틴 하이데거(Martin Heidegger, 1889~1976)와 이후에는 자크 데리다(Jacques Derrida, 1930~2004)와의 관계 속에서 발전될 그러한 사유의 흐름을 따라갈 것이다. 이 흐름은 언어가 무엇인지, 언어 안으로 들어선다는 것이 무엇인지, 또 그리하여 세계 안으로 들어온다는 것이 무엇인지에 대해 근원적 관심을 둔다. '들어서다'라는 표현을 여기서 쓰는 것은 시험적이다. 언어는 우리가 새로운 기술을 습득하는 것과 같은 방식으로 '습득'하는 무엇이라는 익숙한 가정을 피하면서, 우리가 공동체와 세계로 들어서는 문은 단순히 추가적으로 더해지는 것이 아니라 우리가 누구이며 무엇인지를 구성하는 무엇임을 제시하기 위함이다. 이러한 관습 안에 들어서는 것은 무엇을 할지를 배우는 일이며, 이는 단순히 생물학적인 성숙에 관한 문제가 아니다. 우리의 행동은 모방하고 교정되는 일, 안내를 받고 때로는 명시적으로 가르침을 받는 일을 통해 형성된다. 이들은 관습을 구성하는 특징들이다. 어린 동물들이(최소한 고등동물들의 경우) 그들의 환경에 대처하기 위해 주변 어른들의 행동을 따라하면서 배우지만, 이러한 과정은 그저 일종의 반복에 따른 결과일 뿐이다. 이와 대조적으로 인간의 **관습**(practice)에 있어서는 항상 새로운 출발과 독창성의 가능성이 있으며, 이러한 의미에의 개방성이 문화의 기반, 교육의 토대가 된다.

이어질 논의는 인간 주관성의 발달에 관한 물음과 더불어 객관성, 지식, 그리고 가치에 관한 물음-언어를 이해하는 데 필수적인 이 모든 물음들을 엮어 낸다. 이를 바탕으로 논의의 마지막 지점에 가서는 오늘날의 교육 실천에 대한 몇 가지 비판점을 제기하고자 한다.

언어와 의사소통

언어와 생각의 관계에 대해 광범위하게 수용되는 현대적 가정은 **의사소통**이라는 아이디어에서 드러난다. 여기서 언어는 통상적으로 의사소통의 '도구'로써 '습득'되

는 것이라고 받아들여진다. 20세기의 후반부 반세기 동안 영어권 세계에서 '의사소통'이라는 용어는 하나의 유행이었다. 때로는 '영어'보다 '의사소통'이 공부의 대상이 되었다. 이는 분명 다양한 업무와 특히 직업적 환경에서 실용적인 역량이 필요하다는 신호였으며, 의사소통 기술의 발달과도 잘 맞아떨어졌는데, 이 의사소통 기술이 사유를 구조화하는 방식은 교육의 내용과 방법을 다양한 방식으로 물들였으며 언어를 이해하는 데에 부정적인 영향을 끼치게 되었다.

의사소통은 다음과 같은 도식으로 시작한다. A에게는 B에게 전달하고자 하는 하나의 생각이 있다. 그는 말로 생각을 암호화하고 말한다. 그리고 B는 그가 듣는 말의 암호를 해독한다. 만약 모든 것이 잘 진행된다면 B는 A와 같은 생각을 가진다. 아리스토텔레스(Aristotle)가 『명제론(Of Interpretation)』(1장)에서 비슷한 생각을 확인해 준다는 점에서 이러한 관점이 전혀 새로운 게 아니라는 건 분명해 보인다.

> 말해진 단어들은 정신적 체험의 상징이며 쓰인 단어들은 말해진 단어들의 상징이다. 모든 사람이 같은 글씨체를 갖고 있지 않은 것과 마찬가지로 모든 사람이 같은 목소리를 가지지도 않지만, 이런 것들이 직접적으로 상징하는 정신적 체험들은 모두에게 동일하며, 또한 우리의 체험들이 사물들의 이미지라는 점도 동일하다(Aristotle, 『명제론』, 1).

여기에 전제된 세 가지의 가정에 주목할 필요가 있다. 첫째, 아리스토텔레스에게 언어들 간의 차이는 사유에 따르는 부수적인 것이며, 따라서 '정신적 체험들'은 말하는 일과 독립적으로 존재한다고 볼 수 있다. 둘째, 이와 같은 체험들과 세계 안의 사물들 사이에 상관관계가 있다고 가정한다. 즉, 사유와 세계 사이에 자연적으로 딱 들어맞는 어떤 관계가 있다. 셋째, 사물에 대한 정신적 체험이 모든 사람에게 동일할 것이라고 믿는다. 번역의 어려움은 사람들로 하여금—특히 단일 언어 사용자로 하여금—자신의 언어와 세계 사이에 자연적으로 딱 들어맞는 관계가 있다고 안일하게 가정하고 다른 언어들이 원칙상 자신의 언어에 단정하게 맞아 들어가야 한다고 생각하도록 부추길 것이다. 그렇다면 아리스토텔레스의 설명이 매력적인 이유는 어느 정도 그것이 상식을 확정해 준다는 점에 있다. 역사적으로 보면 몇 세기를 거쳐 비슷한 종류의 이론화가 이루어져 왔다. 이러한 이론들이 가진 하나의 양상은 주체(말하거나 쓰는 사람)가 언어라는 **도구**를 통해 세계와 접촉하는, 근원적으로 고

립되어 생각하는 존재로 여겨진다는 점이다. 주체는 경험의 대상 그리고 자신의 의사소통 도구가 될 언어 두 가지 모두로부터 분리되어 있다. 둘 다 그에 대치되는 지점에 놓인 대상이 된다. 주체의 생각과 세계 사이에 딱 들어맞는 관계가 있을지도 모르지만, 그때 그것은 미러링 관계, 즉 지각하는 주체를 지각되는 대상으로부터 분리해 내는 이미지 그 자체이다.

생각과 세계 사이에 자연적으로 딱 들어맞는 관계가 있다는 견해를 표현한 것 가운데 상당히 영향력 있는 것은 18세기 그래픽과 관련하여 찾아볼 수 있다. 이는 언어의 본성과 기원, 그리고 언어와 생각의 관계에 대한 에티엔 보노 드 콩디야크(Étienne Bonnot de Condillac, 1714~1780)와 장 자크 루소(Jean-Jacques Rousseau, 1712~1778)와 같은 사상가들의 추정을 바탕으로 백과사전의 새로운 시대가 탄생했을 때이다. 가장 유명한 결과물은 장 르 롱 달랑베르(Jean le Rond d'Alembert, 1717~1783)와 드니 디드로(Denis Diderot, 1713~1784)의 『백과전서(Encyclopédie)』이다. 이는 28권으로 이루어져 있고, 3,000개 이상의 도판이 포함되어 있으며, 1751년과 1772년 사이에 출판되었다. 이러한 삽화와 그들이 제시되는 방식, 그리고 동반되는 글의 특징적 양식에 대한 뛰어난 설명은 롤랑 바르트(Roland Gérard Barthes, 1915~1980)의 글 「백과전서의 도판들(The Plates of the Encyclopaedia)」에서 찾을 수 있다(Barthes, 2010; Lee, 2020; Standish, 1992, 2014도 참조).[2] 각각의 도판은 한 장면이 소품문(광산, 제과점, 양털 방적)처럼 묘사된 윗부분과 해당 장면에서 사용되고 있는 장비들이 쓰임새에서 추출된 것처럼 항목별로 제시된 아랫부분으로 구성된다([그림 9-1] 참조).

도판들은, 『백과전서』의 전체적인 형식과 내용 또한 그러하듯이, 언어의 가장 근본적인 특성과 기능은 사물에 이름을 붙이는 일이라는 견해를 지속적으로 강화한다. 인간 주체는 기본적으로 사물들을 관찰의 대상으로 만나는 지점에 세워진다. 심지어 유동성이 의도된 소품문마저도 정지되고 이상화된 도판의 이미지 안에서 얼어버리는데, 그곳에는 행위가 없고 단지 관찰되는 장면이 있을 뿐이다. 더구나 백과사전이라는 바로 그 아이디어 자체가 암묵적으로 의미의 원자론을 드러낸다. 세계에 대한 우리의 진술들은, 그것이 가장 간단한 진술일지라도, 더 근원적인 부분들로 구성된 분자와 같으며 이 같은 의미의 요소적 원자들은 세계를 짓는 구성 요소들과 일치한다. 이러한 현실에 대한 탐구가 이상적으로 이루어진다면 세계를 구성하는 물품 목록을 제공할 것이다.

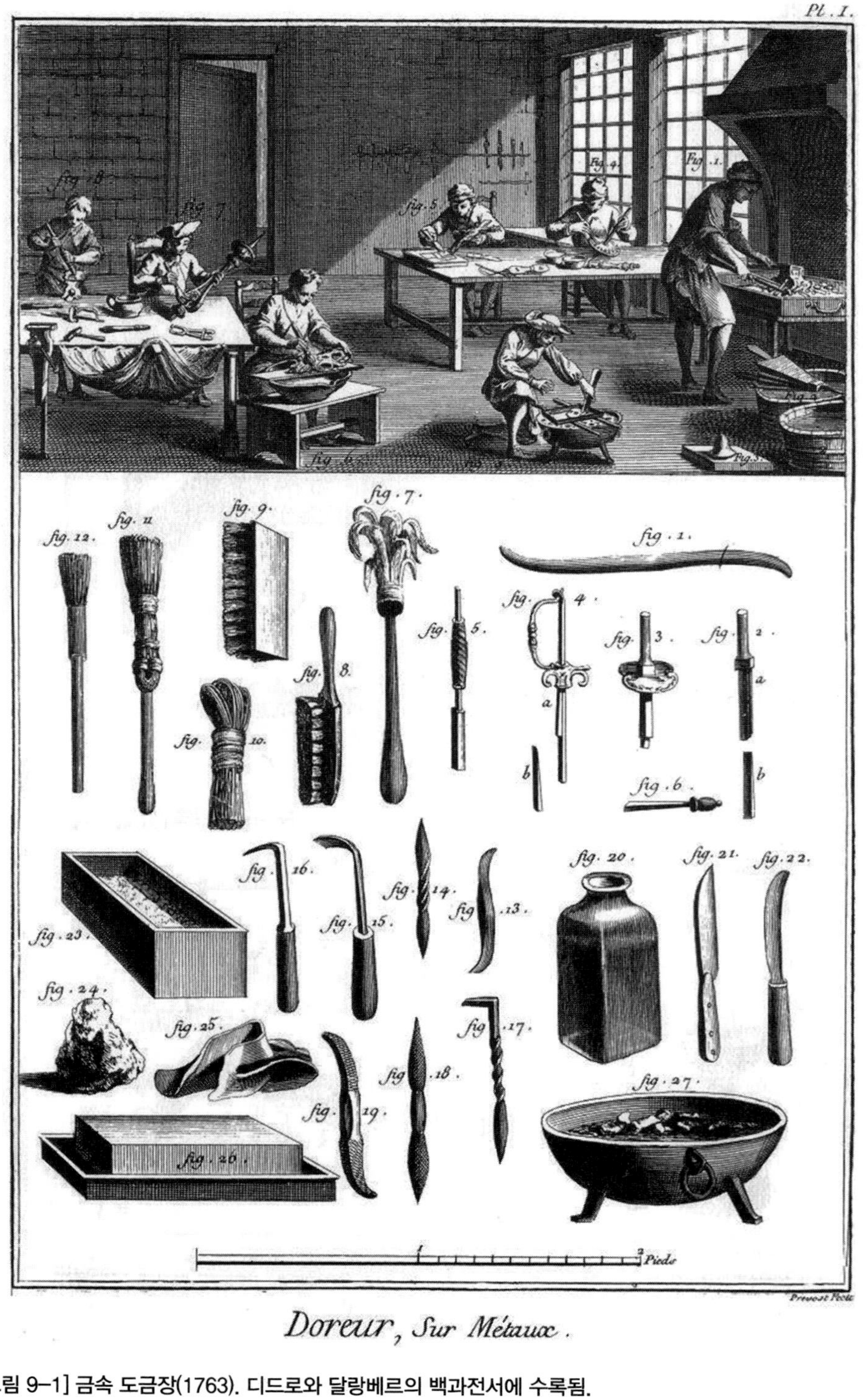

Pl. I.

Doreur, Sur Métaux.

[그림 9-1] 금속 도금장(1763). 디드로와 달랑베르의 백과전서에 수록됨.

원자적 사실들

이러한 생각은 비트겐슈타인(1922)의 『논리-철학 논고(Tractatus Logico-Philosophicus)』에 상당히 힘 있게 표현되어 있는데, 적어도 이 저서의 전반부는 그의 스승인 버트런드 러셀(Bertrand Russell, 1872~1970)의 논리적 원자론을 상기시킨다. 글의 구조가 되는 일곱 개의 주요 명제 가운데 앞의 네 가지는 다음과 같다.

1. 세계는 일어나는 모든 것이다.
2. 일어나는 것, 즉 사실은 원자적 사실들의 존재이다.
3. 사실들의 논리적 그림이 생각이다.
4. 생각은 의미가 있는 명제이다.

세계(우주)는 원자적인 사실들로 구성되어 있으며, 생각은 이러한 사실들의 그림이 되는 관계에 있다. 저기 세계 안에는 대상이 있고, 여기 사유하는 주체가 그것을 고려하고 있다. 사유하는 주체는 일반적으로 무언가를 지각하고, 관찰하며, 심사숙고하는 사람으로 이해된다. 달리 말하자면 사람이 무언가를 할 때 그는 자신의 바깥에 있는 세계를 조작하는 것이다. 즉, 그들은 세계 안에 포함되어 있지 않다. 이를 바탕으로 본다면 의미 있는 생각은 근본적으로 명제의 형식을 띤다. 물론 명제의 특징은 그것이 참이거나 거짓일 수 있다는 것이며, 만약 명제가 사실이라 여겨지는 것에 대한 논리적 그림을 제공하지 않는다면 그것은 의미 없는 말이거나 헛소리(nonsense)가 된다.

비트겐슈타인은 이러한 논지를 상세히 설명하지만, 그래도 질문이 생긴다. 이 논지는 비트겐슈타인 자신이 전념하고 있는 무엇일까? 아니면 그가 러셀의 관점을 논리적으로 확장한 것으로서 설명하고는 있지만, 사실은 『논리-철학 논고』가 점진적으로 해체하는 무엇일까? 전자의 '표준적인' 읽기 방식은 비트겐슈타인이 그의 후기 저서들에서 전기의 자신의 논지를 의문스러운 무엇으로, 그가 이제는 부정하는 사고방식으로 언급한다는 점을 가리킨다. 후자의 해석은 『논리-철학 논고』의 뒷부분에 언급된 것에 크게 기대고 있는데, 비트겐슈타인이 제시한 명제들을 올라간 후

에는 걷어차 버리는 사다리처럼 극복되어야 할 것으로 본다는 점에서 그러하다. 세계를 올바르게 보기 위해서는 사다리를 걷어차야만 한다는 것과 같다(『논리-철학 논고』, 6.54). 이를 두고 최근 십여 년간 비트겐슈타인 학자들의 의견이 갈렸으나, 전기 비트겐슈타인이 이 논지에 전념하였다는 견해가 책 출판 이래 더 널리 수용되었음을 부정할 사람은 거의 없을 것이다.

의미를 이처럼 엄격하게 개념화하는 이 관점은 소위 빈 학파(Vienna Circle)와 논리 실증주의의 발달에 결정적인 영향을 주었으며, 주체와 대상의 괴리를 우리가 살펴본 바와 같이 확고히 했을 뿐만 아니라, 특히 영국 경험주의로부터 상속받은 사실 · 가치의 분리라는 견해도 강화하는 데에 이르렀다. 사실 이러한 이분법들은 서로가 서로의 근거가 되어 준다. 이 문제의 현대적 양상에서, 의미 없음은 검증 가능의 여부에 달린 것이 되었다. 만약 최소한 원칙적으로라도 하나의 명제가 어떻게 검증될 수 있는지를 모른다면 그것은 헛소리의 범주에 들어가게 되었다. 이를 대략 데이비드 흄(David Hume, 1711~1776)을 따라 18세기 식으로 말하자면, '~이다(is).'에서 '~해야만 한다(ought).'를 얻을 수는 없다는 표현이 된다. 이를 얻고자 시도한다면 20세기 초반 조지 에드워드 무어(G. E. Moore, 1873~1958)가 명명한 '자연주의적 오류(naturalistic fallacy)'를 범하게 될 것이다(Moore, 1903). 세계에 대한 사실들은 무엇이 가치 있거나 가치 없는 것으로 여겨져야만 하는지를 보여 주지 않는다. 사실에 대한 명제들은 원칙적으로 검증할 수 있어야 한다. 우리는 심지어 그를 위해 요구되는 시험을 수행할 수 없을 때조차도 무엇이 그 명제가 참이라는 걸 보여 줄지는 안다는 것이다. 그러나 어떤 것이 (도덕적으로) 선하거나 아름답다는 것을 보여 주는 시험은 있을 수 없으며, 따라서 가치들을 주장하는 명제는 무의미하다. 1930년대와 1940년대 미국에서 찰스 스티븐슨(Charles Stevenson, 1908~1979)은 이러한 논리 실증주의적 원칙을 정서주의(emotivism)라는 아이디어와 함께 윤리학(도덕 철학과 미학)과 관련하여 발달시켰는데, 이에 따르면 윤리적 진술을 주장하는 명제('그녀는 매우 용감하다.')는 마치 '우(boo)' 또는 '우와(hurrah)'[1]를 외치는 것처럼 다른 이들로 하여금 비슷한 반응을 이끌어 내 결집시키기 위한 것이다.

비트겐슈타인의 『논리-철학 논고』는 박사과정 논문으로 받아들여지기도 전에

1) 역자 주: 'boo'와 'hurrah'는 각각 야유와 함성을 나타내는 의성어이다.

이미 고전이 되었으며, 이를 완성했을 때 그는 자신이 철학의 핵심적 문제들을 해결했다고 믿었다. 이러한 믿음이 극히 오만해 보일 것이란 점에는 의심의 여지가 없으나, 사실은 그렇지 않았다. 비트겐슈타인은 독특한 배경과 기질의 소유자였지만, 이 말이 성취에 대한 스스로의 자부심을 지칭하는 것이라고 곧이곧대로 이해해서는 안 될 것이다. 반대로 그에게는 겸허한 면이 있는데, 이는 아마 그가 그 이후에 한 일에서 드러날 것이다. 문제를 해결한 후에 비트겐슈타인은 캠브리지 대학교를 떠나 학교 교사가 되는 교육을 받기 위해 오스트리아로 돌아간다. 1920년에 그는 트라텐바흐에 있는 마을 학교에 자리를 잡았고, 이후에는 니더외스터라이히주의 벡셀 산맥에 있는 푸흐베르크 암 슈니베르크로, 그리고 오터탈로 이동한다. 그는 1926년까지 그곳에서 교사로 일했다.

비트겐슈타인, 학교에 가다

비트겐슈타인은 별나긴 했어도 헌신적인 교사였다. 그는 교실에 흥미를 불러일으키려고 상당한 노력을 기울였고, 학생들의 정신을 확장시키기 위해 많은 시간을 쏟았다. 데지레 베버(Désirée Weber)는 다음과 같이 쓴다.

> 그가 자신의 어린 학생들을 가르친 방식을 보면 통으로 묶어 범주화하긴 어렵지만, 직접 해 볼 수 있는 실제적인 경험들을 제공하는 경우가 많았다. 편지들은 비트겐슈타인이 학생들에게 적합한 교수 자료들을 만들고 구하기 위해 상당한 노력을 기울였음을 보여 준다. 그의 교수 자료들에 관해 남아 있는 증거들 중에는 그가 자신의 학급을 위해 만든 증기기관 모형과 스스로 준비하고 설치한 고양이 뼈대, 그리고 학급의 학생들과 함께 비엔나로 간 장시간의 자연 산책과 현장학습에 대한 기록이 있다(Weber, 2019: 690; Monk, 1990: 193도 참고).

베버가 특히 주목하는 바는, 비트겐슈타인이 언어와 의미에 대해 질문하는 방식이 변화했다는 점이다. 기존의 추상적인 방식, 그의 철학적 작업을 사로잡고 있던 논리적 탐구방식에서 학교 수업을 통해 아이들의 언어발달을 돕는 실제적인

경험으로 옮겨갔다는 것이다. 1925년, 비트겐슈타인은 『초등학교를 위한 사전(Wörterbuch für Volksschulen)』을 준비하는 데에 많은 시간을 쏟았다. 이는 학생이 자신이 사용하는 말에 대한 책임을 인식할 수 있도록 가르치기 위함이었다. 이 책의 시작은 학급 프로젝트였는데, 이는 각각의 학생이 자신만의 단어책을 쓰고 엮어 내는 것이었다. 비트겐슈타인이 쓴 서문을 보면, 그가 자신의 학생이 어떻게 단어의 쓰임과 철자를 배우는지에 대해 얼마나 흥미를 갖고 있었는지를 알 수 있다. 『논리-철학 논고』를 제외하고서는 이 책이 비트겐슈타인이 살아 있을 때 출판하고자 한 유일한 책이라는 점도 놀랍다.[3] 이는 교사로서의 비트겐슈타인이 혁신적이었으며 여러 면에서 진보적이었다는 것을 보여 준다. 그러나 그는 까다롭고 성급하기도 했으며, 똑똑하지만 게으르다고 생각되는 아이들에 대해서 특히 그러했다. 이는 결국 문제로 이어졌다. 1926년 봄, 그는 한 남학생에게 굉장히 화가 나서 그를 심하게 때렸다. 이는 마을 사람들의 분노를 일으켰고 그중 한 사람은 비트겐슈타인에게 교사가 아니라 동물 조련사라고 했으며 경찰을 부르려고 했다(Monk, 1990: 233). 비트겐슈타인은 자신이 한 일에 대한 부끄러움에 거의 도망치다시피 떠났다.

이러한 자전적인 이야기로 잠시 주제를 벗어난 것은 단지 비트겐슈타인이 학교 교사로서 마지막에 했던 행동을 폭로하려는 것도 아니며, 변명의 여지를 주고자 함은 더더욱 아니다. 이는 가르치는 경험이 이후 그의 철학이 형성되는 데에 미친 영향과 관련이 있다. 그가 러셀에 의해 결국에는 설득되어 케임브리지로 돌아간 것은 겨우 몇 년 후의 일이었으며 그의 남은 생애 동안 그곳에서 일했다. 돌아간 지 얼마 되지 않아 그는 이후에 『철학 탐구(Philosophical Investigations)』가 될 작업에 돌입한다.

비트겐슈타인은 이 책이 취해야 할 형식에 대해서, 그리고 무엇을 포함해야 할지에 대해서 상당히 숙고하였으며, 이 책은 그가 죽고 나서야 출판되었다. 그럼에도 불구하고 말할 수 있는 것은, 『논리-철학 논고』가 HTML과 같은 구조로 고도로 조직적인 반면, 『철학 탐구』는 어떤 지배적인 구조도 없이 하나의 주제에서 다른 주제로 옮겨 가는, 숫자가 매겨진 고르지 않은 문단들로 이루어져 있다는 점이다. 『논리-철학 논고』에서 비트겐슈타인이 엄격히 구조화된 선형적인 논증을 풀어 내는 반면, 『철학 탐구』를 엮어냄에 있어서 그는 만약 자신이 생각들을 어떤 하나의 방향으로 강제하려 한다면 그들이 '곧 제대로 기능하지 못하게 될 것'임을 알았다. 그는 이를 서문에서 다음과 같이 설명하였다.

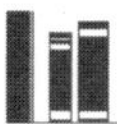

> [이것은] 탐구의 본성 그 자체와 관련된다. 이것이 우리로 하여금 사유의 넓은 들판을 이리저리 엇갈리며 모든 방향으로 여행하게끔 만들기 때문이다. —이 책에 있는 철학적 언급들은 이러한 길고 복잡한 여정들 가운데서 만들어진 풍경에 대한 여러 개의 풍경 스케치와 같다(Wittgenstein, 1953: vii).

이러한 덜 체계적인 글쓰기는 비트겐슈타인이 사유하는 실질적인 내용의 변화에 적합하다. 또 중요한 것은 『논리-철학 논고』가 그랬듯이 논지를 뚜렷하게 세우는 대신에 『철학 탐구』는 다른 사람의 저서와 다른 사람의 목소리로 시작한다는 점인데, 이는 『고백록(Confessions)』의 아우구스티누스(Augustine)이다.

사실, 비트겐슈타인의 글에는 고백적인 요소가 있다. 이는 그가 그의 삶에 관한 이야기를 한다는 의미가 아니라, 일인칭 시점, 즉 자신이 발견한 대로의 세계를 설명하는 일이 중요해진다는 뜻이다. 이는 사회과학의 상당 부분을 아우르고 철학에서도 빈번히 나타나는 현상인 비인격적, 추상적, 3인칭 목소리와 대조된다. 비트겐슈타인의 초기 「윤리학에 대한 강의(Lecture on Ethics)」(Wittgenstein, 1929/1965)는 1인칭 관점이 특별히 중요하다고 주장하며, 그는 도덕 철학이 이에 대해 거의 주목하지 않는다는 점을 의아해했다. 책임이나 죄책감이 나의 것일 때 그것에 대해 이야기하는 것은, 다른 사람들이 마주하는 문제들에 대해 비인격적으로 생각하는 것과는 다른 느낌, 다른 무게로 다가온다.[4] 그 결과로 따라오는 한 가지는, 글의 바로 그러한 양식으로 인해 『철학 탐구』가 독자들을 그들이 스스로 판단을 내릴 수 있어야 하는 지점에 다시, 그리고 또다시 위치시킨다는 점이다. 이러한 판단은 체계적인 규칙에 의지하여 얻을 수 없으며 다양하고 예측 불가능한 경우들과 관련된다. 이러한 종류의 판단은 유사한 일들을 경험함으로써, 그리고 대상을 새로운 방식으로 살필 준비를 공고히 함으로써 형성되고 개선된다. 비트겐슈타인이 서문에서 기술하는 것은 바로 이러한 경험이다. 이것은 그가 니더외스터라이히주의 한 외딴 마을 학교에서 배운 바이기도 할 것이다.

언어 안으로 들어서기

그러나 아우구스티누스를 발췌한 글에서 특히 중요한 점은, 그것이 아이들이 어떻게 언어에 들어서는지에 관하여 무얼 말하고 있는지이다. 다음은 비트겐슈타인이 글을 시작하면서 인용하는 부분이다.

> 어른들이 어떤 대상의 이름을 말하고 동시에 그것을 향했을 때, 나는 이를 보고서 그들이 내는 소리에 의해 대상에 의미가 주어진다는 사실을, 이는 그들이 **그것**을 지목하려 했기 때문이라는 것을 알았다. 그러나 나는 이것이 무언가를 강렬히 원할 때의, 혹은 무언가에 집착하거나, 거절하거나, 기피할 때의 영혼의 애착을 의미한다는 것을 알았다. 그들의 몸짓들, 즉 모든 사람의 자연 언어인 얼굴 표정과 눈짓, 손발의 움직임과 목소리의 어조 등을 통해서 이런 식으로 조금씩 다양한 문장들이 특정한 자리에서 말해지는 것들을 들으며, 나는 단어들이 어떤 사물을 의미하는지 이해하는 법을 배웠다. 그리고 일단 내 입이 이 같은 기호들에 익숙해지자, 나는 그것들을 사용해 내가 바라는 것들을 표현했다(아우구스티누스,『고백』1.8, 비트겐슈타인1953/2009: §1에서 재인용).

다시 말해, 공동체의 성인들이 사물을 가리키고 그 이름을 부른다. 이것은 지시적인 가르침(가리킴으로써 보여 주는 것)의 과정이다. 언뜻 보면 이러한 그림은 충분히 설득력을 가진다. 만약 당신이 새로운 언어를 배운다면, 당신이 알아채는 대부분의 단어들은 지시하고 명명함으로써 보여 주는 일에 상응하는 무언가의 결과일 것이다. 그러나 중요한 것은 아우구스티누스가 외국어를 배우는 것에 대해 말하고 있지 않다는 점이다. 여기서 주요 문제는 우리가 어떻게 맨 처음 언어 안에 들어서는지이다. 예를 들어, 누군가의 주의를 끌기 위해 하나의 사물을 가리키는 행동 또한 우리가 배운 것이란 점을 기억할 필요가 있다. 이 같은 관습(한 사람이 가리키고 다른 사람은 그에 주의를 기울이는 것)은 우리에게 그저 자연스러운 무엇은 아니다(타고난 것이 아니다). 비록 이후에, 아마도 세 살쯤이 되면, 자연스러운 반응이 될 것이지만 말이다.

또한 여기에는 주의를 요하는 언어에 대한 가정들이 있다. 아우구스티누스의 설명은 마치 모든 단어들이 사물의 이름인 것처럼 보이게끔 한다. 그러나 '왜냐하면'

‘그리고’ ‘때때로’ ‘아주’와 같은 단어들이나 숫자와 색깔을 나타내는 단어들은 어떤가? 이런 경우에는 지시할 수 있는 뭔가가 있는지 분명하지 않다. 이와 비슷하게 언어가 의지하고 있는 문법 구조들—문장들과 생각들이 합쳐지는 다양하고 복잡한 방식들—은 이러한 방식으로 가르칠 수가 없다. 이는 아이가 점차적으로 점점 더 많은 범위의 인간 관습들에 참여하게 되는 것에 달려 있다. 어린아이로서 누군가가 안아 주고 말 건네주는 것에서 시작해서, 씻기고 닦이며, 옷 입히고, 밥을 먹이고, 식탁에 앉히고, 한 사람의 손을 떠나 다른 사람에게로 걸어가는 법을 배우고, 아무 도움 없이도 걸음마로 방을 가로지를 수 있게 되기까지—그리고 이보다 수없이 더 많은 일을 통해서!

비트겐슈타인이 우리가 단어로 할 수 있는 수많은 일들을 강조할 때, 또 ‘언어 게임’에 대해서 이야기할 때, 그는 이 같은 관습의 다양성을 염두에 두고 있는데, 하나의 관습을 새롭게 접하는 사람은 그 안에서 앞으로 어떻게 행동할지를 점차 배워 나간다. 그는 이를 두고 ‘게임’이라고 하는데, 여기에는 이것을 사소한 무엇으로 취급하려는 의도가 전혀 없다. 이러한 비유는 우리가 일상적으로 게임이라고 부르는 것들(축구에서부터 럭비, 배드민턴, 브리지, 체스, 카드게임, 옷 입히기 게임, 단어 게임 등에 이르기까지)의 엄청난 다양성을, 그리고 이러한 활동들 간에 겹치는 점들이 분명히 있음에도 불구하고 이들 모두에게 공통적인 구성 요소는 없다는 점을 기억할 때 가장 잘 작동한다. 언어와 관습의 다양성은 이와 같은데, 우리는 언어 기호의 표면적인 유사성으로 인해 하나의 통일된 것이 존재한다는 잘못된 생각에 쉽게 빠진다. 이는 맥락에서 분리된 말들이 (말하자면, 사전의 단어들이) 모두 하나의 통일된 질서 속 일부인 것처럼 보이기 때문이다. 우리가 말로 행하는 것들이 얼마나 다양한지를 볼 수 없다면, 우리의 경험과 세계의 본성 그 자체의 다양성도 볼 수 없다.

앞으로 어떻게 계속해 나갈지의 문제는 곧 다른 사람들에게도 의미가 통하는 방식으로 관습에 기여하는 것에 관한 것이며, 이는 새로운 방식으로 말하고 행동하면서 조금씩 관습을 발전시키고 확장하는 일을 포함할 것이다. 어떤 관습들은 체스 게임과 같다. 체스에서는 엄격한 규칙이 말들을 움직이는 방식을 제한하면서도 경기 안에서 무한한 방식의 움직임을 가능하게 한다. 다른 관습들은 좀 더 재즈와 같다. 재즈의 경우에는 ‘표준’ 선율이 일련의 즉흥들의 바탕이 되는데, 이들은 원래의 선율에서 출발해서 점진적으로 변화하면서 나아가며 이때 기존 선율 및 화음의 진행

과 일관성을 유지한다. 따라서 『논리-철학 논고』에서 비트겐슈타인이 **의미의 그림 이론**을 발전시켰다면 (단어는 대부분의 경우 사물을 지시하고 대상을 명명하는 등의 역할을 하며 명제는 실제 일어나는 일의 경우와 짝을 맞춘다는 관점과 일치하는), 『철학 탐구』에서는 이것이 **쓰임으로서의 의미**라는 아이디어에 의해 대체되는데, 이때 하나의 단어를 이해한다는 것은 그것을 알맞고 적절하게 사용하고 다른 사람들이 (대체로) 알아챌 수 있는 방식으로 계속해 나갈 방법을 안다는 것을 의미한다.

1990년대에 미국과 캐나다의 철학자를 대상으로 한 설문조사가 있었는데, 응답자들이 받은 질문은 20세기 철학에서 가장 중요한 다섯 권의 책을 꼽으라는 것이었다(Lackey, 1999 참조). 우리는 『논리-철학 논고』가 어떻게 이미 1920년대에 고전에 가까웠는지를 보았는데 이는 설문조사 결과에서 4위를 차지함으로써 잘 드러났다. 그러나 큰 차이로 1위를 차지한 것은 『철학 탐구』였다. 이제는 비트겐슈타인의 후기 저서가 교육에 더 큰 영향을 미쳤다는 점이 놀랍지 않을 것이다.

최근 해당 분야의 연구들을 살펴보려면 마이클 피터스(Michael Peters)와 제프 스티크니(Jeff Stickney)의 『교육에 대한 비트겐슈타인 안내서: 철학 탐구(A Companion to Wittgenstein on Education: Philosophical Investigations)』(2017)가 좋은 시작점이 될 수 있다. 이 책에 수록된 57개의 챕터는 해당 분야에서의 최근 연구들이 활발하게 진행되고 있음을 반영한다. 50년도 더 이전에 피터스(R. S. Peters)와 허스트(Paul Hirst), 그리고 디어든(Robert Dearden)의 연구에서, 비록 지금에 와서는 그 방식이 의문스럽긴 해도, 비트겐슈타인은 종종 언급되었다. 비슷한 시기에, 특히 러쉬 리즈(Rush Rhees)[5]와 연관되는 '스완지 비트겐슈타인주의(Swansea Wittgensteinianism)'는 유안 로이드(Ieuan Lloyd)의 가르침과 글을 통해 교육과 관련하여 발전하였다(Lloyd, 2020 참조). 1970년대와 1980년대에는 미국의 맥밀란(C. J. B. Macmillan)과 호주의 마샬(James D. Marshall)이 이와 유사하게 교육에 있어서 비트겐슈타인에 대한 이해의 중요성을 알리는 데에 영향을 주었다. 마샬은 폴 스메이어스(Paul Smeyers)와 함께 『철학과 교육: 비트겐슈타인의 도전을 받아들이기(Philosophy and Education: Accepting Wittgenstein's Challenge)』(1995)라는 논문집을 냈는데, 이는 피터스와 허스트, 그리고 디어든의 연구에서 비트겐슈타인이 수용된 방식을 일부 문제 삼았다. 나의 저서인 『자아의 저편: 비트겐슈타인, 하이데거, 그리고 언어의 한계(Beyond the Self: Wittgenstein, Heidegger, and the Limits of Language)』(Standish,

1992) 또한 언어의 본질에 대한 아주 세심한 관심을 통해 교육 담론을 변화시키고자 시도했다. 언어와 학습에 관한 질문은 보다 인식론적인 방향에서(Winch, 1998, 2006), 교육학 연구에 대한 접근으로(Smeyers & Smith, 2014), 치료(therapy)와 함께(Smeyers, Smith, & Standish, 2006), 그리고 후기 구조주의의 양상들과 관련해서(Blake et al., 1998; Peters, Burbules, & Smeyers, 2010; Peters & Stickney, 2018) 다루어져 왔다. 후기구조주의는 하이데거라는 밑바탕 없이는 발생하기 어려웠을 것인데, 지금부터 살펴볼 것이 바로 그의 현상학이다.

현상학과 사물을 알게 된다는 것

비트겐슈타인의 사유에서의 전환점의 본질은, 그와는 아주 다른 것으로 보이는 하이데거의 철학에 입문하는 데에 좋은 출발점이 된다. 비트겐슈타인과 하이데거(Martin Heidegger, 1889~1976)는 같은 해에 태어났는데 그들 연구의 철학적 맥락은 아주 다르다. 비트겐슈타인이 러셀과 프레게에게서 큰 영향을 받은 철학적 맥락 안에서 매우 독창적인 사유를 발전시켰다고 볼 수 있는 반면, 하이데거의 연구는 후설(Edmund Husserl, 1859~1938)과 그의 현상학이라는 직접적인 맥락에서 비롯된다. 현상학은 몸을 가진 인간에게 세계가 어떻게 드러나는지의 측면에서 질문에 접근한다. 이는 우리가 세계의 한 부분을 포착할 때 특정 생리학과 시간성에 비추어—거미의 눈과는 다른 인간의 눈, 나비와는 다른 인간의 수명에 비추어—그렇게 한다는 것이다. 게다가 세계가 나타나는 방식은 인간이 가진 특정 관심사의 산물이다. 우리가 방에 처음으로 들어섰을 때 어떤 것들은 알아채고 다른 것들은 알아채지 못하는 것은 모두 특정 관심사에 따른 것이다. 예를 들어, 저기에 앉을 테이블과 의자가 있으며, 영화가 상영 중인 스크린이 있고, 요리되고 있는 음식이 있는 것이다. 그리고 이러한 관심은 다른 사람들과의 상호작용과 우리가 함께 계획하는 것들에 의해 길러지고, 형성되고, 발달한다. 공동현존재(being-with-others)는, 근원적으로, 우리가 의식적으로 결정하여 그 안으로 들어서는 무엇이 아니다. 이는 우리가 지금과 같은 우리의 모습이 되기 위해서는 이미 그 바탕으로 존재해야 하는 것이며, 필연적으로 언어로 구성되어 있다. 이에 대해서는 다시 논의하도록 하겠다.

하이데거의 현상학으로 입문하는 데 있어서 그가 『존재와 시간(Being and Time)』(1927)의 초반부에서 제시하는 '눈앞에 있음(vorhanden)'과 '손안에 있음(zuhanden)'의 구분은 유용한 출발점이 된다. 사물들은 그들이 관찰의 직접적인 대상이 될 때, 즉 그 초점이 될 때 눈앞에 있다. 일상의 쓰임 속에서 만났으며 주요 관심의 대상이 아닐 때 우리가 무엇에 주목하고 있든지 간에 항상 그 바탕엔 사물들을 대하는 일들이 있는데, 이는 의자에 앉아 있거나, 커피를 마시고 있거나, 마우스를 움직이고 있거나 하는 일 같은 것들이다. 그리고 이러한 바탕에서의 일들, 우리가 세계 안에 존재할 때 그 저변에 흐르는 것(즉, 세계가 드러나는 방식의 바탕에 있는 것)은 흔히 무시된다. 이는, 특히 심리학과 같은 사회 과학적 탐구에서 특별히 해가 되는 결과를 가져온다.

하이데거는 『존재와 시간』을 기초존재론에서의 연습으로 본다. 최근 사회과학 영역에서 여러 다른 목적을 위해 전유되고 있는 존재론이라는 이 용어는 존재의 본질과 이것이 취하는 여러 양식과 관련이 있다. 탁자나 나무의 존재는 거미의 그것과 다르며 이것은 또 인간의 그것과도 다르다. 의식과 자의식의 측면에서도 확실히 차이가 있지만 이건 너무 손쉬운 설명이고 상당히 진부하게 들릴 수 있다. 하이데거의 설명은 우회적이긴 하지만 더 적확하다. 그는 '인간'이라는 단어 자체의 사용을 피하는데 이 말이 플라톤 이래로 그리고 특히 근대 시기에 (지난 400년간) 축적해 온 함축적 의미들의 짐을 떠안고 있기 때문이다. 대신 그는 현존재(Dasein, 거기에 있음)를 자신의 중심 연구주제라고 밝힌다. 그의 주장에 따르면 현존재는 존재에 대해 질문하는 존재이다. 그러나 이것은 무엇을 의미하며 왜 중요한가?

하이데거는 존재자들(Seiendes, 영어로는 beings, entities)과, 때로는 대문자 'Being'으로 표현되는 존재(Sein)를 구분한다. 존재자들은 특성들의 차이(노란색임, 작음, 헷갈림, 용감함)의 차원에서 이해된다. 그러나 이 너머에는 사물의 존재라는 순전한 사실이 있다. 『논리-철학 논고』에서 비트겐슈타인은 '세계가 존재한다는 바로 그것에 대한 경이'에 대해 쓰며, 경이의 감각은 그의 후기 사유에도 간직되어 있다. 이는 하이데거의 경우에도 마찬가지이다. 그러나 '존재(Being)'가 여기서 암시하는 것을 단지 경이와 관련지어서만이 아니라, 기본적으로는 다소 강도가 덜한 차원에서 이해할 필요가 있다. 예시가 도움이 될 것이다.

정원 가꾸기 상품 목록에 있는 꽃식물들의 사진을 보고 있다고 상상해 보자. 각각의 사진은 환한 햇빛 아래의 꽃을 보여 주는데, 꽃의 색은 강조되어 있고 나뭇잎은 완벽한 형태를 보인다. 사진에 붙은 설명은 해당 식물의 원예학적 이름과 함께 몇몇 부가적인 정보를 제공하는데, '햇빛이 충분할 때 잘 자람, 키는 1~2미터, 7~9월에 만개'와 같은 것들이다. 지금 보고 있는 해바라기의 학명은 '레몬 여왕'으로 우아하게 옅은 빛깔의 꽃이 인상적인 품종이다. 식물의 사진은 눈길을 사로잡으며, 정원을 가꾸는 데 쓸모 있는 상당한 범위의 정보가 제공되어 있다.

그러나 이 이미지를 다시 한번 살펴보되 이번에는 다른 해바라기 그림과 나란히 두고 살펴보자. 다른 품종이 아니라 다른 종류의 그림, 반 고흐의 해바라기 연작 가운데 하나를 떠올려 보자. 정원 가꾸기 상품 목록의 그림을 설명하기는 쉬웠는데(그것이 제공하는 정보와 그에 딱 맞아 들어가는 항목들의 측면에서), 반 고흐의 그림에 대해서는 무엇을 말해야 할지가 더 어려워진다. 이는 교육에 있어서도 중요한 부분이다. 이 작품은 정보를 전혀 전달하지 않는다. 오히려 속도를 늦추어 천천히…… 그를 바라보게끔 한다. 아마도 당신은 꽃잎이 늘어뜨려진 모양새를, 또 어두운 노랑과 황토색, 두꺼운 칠과 붓질들, 그리고 이미지의 평면성을 알아차리기 시작할 것이다. 이러한 것들은 체크리스트의 기준이 아닌 다른 무언가를 시사하며 정보를 축적하는 일과도 거의 관계가 없다. 이것은 당신에게 다른 종류의 반응을 요청한다. 당신은 그의 존재로부터 무언가를 받아들이면서 작품을 점점 더 알아가게 된다. 해바라기는 특정 요소를 지닌 어떤 하나의 종이 아니라 그저 그 자신으로 거기에 있음으로써 스스로를 드러낸다.

명제적 지식이나 방법적 지식이 아닌 다른 종류의 앎이 존재하며 이것을 '친숙함으로서의 앎'[2](혹은 직접적 대상과의 앎)으로 생각할 수 있다는 것은 러셀에 의해 주목받게 되었다. 그러나 그가 이 세 번째 종류의 앎에 대해 언급하면서 염두에 둔 것은 직접적인 감각의 전달을 통해 습득된 지식이었다. 이러한 현존의 직접성—비인지적, 비언어적, 극단적 경험주의의 한 종류—의 중요성은 빈 학파의 논리 실증주의자들에 의해 차용되고 강조되었다. 그러나 이것은 내가 앞서 말한 '작품을 알아가게 되는 일', 하이데거와 연관 지어 설명한 그 현존을 받아들이는 일과는 아무 관계가

2) 역자 주: 이는 'knowing by acquaintance'의 번역이다. 이렇게 습득한 지식(knowing by acquaintance)은 대면지, 직접지, 친숙지 등으로 번역된다.

없다. 하이데거가 반 고흐가 농부의 구두를 그린 그림들에 대해서 쓸 때, 그는 그것이 하루 일이 끝난 후 지친 채로 들판에서 터덜터덜 돌아오는 걸음, 그걸 신고 있던 사람의 무게를 견디며 그의 몸에 따라 모양이 변해버린 구두에 대한 무언가를 전달한다고 제안한다. 여기에는 어떤 서사적인 요소가 있으며 과거(들판에서의 노역)와 미래(집에 돌아옴, 휴식, 저녁 식사)가 지금의 현재 안으로 마주 접힌다. 현재는 연대기적인 시간에서 따로 떼진 독립적인 하나의 순간이 아니며 이런 식으로 주제화가 된 경험이다. 이는 결코 그림 작품에 대한 경험이 이런 식으로 자세히 표현되고 언어화되어야 한다는 말이 아니라, 작품은 이러한 주제화를 바탕으로 경험된다는 것—우리는 친숙해짐으로써 알게 된다—이며, 이것이 언어적 존재가 경험을 구성하는 방식이다. 이런 중요한 의미에서, 친숙지는 감각들이 날것으로 전달된 산물일 수 없으며 언어적 배경에 의존한다. 아무런 주제화 없이 감각의 전달에 의해 어떤 의미가 생성된다는 것은 실로 상상하기 어려운 일이다. 우리가 볼 때, 우리는 **무언가**를 본다. 여기 있는 탁자, 저기 있는 나무, …… 그렇다, 빛이 망막에 부딪히는 것이 맞지만, 그러나 이것은 일상적인 의미에서 본다는 것을 말해 주기에 불충분하다. 어린 아이들이 탁자와 나무를 볼 수 있게 되는 것은 그들이 관습 안으로 들어섬으로써 가능한 것이며, 관습들은 반드시 언어적으로 조직되거나 조건 지어진 것이다. 이러한 관습들을 통해 사물들은 구별되고 세계가 드러난다.

하이데거는 1950년 '언어(Die Sprache)'라는 강의에서 사람은 의사소통을 위해 언어를 사용한다는 생각에 대항하여 언어가 말한다는 도발적인 주장을 한다. 이러한 기이한 역전은 언어가 인간이 선택한 여러 다른 활동 가운데 하나라는 생각을 불식시키기 위한 의도였다. 우리가 하기로 결정한 모든 것들에 있어서, 언어는 이미 그 결정 안에, 그리고 결정의 배경으로 존재한다. 소리 없이 생각할 때도 언어는 생각의 흐름으로, 우리가 말하든 하지 않든, 우리의 마음속에 있다. 더 나아가 우리가 공동체 안에서 기호들의 순환으로부터 말하게 된다는 점은 언어가 우리를 앞서며 우리에게 세계를 열어 보인다는 것을 보여 준다. 언어는 우리가 언제든 손쉽게 사용할 수 있는 도구가 아니며 다른 현상들과 같은 식으로 연구될 수 있는 대상도 아니다. 물론 언어학은 서로 다른 언어들에서 나타나는 억양이나 동사 형태의 차이에서 보이는 사회문화적 다양성을 연구할 수 있다. 하지만 언어를 대상으로 삼는 이 같은 연구는 언어에 있어서 가장 중요한 것에는 가닿지 못한다. 그것은 언어가 생각의 원

천이라는 인식에 방해가 될 수도 있다.

중요한 것은, 이것이 지나치게 신비주의적으로 들리지 않도록 하는 것이다. 하이데거는 사물들이 존재하는 방식이 변함없거나 안정적이지 않다는 점을 보이고자 하는데, 왜냐하면 그들이 존재하는 방식은 서로 다른 시대와 문화 안에서 가능한 사유와 삶의 방식에 어느 정도 달려 있기 때문이다. 여기서 문제는 어떤 하나의 사고방식이 맞고 틀리고가 아니다. 오히려 중요한 것은 언제나 그중에는 몇몇의 열려 있는 일련의 연상, 담론이 있을 것이며 그 안에서 사물들이 드러나고 진리에 관한 질문들이 생겨난다는 것이다. 우리는 문화적 차이나 번역의 경험에 노출되었을 때 이러한 감각을 얻게 된다(Standish, 2011; Yun & Standish, 2018). 이와 반대로 이 글을 읽고 있는 대부분의 독자들에게 있어서 이러한 차이의 감각에 대한 이해를 형성하거나 죽이는 데 압도적으로 중요한 요인은 기술·과학적 사고이다. 지난 4세기 동안 과학의 발달은 주체와 대상 간의 뚜렷한 분리를 가속화했다. 생각하는 사람은 현미경이나 망원경을 통해 보는 사람이 되었는데, 이러한 도구들은 인간의 진보에 엄청난 기여를 했지만 하나의 감각—특히 시각이라는 감각—을 두드러지게 하면서 다른 감각들을 억눌렀으며, 더 기술중심적이고 덜 전체적인(holistic) 세계와의 관계를 야기했다. 과학이 기술적 응용에 흡수됨으로써 문제 해결로서의 사고라는 개념을 부추겼는데, 이때 문제는 원칙적으로 기술적 해결책에 의해 처리될 수 있다고 가정된다. 만약 문제를 해결할 수 없다면 우리에게 필요한 것은 추가적인 연구인 것이다. 어떤 측면에서 신기술은 이런 방향으로 생각을 가속화하는데, 특히 이성의 활동을 이분법적인 용어로 환원시킴으로써(Heidegger, 1957/1991 참조), 그리고 알고리즘을 사고의 모델 혹은 사고를 조작하는 도구로 홍보함으로써—예를 들어, '빅 데이터'의 사용으로—그렇게 한다. 이는 기술을 악마화하고자 함이 아니며, 기술적 사고가 사물들을 드러나게 하는 방식이 다른 사고방식들을 몰아내는 경향이 있다는 점을 인식하기 위함이다(Heidegger, 1977 참조). 기술·과학적인 사유는 보편주의적인 세계관을 부추긴다. 이 보편주의는 물리학이 그 제한된 범위 안에서는 정당하게 성취하는 것이지만, 그러한 범위를 넘어설 때의 보편주의는 특정 (특히 유럽의) 식민주의적 사유의 한 특성으로, 타자를 동일성 안으로 흡수하고 자신의 언어로 번역해 버린다. 이는 다양한 문화와 서로 다른 언어 속에서 생겨난 사물들이 드러나는 방식들을 억압한다. 보편주의적인 세계관은 세계가 드러나는 이러한 가능성들을 질식시킨다.

그것은 사물이 존재할 수 있는 방식을 조건 짓는다.

이쯤에서 신비주의적 인상에 대한 저항으로 다음 질문을 던지는 것이 좋을 것 같다. 그런데 세계는 정말로 어떤 것인가? 이에 대한 응답으로 두 가지를 강조하고자 한다. 첫 번째로, 세계에 관한 생각들은 틀릴 수도 있다는 점을 잊지 않는 것이 중요하다! 사물 안에는 저항하는 힘이 있다. 우리는 단순히 새로운 단어를 개발함으로써 모든 것을 바꿀 수는 없다. 그리고 인간은 확실히 다양한 방식으로 스스로를 속이는 경향이 있어서 때로는 증거가 제시하는 바를 보기보다 자신의 환상을 따르는 것을 선호하기도 한다. 과학은 여러 방식으로 이를 바로잡아 왔다. 두 번째로, 세계가 진짜 어떤 것인지에 관한 질문을 받았을 때, 우리는 하나의 이상적이고 사심 없는 관점이 있어 그로부터 대상을 진실하게 이해할 수 있을 것이라는 상상을 하기가 쉽다. 그러나 이는 마치 (유일신교의) 신의 관점과도 같으며, 이는 결국 어떤 관점도 아닌 것이 되는데, 신은 어찌 됐건 어디에나 있고 모든 것을 알기 때문이다. 이 같은 사고방식은 말 그대로 생각할 수조차 없다. 사심 없는 이상적인 관점을 거부하는 것이 과학적이거나 혹은 다른 종류의 탐구를 포기하는 것은 (종교적인 믿음을 반드시 포기하는 것도) 아니다. 이는 과학이 진리 자체와의 절대적인 관계이기보다는 하나의 유용한 사고방식으로써 좀 더 자주 이해될 필요가 있음을 의미한다. 결국 진리는 자연에 내재된 무엇이기보다는 명제들에 속한 무엇이 아니겠는가?

하이데거는 이것이 진리의 전부는 아니란 걸 보여 주고자 한다. 정확성으로서의 진리(이 명제는 참이거나 거짓이다)와 대비되는 것으로, 그는 알레테이아(aletheia)라는 드러남으로서의 진리라는 개념에 우리를 주목시킨다. 세계는 어떻게 드러나게 되는가? 하나의 명제가 그것이 옳은지 평가받기 위해서는, 그 명제가 무엇을 가리키든지 간에, 무엇인가가 이미 드러나 있어야만 한다. 알레테이아는 진리를 정확성으로 생각하는 것에 익숙한 문화에서는 어려운 개념이지만, 우리는 앞서 두 종류의 해바라기의 그림을 보면서 이에 대해 어렴풋이 알게 된 바가 있다. 레몬 여왕 품종의 해바라기가 1~2미터로 자란다는 것은 참일 수도, 아닐 수도 있으며, 우리는 이를 즉시 이해할 수 있다. 그러나 반 고흐의 그림이 드러내고자 한 것은 그것이 무엇이든 간에 이러한 방식으로 분석될 수 없는데, 그렇다고 해서 만약 누군가가 반 고흐는 해바라기의 '거기에 있음'을, 그 '해바라기 됨'을 드러낸다고 표현한다면 이는 유약하거나 감성적으로 보이기 쉽다. 그러나 누구도 우리에게 그림을 언어로 번역하라고 강요하지는 않았다. 우리가 그것을 바라볼 때 그것은 거기에 의미 있게 존재하며, 이는 표상을 넘어서는 방식이다. 그 그림은 사물을 표상하는 기호나 이름표 같은 것이 아니다. 그림은 무언가를 **보여 준다**고 말하는 것이 더 나을 것이다. 해바라기의, 해바라기에 대한, 표상에 대한, 어쩌면 아마도 세계 그 자체와 그것의 드러남에 대한 무언가를.

언어와 존재의 집

언어가 말한다는 하이데거의 도발적 주장은 언어는 '존재의 집'이라는 그의 또 다른 말에 의해 더 확장된다. 이를 설명함에 있어서 그는 짓기, 거주하기, 그리고 사유하기라는 아이디어들을 한 곳에 불러 모은다. 실로 그의 1951년 강의인 '짓기 거주하기 사유하기(Bauen Wohnen Denken)'에서 이 셋은 구두점이나 접속사도 없이 함께 있는데, 이는 마치 그들이 상호 의존적이며 어쩌면 하나가 다른 하나로 융합될 수도 있다는 것을 보여 주는 듯하다. 여러 측면에서 볼 때 이는 그가 『존재와 시간』에서 이미 발전시킨 생각이 확장된 것인데, **일상적 의미에서의** 세계는 **현존재**와의 상호적 관계 안에서 이해될 필요가 있으며, 이때 세계가 무엇인지와 **현존재**가 무엇이 될 수 있는지는 언어를 통한 상호간의 전유를 포함한다는 것이다. '현상학과 사물을 알게 된다는 것'이라는 소제목하에 내가 말한 바 있듯이, 우리가 일상적으로 이해하는 세계는 이미 주제화된 것으로 드러난다. 물리학은 훌륭하고 영향력 있지만 이러한 일상적인 세계로부터 추상화된 관념이다.

하이데거는 그의 후기 저서들에서 더 명시적인 방식으로 언어의 본질에 관심을 기울이며, 그 과정에서 시인-사상가(이러한 결합은 독일어 'Dichter'가 더 잘 포착함)에게 상당한 중요도를 부여한다. 이는 특히 프리드리히 횔덜린(Friedrich Hölderlin, 1770~1843)에 대한 그의 관심에서 잘 드러난다. 여기에서 중요한 점은 시가 **포이에시스**—일종의 생산—의 한 종류라는 것으로 새로운 무언가가 생겨나는 곳이라는 점이다. 위대한 사상가, 위대한 시인은 주체적으로 언어의 재료들을 활용하는 사람이 아니며 언어에 내재하는 가능성들에 탁월하게 감응하는 사람이다. 여기서의 언어는 추상적인 언어가 아니며—그런 것은 존재하지 않는다.—고대 그리스어, 그리고

지금의 독일어와 같이 드러냄에 있어서 특출난 힘과 가능성을 가진 특정 언어들이다.[6] 이와 같은 후기의 글들은 강력하고 영감을 주기는 하지만 예외주의의 흔적을 가지고 있다. 이는 현존재가 일상적으로 사물들에 어떻게 대처하는지에 대한 초기의 관심사를 『존재와 시간』 후반부에 가서는 공동체의 운명이라는 아이디어가 대신하게 되었을 때 발견되는 예외주의이다. 이러한 아이디어는 『존재와 시간』 출판 이후의 십여 년간 너무나도 손쉽게 나치즘의 정치적 탈선과 연합했다.

하이데거의 정치적 견해에 대한 가장 예리한 비판이 그로부터 깊은 영향을 받은 사상가들에 의한 것이라는 점은 중요하다. 1920년대 후반 하이데거의 강의를 들었던 레비나스(Emmanuel Levinas, 1906~1995)는 일찍이 '히틀러주의'를 고발했으며, 이를 발전시켜 하이데거의 존재론이 일종의 폭력에 연루되어 있다고 비판했다. 푸코(Michel Foucault, 1926~1984)의 '미시 권력'과 '통치성'에 대한 상당히 영향력 있는 분석과 '유순한 주체'의 구성에서 적지 않은 부분이 하이데거적 주제들에서 파생되었다. 리오타르(Jean-François Lyotard, 1924~1998)는 『하이데거와 '유대인들'(Heidegger and "the jews")』(1990)에서 하이데거의 철학과 배제의 관습들 사이의 관련성의 정도를 설명하기 위한 논의를 발전시킨다. 그리고 데리다(Jacques Derrida, 1930~2004)의 『정신에 대해서: 하이데거와 물음(Of Spirit: Heidegger and the Question)』(1987/1991)은 하이데거의 현상학이 무심코 혹은 교묘하게 '무대에 올리기(staging)'라는 형식을 통해서 구성된 것에 대해 혹독하게 비판한다. 이러한 문제점들을 온전히 인정하는 것은 중요한 일이지만, 하이데거가 후기구조주의 사유의 흐름에 미친 창조적인 영향을 알아채는 일 또한 중요한데, 바로 이러한 흐름 안에서 언어적 전회가 수많은 측면에서 결실 있게 받아들여지고 발전되었다. 더 풍성한 발전은 쥘리아 크리스테바(Julia Kristeva, 1941~), 엘렌 식수(Hélène Cixous, 1937~), 뤼스 이리가레(Luce Irigaray, 1930~), 주디스 버틀러(Judith Butler, 1956~)를 포함하는 페미니스트 후기구조주의자들에게서 찾을 수 있으며, 더 분석적인 성격의 페미니스트 인식론 또한 언어적 전회에 기여하였다.

언어는 기호들의 공적 순환에 의존한다는 점을 염두에 둔다면 기호가 취해야만 하는 형태에 대해서는 무엇을 말할 수 있을까? 이 주제는 비트겐슈타인의 후기 글들에서, 그리고 다소 신비주의적 얼룩이 있기는 하지만, 하이데거의 후기 강의들에서 반복적으로 나타난다. 그러나 데리다는 이 주제를 가장 중심에 둔다.

기호의 물질성

기호의 물질성(materiality)에 관해 이야기하는 것은 언어가 종이나 화면의 위이든지, 소리의 파동이나 몸짓을 통해서든지, 흔적들을 만들어 내는 일에 의존한다는 사실에 주의를 기울이는 일이다. 단어들은 추상적인 것은 아니지만 구체화를 필요로 한다. 그런데 그들의 물질적 형태는 망치와 같은 도구의 물질성과는 다른 질서에 속한다. 예를 들어, 내가 쓰고 있는 망치는 약 30cm 정도 길이에 약 400g 정도의 무게이며, 이러한 특질들이 그 기능을 결정한다. 그러나 앞의 문장에서 '망치'라는 단어는 다르게 기능한다. 당신이 이 글을 읽을 때의 글자의 모양이나 크기는 내가 글을 쓰면서 사용하고 있는 것과는 다를 것이다. 아마도 당신은 화소로 처리된 화면 위에 있는 가변적인 이미지를 보고 있을 것이다.

망치, 망치, **망치**, 망치, **망치**, 망치, 망치

글씨체, 크기, 그리고 색깔은 글자의 의미에 딱히 영향을 주지 않는다. 마찬가지로 '망치'라는 단어는 서로 다른 여러 음정과 강세로 말해질 수 있는데, 이 또한 기호와 의미가 기능하는 데에 있어서 어떤 필연적 영향을 주지는 않는다. 망치는 주어진 역할을 해 내기 위해서 특정 질량과 물질(금속 머리 부분과 같이)로 구성되어야만 하는 반면, 기호의 기능은 이와 다르게 그의 부분들 간의 **구조적 관계**에 의존한다. 앞의 예시에서 변화하는 글씨체와 음정은 균일성을 통해서가 아니라, 각각의 기호 안에 있는 부분들 사이의 관계를 지속함으로써 기능한다. 그것이 기울임체로 되어 있든 아니든 간에, 'ㅁ'의 오른쪽에 'ㅏ'가 있어야 하며 받침으로는 'ㅇ'이 있어야 한다.

이러한 점들에 대한 데리다의 논의는 우선 구조주의 언어학자인 소쉬르(Ferdinand de Saussure, 1857~1913)와 관련이 있다. 소쉬르는 기호들이 단어와 사물 간의 관계에 주되게 의존하는 것이 아니라 기호들 간의 차이의 체계에 의존한다는 것을 성공적으로 보여 준다. '빨간색' '녹색'을 비롯한 다른 색들 없이는 '노란색'이 있을 수 없다. 그리고 이렇게 다른 색깔들의 범위 없이는 노란색이라는 개념 자체도 불가능하다. 데리다는 소쉬르의 구조주의적 설명을 비판하면서 그를 바탕으로 삼아 논의하

는데, 이러한 관계의 구조들이 또한 역동적이기도 하다는 점을 보여 준다. 기호가 함축하는 의미들은 변화하는데, 예를 들어 노란색은 소심함의 색, 좀 더 최근에는 웃는 모양의 색이 되었다. 빨간색은 위험을 뜻하지만 나중에는 공산주의를 뜻하기도 했다. '녹색'은 정당의 이름이다. 이는 색깔을 나타내는 단어와 같이 상대적으로 단순한 기호들뿐만 아니라 복잡한 개념들, 어구들, 문장들, 그리고 종교적 문헌들과 같이 더 큰 구조물들, 정치적인 글들, 그리고 예술 작품에서도 마찬가지이다. 찰스 디킨스(Charles Dickens, 1812~1870)의 『두 도시 이야기(A Tale of Two Cities)』는 1859년에 쓰였지만 프랑스 혁명 시기를 배경으로 한다. 이 소설에 대한 해석은 최종적으로 고정될 수 없는데 왜냐하면 그것은 디킨스 자신조차 알 수 없었던 새로운 연결에 열려 있기 때문이다. 혁명은 이제 현대 프랑스의 지속을 바탕으로 이해되며, 혁명이라는 바로 그 아이디어가 지금은 러시아, 중국, 그리고 쿠바의 혁명 같은 것을 암시하기도 한다. 체 게바라(Che Guevara)가 그려진 티셔츠들은 말할 것도 없다. 이 중 어떤 것도 디킨스는 알지 못했다.

그렇다면 기호는 반복이 가능하고 항상 새로운 연상과 연결에 열려 있다. 기호의 의미는 항상 지연되는데, 이는 우리가 그 의미를 결코 알 수 없다는 것이 아니라 확정적이고 최종적인 의미는 존재할 수 없다는 것이다. 기호는 항상 새로운 방식으로 사용될 수 있으며 새로운 것들을 연상시킨다.

이러한 기호의 개방성이 회의주의를 만들어 낸다는 결론에 다다르기는 쉽다. 의미는 결코 고정되거나 보증되지 않으며, 어떤 것도 결코 명백할 수는 없는 것이다. 그러나 성급히 이렇게 반응하는 것은 큰 오류이다. 데리다가 보여 주는 것은 인간의 기호와 의미를 가능하게 하는 바로 그 조건이다. 기호의 열려 있음은 상상력에, 창조성에, 그리고 문화 그 자체에 대한 열림이다. 이것은 이성에 내재된 것인데 이때 이성은 체계성과 알고리즘을 넘어서 확장되는 것으로, 또 알고리즘의 구성을 가능하게 하고 그 근거가 되는 사고에 이르기까지 확장되는 것으로 바르게 이해되어야 한다. 따라서 이는 결코 '순수하게 언어적인' 것에 제한된 문제가 아니다. 이는 인간의 정체성과 도덕성(integrity) 개념으로까지 이어진다. 이를 인정하는 한 가지 방법은 지배적인 철학 전통에서 자율성은 도덕적인 것으로 여겨지고 타율성은 비난받는 방식을 살펴보는 것이다. 타율성이 취할 수 있는 치명적인 형태들을 염두에 둔다면 이런 식으로 자율성을 옹호하는 데에는 타당한 이유가 있다. 그러나 자율성에 대한 집착—이성이라고 믿는 요새 안에 자아를 안전하게 잡아매는 일—은 차이를 은밀하게 억압하기 위해 타자를 동일성 안으로 흡수하거나 차이에 대항해서 스스로에게 예방접종을 하는 사유로 이어진다. 따라서 아마도 필요한 것은 다문화적인 관용이 아니며, 연구 대상에 통달하고 빈틈없이 아는 일도 아니며, 내가 예상한 대로 나를 이해하거나 대하지 않는 타인을 차단하는 일도 아니며, 기꺼이 나를 노출하려는 준비된 자세이다. 이것이 끊임없는 새로움의 바탕이다. 이는 근본적으로 우리의 예상 범위, 우리가 익숙해진 이해의 범주와 분석의 방법들을 넘어서는 것들에 대한 노출의 문제이다. 그리고 일종의 육체적 노출로 확장될 수도 있을 것인데, 예를 들어 학급 전체 앞에서 '주목받는 일'과 같은 경우이다. 비트겐슈타인은 러셀과 그의 케임브리지 동료들과의 엄밀한 논쟁에 노출되었으며, 제1차 세계대전 동안에도 상당한 위험을 마주했다. 그러나 상상해 보건대 니더외스터라이히주의 마을 학교들에서 그는 뭔가 다른 것에 직면했다. 그의 수업계획들은 빗나갔고, 아이들의 학습에 대한 그의 기대는 좌절되었고, 그가 이전까지는 전혀 알지 못한 방식으로 행동하는 반항적인 학생을 대면했다. 이는 영웅적인 전투라기보다는 오히려 칙칙한 평일의 일상이었을 것이며 그의 의도를 저버리고 때로는 그의 능력도 고갈시켜 버렸을 것이다. 이 같은 경험이 '신경을 건드릴' 수 있다는 것, 당신을 시험하고 당신이 자기 자신과 세계를 보는 방식을 바꿀 수도 있다는 것은 힘든 학교에서 가르쳐 본 많은 사람에게는 분명 익숙할 것이며, 울면서 잠들지 않는 어린아이를 마주한 성실한 부모들에게도 또 다른 방식으로 익숙한 이야기일 수 있다. 이러한 경험이 비단 '어려운' 학교에서뿐만 아니라 광범위한 가르치는 맥락—대학의 대형 강의나 개별 지도 같은 유리한 환경을 포함하고 피아노나 성악 교사, 혹은 운동 코치의 경험으로까지 확장하는—에서 당신의 '신경을 건드릴' 수 있다는 것은 가르치는 일이 얼마나 인간의 조건에 대해 잘 말해 주는지를 보여 주며 또 그것이 어떻게 손쉽게 통달하거나 국한할 수 없는 방식으로, 우리의 걸음을 어긋나게 하는 방식으로 우리를 노출시킬 수 있는지를 보여 준다. 이는 교사 교육이 너무나도 자주 억압하는 경험의 측면들이다.

우리는 끊임없이 타자에 대한 노출로부터 우리를 지키거나 그것을 부정할 방법을 찾는데, 이는 우리의 언어와 생각에 내재된 것이다. 말을 할 때 우리는 선생님이나 동료 학생의 말 안에 숨는다. 만약 자신의 생각을 말한다면 우리는 비웃음을 사

거나 괄시받을 위험을 감수하는 것이다. 그러나 우리가 퇴짜 맞을 위험을 감수하면서도 찾아야 하는 것은 우리 자신의 언어이다. 언어를 찾는 일은 우리의 교육과 인간으로서의 형성에 매우 중요하며, 이성의 증진과 민주주의를 위해서도 매우 중요하다.

하이데거는 인간의 조건을 두고 'unheimlich'라고 표현하는데, 이는 대개 '섬뜩함'으로 번역되지만 우리는 이를 '집에 있지 않음'으로 생각해 볼 수도 있다. 당신이 집에 있다면, 그건 가족사진이나 할리우드 영화에서와 같은 모습은 아니다. 당신은 집에 있고 또 '집에 있지 않음'에 있다. 이는 삶 전반에 있어서도 마찬가지이다. 당신은 대상에 몰입하는 것을 좋아하지만 그 몰입은—동물의 경우와는 다르게—간간이 중단되고 이는 자의식에 의해 배가된다. 당신은 그냥 먹는 것이 아니라 먹고 있는 자기 자신에 대해서 의식하고 있다. 자신의 경험 안에서 자족하는 것이 아니고, 그 경험에 의해서 부단히 깨어져 열린다.

데리다는 이러한 일이 가장 기본적인 차원에서, 언어와 사고의 구조 그 자체에서 일어난다는 것을 보여 준다. 이를 이성에 대한 부정이나 위협으로 보는 것과는 거리가 먼 태도로 데리다는 우리의 이성(때로는 우리의 광기)이 발생하는 필연적 구조들을 드러낸다. 이것을 보지 못하는 것은 그 자체로 이성의 실패일 것이다. 이는 글의 앞부분에서 설명된 것으로, 마치 외부 어딘가에 세계를 관조할 수 있는 곳이 있다는 듯이 대상으로서의 세계가 사유하는 주체에 맞서 있다고 보는 일종의 형이상학적 환상이다. 이러한 환상은 주체가 이미 세계 안에 있다는 인식을 흐리고, 사물들이 인간적 참여와 경험을 통해서 드러나는 방식들을 보지 못하도록 하면서, 지각하고 조작할 중립적인 대상들로 구성된 무엇으로 세계를 이론화한다. 이는 언어 안에 있는 우리의 삶의 현실을 보지 못한다. 이러한 과잉이 오늘날 교육의 중심부에도 분명히 나타난다.

주관성, 객관성, 지식 그리고 가치

교육 현장의 몇몇 장면들을 포착하여 살펴볼 것인데 이는 때때로 형이상학적 과잉에 다다른 독단적인 신조 한마디가 주체와 객체의 분리를 극대화하고 실제의 복

잡성을 추상화시킨다는 점을 설명하기 위해서이다. ① 빅토리아 시대에 만들어진 개념으로 텅 빈 그릇을 지식으로 채우는 것을 가르침이라고 보는 관점은, 학생을 아무 생각 없는 용기로 보며 그들의 기존 능력이나 흥미를 관련없는 것으로 치부한다. ② 한 세기 이후, 특히 1980년대와 최근 OECD 정책에서 계속되는 경향으로, 머리를 쓸 필요가 없는 사실들의 전달은 악마화되었으며 그 대신 기술과 역량 교육을 선호한다. 무엇을 학습하였는지에서 어떻게 지식을 활용하였는지로 강조점이 옮겨간다. ③ 학습 결과에 대한 평가는 (체크리스트로서의) '기준'이라는 인위적인 개념과 결합되어 학습자의 정확한 수행에 초점들 두는 것이 추세인데, 이는 학습자가 이해하는 바에 대한 보다 풍부한 어떤 설명에도 이르지 못하게 가로막는다. ④ '효과적인 전달'의 강조는 수행성과 공통적인 표준이라는 명목하에 교사와 학생이 학습 내용과 관계 맺는 것을 경시한다. ⑤ 자기계발이라는 아이디어는 개인을 기술들의 목록을 지닌 추상적인 소지자로 익명화할 위험이 있다. ⑥ 더 균형 잡히고 밖으로 열려 있는 교육을 한다는 표시로 '대학졸업자로서의 자질(graduateness)'이라는 아이디어를 받아들일 때, 전공 주제를 연구하는 가운데 발달할 참된 자질들을 모든 학위에서 요구되는 별 특징 없는 자질들과 일련의 기술로 대체해 버릴 위험이 있다. ⑦ 대학졸업자의 자질은 의사소통, 대인관계, ICT, 기업가적 기술을 포함하는 전이 가능한 기술들의 소산으로 그 자손과 같다. 이들은 지식을 보완하는 역할을 해야 하지만 많은 경우 학문 연구에 필요한 지식과 이해를 대체해 버린다. 그러나 학습 내용에 대한 더 심각하게 왜곡된 태도는 ⑧ '학습 유형'이라는 아이디어와 함께 발달하기 시작한다. 특정 학습 유형(신체활동적, 언어적 등)에 우선순위를 두면서 무엇이 학습되었는가에 관한 질문을 부수적인 것으로 만든다. 이러한 광범위한 유행들이 가져오는 한 가지 결과는, ⑨ 윤리학과 미학에서의 판단의 문제가 순전히 '주관성' 행사의 영역인 것처럼, 주로 개인적 취향이나 선호의 문제인 것처럼 보이게 한다는 것이다. 이처럼 주관성과 객관성의 이분법적 관계를 확고히 하는 것은, 그 결과 ⑩ 교육 과정에 가치를 '덧붙이는' 유사 보상(quasi-compensatory)의 방법을 부추기는데, 이러한 덧붙임이 없다면 교육 과정은 사실들을 다루고 기술들을 습득하는 것으로 구성된다고 가정하는 것이다. '가치를 덧붙이는' 것에 대한 긴급한 마음이 얼마나 진심이든지 간에 가치는 추가적 선택으로 여겨진다.

교육 실제와 연구에 있어서 '주체(subject)'라는 단어 주위를 맴도는 불분명한 구분

과 연상들['인간 주체' '학문적 교과' '연구 주제' '종속(subjection)' 등에서와 같은]은 주체-객체 관계와 관련해서 복합적인 혼란을 일으킨다. 감각적인 지각은 다른 무엇보다도 먼저 시각적인 것으로 받아들여진다. 지각의 대상은 손안의 존재로 관찰의 직접적 대상이며 망막에 부딪히는 빛의 파동인 것이다. 감정의 영역인 내부 영역으로 여겨지는 주관성은 객관성, 즉 가치와 무관한 사실의 영역인 외부 영역과 대립한다. 이러한 대립은 자신이 틀림없을 것이라고 자신 있게 주장하는데, 이는 언어 안에서의 우리의 삶의 다양성과 우연성, 그리고 이에 따라 세계가 지금의 모습이 되는 일에 주목하지 않음으로써 오히려 형이상학적 신념의 혼란 상태를 드러낸다. 이 같은 대립은 인간 개념에 영향을 주고 왜곡하며 사물을 알 수 있는 방식들을 축소시키고 곡해한다. 이는 교육의 가능성을 형편없이 제한한다.

어떻게 우리가 이 지점까지 왔나? 무엇을 해야 할까? 우리가 지금까지 살펴본 철학적 통찰은 우선 일종의 '비아 네가티바(via negativa)'의 방식으로 작동한다. 이는 앞에서 포착된 장면들에 제시된 것들처럼 우리가 하지 말아야 하는 것들에 주의를 끈다. 전체적으로 봤을 때 특히 중요한 측면은 공격적이고 환원주의적인 평가 양식들의 우세이다. 이는 교육의 전반적 과정에 있어서 빈번하게 강요되며 한 사람의 삶에 지대한 영향을 미친다는 점에서 공격적이다. 좁은 의미에서의 행동주의적 수행에 의존할 때, 그 행동을 해석함에 있어서 오직 제한적인 관점만이 허락되고 교사나 시험관의 판단이 이미 준비된 스프레드시트를 위한 점수에 종속될 때 이는 환원주의적이다. 평가는 매우 중요한데 평가가 교육 내용이 선정되는 방식과 가르치고 배우는 일이 인식되는 방식을 결정하기 때문이다. 평가에 결함이 있을 때 교육 내용과 가르치고 배우는 일의 가능성은 대폭 감소한다.

비아 네가티바는 심리학이 탈심리학화할 필요가 있음 또한 밝힌다. 이는 내부와 외부에 대한 잘못된 개념에 의해 생성된 형이상학적 혼란에 빠지지 않은 인간 심리학에 대한 이해를 발달시키기 위해서, 즉 심리학이 사이비 과학이 되지 않도록 하기 위함이다(Skilbeck, 2021; Standish, 2018 참조). 이때, 인문학에게 주어지는 역할이 큰데, 교육 과정의 실질적인 내용과 교사 교육 모두의 측면에서 그러하다. 최근 몇십 년간 (의학적 연구를 그 모델로 삼아) 정책의 정당성을 입증할 증거를 만들어 냄으로써 연구를 정당화하라는 요구가 있어 왔으며, 심리학은 자기 자신을 문제 해결의 학문으로 전시하는 일에 몰두했다. 이러한 방식의 사고는 교육 정책과 교사 양성 모두에 큰 지배력을 행사한다. 이는 앞서 포착된 짧은 장면들에서 확인된 경향성들을 뒷받침한다.

현재, 두 가지의 교사상 사이에 긴장 관계가 있는데, 그 한편에는 규약과 절차를 따르는 숙련된 기술적 실행자로서의 교사가 있으며, 다른 한편에는 자신이 가르치는 이들과의 역동적이고 예측 불가능한 관계 속에서, 배우는 내용과 생생한 관계를 맺음으로써 노출된 인간으로서의 교사가 있다. 다시 한번, 전자의 근시안적 시각이 후자의 실존적 현실주의 및 민감성과 대조된다. 이러한 서로 다른 개념들은 가르치고 배우는 실제에서뿐만 아니라 교육 내용에 있어서도 상당히 다른 결과를 가져온다. 철학의 언어적 전회는 이러한 내용에 대해 건설적으로 생각해 볼 수 있게 한다. 그것이 분리된 교과나 좀 더 통합된 교과의 형태로 실현되었든지 간에, 학문 혹은 직업 교육의 맥락에서 실현된 것이든지 간에 무엇이 전달되고 있는지에 대한 여러 측면은 오크쇼트(Michael Oakeshott, 1901~1990; 1991)가 말한 인류의 '대화'의 한 부분으로 잘 설명된다. 대화는 확장 가능하게 열려 있는 특징이 있는데 이는 비트겐슈타인이 언어 게임에서 확인한 바이며 데리다가 기호의 구조 그 자체에 내재한다고 밝혀 내는 개방성이기도 하다. 근시안적인 시각은 이러한 개방성을 닫아 버리려고 하며 이것은 때때로 비뚤어진 결과를 가져온다. 등수와 성적표에 대한 강박적 부추김, 혹은 내가 들은 한 예로 '과제의 조건들을 충족했는지' 걱정하는 스코틀랜드의 8살 학생의 경우와 같은 것들이다. 현실주의는 관습에 내재한 의미와 의미 있는 행위는 기호로 구체화되며, 기호는 그 자체로 역동적이고 새로운 가능성에 열려 있다는 사실을 민감하게 수용한다. 따라서 이러한 시각에서 볼 때 교과 내용은 그것이 심지어 전통교육의 이름하에 있을 때조차도 결코 고정된 지식의 체계가 아니며 역동적이고 비판에 열려 있으며 학습자로 하여금 대상을 새로운 방식으로 보기 위한 상상력을 요구하는 무엇이다. 엄격하게 명시된 학습 결과는 교사를 여기에서 설명된 보다 역동적인 만남에 준비시키지 못할 것이다. '행동 관리'에 대한 과도한 염려는 교사로 하여금 잠재적으로 전달되고 있는 것의 중요성을 보지 못하게 할 것이다.

언어적 전회는 교과 내용에 대한 좀 더 구체적인 시사점도 준다. 모든 나이의 아이들과 학생들에게 단정하게 포장되어 손쉽게 흡수할 수 있는 교육 과정을 제시하는 것은 가능하다. 일반적인 교육 시스템은 학습자들이 단지 이런 것만 기대하도록 부추기는 데에 많은 부분 공모한다. 그 과정에서 그것은 해당 교과에 대한 빈곤한

경험을 낳을 뿐 아니라 교육이 무엇인지에 대한 왜곡된 개념을 전달한다. 보다 더 나은 교육을 제공할 수 있는 한 가지 방법은 학생들의 응답을 요구하는 내용을 선정하는 것이다. 이는 문학 수업에서 작품을 고르는 것과 관련지어 설명하면 이해하기 쉽다. 딱 떨어지는 등장인물 그리고 선과 악의 힘 사이의 관계가 즉각적으로 이해 가능한 방식으로 극화하는 튼튼한 구성의 이야기는 학생으로부터 환영받을 가능성이 큰데, 특히 이러한 요소들이 후속되는 평가에서 요구될 만한 응답과 잘 연관된다면 더 그러하다. 이와 반대로, 손쉽게 흡수되지 않는 책, 서로 다른 의미의 층위들이 상당한 주의를 기울여야 분명해지거나 작품의 내적 긴장들이 단순한 해석에 저항하는 책은 학생들을 불안하게 할 가능성이 크다. 이러한 책은 스스로 판단력을 행사하게끔 하는데, 그들은 아마 이러한 방식에 익숙하지는 않을 것이다. 많은 고전 문학은 바로 이러한 특징을 가지고 있으며 이러한 복잡성 덕분에 그들에 대한 끊임없는 비평들이 쌓이는 것이다. 나는 여기에서 그려지는 대조가 예술 작품의 감상에만 적용되는 것이 아님을 강조하고자 한다. 물리학의 주제는 일련의 쉬운 단계들로 가르쳐질 수 있으며 때로는 이것이 적합할 것이다. 그러나 학급을 어리둥절하게 만들고 그들의 비판적 사고와 상상력을 자극하는 방식으로 그 주제를 꺼낼 수도 있다. 내가 말하고자 하는 바는 더 실용적인 교과들로도 확장되는데, 이는 체계화하기는 어려울지 모르지만 비현실적이지는 않다. 때때로 학습자들이 앞으로 나아가지 못하도록 붙잡는 것은 일종의 불안으로, 이러한 불안은 흔히 그들이 생각하는 예상 기대치와 자신이 하고 있는 것에 대한 자의식으로 특징지어진다. 불안으로 인해 앞으로 나아가지 못하는 것을 학습자의 내적 심리상태의 문제로 보거나 사고기능의 실패로 보는 건 대체로 틀린 것이다. 오히려 그들의 주의를 당면한 문제로 되돌려 자신이 하고 있는 일에 빠져들 수 있도록 할 필요가 있다. 미용, 기계 기술, 사회복지를 가르치는 교사들을 비롯하여 음악 교사와 운동 코치들은 때때로 이러한 문제와 관련하여 적절하게 손길을 건네는 법을 안다. 여기에 어떤 체계성이 있는 것은 아니다. 오히려 이는 적절한 조언을 하는 일, 무엇에 그리고 언제 어떻게 주의를 끌어야 할지 아는 일, 또 어떻게 침울한 분위기를 전환할지를 아는 일에 대한 것이다.

철학의 언어적 전회는 내부와 외부, 주체와 대상, 그리고 주관성과 객관성 사이의 굳어진 구분이 근대세계를 괴롭혀온 환상임을 밝혀 냈다. 현대 문화의 다른 측면들에서와 마찬가지로, 교육 정책과 실천에서의 오류들은 명백해졌는데, 교육학 연구의 과학주의적 경향성이 이러한 문제들을 악화시켰다는 점에서 특히 책임이 있다. 그렇다면 교육학 연구는 이 같은 통찰이 마땅한 관심을 받을 수 있는 방식으로 상당 부분 재인식되어야 할 것이다. 인문학이 교육에 대한 물음의 중심부에 있어야만 한다.

미주

1) 해당 시리즈는 홈페이지 https://www.bbc.co.uk/sounds/play/b03ggc19에서 들을 수 있다.
2) 이소영(Soyoung Lee)은 바르트의 에세이를 백과사전식 새로운 양식인 '핸드북'과 그 밖의 교육 관련 개요서들이 최근 부상하는 현상과 연관지어 읽고 논의한다. 스탠디쉬(Standish, 1992, 2014)는 겉으로 보기에는 서술적이지만 사실은 이를 넘어서는 지배적인 교육 담론의 수사적 효과를 설명하기 위해서 바르트(Barthes)의 주제들을 가져온다.
3) 베버의 '초등학교를 위한 비트겐슈타인의 사전: 오직 사전만이 학생을 온전히 책임 있는 존재로 세운다.'를 보시오. https://wittgenstein-initiative.com/wittgensteins-dictionary-for-elementary-schools. 『사전(Wörterbuch)』도 최근에 영어 번역으로 출판되었다(Wittgenstein, 2020). 베버는 비트겐슈타인의 생애와 그의 후기 저서에서 가르치고 배우는 일이 차지하는 역할에 관한 책을 쓰고 있다(Weber, 2019 참조).
4) 이러한 점이 언어 작동에 주의를 기울임으로써 증명될 수 있다는 점이 오스틴(J. L. Austin)의 일상언어철학의 가장 잘 알려진 면모일 것이다. "그녀는 ……하기로 약속한다."(진술적 발언)라고 말하는 것은 행위를 묘사하기 위해서인 반면, "나는 ……하기로 약속한다."(수행적 발언)는 행동하기 위한 것이다. 이러한 설득력 있는 예시는 더 포괄적인 설명을 위한 길을 예비하는데, 우리가 하는 말이 단지 세계를 지칭하는 것이 아니라 힘을 가지고 있다는 것이다. 세계에 변화를 가져오며, 그 변화가 대개 얼마나 작아 보이든지 간에 이것 없이 세계는 지금과 같은 모습일 수 없을 것이다(특히 Austin, 1962 참조). 지면의 제한으로 인해 언어적 전회에 대한 오스틴의 지대한 기여와, 데리다와 특히 카벨(Stanley Cavell)에 그가 준 영향을 충분히 다루지 못했다(예를 들어, Standish, 2012 참조).
5) 리즈는 1936년 케임브리지에서 비트겐슈타인을 만났으며 그의 평생 친구가 되었다. 그는 비트겐슈타인에 대한 상당한 지식을 갖고 있었으며 비트겐슈타인 해석자로서 선두에 있었다. 그는 비트겐슈타인 후기 저서들의 일부를 번역하고 편집했다.
6) 하이데거는 고대 그리스어와 독일어가 언어로서 특별한 자질을 가지고 있다고 보았다. 내가 삽입한 문구—추상으로서의 언어 같은 것은 없다—는 언어를 보편성에 입각해서 논의하는 경향이 언어들 사이의 차이를, 마치 그것이 단지 참된 형식의 언어를 기준으로 한 약간씩의 변화에 불과한 것인 양 간과하기 쉽다는 사실에 주의를 끈다. 참된 형식이라는 것은 없다. 오직 이러한 다양성만이 있다. 언어들 사이의 공통점—중복과 연결이 없는 언어는 없으며, 그 모든 어려움에도 불구하고 번역이 가능하다는 것—과 그리고 그들이 세계를 드러내는 서로 다른 방식들을 모두 기억하는 것이 옳다. 철학자들은 때때로 논리학이 인간 이성 활동의 기본이라고 보았다. 그러나 후기 비트겐슈타인이 보여 주듯이, 논리학은 일상의 (자연스러운) 언어로부터 구성되고 또 항상 그를 배경으로 삼아 의지한다. 이와 비슷하

게, 때로는 만약 단 하나의 언어만 있다면 세계는 더 단순하고 나은 곳이 될 것이라는 의견도 있었다. 그러나 이는 전체주의적 환상으로, 조지 오웰(George Orwell)의 소설 『1984』에 제시된 것과 같은 결과를 가져올 것이다. 이 글이 보여 주듯이 어떤 경우이든 언어는 이러한 방식으로 최종적으로 가둬 둘 수 없는데, 인간이 만들어 내는 기호들은 항상 새로운 연결과 연상에 열려 있기 때문이다(Standish, 2010 참조).

참고문헌

1차 문헌

Aristotle. (originally 350 BCE). *On Interpretation*, trans. E. M. Edghill. Available online: http://classics.mit.edu/Aristotle/interpretation.1.1.html.

Austin, J. L. (1962). *How to Do Things with Words: The William James Lectures Delivered at Harvard University in 1955*, Ed. J. O. Urmson and Marina Sbisa. Oxford: Clarendon Press.

Barthes, Roland. (2010). "The Plates of the Encyclopedia," in *New Critical Essays*, trans. Richard Howard. Evanston, IL: Northwestern University Press.

Derrida, Jacques. (1987/1991). *Of Spirit: Heidegger and the Question*. Chicago: University of Chicago Press.

Frege, Gottlob. (1892/1980). "Über Sinn und Bedeutung," *Zeitschrift für Philosophie und philosophische Kritik, 100*, 25-50; translated by M. Black as "On Sense and Reference," in Max Black & Peter Geach (Eds.), *Translations from the Philosophical Writings of Gottlob Frege*, 3rd edn., 56-78. Oxford: Blackwell.

Heidegger, Martin. (1927/1961). *Being and Time*, trans. J. Macquarrie & E. Robinson. Oxford: Blackwell.

Heidegger, Martin. (1950/1971). "Language," trans. A. Hofstadter, in *Poetry, Language, Thought*, 187-210. New York: Harper & Row.

Heidegger, Martin. (1951/1991). "Building Dwelling Thinking," trans. A. Hofstadter, in *Poetry, Language, Thought*, 145-62. New York: Harper & Row.

Heidegger, Martin. (1957/1991). "*The Principle of Reason*," trans. R. Lilly. Bloomington: Indiana University Press.

Heidegger, Martin. (1977). *The Question Concerning Technology and Other Essays*, trans.

William Lovitt. New York: Harper & Row.

Moore, George Edward. (1903). *Principia Ethica*. New York: Cambridge University Press.

Wittgenstein, Ludwig. (1921/1922). *Tractatus Logico-Philosophicus*, trans. C. K. Ogden. London: Routledge & Kegan Paul. (Originally published as "Logisch-Philosophische Abhandlung," *Annalen der Naturphilosophische*, 14 [3-4].)

Wittgenstein, Ludwig. (1929/1965). "A Lecture on Ethics," *The Philosophical Review*, *74*(1), 3-12.

Wittgenstein, Ludwig. (2020). *Word Book*, trans. Bettina Funcke, with an introduction by Désirée Weber. New York: Badlands Unlimited.

2차 문헌

Blake, Nigel P., Paul Smeyers, Richard Smith., & Paul Standish. (1998). *Thinking Again: Education after Postmodernism*. Westport, CT: Bergin & Garvey.

Lackey, Douglas P. (1999). "What Are the Modern Classics? The Baruch Poll of Great Philosophy in the Twentieth Century," *The Philosophical Forum*, *30*(4), 329-46.

Lee, Soyoung. (2020). "Poetics of the Encyclopaedia: Knowledge, Pedagogy, and Research Today," *Journal of Philosophy of Education*, *54*(5).

Levinas, Emmanuel. (1934/1990). "Reflections on the Philosophy of Hitlerism," trans. Seán Hand, *Critical Inquiry*, *17*(1), 62-71.

Lloyd, D. Ieuan. (2020). "Rush Rhees on Education," *Journal of Philosophy of Education*, *54*(3), 772-84.

Lyotard, Jean-Francois. (1990). *Heidegger and "the jews,"*. Minneapolis: University of Minnesota Press.

Monk, Ray. (1990). *Wittgenstein: The Duty of Genius*. London: Vintage Books.

Oakeshott, Michael. (1991). "The Voice of Poetry in the Conversation of Mankind," in *Rationalism in Politics and Other Essays*, 488-551. Indianapolis: Liberty Fund.

Peters, Michael., & Jeff Stickney. (2018). *Wittgenstein's Education: "A Picture Held Us Captive,"*. Singapore: Springer Briefs in Education.

Peters, Michael A., Nicholas C. Bulbules., & Paul Smeyers. (2010). *Showing and Doing: Wittgenstein as a Pedagogical Philosopher*. London: Routledge.

Skilbeck, Adrian. (2021). *Stanley Cavell and the Human Voice in Education: Serious Words for Serious Subjects*. Dordrecht: Springer.

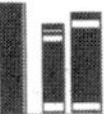

Standish, Paul. (1992). *Beyond the Self: Wittgenstein, Heidegger, and the Limits of Language*. Aldershot: Ashgate.

Standish, Paul. (2010). "One Language, One World: The Common Measure of Education," in G. Biesta (Ed.), *Philosophy of Education Yearbook 2010*, 360-368.

Standish, Paul. (2011). "Social Justice in Translation: Subjectivity, Identity, and Occidentalism," *Educational Studies in Japan: International Yearbook*, *6*, 69-79.

Standish, Paul. (2012). "Transparency, Accountability, and the Public Role of Higher Education," *Educationalfutures*, 5(1), 3-14.

Standish, Paul. (2014). "Signs of the Times," in Mark Depaepe & Paul Smeyers (Eds.), *The Material Dimensions of Educational Research*, 179-90. Dordrecht: Springer.

Standish, Paul. (2018). "'Nothing but Sounds, Ink-Marks'-Is Nothing Hidden? Must Everything be Transparent?," *Danish Yearbook of Philosophy*, *51*(1), 71-91.

Smeyers, Paul., & James Marshall. (1995). *Philosophy and Education: Accepting Wittgenstein's Challenge*. Dordrecht: Springer.

Smeyers, Paul., & Richard Smith. (2014). *Understanding Education and Educational Research*. Cambridge: Cambridge University Press.

Smeyers, Paul, Richard Smith., & Paul Standish. (2006). *The Therapy of Education: Philosophy, Happiness, and Personal Growth*. Basingstoke: Palgrave Macmillan.

Weber, Desiree. (2019). "A Pedagogic Reading of Wittgenstein's Life and Later Works," *Journal of Philosophy of Education*, *53*(4), 688-700.

Winch, Christopher. (1998). *The Philosophy of Human Learning*. London: Routledge.

Winch, Christopher. (2006). *Autonomy, Education, and Critical Thinking*. London: Routledge.

Yun, SunInn., & Paul Standish. (2018). "Technicising Thought: English and the Internationalisation of the University," in Søren Smedegaard Bengtsen and Ronald Barnett (Eds.), *The Thinking University*, 119-34. London: Taylor & Francis.

찾아보기

인명

내용

편저자 소개

안드레아 R. 잉글리쉬(Andrea R. English)

영국 에든버러 대학교 교육철학 조교수이자 고등교육 아카데미의 선임 연구원이다. 『학습에서의 단속성: 듀이, 헤르바르트, 그리고 변환으로서 교육』(2013), 『존 듀이의 민주주의와 교육: 100주년 핸드북』(2017, 공동편집), 『듀이, 옥스퍼드 핸드북』(2019)에 게재된 '듀이, 미적 경험과 휴머니티 교육(공저)', 국제적 저널과 편저에 다수의 논문을 발표하였다. 최근에는 『듀이학』의 부편집장으로서 영국교육철학회 교사교육 분과 및 에든버러 분회를 이끌고 있다.

저자 소개

칼 알스턴(Kal Alston)

미국 시라큐스 대학교의 교수이다. 담당 분야는 교육의 문화적 기초, 여성학과 젠더 연구이며, 교육 및 연구 분야는 청년문화와 미디어 문해력, 교육에서 민권, 인종과 문화적 재현, 고등교육 지도성의 윤리학 등이다. 아메리카 상상하기 컨소시엄(Imagining America Consortium: IAC)의 지도자이기도 하다. IAC는 더 정의로운 공동체, 기관, 사회구조를 만들기 위한 공중 예술, 인문학, 디자인 개입 등의 역할을 탐구한다. 그동안 STEM 분야에서 여성을 후원하는 미국과학재단의 수석 연구원 그리고 학문 대중화를 강화하기 위한 멜로 재단 후원 프로젝트의 공동 수석 연구원으로 활동하였다.

데보라 P. 브리츠먼(Deborah P. Britzman)

캐나다 토론토 요크 대학교의 특별 연구 교수이자 캐나다 왕립학회 회원이다. 교수법과 심리사회적 변환 분야의 연구 책임자, 심리분석가이기도 하다. 8권의 책과 100편 이상의 논문을 저술하였다. 전문 연구 영역은 교육의 정신분석, 프로이트와 클라인의 응용 및 임상 정신분석의 역사이다. 최근의 저서로는 『멜라니 클라인: 초기 분석, 놀이 그리고 자유의 문제』(2016), 『교실에서의 정신분석: 교육에서의 인간 조건에 대하여』(2015), 『교육 예견: 페다고지와 정신분석에 관한 논선』(2021)이 있다.

스테파니 버딕-셰퍼드(Stephanie Burdick-Shepherd)

미국 로렌스 대학교 교육학부 조교수이자 교육철학 박사이다. 지역학교와 협력 속에 초등 교사 자격증에 대한 혁신적 접근을 이끌고 있다. 최근의 연구 관심은 몬테소리 교육, 학교에서 철학과 아동의 정신건강 및 아동의 우정과의 관계, 교직 윤리와 부모의 아동 지도이다.

모르데하이 고든(Mordechai Gordon)

미국 퀴니피악 대학교 교육학부 교수이며, 전문영역은 교육철학, 교사교육, 유머이다. 『실존철학과 교육의 약속: 신화와 메타포로부터 학습하기』(2016), 『한나 아렌트와 교육: 우리의 공동세계를 혁신하기』(2001, 편저)를 저술하였으며, 2002 AESA 비평가 선정상을 받았다. 『교육이론』 『교사교육 저널』 『옥스퍼드 교육 리뷰』 『미학 교육 저널』 등에 다수의 논문을 실었다.

제임스 스콧 존스턴(James Scott Johnston)

캐나다 뉴펀드랜드 메모리얼 대학교의 철학과와 교육학과 공동 조교수이다. 최근에 『교육철학 연구』 『교육철학 저널』에 논문을 게재하였다. 『의식의 회복: 자아의식과 자아함양, 1781~현재까지』(2008), 『듀이의 탐구: 교육이론에서 실천으로』(2009), 『듀이의 초기 논리 이론』(2014), 『민주주의, 그리고 종교와 전통의 결합: 민주주의와 교육에 관한 듀이의 이해를 읽기』(2010, 공저), 『초국적 세계에서 교사교육』(2015, 공저)을 저술하였다.

데보라 커드먼(Deborah Kerdeman)

미국 시애틀의 워싱턴 대학교 교육대학의 명예교수이다. 현상학과 해석학이 교육의 목적, 실천, 정책에 주는 함의에 관한 교육철학적 연구에 몰두하였다. 스펜서 재단/미국 교육 아카데미 포닥 펠로우, 북미교육철학회의 회장을 역임하였다.

폴 스탠디쉬(Paul Standish)

영국 UCL 교육전문대학원 교육철학 센터의 센터장 및 교수이다. 20여 권의 책을 저술·편저하였다. 최근의 책으로는 『스탠리 카벨과 번역으로서의 철학』(2017, 공저), 『민주주의와 교육: 듀이에서 카벨까지』(2021, 공저), 『사고의 고민을 타인과 나누지 않음: 비트겐슈타인과 교육』(2021, 공동편저)이 있으며, 2001년부터 2011년까지 『교육철학 저널』의 편집장으로 활동하였고 현재는 공동 편집장으로 활동하고 있다. 또한 2017년부터 2020년까지 영국교육철학회 회장을 역임하였다.

크리스티안 톰슨(Christiane Thompson)

독일 프랑크푸르트, 마인에 있는 괴테 대학교의 교수이다. 교육과 도야의 이론과 역사 담당이며, 연구 분야는 교육철학, 비판적 교육이론, 도야와 문화의 이론이다. 최근에 『아우슈비츠 이후 오늘까지의 교육: 계몽 주장과 사회 분석』(2019)을 공동 편찬하였다.

레너드 J. 왁스(Leonard J. Waks)

중국 항주 사범대학교의 특임교수이자 템플 대학교의 교육 지도성 명예교수이다. 철학과 교육이론을 가르치고 2005년에 은퇴하였다. 『교육 2.0: 학습웹 혁명과 학교의 변환』(2013), 『거대 개방 온라인 과정의 혁명과 평가: 작동하는 무크』(2016), 『가르치기 위해서 듣기: 교훈적 교수법 너머』(2015), 『존 듀이의 민주주의와 교육: 100주년 핸드북』(공저, 2017)을 저술하였다. 존 듀이 학회의 회장이었고 『듀이학』 저널의 초대 편집장이었다. 현재는 존 듀이의 티칭이론과 교사교육에 관한 책을 쓰는 중이다.

역자 소개

김희봉(Kim Heebong)

전남대학교 교육학 박사
전 한국교육철학학회 편집위원장(2017~2018)
현 국립목포대학교 사범대학 교육학과 교수

〈주요 저 · 역서 및 논문〉
『행복한 교육과 행복한 학교를 위한 잘삶의 탐색: 학교교육의 새로운 목적』(공역, 교육과학사, 2014)
『중등 교육과정, 그 역사와 철학』(공역, 학지사, 2016)
『교육철학 및 교육사』(공저, 학지사, 2019)

「삶의 의미와 교육」(2019)
「역량교육의 목적론적 · 인식론적 한계」(2022)
「A collective essay on the Korean philosophy of education: Korean voices from its traditional thoughts on education: Education for well-being as an alternative to a subject-based curriculum」(2022)

곽덕주(Duck-Joo Kwak)

미국 뉴욕 콜롬비아 대학교 Teacher's College 교육철학 전공 철학박사
현 서울대학교 사범대학 교육학과 교수

〈주요 저서〉
『미적체험과 예술교육』(공저, 커뮤니케이션북스, 2017)
『코로나 이후의 교육을 말하다: 관계 본질 변화』(공저, 지식의날개, 2021)
『교육과 가치: 가치교육의 다양한 양태들』(공저, 교육과학사, 2022)
『후기근대 교육에서의 교육적 관계와 가르침의 존재론』(교육과학사, 2022)

김운종(Kim Uhnjong)

전남대학교 교육학 박사
현 우석대학교 대학원 교육학전공 교수

〈주요 논문〉
「미래교육을 위한 교직관의 적합성 검토」(2009)
「M. Sandel의 정의론의 교육목적론적 탐색」(2012)
「노엄 촘스키의 비판적 교육론에 대한 반성적 고찰」(2014)

김회용(Hoy-Yong Kim)

미국 피츠버그 대학교 교육학 박사과정
경상대학교 교육학 박사
현 한국 교육사상학회 회장
부산대학교 사범대학 교육학과 교수

〈주요 저서 및 역서〉
『교육과 지식의 본질』(공역, 교육과학사, 2013)
『깊은 학습: 지식의 바다로 빠지다』(공역, 학지사, 2014)
『상상력 교육: 미래의 학교를 디자인하다』(공역, 학지사, 2014)
『교육연구의 철학: 진단과 전망』(공역, 학지사, 2015)
『교육의 사회적 책임: 미래교육의 대안적 접근』(공저, 학지사, 2022)

손승남(Son Seungnam)

독일 뮌스터 대학교 교육철학 박사
현 순천대학교 사범대학 교직과 교수

〈주요 저서〉
『인문교양교육의 원형과 변용』(교육과학사, 2011)
『교육철학 및 교육사』(공저, 학지사, 2019)
『뉴노멀 시대의 마음공부: 퇴계 이황의 『성학십도』와 자기도야』(공저, 박영스토리, 2021)
『교양교육의 개혁과 전망』(학지사, 2022)

이소영(Lee Soyoung)
영국 런던 대학교 교육철학 전공 철학 박사
현 부산대학교 사범대학 교육학과 교수

〈주요 저서 및 논문〉
『Poetics of Alterity: Education, Art, Politics』(Wiley, 2022)

「지식의 문제: 시를 읽다, 묻어진 기억을 읽다」(2020)
「Dressing the Wound in Education: A Reading of Kore-eda's film *Shoplifters*」(2022)
「Covering the Wound: Education and the Work of Mourning」(2023)

이지헌(Lee, Jeehun)
전 전남대학교 사범대학 교육철학 담당 교수(1979～2018)
현 전남대학교 명예교수

〈주요 저서 및 역서〉
『고등교육의 목적: 도덕과 정의의 문제』(역, 학지사, 2020)
『존 화이트의 교육적 관점에서 본 마음과 교육』(학지사, 2022)
『지능, 운명, 교육: 지능검사의 이념적 뿌리』(역, 공감플러스, 2023)

임배(Im Bae)

전남대학교 교육학 박사
현 전남대학교 강사
　후마니타스작은도서관 관장

〈주요 저서〉
『과로사회를 위한 존 화이트의 교육철학: 일, 학습 그리고 잘삶』(공저, 학지사, 2016)
『4차 산업혁명 시대의 진로선택』(공저, 박영스토리, 2018)
『교육학개론』(공저, 학지사, 2018)
『교육철학 및 교육사』(공저, 공감플러스, 2019)
『삶의 힘을 키워주는 잘삶 수업』(공저, 박영스토리, 2020)
『교육학개론』(공저, 북앤정, 2023)

서양교육철학사
근대: 1850~1914
A History of Western Philosophy of Education in the Modern Era

2023년 6월 10일 1판 1쇄 인쇄
2023년 6월 15일 1판 1쇄 발행

엮은이 • 안드레아 R. 잉글리쉬
옮긴이 • 김희봉 · 곽덕주 · 김운종 · 김회용
손승남 · 이소영 · 이지헌 · 임배
펴낸이 • 김진환
펴낸곳 • ㈜ 학지사
04031 서울특별시 마포구 양화로 15길 20 마인드월드빌딩
대표전화 • 02-330-5114 팩스 • 02-324-2345
등록번호 • 제313-2006-000265호

홈페이지 • http://www.hakjisa.co.kr
페이스북 • https://www.facebook.com/hakjisabook

ISBN 978-89-997-2911-9 93370

정가 24,000원